KB071522

함께하는 사회복지의 이해 2판

The Understanding of Social Welfare

박지영 · 배화숙 · 엄태완 · 이인숙 · 최희경 공저

학지사

2판 머리말

2010년에 『함께하는 사회복지의 이해』 1판이 나온 지 4년 만에 2판을 내게 되었다. 그동안 사회복지학계 안팎의 환경과 제도가 상당히 변화하였고, 이에 따라 사회복지개론을 배우고 가르치는 학생들과 교수들의 욕구도 변화하였다. 이러한 변화를 반영하기 위하여 2판을 내게 된 것이다. 1판을 내던 당시 사회복지의 현재뿐만 아니라 미래 지향적인 내용을 함께 담겠다는 포부를 제시한 바 있는데, 이에 따라 4년간의 시간의 흐름에도 불구하고 여전히 유효하다고 판단되는 주된 의제들과 기본적인 틀 거리는 그대로 유지하였다.

2판에서는 우선 4년간의 사회복지제도와 현장의 변화를 반영하기 위하여 근거자료와 통계 등을 가능한 한 최근의 것으로 업데이트하였고, 전체적으로 보강하였다. 또한 그간 『함께하는 사회복지의 이해』를 사회복지개론 수업 교재로 사용하였던 교수님들의 지적과 건의에 따라 활용도가 낮은 내용을 과감히 빼고 필요한 부분을 첨가하였다. 이와 더불어 각 장 말미에 '생각해 봅시다' 부분을 두어, 학생들이 스스로 생각을 정리하거나 관련 주제를 가지고 토의해 볼 수 있도록 각 장의 주제와 관련된 논점들을 제시하였다.

이것은 사회복지개론 과목의 의의가 사회복지 전공의 기초지식을 습득할 뿐만 아니라, 다양한 문제의식과 비판적 사고의 토대를 마련하는 데 있다는 이 책의 집필 의도를 보다 강화하기 위한 것이다. 내용에 대한 이해를 바탕으로 제시된 논점들을 토의하며 우리나라의 사회복지의 현실과 미래에 대한 고민이 더 깊어질 수 있었으면 한다.

우리나라의 사회복지가 다양한 사회적 약자들을 더 많이 포용하고 국민 모두를 위한 사회복지를 향해 발전하기 바라는 저자들의 희망은 여전히 유효하다. 한국의 사회복지의 미래를 고민하고 더 나은 사회복지사가 되기 위해 노력하는 새내기들과 함께 미래를 만들어 가고자 하는 마음으로 새로운 출발을 다짐한다. 2판을 내는 과정에서도 변함없이 수고해 주신 학지사에 감사의 인사를 전한다.

2014년
저자 일동

1판 머리말

사회복지를 가르치는 부산과 경남지역의 교수 다섯 명이 의기투합한 것이
이 책이 나오게 된 직접적인 계기다. 다섯 명 모두 대학에 자리 잡은 지 5년 내
외의 소장교수들이고 같은 대학교에서 공부하였거나 한 동네에 사는 등 개인적
인 친분이 두터웠지만, 무엇보다 지방의 사립대학에서 사회복지학을 강의하는
것에 대한 문제의식을 공유하고 있었다. 비슷한 생각과 문제의식을 가진 사람
들이 모여 의견을 나누다가 사회복지에 처음 입문하는 신입생들에게 쉽고 재미
있게, 그러면서도 사회복지의 의미와 비전을 전달해 줄 수 있는 사회복지개론
교재를 집필하기로 하였다. 즉, 이 책은 사회복지에 첫걸음을 내딛는 학생들을
가르치면서 갖게 된 문제의식을 공유하고 대안을 모색하고자 고민하는 저자들
의 첫 결실인 셈이다. 따라서 처음 사회복지학을 배우는 학생들이 궁금해하거
나 필요로 하는 내용을 충실히 다루기 위하여 다음과 같은 원칙을 가지고 집필
에 임하였다.

첫째, 쉽게 쓰고자 하였다. 기존 개론서들은 처음 사회복지를 접하는 학생들
에게 내용이 다소 어렵다는 문제점이 있었다. 이 책에서는 별다른 준비나 배경
지식 없이 대학에 입학하는 학생들이 사회복지의 맥락과 내용을 이해하고 머릿
속에 큰 그림을 그릴 수 있게 하는 데 초점을 맞추었다. 이를 위해 사회과학과
사회문제를 많이 접해 보지 않은 학생들의 입장과 수준을 고려하여 사례를 많
이 제시하고 이를 중심으로 쉽게 풀어서 설명하는 방식을 택하였다. 또한 개별
사회복지 과목을 각 장에 축소하여 나열하는 방식을 탈피하여, 개별 사회복지

과목에서 기초가 되는 내용을 다루었으며, 공통적으로 필요로 하는 개념과 원리를 설명하는 데 중점을 두었다.

둘째, 기존의 전통적인 논의나 시각에서 벗어난 의견, 사회복지학계 내부의 의견 불일치와 비판 등도 반영하고자 하였다. 이것은 현재 사회복지 교과목들이 사회복지사 1급 자격증 시험에 맞추어 표준화되면서 사회복지 전공교과목에서 사회문제에 대한 관심, 사회복지 현실에 대한 비판적 사고, 사회복지사의 정체성에 대한 적극적인 고민의 여지가 점점 축소되고 있다는 문제의식에 기반을 두고 있다. 사회복지개론 과목의 의의는 앞으로 공부할 분야별 사회복지 전공과목에서 필요한 지식을 배울 뿐만 아니라 다양한 문제의식과 비판적 사고를 적용할 수 있는 기초를 마련하는 것이어야 한다. 이 책에서 간략히 제시하는 문제의식을 이후 심화된 사회복지 전공과목을 수강하고 실천현장을 경험하면서 적극적인 고민과 실천을 통해 발전시켜 나갈 수 있기를 바란다.

셋째, 사회복지의 다양한 분야, 미래 지향적인 분야를 적극적으로 소개하고자 하였다. 사회복지학을 전공으로 택한 학생들은 나름대로 사회복지에 대한 희망과 비전, 장래성에 대한 기대를 가지고 있다. 이 기대를 만족시킬 뿐만 아니라 더 많은 학생이 더 다양한 분야에서 사회복지에 대한 꿈과 전망을 찾을 수 있기를 바라는 마음에서 아직 본격적으로 정착되지 않은 분야라도 사회복지 개입이 필요하거나 앞으로 발전 가능성이 클 경우에는 비중 있게 다루었다. 소수자 대상 사회복지, 다문화 사회복지, 사회복지운동 등을 독립적 장으로 구성한 것은 바로 이러한 이유에서다. 앞으로의 우리 사회는 더욱 빠르고 다양하게 변화할 것이고, 변화하는 사회와 사회문제에 대처해 온 사회복지의 분야와 실천방법 또한 지속적으로 변화할 것이다. 그리하여 지금 학생으로서 사회복지학을 배우는 이들이 사회복지사로서 현장에서 활동할 때에는 지금까지 배워 온 것과 다른 새로운 안목과 지식을 필요로 할 것이다. 희망과 비전을 가지고 사회복지의 다양한 분야를 개척하고 새로운 실천방식을 개발하는 데 작은 보탬이 되었으면 한다.

이 책은 '사회복지의 본질' '사회복지의 방법' '사회복지의 실천대상과 현

장' '사회복지의 쟁점과 전망' 등 4부로 구성되어 있다. 제1부 '사회복지의 본
질'에서는 사회복지의 배경으로서의 사회문제와 사회복지의 기본지식을 전달
하기 위하여 현대사회의 특성과 사회복지의 필요성, 사회복지의 개념과 관점,
사회복지의 가치와 윤리, 사회복지의 발달과정과 역사, 사회복지사의 현실과
정체성 등을 내용으로 다루었다. 제2부 '사회복지의 방법'에서는 현실에서 사
회복지가 실현되는 방식에 초점을 맞추어 사회복지의 구조, 사회복지정책과
행정, 사회복지실천에 대하여 기술하였다. 제3부 '사회복지의 실천대상과 현
장'에서는 인간의 생애주기와 욕구, 사회복지실천의 장(setting)에 따라 사회복
지의 개별 분야를 구체적으로 소개하였다. 제4부 '사회복지의 쟁점과 전망'에
서는 전통적인 사회복지 논의에서 상대적으로 잘 다루어지지 않았으나 사회복
지의 발전과 전망에서 중요하다고 생각되는 사회적 소수자와 다문화 사회복
지, 사회복지운동을 심층적으로 다루었다.

이 책을 공동으로 집필하는 데 박지영 교수가 2장, 9장, 10장, 배화숙 교수가
4장, 7장, 8장, 엄태완 교수가 3장, 11장, 13장, 이인숙 교수가 1장과 14장, 최희
경 교수가 5장, 6장, 12장을 담당하였다. 각 장의 담당 집필자는 정해져 있지만
세부내용과 집필방식 등을 공동으로 결정하고 윤독을 통해 서로 수정·보완해
가며 작업을 진행하였기 때문에 실질적으로 모든 장이 공동작업의 산물이라고
할 수 있다.

이 책의 집필 과정은 저자들에게 큰 고민과 도전을 안겨 주었지만, 동시에 함
께하는 기쁨과 서로에게 배우는 소중함을 깨닫게 해 주었다. 뿐만 아니라 각기
바쁜 일정 속에서도 함께 모여 웃고, 토론하고, 먹을 것과 고민을 나누었다. 그
러므로 이 책은 서로에게 격려와 지지, 정보 제공과 조언을 아끼지 않았던 '우
리들의 행복한 시간'의 결과물이기도 하다.

그리고 무엇보다 사회복지학을 강의하고 연구하면서 어느덧 잊고 있었거나
소홀히 생각하였던 사회복지의 개념과 분류, 사회복지사의 정체성과 전문성,
우리나라 사회복지의 발전 방향 등 근본적이고도 중요한 주제들을 되새기고 대
안을 모색해 보는 계기가 되었다. 이 책을 집필하는 동안 제기되었던 여러 가지

생각과 주제는 앞으로 저자들이 지속적으로 함께 공부하고 연구하는 데 중요한 방향을 제공해 줄 것으로 기대한다.

막연하게나마 사회복지에 대한 희망과 사회복지사로서의 삶에 대한 기대를 안고 사회복지학을 처음 만나는 '후배' 사회복지학도들이 이 책으로 공부하는 동안 아무쪼록 우리 사회의 가장 그늘지고 소외된 약자들에 대해 따뜻한 마음뿐만 아니라 그들의 삶 뒤편에 자리 잡은 근원적인 사회문제들에 대해 날카로운 비판적 시선을 가질 수 있게 되기를, 그리고 그러한 문제들을 해결하기 위하여 사회복지사는 무엇을 해야 하며 예비 사회복지사로서 무엇을 준비할 것인가에 대해 진지한 탐색과 고민의 시간을 가질 수 있게 되기를, 우리 '선배' 사회복지학도들은 진심으로 바란다.

애초에 야심찬 의도와 야무진 계획을 가지고 시작했지만 능력과 시간의 한계를 완전히 극복하는 것은 불가능했다. 최선을 다했음에도 불구하고 책 여기저기에 부족한 점이 많이 보인다. 앞으로 이 책으로 가르치고 공부하는 독자들의 지적과 조언을 받아 더 좋은 책으로 발전시켜 나갈 것을 약속드린다. 끝으로 소장교수들을 믿고 출판을 흔쾌히 허락해 주신 학지사 김진환 사장님과 꼼꼼한 교정과 편집으로 근사한 책을 만들어 주신 편집부의 노고에 감사를 전한다.

2010년
저자 일동

차례

제1부 사회복지의 본질

제1장 사회구조와 인간, 사회복지의 관계 ··· 17

제2장 사회복지의 개념과 관점 ··· 43

제2부 사회복지의 방법

제4부 사회복지의 쟁점과 전망

제1부
사회복지의 본질

제1장
사회구조와 인간, 사회복지의 관계

　이 장에서는 사회복지의 주체와 환경이 되는 인간과 사회구조와의 관계를 탐구하며, 그 속에서 사회복지가 무엇이며 왜 필요한지를 살펴보고자 한다. 먼저 1절에서는 사회 내에서 행위하는 인간은 사회구조를 만들어 내고, 이러한 사회구조는 다시 인간의 행위를 제약하며 끊임없는 상호작용 속에서 사회가 움직여 가고 세계가 움직여 감을 설명하였다. 그러나 한편으로는 신자유주의 세계화가 무한경쟁의 기치 아래 거대자본의 시장 잠식을 용인하여 자본의 이동을 더욱 용이하게 함으로써 제국주의 침략전쟁, 생태계 파괴, 장애인·여성 등 소수자를 더 열악한 상황으로 모는 저임금 비정규 노동의 증가, 그리고 각종 사회적 불평등의 근본원인이 되고 있음을 설명하기도 했다. 2절에서는 도처에 산재한 사회적 위험, 즉 빈곤의 대물림과 양극화, 급속한 저출산, 고령화, 노동시장의 유연화와 비정규직 양산으로 표현되는 노동시장 구조 변화, 가족해체 등 신사회위험의 사회문제가 가중되는 현실을 고찰하였다. 또한 이러한 사회문제들은 그 위험의 성격과 유형에 따라 각기 다른 클라이언트를 양산하고 있고, 사회문제의 희생자들에 대한 사회적 비난과 무관심은 여전한 현실임을 설명하였다. 3절에서는 현대사회의 사회제도의 유형과 기능을 살펴보고, 이 속에서 발생하는 사회문제를 해결하기 위한 사회복지의 기능과 필요성을 설명하였다. 이를 통해 세계화의 물결 속에 다양한 사회적 위험을 증폭시키고 있는 위험사회에서 사회복지가 대응하는 주요 사회문제는 무엇이고, 클라이언트는 누구이며, 이에 대응하는 사회복지의 역할이 무엇인지를 생각해 본다.

1. 우리가 사는 세상
-자본주의, 세계화 그리고 신자유주의

우리가 현재 살아가는 한국사회는 어떤 세상일까? 다양한 사회적 위험과 사회문제가 가중되는 현실 속에 한국사회와 세계를 움직여 가는 힘은 무엇인가? 1960년 이후 시작된 급격한 성장 위주의 산업화로 한국사회는 물질적 풍요를 이루었고, 대다수 국민들은 절대적인 굶주림과 가난에서는 벗어날 수 있게 되었다. 그러나 시장에서 넘쳐 나는 상품일지라도 돈이 없으면 살 수 없는 '자본'에 의해 모든 것이 규정되는 자본주의 시장경제체제를 굳건히 형성하게 되었고, 그 결과 우리는 현재의 자본주의 문명의 위험 속에 살아가고 있다.

자본주의는 우리에게 분명 물질적 풍요로움을 가져다주었지만, 자본주의 체제가 가속화될수록 시장에서의 이윤 극대화를 이루기 위해 자본의 무한경쟁이 치열해졌다. 그리고 자국의 시장경쟁이 치열해질수록 세계시장으로 관심을 돌려 지구촌이 하나의 시장이 되는 '세계화'가 진행되었다. 이렇게 시작된 세계화는 지구촌 곳곳의 지리적 공간을 더욱 가깝게 만들면서 자본, 기술, 상품, 서비스가 개별 국가의 영토적 국경을 넘어서 자유롭게 이동하고 치열하게 경쟁하여 승자만이 모든 것을 독식하는 신자유주의 세계화를 구축하였다. 하지만 신자유주의 세계화가 가속화되자 거대자본과 기술력을 갖지 못한 저개발국은 세계시장경쟁에서 밀려나 더욱 열악한 처지가 되었다.

한국사회도 예외는 아니어서 1997년 IMF 외환위기 이후 신자유주의 세계화의 틈바구니에서 중첩된 사회문제가 양산되고 있다. 무한경쟁과 승자독식을 요구하는 신자유주의 세계화의 결과 시장개방과 노동시장 유연화로 불안정 고용과 근로빈곤층이 늘어나고, 양극화, 사회적 불평등, 급속한 저출산과 고령화, 가족해체, 환경파괴 등 사회적 공공성이 파괴되었다. 이 같은 현실에서 신자유주의 세계화의 폐해에 대응하고, 공동체로서의 사회를 유지하기 위해 공공성에 기반한 사회복지적 대응이 시급한 것이 현재 우리가 사는 세상이다. 지금 우리가 살아가고 있는 세상에 대해 더 자세히 살펴보면 다음과 같다.

1) 자본주의와 세계화

21세기가 시작된 지도 벌써 10여 년이 넘은 이때에 한국사회는 실로 많은 사회적 어려움에 처해 있다. 1960년대 이후 시작된 급격한 산업화는 성장 위주의 경제체제를 가속화시켰고 자본주의 경제체제를 형성하여 절대적인 빈곤에서 벗어나는 계기가 되었다. 자본주의는 이윤획득을 목적으로 상품생산과 판매가 이루어지고, 개인이 생산하거나 판매한 재화에 대한 잉여가치를 개인이 소유하는 사유재산제에 바탕을 둔 경제체제다. 자본주의 체제에서 살아가는 개인은 생존과 자기계발을 위해 기본적으로 고용이 전제된 노동을 한다. 즉, 자신의 노동을 필요로 하는 일자리에 고용될 때 소득을 획득할 수 있으며, 소득이 있어야 일상생활에 필요한 재화나 서비스를 구매하여 생존할 수 있는 것이다.

자본주의하의 모든 재화와 서비스는 구매력, 즉 돈이 있어야 구매 가능한 것이어서 만약 일자리를 찾지 못하면 개인과 가족은 생존에 치명적인 영향을 받을 수밖에 없다. 따라서 자본주의하에서는 재화나 서비스의 생산량이 부족해서가 아니라 구매력이 없어서 생존의 위협을 받는 것이다. 이러한 현상은 우리 주변에서도 흔히 볼 수 있다. 넘쳐 나는 생산품들이 시장에서 구매를 기다리다가 유통기간이 지나면 그대로 폐기되어 버리지만, 다른 한편에서는 구매력이 없어 생존에 필요한 기본적인 것조차 분배받지 못하는 것이 자본주의 현실이다.

자본주의 경제체제가 그 이전 시대에 비해 분명 물질적 풍요로움을 가져다준 것은 사실이다. 그러나 자본주의 성장이 본격화됨에 따라 점차 자본주의적 경제성장의 일차적 목적이 인간 삶의 질적 향상보다는 이윤의 극대화나 경제적 효율성 추구로 바뀌었다. 또한 자본주의 체제가 고도화될수록 이윤율 상승이 끝없이 이루어질 것이라고 믿었던 기대와는 달리, 자본의 경쟁이 치열해질수록 자본의 이윤율 하락은 더욱 심화되었다. 결국 이에 대응하여 자본가들은 세계시장으로 눈을 돌리게 되었다. 이것이 '세계화(globalization)'로 표출되었으며 한국사회도 예외는 아니다.

세계화는 무엇인가? 세계화의 특성은 여러 가지 차원에서 논의될 수 있지만, 일차적으로 세계화는 세계 먼 지역 간에 교류가 증가하면서, 즉 연결성이 증대되면서 발생하게 되는 경제적·사회적·정치적 변화를 총망라하는 것이다. 이는 곧 세계 곳곳이 하나의 정치권이나 경제권으로 통합되는 것을 의미하며, 특히 개별 국가경제가 세계경제로 통합되는 것이 핵심 현상이다(유문무, 2006).

세계화는 우리의 일상에 어떠한 변화를 가져왔는가? 최근 들어 우리의 생활터전 가까이에 외국인 노동자가 늘어나고 결혼이민자를 쉽게 만날 수 있는 등 세계 곳곳의 사람들이 더불어 살게 되었다. 또한 세계적인 브랜드라고 알려진 명품들이 우리나라의 유명 백화점에 매장을 내고 우리 소비자들의 구매를 유도하고 있으며, 외국의 음식점들이 대도시에 많이 생겨나서 세계 각국의 음식문화를 바로 우리 땅에서 접할 수 있게 되었다. 마찬가지로 한국의 다양한 생산품들과 먹거리, 한류 스타 등도 해외시장을 겨냥해 활발한 움직임을 보이고 있다.

그러므로 세계화의 중심 내용은 세계 곳곳의 지리적 공간, 세계적 자본과 재화, 그리고 정보가 시간적·공간적으로 압축되는 것이다. 자본과 재화, 그리고 정보의 이동이 세계적 규모로 이루어지고 있으며, 이러한 세계적인 거래에 있어서 국가적·시간적·정치적 장애가 사라지고 세계적인 단일규모의 자유시장 경쟁체제가 구축되어 간다. 예컨대, 2008년 미국발 금융위기가 우리나라뿐만 아니라 여타 많은 국가의 증권시장에 직접적인 영향을 미쳐 주가 폭락이 나타났던 것에서 전 세계가 단일경제 체제로 연결되어 있음을 알 수 있다. 이는 바로 자본주의 세계경제의 상호 의존성이 심화되는 것으로써 자본, 기술, 상품, 서비스가 개별 국가의 영토적 국경을 넘어서 자유롭게 이동하면서 치열하게 경쟁함을 의미한다. 이에 따라 전 지구적 차원의 경제적 교환관계가 더욱 심화되고, 경제활동의 주체는 물론, 규모에 있어서도 영토적 제약을 넘어서고, 시장활동에 대한 국가의 간섭은 현저하게 줄어들고 있다(유문무, 2006: 23).

세계화가 일반화되면서 세계화의 주요 담당자는 다국적 기업(multinational corporation)에서 초국적 기업(transnational corporation)으로 이동하고 있다. 다국적 기업에 비해 초국적 기업은 명확한 국적을 필요로 하지 않으므로 모든 규제에서 자유롭기 때문에 거대자본으로 세계시장을 잠식하고 있다. 문제는 세계적 시장경쟁체제에서 유리한 쪽은 자본과 기술에서 우위를 점하는 초국적 기업을 보유한 선진산업국이며, 개발도상국이나 저발전국은 이전보다 더욱 열악한 처지에 놓인다는 점이다. 문제는 세계화의 논리가 지배적일수록 전 지구적인 빈곤의 심화와 양극화, 그리고 이에 따른 다양한 사회적 위험들이 더 많이 양산되고 있다는 점이다.

한국사회에서 '세계화'가 사회적 화두로 떠오른 것은 1990년대 초반 김영삼 정부 때부터다. 이는 세계의 다양한 국가들과 우리나라와의 관계의 변화를 의미하는 것으로 우리나라의 세계시장에 대한 투자가 증가되었을 뿐만 아니라 해외 자본이 국내 자본시장을 점유하게 되고 시장개방을 가속화시켰다. 한국사회도 예외 없이 다양한 사회적 위험이 증폭되고 있어 이를 해결하거나 대비하기 위한 사회복지적 대응이 시급하다. 따라서 세계화에 대응하여 시민의 삶의 질을 향상시키기 위해서는 시장주의 방식이 아니라 공공성이 담보된 사회복지의 확충이 필요하며, 이를 통해 공동체로서의 사회를 유지하고 발전시킬 수 있다.

국제화와 세계화는 어떻게 다를까?

국제화(internationalization)와 세계화의 핵심적인 공통 특성은 세계 먼 지역 간의 교류 증가, 즉 '연결성'의 증가 경향이다. 그러나 국제화와 세계화는 본질적인 차이를 보이는데, 국제화는 주권국가들 간의 교류가 증가하는 현상으로, 적어도 이념상으로는 경제력, 군사력 등에 기반을 둔 국가가 다른 주체적 국가들과의 관계성이 증대되는 것을 의미한다. 이와 달리 세계화는 국가에 기반을 두기보다는 국가의 책임이나 권한을 초국가적 기관들[예: 세계무역기구(WTO)

나 국제통화기금(IMF) 등]에 이양하여 국가적 기반을 넘어서 세계가 하나의 경제권, 정치권, 문화권으로 통합되어 자본의 자유로운 이동이 이루어지는 것이다(강내희, 2006).

　다국적 기업과 초국적 기업은 어떻게 다를까?

　다국적 기업은 소유권, 경영, 생산, 그리고 판매활동이 몇몇 국가의 관할권을 넘어 팽창하는 경향이 있다. 즉, 한 나라에 본부를 두고 국적을 가진 상태에서 다른 나라에 지역 회사를 거느리면서 세계시장용 상품을 최저비용으로 생산하는 것이다. 이에 비해 초국적 기업은 국경 없는 경제논리를 기반으로 하여 자본의 형태가 자유로우며 명확한 국적을 필요로 하지 않아 국제적 규제기준 이외의 모든 규제로부터 자유롭다는 특성을 가진다.

[그림 1-1]　세계화의 진실들

2) 세계화와 신자유주의 그리고 복지국가

　세계화와 사회복지와의 관계를 이해하기 위해서는 먼저 세계화와 신자유주의의 관계를 살펴보아야 한다. 왜냐하면 오늘날의 세계화는 신자유주의에 의해 추동되고 있기 때문이다. 과거 자유방임 시대를 방불케 하는 신자유주의는 무한경쟁의 기치 아래 지배적 담론인 세계화를 이끌어 가고 있다.

그렇다면 자유주의와 신자유주의는 어떻게 다른가? 역사적으로 자유주의는 18~19세기 서구 근대사회의 정치, 경제질서로 특징되며, 정치적 자유주의, 경제적 시장주의, 이데올로기적 자유주의 등을 포함한 복합적인 개념이다. 자유주의는 절대주의 국가에 대항해서 법의 지배를 통한 인권과 사유재산권의 보장, 시장경제의 확립을 주창했으며, 봉건적 경제질서에 맞서 시장의 자율적인 질서를 통해 '공공선'을 달성하였다. 또 국내시장을 보호하기 위해 무역장벽과 관세보호 등을 마련하여 시장의 자율성과 개인의 자유와 사유재산을 보호하는 역할을 하였다.

이에 비해 신자유주의는 시장만능주의가 더욱 강화된 것이다. 20세기 후반의 신자유주의자들은 비대한 관료국가와 국내시장을 보호하고 있는 무역장벽과 보호조치들을 비판하고, 국가 개입의 축소와 대외 개방을 통해 국내적으로나 세계적으로 시장을 확대할 것을 주장한다. 그런 점에서 시장을 만병통치약으로 믿던 구자유주의의 자유시장 논리가 세계화의 담론 속에 신자유주의라는 논리로 회생한 것이다. 그리고 신자유주의라는 이름으로 부활한 초국적 시장 자유주의는 세계화의 이름 뒤에 숨어서 승자만이 모든 것을 독식하게 되는 사회 시스템을 구축하고 있는 것이다.

신자유주의 세계화는 우리 일상에 어떠한 영향을 미칠까? 승자에게만 모든 것이 주어지는 신자유주의 세계화는 경제 분야뿐만 아니라 교육, 복지, 의료 영역 등에서도 경쟁 시스템을 도입하여 공동체의 안녕을 파괴하고 있다. 자본의 이익에 충실한 시장개방과 노동유연성,[1] 탈규제 등의 제도적 신자유화를 강화하여 우리의 삶에 직접적인 영향을 미치고 있다. 예컨대, 교육에 있어서 학교와 학생을 서열화하고 입시경쟁으로 내몰아 경쟁에서 살아남는 소수의 엘리트에게 특혜를 주는 방식으로 국민의 보편적인 교육권을 침해하고 교육의 본래 목

---

1) 노동유연성은 외부 환경변화에 인적 자원이 신속하고도 효율적으로 배분 또는 재배분되는 노동시장의 능력을 말하는 것이지만, 우리나라의 경우 수량적 유연성에 편향되어 있어 고용불안과 비정규직화가 심화되는 노동환경 악화의 주요인이다.

비정규직 유형별 규모(2010년 8월)

구분		근로자 수(천 명)				비율(%)			
		상용	임시	일용	전체	상용	임시	일용	전체
임금노동자(1)		10,150	5,122	1,755	17,047	59.5	30.0	10.4	100.0
정규직(2＝1-3)		8,455			8,455	49.6			49.6
비정규직 (3＝①+⋯+⑧, 중복 제외)		1,695	5,122	1,775	8,592	9.9	30.0	10.4	50.4
고용기간	임시근로	1,527	5,122	1,775	8,424	9.0	30.0	10.4	49.4
	장기임시근로 ①		3,650	1,373	5,023		21.4	8.1	29.5
	한시근로 ②	1,527	1,472	402	3,401	9.0	8.6	2.4	20.0
	(기간제근로)	1,479	856	160	2,495	8.7	5.0	0.9	14.6
근로시간	시간제근로 ③	82	943	595	1,620	0.5	5.5	3.5	9.5
근로제공 방식	호출근로 ④			870	870			5.1	5.1
	특수고용 ⑤	10	532	48	590	0.1	3.1	0.3	3.5
	파견근로 ⑥	139	62	9	210	0.8	0.4	0.1	1.2
	용역근로 ⑦	377	186	45	608	2.2	1.1	0.3	3.6
	가내근로 ⑧	3	7	60	70	0.0	0.0	0.4	0.4

비정규직과 정규직 규모 추이

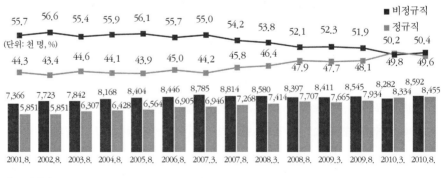

자료: 통계청(2010).

[그림 1-2] 비정규직 유형별 규모

적을 훼손하는 것도 이러한 맥락이다. 또한 자유무역협정(FTA)을 통해 국가 간 무역장벽을 없애고 교역을 촉진하고자 하는 협정이 이루어지고 있으나, 한미 FTA에서 드러난 것처럼 미국산 쇠고기 수입과 관련하여 국민의 건강권을 도외시하는 협상과 쌀 수입 개방 등으로 우리 농촌사회가 붕괴될 위기까지 초래하고 있는 것이다.

그 밖에도 공공재의 사유화가 가속화되어 일반 서민들의 삶에 큰 영향을 미칠 수 있다. 예를 들면, 상수도나 전기, 철도 등이 개별 기업에 의해 독점되거나 사유화되어 이윤추구의 대상이 됨으로써 서민들에게 모든 비용 부담이 전가될 수 있으며, 의료시장 전면 개방을 전제로 영리법인병원 허용을 추진하는 의료 민영화의 문제가 불거지면서 의료의 공공성이 무너질 수도 있는 것이다. 특히 노동시장의 유연화는 본래의 취지가 왜곡되어 자본가의 이익에만 기여하는 노동자의 비정규직화만 가속화시키고 있다. 한국의 경우 1970년 이후 제조업의 고용이 감소하면서 서비스 부문에서 지속적인 팽창을 가져왔고, 1997년 외환위기의 결과 노동시장의 규제를 대폭 완화하면서 비정규직이 2005년 약 840만으로 크게 증가했다([그림 1-2] 참고). 또한 2010년 8월 경제활동인구조사에 의하면 정규직이 49.6%, 비정규직이 50.4%로 나타나 비정규직 비율이 빠른 속도로 증가하고 있으며, 여성의 경우 비정규직 비율이 65.6%로 나타나 여성이 더욱 열악한 노동조건에 놓여 있음을 알 수 있다(통계청, 2010). 이렇게 신자유주의 경향이 더욱 심화되면서 경쟁체제 심화, 시장개방, 노동시장 유연화, 탈규제 등이 더욱 강화되어 사회복지 기반 등 사회적 공공성이 파괴되고 사회적 불평등이 더욱 심화되어 복지국가의 쇠퇴를 알리는 징후가 되었다.

다른 한편으로 신자유주의 세계화는 사회정의를 억압하는 방향으로 진행되고 있다. 즉, 평등보다는 자유의 우선성을 강조함으로써 재산권과 소유권을 지키기 위해 개인의 이윤추구의 자유를 보장하는 것이 최고의 가치가 되고 있다. 이는 개인의 자유를 일정 부분 제한하더라도 공동체의 이익과 평등을 지켜야 하는 사회정의를 훼손하고 있는 것이다. 또한 신자유주의 세계화는 결과의 평등보다는 기회의 평등을 강조하고 있다. 기회의 평등을 강조하는 것은 본질적으로 출발선에서의 평등이 보장될 때 가능한 것이지만, 예컨대 부모의 사적 재산 이전(移轉)의 혜택을 받을 수 있는 사람과 그렇지 않은 사람은 애초부터 출발점이 다르므로 공정한 경쟁이 원천적으로 불가능한 것이다. 신자유주의는 이에 대한 고려 없이 기회의 평등만을 강조함으로써 과정과 결과의 공정성에 대한 노력에는 별다른 관심을 기울이지 않는다.

신자유주의 세계화의 사회복지 영역에 대한 영향력은 이중적이다. 동전의 양면처럼 한편에서는 복지 축소를 불가피하게 만들 뿐 아니라 다른 한편으로는 사회문제 해결을 위한 복지수요를 증대시키고 있다. 한국의 경우 1997년 IMF 경제위기를 해결할 필요성으로 인해 복지개혁을 통해 복지제도가 확충되고 복지시책이 증가해 왔으나, 국가의 공공복지 비중이 상당히 낮은 낙후된 복지체제로 인해 포괄적 발전으로 전개되지 못한 한계가 있다(최기춘, 2003: 496).

따라서 지금 우리가 겪고 있는 신자유주의 세계화는 단순히 경제성장이나 시장방식으로 해결할 수 있는 문제가 아니다. 해결을 위해서는 정부의 재정지출 부담을 늘려서 공공부문의 역할을 늘려 나가야 한다. [그림 1-3]에서와 같이

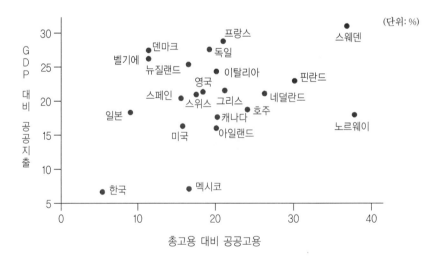

[그림 1-3] OECD 국가들의 정부 크기

자료: 참여연대사회복지위원회(2008: 53).

OECD 국가의 재정지출을 통해 본 한국은 멕시코를 포함한 다른 국가에 비해서 사회적 지출은 물론이고 공공인력 면에서도 턱없이 적음을 알 수 있다(강명세, 2007). 이러한 상황에서 신자유주의 세계화를 극복하는 대안은 반세계화가 아니라 대안 세계화, 즉 지금의 지배적 세계화 형태를 극복한 세계화라고 할 수 있다. 이는 곧 반-신자유주의 길이며, 복지국가를 통해 공동체에 대한 새로운 비전을 세우는 일이다(강내희, 2006: 62).

2. 위험사회, 사회문제 그리고 사회복지

1) 위험사회: 구사회위험과 신사회위험

반세기에 걸친 급격한 사회변동의 와중에 우리는 사회 도처의 여러 가지 위험요소를 안게 되었다. 특히 신자유주의 세계화의 거대한 물결 속에서 이러한 위험사회[2] 현상은 비단 우리 사회만의 문제는 아니고, 발생 시기나 성격에 약간의 차이는 있지만 거의 모든 세계가 당면한 문제다.

오늘날의 한국사회가 처한 위험사회의 징후는 구사회위험의 영속과 신사회위험의 출현으로 설명할 수 있다(윤홍식, 조막래, 2008). 구사회위험은 초기 산업사회적 위험에서 나타난 실업, 질병, 노령, 산업재해 등으로 인해 발생하는 사회적 위험으로, 대표적인 현상이 빈곤이며 사회구성원 다수가 결핍을 경험하는 것을 말한다. 지금까지 구사회위험에 대응하기 위해서는 적절한 사회보장 체제, 즉 공공부조나 의료보장, 산업재해, 연금제도 등을 통해 사회안전망을 마련하였다.

이에 비해 신사회위험은 산업적 과잉생산에 기반하고 있으면서 빈곤, 질병,

---

2) 1980년대 중반 U. Beck이 '위험사회'라는 개념을 통해 환경위기를 비롯한 서구 선진산업사회의 위험과 이것의 생성 및 전개 구조를 비판적으로 진단하기 시작했다.

산업재해 등과 같은 초기 산업사회적 위험들과 달리, 계산 불가능하고 통제 불가능한 위험들을 발생시키고 있다. 구사회위험이 산업사회의 결핍의 문제를 해결하기 위한 부의 생산 및 분배와 연관되어 있었다면, 신사회위험은 저출산과 고령화, 단절적이고 불안정한 고용, 양극화, 근로빈곤층 증대 등의 형태로 나타나고 있다. 구사회위험과 달리 위험의 대상자가 근로빈곤자, 여성노동자, 저숙련·비숙련 노동인구, 청년실업자, 아동, 노인, 한부모 등으로 다양화되었다(남기철, 2008).

따라서 기존의 구사회위험에 대응해 오던 복지체제의 방식이 변화될 필요성이 제기되며, 노동유연화와 노동빈곤층에 대한 대응이나 가족 내 성별분업의 변화에 대한 대응 등이 시급하다. 구사회위험이 경제활동에 참여하지 못한 데서 온 것이라면, 신사회위험인 근로빈곤은 경제활동에 참여하면서도 빈곤 상황에서 벗어나지 못하는 것으로, 차상위계층(최저생계비보다 조금 많은 소득을 가지는 신빈곤층)이 단순취업 등을 통해서는 빈곤 상황에서 벗어나기 어려운 현실이 그 예다. 근로빈곤층의 규모는 절대빈곤층의 약 50%를 점유하고 있는 것으로 추정되며, 이들은 항상 빈곤하기보다는 빈곤과 탈빈곤을 주기적으로 반복하고 있다. 그 밖에 가족 내 성별분업의 변화에 의한 신사회위험은 남성 1인 생계부양자 가구에서 맞벌이로의 전환에서 발생하는데, 이는 전통적인 정규직 남성 생계부양자에 기반한 전통적 복지체계가 여성의 노동시장 참여로 대표되는 후기 산업사회의 변화에 적절히 대응하지 못함으로써 발생하는 것이다. 그러므로 기본적인 소득보장과 함께 해결해야 할 문제는 바로 일과 가정의 양립을 위한 돌봄의 사회화다(참여연대사회복지위원회, 2008).

구사회위험과 신사회위험의 이중적 위험 외에도 인류가 편의를 위해 만든 과학기술문명 그 자체가 바로 위험사회의 주범이 되어 오늘날 예측 불가능하고 통제 불가능한 위험들을 양산하고 있다. 예컨대, 원자력 개발을 통해 인류에게 주어진 혜택은 구소련 체르노빌의 원전사고(1986년), 일본 후쿠시마 원전사고(2011년)라는 위험한 부메랑이 되어 돌아왔고, 그 밖에도 전 세계적으로 무수한 대형 참사와 재난들이 이어져 위험사회는 피할 수 없는 현실이 되었다. 한국에서도 성수대교 · 삼풍백화점 붕괴, 태안반도 원유 유출 사고 등 크고 작은 재난을 겪었다. 더욱 심각한 것은 사고와 위험을 겪으면서도 일시적인 사회적 관심만 있을 뿐이며, 이러한 과정이 반복되면서 사회의 곳곳에 내재된 위험에 대해 점차 무감각해지고 있다는 점이다. 따라서 위험사회에 대한 인식의 확대를 통해 위험사회로 몰고 간 배후인 '기술진보'와 끊임없는 '확대재생산'의 논리로 자연생태계를 파괴하고 위험을 생산해 온 자본주의 문명의 위험을 간과해서는 안 될 것이다.

그런 점에서 우리가 추구해야 할 안전하면서도 '지속 가능한 사회'[3]는 첫째, 구사회위험과 신사회위험을 해소하기 위해 전통적인 사회보장제도의 정비는 물론 근로빈곤과 일 · 가정의 양립과 노령화 등의 문제에 대한 적극적인 대응책을 마련하는 것이다. 둘째, 무엇보다 인간과 환경이 조화를 이루는 '녹색사회'를 지향하여 환경 친화적인 새로운 지식과 기술을 개발해야 할 것이다. 셋째, 지속 가능한 안전사회를 추구를 위해 사회적 안전망의 구축을 통해 예측 가능한 위험을 감소시키며, 예측 불가능한 사고와 재난으로 인한 불안감과 공포감을 줄여 사회통합을 이루어 가야 할 것이다. 넷째, 지속 가능한 사회는 시민사회의 비판능력과 도덕적 힘을 통해 이루어지므로 시민운동의 잠재력을 바탕으로 한 시민사회의 연대가 이루어져야 할 것이다(유문무, 2006: 387-389).

2) 위험사회의 사회문제와 사회복지적 대응

위험사회에서 발생하는 사회문제의 유형은 무엇이고, 클라이언트는 누구이며, 사회복지적 대응은 무엇인가? 이에 대한 해답을 주요 사회문제가 되고 있는 빈곤과 양극화의 사회불평등의 문제, 폭력 및 정신건강의 문제, 사회적 소수자

---

3) 지속 가능한 사회는 지속 가능한 발전 또는 개발에 의해 이루어지는 사회로 1987년에 유엔 보고서 「우리의 미래」에서 공식화된 개념이다. 지속 가능한 사회는 미래 세대가 그들의 필요를 충족시킬 능력을 저해하지 않으면서 현재 세대의 필요를 충족시키는 사회를 의미한다. 따라서 환경을 보호하고 빈곤을 구제하며, 성장을 이유로 단기적인 자연자원을 파괴하지 않는 경제성장을 창출할 것을 그 내용으로 한다.

와 인권과 관련된 사회적 배제의 문제, 사회규범과 일탈의 문제, 신사회위험으로 대두된 저출산, 고령화의 문제 등을 통해 살펴보고자 한다.

(1) 빈곤과 양극화, 사회적 불평등 문제

사회적 불평등의 문제는 평등한 사회를 통해 사회구성원이 행복을 추구할 권리에 배치되는 문제로, 가장 심각한 것은 부익부 빈익빈으로 표현되는 소득불평등의 문제다. 소득불평등의 문제는 빈곤의 문제로 이어지는데, 이는 인간의 기본적인 욕구 충족을 위한 경제적 문제뿐만 아니라 그 이면에 다양하고 중첩된 권리들을 박탈당하는 사회적 배제, 소외의 불평등문제가 함께한다. 예컨대, 빈곤의 문제는 기본적인 생존의 위기를 야기할 뿐만 아니라 양질의 교육으로부터 소외되고, 나아가 괜찮은 일자리를 얻기 어려운 조건이 되어 기회의 불평등이 결과의 불평등으로 이어지게 한다. 즉, 물질적 결핍에서 시작된 빈곤은 교육, 직업, 의료, 정치, 문화생활 등에 대한 접근을 어렵게 하며, 나아가 가족해체, 범죄 증가 등 다른 사회문제의 발생 원인이 되기도 하는 것이다(김영화, 2005: 78).

그동안 경제발전과 사회복지의 꾸준한 발전에도 불구하고 빈곤은 줄어들지 않고 소득분배가 악화되는 양극화 현상이 심화되고 있다. 특히 IMF 외환위기 이후 초유의 대량실업과 빈곤으로 고도성장의 그늘에 묻혀 있던 빈곤이 재발견되면서 흔히 '신빈곤'이라고 표현되는 빈곤자 중에서 근로계층의 비중이 확대되었다는 점이 특징적이다. 일하는 빈곤은 전체 노동인구의 절반 이상으로 팽창한 비정규근로자들이 그 원천이다. 이들은 고용안정은 물론 임금과 복지 등 여러 차원에서 차별에 시달리면서 대량 빈곤과 양극화의 주요인으로 작용하고 있다(참여연대사회복지위원회, 2008).

빈곤과 양극화의 사회적 불평등의 문제를 완화하기 위한 가장 기본적인 사회복지적 대응책이 바로 사회보장제도다. 사회보장제도는 공공부조와 사회보험 형태가 주를 이루는데, 이들 제도의 정비가 우선적으로 이루어져야 한다. 특히 최저생계비를 보완하는 현행 공공부조 방식의 개선을 통해 수급권의 확대와 지원 수준을 상향 조정해야 하며, 일반 시민들의 사회보험 가입률을 높이고 보험료 부담액도 낮추어 갈 필요가 있다.

(2) 폭력 및 정신건강 문제

한국사회의 폭력문제는 위험수위를 넘어서고 있고, 여성과 아동, 노인, 장애인 등 사회적 약자가 폭력의 주요 대상이다. 1997년 「가정폭력방지법」의 제정은 '내 아내, 내 자식은 내 맘대로' 라고 하던 뿌리 깊은 가부장적 사회에 경종을 울린 계기가 되었다. 그러나 「가정폭력방지법」이 제정된 지 10여 년이 지난 지금도 가정폭력은 줄어들지 않고 있다. 지난 2007년도 부부폭력 발생률은 40.3%에서 2010년 53.8%로 증가해 두 가구 중 한 가구는 상호 배우자로부터 폭력을 당하고 있는 상황이다(여성가족부, 2010).

아동에 대한 학대는 더욱 심각한 양상을 보인다. 2007년 한 해 동안 발생한 아동학대 발생률은 66.9%로 아동 10명당 6.7명 정도가 아동학대 경험이 있었고, 특히 정서적 폭력(63.3%)과 신체적 폭력(49.7%)의 비율이 높았다. 피해아동의 가족 유형 중에는 부자가정이 30.2%로 가장 많았고, 다음으로는 일반 가정과 모자가정이 각각 27.2%와 17.9%로 비중이 높았다. 최근 들어 노인에 대한 학대도 증가 양상을 보이는데, 노인학대 발생률은 외부로 잘 알려지지 않는 특성에도 불구하고 약 8.2%로 노인 100명당 8.2명 정도가 학대 경험이 있는 것으로 나타났다. 특히 여성이나 아동에 대한 성폭력도 증가하고 있는데, 성폭력에 대한 신고율은 실제 발생률의 2~6% 정도로 추정되고 있어 숨겨진 성폭력 사건이나 피해는 실제로 더욱 많으리라 짐작된다(한국보건사회연구원, 2008). 이에 대한 대응책으로 폭력에 대한 상담과 개입을 전담하는 사회복지 유관 기관들에서 폭력 피해자에 대한 다양한 서비스를 제공하며 관련 법규의 마련이 이루어지고 있다.

한편, 오늘날 우리는 정신건강 상태를 위협하는 여러 가지 사회적 조건과 환경에 놓여 있다. 특히 경쟁주의와 물질만능주의, 가족 기능의 변화, 개인주의 강화 등 급속한 변화를 경험해 오면서 많은 사람들은 스트레스와 우울감, 분노와 소외감 등 정신건강적 어려움을 경험하고 있다. 특히 한국사회의 자살률은 OECD 국가 중 1위로 가장 심각한 정신건강문제다. 2011년 발표된 사망률 통계에 의하면 1년간 자살자의 수도 15,906명으로 하루 평균 42.6명, 약 32분에 1명꼴로 스스로 목숨을 끊은 셈이다. 그러나 정신질환이나 정신장애에 대한 막연한 두려움과 편견은 정신건강 서비스 접근성을 감소시킬 뿐 아니라 낙인이나 사회적 배제를 통해 개인과 가족의 사회적 고립을 가져오고 삶의 질을 저하시키는 결과를 낳게 되므로 이에 대한 사회적 관심이 필요하다. 정신건강에 대한 전문적인 개입이 정신보건과 사회복지 영역에서 이루어지고 있고, 최근에는 지역에 지역정신보건센터 등을 설립하여 지역사회 정신건강에 대한 대응책들이 마련되고 있다.

(3) 사회적 소수자와 인권, 사회적 배제 문제

빈민, 여성, 장애인, 노인 등도 우리 사회에서 기본적으로 사회적 약자임이 틀림없지만 이들보다 더 소수자이고 더 약자인 많은 집단들이 존재한다. 노숙인이나 성소수자, 이주노동자, 결혼이주여성, 북한이탈주민 등이 이에 속한다. 이들이 우리 사회에서 더불어 살아가면서 사회적 소수자로서 인권을 침해당하고 기본적인 생존마저도 위협받는 사례들이 늘어나고 있다. 인권은 단지 인간이라는 이유로 향유하는 기본적 권리를 말하는데, 기본적 인권은 박탈될 수도 없고 양도될 수도 없는, 인간이 인간답게 생존할 수 있는 조건인 「헌법」이 보장하는 기본권인 것이다.

그러나 우리 사회에 만연한 자신과 다른 것을 인정하려 하지 않는 편견과 법적 · 제도적 미비로 사회적 소수자에 대한 차별과 억압이 이루어지고 있어 이들 삶의 다양한 부분이 철저히 사회적으로 배제되는 삶을 살아가도록 방치하고 있는 것이다. 집단에 따라 차이는 있지만 이들은 사회복지에 있어서조차 무관심과 소외, 그리고 차별을 경험하며, 사회복지 제도/서비스로부터도 배제되고 있다. 최근 노숙인쉼터나 상담센터, 그리고 이주노동자, 결혼이주여성, 북한이탈주민을 위한 법 제정과 다양한 사회 서비스 등이 확대되고 있지만 아직도 많은 부분의 변화가 필요하다.

(4) 사회규범과 일탈문제

인간은 태어나서 죽을 때까지 사회구성원들과 상호작용하며 생존에 필요한 기술과 지식을 배우고, 사회의 규칙과 규범을 학습하는 사회화 과정을 거치게 된다. 사회규범은 이렇게 사회화 과정을 통해 자연스럽게 학습되지만 보편적 규범을 내면화하지 못하면 사회나 가정에서 일탈자로 분류되고, 이렇게 되면 재사회화 과정이 필요하게 된다. 그러나 사회화 과정에서 개인의 개별성이나 욕구를 지나치게 억압하거나 무시한다면 개인의 다양성은 존중받지 못하게 되고 기존의 규범이나 가치를 거부하는 경우가 생기게 되며, 이때 알코올, 약물, 범죄 등 일탈의 문제가 확대되는 것이다.

그러나 이들에 대한 개인적 책임에 앞서 범죄를 조장하는 현대 자본주의의 실상에 관심을 가질 필요가 있다. 현재의 사회구조적 상황에서 누구라도 범죄의 가해자나 피해자가 될 수 있기 때문이다. 따라서 사회적 일탈자에 대한 재사회화 과정인 교정복지나 약물/알코올 중독자에 대한 치료적 개입을 위한 사회복지적 대응을 통해 사회규범과 일탈문제에 대한 체계적인 접근이 이루어지고 있다.

(5) 저출산 · 고령화 문제

우리 사회는 출산력 저하와 평균수명의 연장으로 급격한 노령화가 진행되고 있다. 우선 여성의 사회 진출이 활발히 이루어지면서 일과 가정을 양립해야 하는 문제가 생겨났고, 그동안 가부장제 사회에서 여성들에 의해 주로 이루어지던 육아와 돌봄이 어렵게 되자, 출산이나 직업 중 양자택일해야 하는 상황이 되었다. 또한 세계에서 가장 빠른 노령화 속도로 고령사회에 대한 준비가 되지 못한 상태에서 장기적으로 경제활동인구의 감소와 노인부양에 대한 부담이 증대되고 있다. 이렇게 되자 건강하고 활기찬 노년에 대한 기대보다는 고령사회를 유지하기 위한 엄청난 부양부담만 부각되고 있다.

　　정부는 저출산사회에 대한 대응책으로 보육정책 개선이나 출산 및 육아휴직 확대, 출산장려금의 금전적 인센티브 제공 같은 출산장려대책을 내놓고 있지만 실질적인 변화를 이끌지는 못하고 있다. 저출산 현상의 심화는 출산과 육아, 교육 등의 모든 부담이 개인과 가족에게 전가되고 있기 때문이며, 특히 여성의 일과 가정이 양립되기 어려운 사회적 환경이 이를 더욱 가속화시키고 있다. 따라서 사회환경의 변화와 가족복지 및 여성복지에 대한 대응책 없이는 장기적인 변화를 이끌어 내기 어렵다. 그러므로 여성의 일과 가정의 양립 문제를 해결할 수 있는 돌봄의 사회화에 대한 사회적 대책 마련이 시급한 상황이다.

　　또한 노년기의 연장으로 경제문제와 건강문제가 심각해지면서 이에 대한 사회보장제도의 대응이 시급하다. 예컨대, 고령사회를 유지하기 위한 부양부담에 대한 문제로 연금문제에 대한 긴장이 고조되고 있는데, 국민연금의 재정건전성을 확보하여 후세대에 과중한 부담이 전가되지 않도록 적절한 급여수준을 유지하는 일과 노인장기요양보험제도, 기초노령연금제도 등이 성공적으로 실행되는 것이 사회복지의 몫이다.

3. 사회복지의 기능과 필요성

1) 사회제도의 유형과 기능-정치, 경제, 종교, 사회복지제도 등

　　하나의 사회나 국가가 존립하고 사회구성원들이 살아가기 위해서는 다양한 사회제도가 제공되어야 하는데, 이는 보통 국가나 사회단위에서 제공된다. 사회가 존립하기 위해 필요한 기능은 재화나 서비스의 생산과 분배, 소비, 자녀양육과 교육 등 매우 다양하다. 모든 사회가 공통적으로 수행해야 하는 주요 기능은 첫째, 생산 · 소비 · 분배, 둘째, 사회화, 셋째, 사회통제, 넷째, 사회통합, 다섯째, 상부상조의 기능이다(Gilbert & Specht, 1974: 김상균, 최일섭, 최성재, 조흥식, 김혜란, 2001: 41-45에서 재인용).

첫째, 생산과 분배, 소비 기능은 사회구성원들이 일상생활을 영위하기 위해 필요한 재화와 서비스를 생산하고 분배하고 소비하는 과정과 관련된 기능이다. 전통사회에서는 가족이나 부락단위에서 재화를 생산하고 교환하여 자급자족하였으나, 근대사회 이후 대량생산이 가능한 공장제 생산양식이 이루어지면서 시장이 형성되고 여기서 분배와 소비가 이루어지는 구조로 변화되었다. 이러한 기능을 주로 담당하는 제도를 경제제도라 할 수 있다.

둘째, 사회화 기능은 사회가 공유하고 있는 사회적 규범과 가치, 행동방식을 사회구성원에게 전달하는 것으로 사회화 과정은 출생과 함께 부모와의 상호작용을 통해 시작되며, 학교교육이나 사회생활 등을 통해 일생 동안 지속되는 과정이다. 사회화의 기능은 주로 가족제도나 교육제도에 의해 일차적으로 수행된다.

셋째, 사회통제 기능은 사회구성원들이 더불어 살아가기 위해 지켜야 할 규칙이나 도덕, 법 등의 규범에 의해 사회질서가 유지되도록 하는 기능을 말한다. 사회화를 통해 일찍부터 내면화된 도덕이나 규칙에 의해 기본적인 사회통제 기능이 작동한다. 그러나 전체 사회구성원들의 공통된 기준이 되는 법의 집행을 담당하는 일차적 기능은 경찰과 사법권을 통해 실현되므로 이를 수행하는 주체는 정부이고 사회통제를 담당하는 일차적 제도는 정치제도가 되는 것이다.

넷째, 사회통합 기능은 사회구성원들이 자발적으로 사회에 참여하고 스스로 규범을 준수하여 바람직한 행동을 할 수 있도록 하는 것이다. 이는 사회가 유지되고 존속될 수 있도록 하는 주요 기능으로, 주로 종교제도가 이러한 기능을 수행하지만 가족이나 학교, 사회단체도 이러한 기능을 수행한다.

마지막으로, 상부상조 기능은 개인이나 가족이 처한 위급한 상황에서 스스로 자신의 문제를 해결할 수 없을 때 이루어지는 기능으로, 역사적으로 다양한 상부상조 제도들이 있었다. 주로 전통적 형태의 상부상조 기능은 가족이나 친적, 이웃 등과 같은 일차적 집단에 의해 수행되었으나, 현대산업사회에서 이러한 기능이 정부, 민간사회복지기관 등으로 그 기능이 이전되었다. 상부상조의 기능을 주로 담당하는 제도는 바로 사회복지제도다. 사회복지는 지속 가능한 사회를 위해 중요한 사회적 기능을 수행하며 가족제도, 경제제도, 정치제도, 종교제도 등의 다른 사회제도가 갖는 주요 기능과 상호 보완적 관계를 가지면서도 독자적 영역을 보유하고 있는 특성을 지닌다.

2) 사회복지의 필요성 및 기능

(1) 사회복지의 필요성

사회는 다양한 사회제도와 그 속에서 행위하는 인간에 의해 존재한다. 사회 내의 행위하는 인간은 사회구조를 만들어 내고, 이러한 사회구조는 다시 인간의 행위를 제약하며 끊임없는 상호작용 속에 사회가 형성된다. 그런 점에서 현재의 사회적 위험으로 인해 발생하는 사회문제는 인류가 만들어 낸 사회구조에 의해 재생산되어 인간의 삶을 억압하고 있다.

이러한 사회적 위험 속에서도 기본적인 생존을 넘어서 행복감과 충족감을 위한 삶의 질이 더욱 중요하게 되었고, 이러한 욕구를 실현하기 위해 인간의 삶을 제약하는 사회문제에 대한 대응이 필요하게 되었다. 따라서 최저생계를 보장하고, 삶의 질을 향상시키고, 나아가 개인의 이익뿐만 아니라 공공의 이익과 사회정의 실현을 위해 위험사회가 양산한 사회문제들을 해결하기 위한 구체적이고 보편적인 방법이 필요한데, 이것이 바로 사회복지다.

사회복지의 궁극적인 목표는 삶의 질을 높이는 데 있다. 삶의 질이란 극히 주관적이고 상대적인 기준이지만 최저선의 기준을 넘어서 개인의 선택기회를 넓혀 줌으로써 삶의 질을 높일 수 있다. 따라서 인간의 기본생활을 보장하고 개인의 이익뿐만 아니라 공동체 존립의 사회정의 실현을 위해 사회복지적 관심이 필요하며, 이를 구체화시키기 위한 사회복지제도의 형성이 필수적이다.

그런 점에서 사회복지에 대한 필요성은 사회적 약자와 사회적 소수자로부터 시작된다. 사회적 약자란 저소득층, 장애인, 독거노인, 노숙자 등으로 사회적 도움이 필요한 사람들이며, 경우에 따라 사회적 강자에 대한 상대적 개념으로서 성인에 대한 아동, 자본가에 대한 노동자, 자민족인에 대한 이민족인, 건강한 사람에 대한 건강하지 않은 사람, 남성에 대한 여성 등을 칭하기도 한다. 사회적 약자는 사회적 소수자와도 공통점을 가지는데, 사회적 소수자란 개인으로서의 권리를 다른 사람들에 비해 상대적으로 적게 가진 사람을 뜻한다. 흔히 이주노동자, 북한이탈주민, 결혼이주여성, 성소수자 등을 들 수 있는데, 이들의 개인적 권리는 사회적으로 제약되어 있다. 이들이 당면한 어려움을 해결하는 것이 시급한데, 이를 위해서는 어떤 사회적 장치가 이들에게 억압적으로 작용하는지, 어떤 부분이 정책적으로 배려되고 보완되어야 박탈된 부분을 조금이라도 보충할 수 있는지를 찾아서 개선해야 한다.

그러므로 사회복지제도는 위험사회에 대한 대응책이기도 하지만 다른 한편으로 삶의 질을 높이는 실질적인 제도로서 사회적 갈등과 정치적 불안 해소, 그리고 경제성장에도 기여한다. 가령 계층 간의 극단적인 격차를 줄이고 저소득층에 대한 소득분배를 통해 구매력을 높이고, 우수한 노동력을 재생산하여 인적 자본 형성에도 기여하는 효과를 발휘하는 것이다. 또한 주거, 사회복지 서비스, 환경, 보건, 교육 등에 대한 과도한 개인적 부담을 완화하여 생산비용을 절감시키는 효과가 있다. 따라서 사회구조가 발생시키는 부정적 효과로 인해 양산된 사회문제를 해결하고, 사회정의와 기회균등을 이루며, 불평등을 최소화할 수 있는 제도를 통해 새로운 사회구조를 창출해 나갈 수 있다.

(2) 사회복지의 기능

사회복지는 어떤 기능을 하는가? 오늘날 대부분의 국가들은 사회적 위험이나 사회문제에 대응하는 기본적인 안전망으로 사회복지제도를 국가수준에서 마련해 두고 있다. 사회나 국가가 존립하거나 유지·발전하기 위해서는 사회라는 공동체의 유지가 필수적인데, 사회복지는 상부상조나 사회통합의 기능을 통해 이를 수행한다. 특히 사회적 연대를 위해 사회적 약자에 대한 배려와 기본적 시민권적 인권을 보장하는 보편적인 기능을 수행해야 하는 것이다(조흥식, 2008: 175). 이러한 점에서 시급한 한국사회의 사회복지 기능은 양극화 해소와 재분배 실현, 경제성장과 인적 자본의 향상, 인권과 사회권(복지권)의 실현, 사회통합과 사회연대의 유지 등이다.

- **양극화 해소와 재분배 실현**: 현재 우리 사회의 양극화는 심각한 수준에 이르고 있다. 외환위기 이후 최근까지 모든 불평등 지표가 지속적으로 증가하고 소득계층의 양극화가 진행되고 있어 한국의 분배 상황은 외환위기의 표면적인 극복 이후에도 나아지지 않고 있다(여유진, 김태완, 2006). 양극화는 단순히 빈곤층을 양산하는 것에서 끝나는 것이 아니라 삶의 전반에 걸쳐 심각한 경제적 · 사회적 부작용을 일으키고 있다.

  이러한 상황은 결국 사회복지 수요의 증대로 나타나는데, 양극화에 대응하기 위한 사회복지의 다양한 수단 중 가장 우선적인 것이 소득보장일 것이다. 기존의 사회보장체계를 강화하며 고용창출을 위한 다각적인 노력도 병행되어야 하며, 새로운 위험에 대처하기 위해 적극적인 사회서비스 공급 확대의 필요성이 제기된다.

- **경제성장과 인적 자본의 향상**: 일반적으로 경제성장지상주의에 의해 사회복지에 사용되는 재원을 생산이 아닌 소비로 인식하는 경향이 있어 왔다. 이는 사회복지가 가져오는 사회적 편익을 경제적으로 환산하지 못한 결과다. 사회복지는 개인 또는 가족, 그리고 사회에서 일어나는 다양한 사회적 위험과 사회문제로부터 발생하는 사회적 비용을 경감시켜 오히려 가족재생산 기능과 경제성장에 기여해 왔다. 특히, 사회복지가 경제성장에 기여하는 것은 사회적 갈등과 정치적 불안을 해소시켜 경제의 불확실성을 줄여 투자를 촉진하며, 저소득층과 중산층의 구매율을 높여 내수를 진작시키고 소득분배의 불평등을 감소시킨다.

  또한 신자유주의 이념하에서는 사회정책을 경제적 '부담' 혹은 반생산적인 요소로 보지만, 장기적으로 볼 때 사회정책이 인적 자본을 강화시켜 주는 투자적 기능을 하기 때문에 생산적인 역할을 한다(Taylor-Gooby, 2006: 김연명, 2008에서 재인용). 예컨대, 아동기에 열악한 환경에서 자라 인적 자본을 축적하지 못한 경우 성인기에 실업과 빈곤으로 이어질 가능성이 높으므로 아동의 성장과 발달을 지원하는 교육, 의료 등의 아동복지 프로그램을 실시하여 인적 자본의 향상을 가져오도록 하면 장기적으로 경제성장에 기여하게 되는 것이다.

• 인권과 사회권(복지권)의 실현: 대부분의 복지국가들은 복지국가 확립 과정을 통해 모든 사회구성원의 최저한의 생존을 보장하고 실질적 평등이라는 사회정의를 구현하기 위한 사회적 기본권 사상을 강조함으로써 인간의 존엄성과 인권을 보장하는 보편적 사회복지를 실현할 수 있었다(조흥식, 2008). 결국 인권은 자세와 태도의 문제가 아니라 제도의 문제이므로, 바로 사회복지를 통해 인간의 존엄성과 인권을 보장하는 제도적 접근이 우선되어야 한다. 그런 의미에서 사회복지의 실천은 궁극적으로 인권 보장을 위한 것이다.

인간의 존엄성을 보장하고 사회적으로 취약한 집단에 대한 배려와 기본적인 복지권의 실현을 위해 모든 사람들이 차별 없이 접근 가능한 사회보장제도의 마련과 시행이 필요한데, 이것이 바로 인권과 복지권을 실현하는 일차적인 방법이다. 이런 점에서 국가가 국민에게 뜻하지 않은 생활상의 위험이나 사고 혹은 소득의 단절 등이 발생하게 될 때 기존의 생활을 유지할 수 있도록 공공부조와 사회보험, 그 밖의 사회복지 서비스 제공을 통해 사회안전망의 기능을 제공하는 것이다.

• 사회통합과 사회연대의 유지: 사회통합은 사회구성원 간에, 그리고 다양한 집단 간에 결속력을 갖게 해 주는 것으로 모든 사회구성원들이 사회생활에 적극적으로 참여하며 살아가는 것을 의미한다. 우리 사회는 사회통합 순위가 OECD 국가 중 최하위권에 머물러 여전히 사회갈등이 팽배한 것으로 나타나고 있어 사회갈등을 해소하고 사회적 응집력을 높이기 위한 사회제도가 필요하다. 특히 지금까지의 성장 제일주의에서 벗어나 사회구성원들이 사회통합을 이룰 수 있고 공동체를 이루어 갈 수 있는 균형 잡힌 경제정책과 사회복지정책이 필요하다. 그러므로 사회복지를 강화하면 성장이 저하된다는 통념에서 벗어나 사회자본(복지)을 늘리면서도 생산 친화적

시스템을 마련하는 것이 장기적으로 좋은 인재를 길러 낼 수 있는 길이며, 나아가 사회통합과 사회연대를 이룰 수 있는 방법이다. 최근 다민족·다문화 사회로 변모하고 있는 시점에서 한국사회의 사회통합과 연대는 더욱 중요한 사회복지의 기능이 되고 있다.

┃ 생각해 봅시다 ┃

1. 햄버거와 지구온난화가 어떤 관계인지 생각해 보자.

2. 세계화가 나 자신에게 미치는 영향에 대해 생각해 보자.

2. 한국사회에서 신자유주의 세계화를 드러내는 사건이 무엇이 있었는지 토론해 보자.

참고문헌

강내희(2006). 신자유주의 세계화를 넘어 대안적 세계화로. 문화과학, 47, 33-63.

강명세(2007). 정치지형 변화와 복지정치: 세계화, 복지국가, 민주주의-한국의 복지국가 전망과 복지정치. 참여연대사회복지위원회 대안복지패러다임 연속 세미나 자료집.

김상균, 최일섭, 최성재, 조흥식, 김혜란(2001). 사회복지개론. 서울: 나남출판.

김연명(2008). 새로운 복지전략으로서의 사회투자론. 전환기의 한국복지패러다임(pp. 263-296). 서울: 인간과 복지.

김영화, 명선영, 송진아, 신원식, 이옥희, 임성옥(2001). 사회문제론. 서울: 대학출판사.

김영화(2005). 인간과 사회 그리고 복지. 서울: 현학사.

남기철(2008). 양극화 시대 사회서비스 체계의 재편. 전환기의 한국복지패러다임(pp. 123-162). 서울: 인간과 복지.

여성가족부(2010). 2010년 가정폭력실태조사 연구보고서. 여성가족부.

여유진, 김태완(2006). 한국의 소득불평등 동향과 정책방향. 한국보건사회연구원 정책토론회: 빈곤과 불평등 실태 및 정책제안 자료집.

유문무(2006). 현대자본주의와 한국의 사회복지. 서울: 한국학술정보(주).

윤홍식, 조막래(2008). 구사회위험의 존속과 신사회위험의 확대. 전환기의 한국복지패러다임(pp. 91-121). 서울: 인간과 복지.

조홍식(2008). 인간생활과 사회복지. 서울: 학지사.

참여연대사회복지위원회 편(2008). 전환기의 한국복지패러다임. 서울: 인간과 복지.

최기춘(2003). 세계화의 복지국가 변화의 다양성-미국, 유럽과 한국의 경우. 사회경제평론, 21, 495-526.

통계청(2010). 경제활동인구조사. 통계청

한국보건사회연구원(2008). 전국 가정폭력, 성폭력 실태조사. 한국보건사회연구원.

Zastrow, C. (2008). *Introduction to Social Work and Social Welfare: Empowering People* (9th ed.). Belmont, CA: Thomson Brooks/Cole.

제2장
사회복지의 개념과 관점

이 장은 사회복지를 이루는 기초개념은 무엇이며 사회복지에서는 어떤 식으로 사람과 문제를 바라보는가에 대한 내용으로 구성되어 있다. 사회복지가 의미하는 바를 구체적으로 살펴보기 위해 그 의미가 광의로 사용되는 경우와 협의로 사용되는 경우로 구분하여 비교 설명하였다. 아울러 사회복지가 다른 학문 분야와 어떤 점에서 공통분모 혹은 차별성을 지니는가에 대해 알아봄으로써 사회복지에 대한 이해를 높이고자 하였다. 마지막으로, 사회복지에서 주요하게 사용되고 있는 기초관점인 생태체계 관점과 강점 관점을 소개하고 이들 관점이 실제 어떻게 적용되는가를 알아보았다.

1. '사회복지' 과연 무엇을 의미하나

요즘 들어 우리 사회는 부쩍 '사회복지'라는 단어를 자주 사용하고 있으며 이는 매우 고무적이다. 그러나 이 단어의 사용에서 여러 수준의 의미로 전달되는 경우가 있으며 종종 정확하지 않게 사용되는 일례도 많다. 이러한 혼란의 첫째 이유는 영어 단어의 해석 측면에서 기인한다. 1950년대 우리나라에 사회복지가 태동하던 시기에 'social welfare'와 'social work'는 '사회복지'와 '사회사업'으로 각기 번역되어 사용되면서도 의미상으로는 동의어로 간주되는 경우가 많았다. 이후 사회복지사업법의 제정으로 '사회복지사업'이라는 법정용어의 등장으로 인해 용어 사용의 혼란은 가중되었다. 1990년대 이후 통합교과안의 대두로 주목받기 시작한 'social work practice'가 '사회사업실천'이 아닌 '사회복지실천'으로 불리면서 '사회복지'와 '사회사업'의 의미 구분은 더욱 모호해졌다.

혼란의 두 번째 이유는 '사회복지'와 '사회복지전문직'이 동의어로 사용되는 경향과 관련이 있다. 이로 인해 '사회복지학'과 '사회복지실천' 역시 '사회복지'와 구분 없이 사용되는 오류가 발생하기도 한다. 1995년 출간된 미국사회복지사협회(NASW)의 『Encyclopedia of Social Work』를 번역하여 1999년 한국에서 출간된 『사회복지대백과사전』은 이러한 혼란의 단적인 예를 보여 준다.

사회복지전문직 개관(Social Work Overview)
전문직으로서 사회사업은 대체로 20세기 산업화와 도시화에 관련된 문제에 대한 대응으로 나타났다. …… 사회사업 분야에서 기술이 궁극적으로 인간 상호 간의 실천의 범주를 강화할 것인지, 약화시킬 것인지에 관심이 있다.

출처: 이문국, 이용표 외 50인(1999: 2611).

용어상의 혼란이 현재까지 계속되고 있는 상황에서 각각의 용어가 정확히 무엇을 의미하는지, 그리고 서로 구분되는 점과 관련되는 점은 무엇인지를 살펴볼 필요가 있다. 사회복지의 개념은 대상의 범위를 얼마나 넓게 혹은 좁게 규정하는가에 따라 광의의 개념과 협의의 개념으로 나누어 설명될 수 있다. 이 장에서는 'social welfare'를 광의의 사회복지로, 'social work'는 협의의 사회복지로 구분하여 설명하고자 한다.

1) 광의의 사회복지

'사회복지'가 social welfare라는 의미로 사용될 경우 대체로 두 가지 차원에서 살펴볼 수 있는데, 첫 번째는 사회제도로서, 두 번째는 학문 분야로서의 의미를 담고 있다(Zastrow, 2000: 5). 먼저 사회제도의 맥락에서 '사회복지(social welfare)'를 살펴보기로 한다.

사회제도는 사회 내 인간의 욕구를 충족시키고 사회문제의 해결을 도모하기 위해 형성되었으며 가족, 교육, 정부, 종교, 경제, 그리고 사회복지의 기능을 포함한다. 이 중 사회제도로서의 사회복지(social welfare)는 전체 사회의 유지를 위해 사회구성원들이 사회경제·교육·건강 측면에서 여러 욕구를 충족하도록 돕는 국가단위의 프로그램, 수당, 서비스 체계이며(Barker, 1995), 이를 광의의 사회복지 개념이라고 한다. 사회구성원 전체의 전반적 복리를 포괄하는 넓은 개념으로서 사회복지는 "개인과 사회 전체의 복지를 증진시키려는 모든 형태의 사회적 노력을 포함하며, 사회문제의 치료와 예방, 인적자원의 개발, 인간 생활의 향상에 직접적 관련을 갖는 일체의 시책과 과정을 포함한다"(조흥식,

2008: 163). 사회복지를 광의로 바라볼 경우 우리가 일반적으로 알고 있는 사회복지현장뿐만 아니라 경찰행정조직, 소방조직, 교육기관, 교정시설 등 사회문제와 직·간접적으로 관련 있는 일선 기관의 업무 전반이 모두 포함될 수 있다 (Skidmore, Thackeray, & Farley, 2000: 3). 이렇듯 광의의 사회복지의 개념은 개인의 삶의 질을 높이고 사회가 유지될 수 있도록 하는 모든 방법을 포함하며, 이들 방법을 통해 실현하고 도달하고자 하는 목적, 즉 사회복지의 가치적 측면을 제시해 준다.

  '사회복지(social welfare)'는 학문 분야를 지칭하는 용어로 사용되기도 한다. 이때의 사회복지는 개인과 집단, 그리고 지역사회를 대상으로 다양한 사회서비스를 제공하는 기관 및 프로그램, 관련 인력체계와 정책 등에 대해 연구하는 학문 분야를 지칭한다. 그리고 사회복지사 양성을 위한 교육과 훈련은 여기서 매우 중요한 부분을 차지한다. 이전에는 사회복지사 양성을 목적으로 하는 학과의 명칭으로 '사회사업학과'를 사용하기도 했지만 1980년대 이후부터 대부분의 학과들은 '사회복지학과'라는 명칭을 사용하고 있다. 이는 사회복지교육계가 급변하는 교육환경과 사회여건에 대응하기 위해 통합적 실천교육에 초점을 두기 시작한 것과 관련이 있다(김기태, 양옥경, 홍선미, 박지영, 최명민, 2005).

2) 협의의 사회복지

  social work는 우리나라에서 한때 '사회사업'으로 통칭되었다. 그러나 이 용어가 포괄하는 의미가 매우 좁고 자선사업의 느낌마저 불러일으킬 소지가 있어 통합적 전문 서비스 제공을 지향하는 요즘에는 많이 사용되지 않고 있다. 좀 더 큰 틀의 용어를 사용하고자 '사회복지'라는 용어로 대체되는 경향이 높아졌지만 앞서 설명한 social welfare로서의 사회복지와 동의어로 이해되어서는 곤란하다.

  사회복지는 사회 내 모든 이들의 일반적 행복을 지향하는 것이지만 실제로 모든 사람이 그 혜택을 받는 것은 아니다. 사회구성원들은 실로 다양한 차원에서 욕구들을 지니지만 이들 욕구는 첨예한 사회문제로 부상되고 난 이후에나 관심을 받을 뿐 그 이전에는 사회 안에서 제대로 관심을 받지 못하는 경우가 종종 있다. 특히 사회적 영향력과 힘이 약한 사람들의 경우에는 더욱 그러해서 그들은 제도적 사회복지 혜택의 사각지대에 놓이기도 한다. 이때 사회는 이들이 겪는 사회구조적 차원의 간극을 살펴보고 해소를 위해 노력을 기울이기보다는 오히려 이들에게 사회적 낙인을 부여해 버리는 경향을 띠기도 한다. 이러한 모순적 상황에서 사회적 약자를 돕는 일을 전문적으로 하도록 사회적 위임을 받은 전문직과 그들의 전문활동(social work)이 매우 중요한 의미를 지니게 되었다(Dubois & Miley, 1996).

"개인, 집단 및 지역사회가 사회적 기능을 향상시키거나 회복할 수 있도록 돕고 이를 위해 사회적 여건을 조성하는 전문적 활동"(NASW, 1983)으로 정의되는 협의의 사회복지(social work)는 사회복지실천(social work practice)을 통해 이루어진다(Skidmore et al., 2000). 전통적으로 사회복지실천은 개별사회사업(casework), 집단사회사업(group work), 지역사회조직(community organization)의 3대 방법론으로 이루어졌다. 그러나 오늘날 사회복지실천은 각기 분리된 방법론을 사용하기보다는 이들을 통합적으로 사용하는 방식을 취하고 있다. 실천방법론상의 변화에도 불구하고 사회복지(social work)가 사회 내 여러 문제들을 경감시키고 사람들의 더 나은 삶을 지향해 오고 있다는 점에는 변함이 없다.

협의의 사회복지(social work)는 실제적 사회복지 영역으로 그 범위를 좁힌 것이다. 사회복지가 궁극적으로 도달하고자 하는 전 국민의 복지를 추구한다고 하지만 실제적인 대상은 여러 가지 사회문제로 인해 고통을 겪고 있는 사람들로 그 범위가 한정되므로 특정 문제를 안고 있는 사람들에 대한 정책과 프로그램, 급여, 서비스 등을 제공하는 협의 개념의 사회복지가 필요하다.

이러한 점에서 협의의 사회복지는 광의의 사회복지가 도달하고자 하는 목적(혹은 가치)을 실현하는 과정에서의 구체적 수단이라고 할 수 있다. 아울러 전문적 가치와 원칙을 바탕으로 다양한 기술의 적용이 요청되는 전문 영역이기도 하다. 협의의 차원에서 사회복지(social work)의 전문성을 이해하기 위해서는 우선 그것의 고유성부터 살펴볼 필요가 있다(Kirst-Ashman, 2003).

첫째, 사회복지는 어떤 복잡하고 어려운 문제일지라도 초점을 두어서 다룬다. 아울러 사회복지사는 클라이언트가 매력적이지 않다는 이유로 서비스 제공을 거절하여서는 안 된다. 모든 문제가 사회복지실천을 통해 단숨에 해결될 수는 없지만 적어도 문제를 확인하고 검토하는 전문적 과정에서 최소한 이들 문제를 경감시킬 수는 있다. 그리고 향후 어떤 방향으로 최대한의 노력을 모아야 할지를 결정하는 것 역시 전문기술을 필요로 한다.

둘째, 사회복지는 클라이언트만 변화하도록 하는 것이 아니라 종종 클라이언트를 포함하는 환경이 변화하도록 초점을 둔다. 이 점에서 사회복지사는 개인을 둘러싼 외부 어느 부분에서 변화가 필요한지 반드시 살펴보아야 한다.

셋째, 사회복지는 변화를 위해 때로는 옹호가 필요하다는 점을 강조한다. 이 방법은 클라이언트와 그를 둘러싼 환경 간의 관계에 초점을 둔다. 개인과 환경 간의 관계에 관한 설명은 이후 '생태체계적 관점'에서 상세히 다루기로 한다.

넷째, 사회복지는 핵심적 전문가치에 충실할 것을 강조한다. 사회복지사는 사람들이 특정한 방향으로 생각하거나 행동하도록 강요하지 않는 대신, 그들이 어떤 생각이나 행동을 취할지에 관해 본인 스스로가 의사결정을 하도록 돕는다.

3) 광의의 사회복지와 협의의 사회복지의 관계

이들의 관계를 간단하게 정리하자면 광의의 사회복지(social welfare)는 협의의 사회복지(social work)에 비해 더 광범위한 용어라고 할 수 있다. 엄밀히 말해 social work로서의 사회복지는 social welfare에 포함되는 한 활동이다. 사회 내 사람들의 사회·경제적 복지(welfare) 향상에 관심을 기울이는 영역에는 사회복지(social work) 이외에도 여러 직업군이 포함될 수 있다. 의사, 교사, 간호사, 경찰관 등도 넓게 보면 사회구성원들의 복지와 삶의 질 향상에 일조하는 직업이다. 그러나 역사적으로 여러 전문직 중에서도 사회복지(social work)는 사회복지(social welfare)의 임무를 수행해 온 제1의 전문직으로서 사회복지(social welfare) 체계 내에서 차지하는 비중이 매우 높다(Kirst-Ashman, 2003).

사회복지(social work) 수행에 종사하는 직업인을 우리는 '사회복지사'라 칭한다. 그러나 요즘 사회복지에 대한 관심이 높아지면서 다양한 영역에서 넓은 의미의 사회복지(social welfare)에 관여하는 종사자들이 많아졌고 이들 또한 '사회복지'를 수행하는 것으로 인식되는 경향이 있다. 그러나 분명한 것은 이들이 광의의 사회복지(social welfare)에 관여하는 직업인일 수는 있으나 '사회복지사'로 불릴 수는 없다는 것이다. 사회복지사가 되기 위해서는 사회복지실천(social work practice)의 기초가 되는 고유한 가치, 지식, 기술 등을 학습하는 교육과 훈련과정이 필수적이다. 광의의 사회복지(social welfare) 임무를 수행하기 위해 협의의 사회복지(social work)는 다양한 현장에서 여러 역할을 취한다. 사회문제의 성격과 이를 다루는 방식은 각 사회마다 다르므로 사회복지실천(social work practice)의 형태 또한 사회와 시대에 따라 다양화될 수밖에 없다.

이제 우리는 '사회복지'라는 용어가 social welfare를 가리킬 때와 social work를 가리킬 때 그 의미가 다르다는 것을 알아차릴 수 있게 되었다. 그러나 이들 용어를 사용할 때마다 일일이 영어 철자를 덧붙여 구분할 수는 없는 일이다. 그래서 의미 전달상 특별한 구분을 필요로 하는 경우를 제외하고는 '사회복지'라는 용어로 통칭해서 사용하는 것이 일반적이다. 이후 이 책에서도 '사회복지' 용어의 사용 시 일반적 방식을 따르되, 광의와 협의의 개념 구분이 반드시 필요한 경우에는 영어 철자를 병기(倂記)할 것이다.

2. 사회복지는 다른 학문 분야와 어떤 관계가 있는가

1) 사회학과 사회복지

사회복지의 지식체계는 여러 다양한 학문 분야로부터의 개념과 기술들을 직접 실천에 적용함으로써 발전되어 왔다. 특히 사회현상을 대상으로 사회법칙을 탐구하는 사회과학의 학문 분야인 사회학, 심리학, 그리고 경제학으로부터의 영향은 사회복지 지식 형성과정에 중요한 역할을 해 왔다.

사회학은 전체 사회 안에서 집단들이 어떻게 발달해서 상호작용하며 기능하는가를 총체적으로 연구하는 데 초점을 둔 학문이다. 사회와 그 구성원을 연구대상으로 한다는 점에서 사회학과 사회복지는 공통부분이 많음에도 불구하고 접근방식에서 현저한 차이점 또한 있다. 일단 사회복지와 사회학 모두 사람에 관심을 두며 이들의 상호작용을 이해하고자 한다는 점에서 공통점이 있다. 그러나 사회학은 '언제' '어떻게', 그리고 특히 '왜' 사람들이 다른 사람과의 관계에서 특정한 방식으로 행동하는지에 관심을 두고 사회문제를 정확하게 밝혀내는 데 치중하는 반면, 사회복지는 사람들이 다른 사람과의 관계에서 '어떻게' 행동하는가에 관심을 두고 궁극적으로 이들이 문제를 해결하도록 돕는 데 치중한다(Skidmore et al., 2000).

2) 경제학과 사회복지

경제학은 재화 및 서비스의 생산과 분배, 그리고 소비현상 등에 관한 연구를 주로 하는 학문으로 종종 사회복지와의 관계가 대립적인지 혹은 상호 보완적인지에 대한 논의를 불러일으키기도 한다. 오늘날 거의 모든 국가들은 사회복지와 경제성장이라는 가치 중 어느 것을 우선적으로 추진해야 할지, 그리고 양쪽을 모두 추구할 경우 사회복지의 수준을 어느 정도로 조절할 것인지에 관해 거듭되는 논란을 겪고 있다(김기태, 박병현, 최송식, 2004).

경제성장은 개인소득을 증가시켜 국민 생활수준을 향상시킬 수 있지만 경제성장 일변도의 정책은 성장에 따른 부작용을 가져와 사회적 긴장을 표출시킨다. 저임금 노동착취, 비정규직의 양산, 산업규제 완화에 따른 산업재해 증가, 빈곤의 양극화 현상 등이 그 예다. 이들 사회적 긴장상태는 막대한 사회적 비용을 발생시켜 지속적 경제성장을 방해하는 결과를 가져온다. 이러한 점에서 사회복지는 장기적으로는 경제성장을 보완하는 기능을 지녔다고 할 수 있다. 더

구나 사회복지제도는 호황과 불황을 반복하는 자본주의 체제 내에서 경제를 자동적으로 안정시키는 효과가 있어 경기침체를 막는 데 기여할 수 있다(김기태 외, 2004).

사회복지의 경제성장 기여 측면에 반대해서 사회복지지출은 반생산적이며 경제성장을 저해한다는 주장이 제기되기도 한다. 이에 따르면 사회복지정책의 확대는 필연적으로 공공부문에서의 사회복지지출의 증가를 가져오며, 이것은 산업생산부문에 투입해야 할 인력과 자본을 비생산적인 부문에 낭비하는 결과를 초래해 경제를 저해한다는 것이다. 그러나 실제 공공 서비스의 확대가 생산부문 위축을 불러오는 근본적인 원인이라기보다는 한 나라의 경제적 경쟁력의 약화가 직접적 이유인 경우가 대부분이다. 이러한 관점에서 보면 오히려 산업부문의 위축이 사회복지 서비스의 확대를 가져오는 선행조건이 된다. 이외에도 사회복지 서비스의 확대는 인적 자본의 향상을 도모하므로 오히려 생산력 증대에 도움이 된다는 해석도 가능하다.

3) 심리학과 사회복지

심리학은 인간의 마음과 행동에 관한 과학적 연구 영역으로서, 특히 인간행동의 이해와 면접기술에 관한 사회복지실천 지식 형성에 많은 영향을 미쳤다. 심리학이 오랫동안 사람의 행동을 연구하고 설명하며 변화시키는 데 주력해 오면서 사회복지는 이로부터 개인의 성장과 발달, 육체적·정신적 병리현상과 관련한 지식들을 얻을 수 있었다. 특히 심리학 중 성격이론은 개별사회사업(casework)의 이론발달에 많은 영향을 미쳤다.

사회복지와 심리학 모두 사람의 행동 중에서도 상호작용 유형에 관심을 기울인다는 공통점이 있다. 그러나 심리학이 개인의 행동만을 주요하게 다루고자 하는 반면, 사회복지는 사회적 기능 측면을 강조한다는 차이가 있다. 또 심리학에서는 검사와 측정을 통해 개인을 이해하고자 하는 경향이 높으며, 개인의 행동에 관련된 사회적 요소뿐만 아니라 생물학적 요소까지도 연구대상으로 삼기도 한다. 이들 심리학자들은 인간의 개별적 속성 자체에 주된 관심이 있다. 그러나 일부 심리학자(임상심리학자)는 개인에 대한 개별속성 연구 차원을 벗어나 직접적 원조과정에 임하는 경우도 있으며, 이때 사회복지사의 활동과 중복되는 경향이 있다. 그러나 이와 같은 경우에도 사회복지사는 사회(환경)라는 전체적 맥락에서 개인이라는 부분을 이해하고자 하는 경향이 강한 반면 심리학자들은 개인 자체만을 집중적으로 조명하고자 한다(Skidmore et al., 2000). 또한 사회복지는 문제해결을 위해 지역사회의 자원을 적극적으로 활용한다는 점에서 차이점을 지닌다.

이외에도 다양한 학문 분야로부터 사회복지실천을 위한 지식이 도출되어 응용되고 있다. 유기체와 그 기능에 주요 관심을 두는 생물학, 정신적 및 정서적 질환을 진단 · 치료하는 의학 영역의 한 분야인 정신의학, 사회적 구조와 언어 등과 같은 인간문화 측면을 다루는 문화인류학, 정부 통치구조와 기능에 관한 정치학 등으로부터도 클라이언트를 이해하고 문제해결을 도모하는 데 필요한 지식들을 차용할 수 있다. 특히 정신의학은 심리학 및 상담과 더불어 사회복지에서의 면접기술 발전에 많은 영향을 미친 학문 분야로 알려져 있다. 사회복지는 응용 사회과학으로서 필요하다면 어떤 학문 분야로부터도 지식을 얻을 수 있다. 오랫동안 사회복지사들은 인간 욕구와 행동에 관한 이해를 높이기 위해 여러 분야로부터 지식을 도출시키고 이들 다양한 지식을 사회복지 고유의 기술 및 가치체계와 결부시켜 개인, 가족, 집단 및 지역사회의 문제를 해결하고 삶의 질을 높이는 데 적극적으로 활용해 왔다(Kirst-Ashman, 2003; Zastrow, 2000). 그러나 다양한 배경으로부터의 지식이 사회복지실천에 투입될 때는 반드시 사회복지 고유의 가치와 지식, 기술과 부합되는 형태가 되어야 한다.

3. 사회복지의 주요 관점은 무엇인가

1) 생태체계 관점

사회복지는 항상 현재보다 더 나은 상황을 만들어 가고자 변화를 추구하는 특성을 지닌다. 이때 변화란 클라이언트 개인의 변화일 수도 있지만 클라이언트가 포함된 환경 자체가 변화되는 것을 의미하는 경우도 있다. 개인뿐만 아니라 한 개인을 둘러싸고 있는 환경이 변화되도록 노력한다는 것은 사회복지가 지닌 매우 독특한 측면이다. 이를 설명하기 위해서는 생태체계 관점을 먼저 이해할 필요가 있다.

생태체계 관점의 이해는 의료 모델(medical model)과의 대비를 통해 더욱 명확하게 이루어질 수 있다. 의료 모델에서는 환경보다는 개인에 대한 관심이 일차적이며, 질병처럼 뭔가 바람직하지 못한 문제를 지닌 존재인 개인을 치료하거나 고쳐 나가는 것이 주요 목표가 된다. 이때 개인을 둘러싼 외부적 요인에는 관심을 기울이지 않으며, 변화가 일어나야 하는 지점 역시 환경이 아닌 개인 자체일 수밖에 없다는 입장을 지닌다. 이와는 대조적으로 사회복지에서는 개인과 그 개인이 포함되어 있는 환경 안에 존재하고 있는 다양한 체계 간의 상호작용이 주요 초점이 된다. 개인과 환경 양측면 모두를 강조한다는 점에서 '이중적(dual)' 관점으로 불리기도 한다.

이처럼 사회복지에서는 개인체계와 환경체계에 중점을 두는 생태체계 관점을 중심으로 '생태체계적' 접근방식이 중요하다. 생태체계적 접근은 사회체계이론과 생태적 접근이라는 서로 다른 이론적 요소로 구성되어 있다. 자연과학적 토대의 일반체계이론으로부터 출발한 사회체계이론은 사람들이 만들어 내는 상호작용들의 역동성에 초점을 둔 이론으로, 여기서 '체계'란 기능하기 위해 질서정연하게 상호 관련되어 있는 일련의 요소들을 말한다. 사람들로 구성된 사회체계로는 한 사람의 개인, 가족, 이웃, 나아가 사회기관 등이 모두 포함된다. 이들 사회체계를 구분하는 방법으로, 개인의 경우 미시(micro)체계, 집단은 중간(mezo)체계, 조직체 및 지역사회는 거시(macro)체계로 분류되기도 하며, 가족은 미시체계와 중간체계의 중간쯤에 위치한 것으로 구분된다. Pincus와 Minahan(1973)은 사회복지 원조과정을 설명하는 데 체계이론상의 관점을 이용하여 '표적체계' 및 '클라이언트 체계'라는 용어를 제시하였다. 표적체계란 목표를 성취하기 위해 변화되어야 할 체계로서 클라이언트 개인, 가족, 공식집단, 정책입안자 등이 모두 변화의 표적이 될 수 있다. 원조과정상의 또 다른 체계인 클라이언트 체계는 원조개입을 통해 궁극적으로 혜택을 얻게 되는 체계를 일컬으며 개인, 가족, 집단, 조직 혹은 지역사회가 해당될 수 있다. 이에 관한 보다 구체적 내용은 제9장 '사회복지실천'에서 다루어질 것이다.

생태학은 유기체와 환경 간의 상호 관련성을 주로 다루는 생물학의 한 분야다. 인간도 유기체의 한 부류인 만큼 생태학의 주요 내용들은 인간과 그 주변의 사회환경 간의 관계를 살피는 데 유용한 틀을 제공한다. 특히 생태학적 관점에서는 환경상의 맥락(context) 속에서 인간 기능과 행동을 이해하는 것이 중요시된다. 생태학적 접근을 통해 '사회환경'과 '대처'의 주요 개념이 도출될 수 있다. 여기서 사회환경이란 인간을 둘러싸고 있는 여러 상황과 상호작용을 포괄한 개념이다. 인간은 생존을 위해 환경과 효과적으로 상호작용해 나가야 한다. 한 개인이 거주하고 있는 집, 직업 유형, 수입 정도, 법과 사회규율 등이 모두 그의 사회환경에 포함된다. 그리고 그와 접촉하는 가족, 친구, 업무팀, 정부, 기타 여러 체계들 역시 사회환경에 포함된다. 대처는 환경상의 조건에 적응하여 문제를 극복하고자 하는 노력을 의미한다. 사회복지사가 수행하는 많은 활동은 문제에 봉착한 사람들이 본인의 환경 안에서 대처하도록 돕는 데 주안점을 두고 있다.

1970년대 이후부터 사회체계이론과 생태학적 관점을 조합한 형태의 생태체계 접근이 여러 사회복지실천 모델들의 기초로 활용되기 시작하였다. 생태체계 접근은 생태학적 개념을 통해 개인과 환경 간에 보다 나은 적응적 상호작용이 이루어지는 데 초점을 두며, 체계이론을 통해서는 행위자와 주변 상황적 요소들이 서로 관련성을 맺는 방식을 이해하게끔 한다. 사람이 살아가는 환경 상황(맥락)을 살피는 데 주안점을 두는 생태체계 접근은 사회복지실천의 핵심 초점인 '환경 속의 인간'의 기저를 이루고 있다. 생태체계 접근을 바탕으로 한 사회복지는 문제에 직면한 클라이언트를 원조하기 위해 체계로서의 인간이 그를 둘러싸고 있는 다양한 수준의 다른 체계들(환경)과 역동적 상호작용 속에서 존재해 가는 방식을 우선적으로 이해하고자 한다. 환경상의 맥락에 초점을 둔다는 것은 개인 자체에만 관심을 두는 것이 아니라 그 개인의 가족, 이웃, 직장동료, 그가 살고 있는 지역사회 내에 서비스를 제공하는 기관, 그리고 더 넓게는 그가 포함된 사회의 정치체계에까지 관심을 확장시킴을 의미한다. 이러한 초점 아래 클라이언트의 문제를 단순히 개인의 잘못에 기인한 것으로 간주하기보다는 그를 에워싼 여러 역동의 결과로 이해하고자 한다. 그러므로 클라이언트의 문제를 접한 사회복지사는 다양한 수준에서 문제를 조명할 필요가 있다.

원래 생태학이 개체의 환경에의 적응을 주로 다루는 것에 비해 사회복지에서의 생태체계 접근은 개인의 일방적 적응보다는 개인과 환경 간의 상호 적응 방식을 다루고자 한다. 따라서 생태체계 접근을 바탕으로 한 사회복지에서는 클라이언트 개인뿐만 아니라 환경 자체를 변화가 필요한 표적체계로 삼기도 한다. 즉, 개인만이 환경에의 적응을 필요로 하는 것이 아니라 환경 역시 구성원인 개인의 기능 향상을 위해 변화되어야 한다. 아울러 사회복지에서의 생태체계 접근은 클라이언트가 자신이 원하는 사회적·물리적 차원에서 환경상의 변화를 이끌어 낼 수 있는 역량을 지닌 존재라는 점을 기본적으로 가정하며 이는 강점 관점을 통해 좀 더 구체적으로 설명될 수 있다.

2) 강점 관점

강점 관점은 모든 개인이 자신만의 강점을 지니고 있으며 그 강점이 개인 내부적 측면뿐만 아니라 그 개인이 관여하고 있는 지역사회(community) 안에도 분명히 내재되어 있다는 전제로부터 출발한다는 점에서 개인을 둘러싸고 있는 지역사회와 그 구성원으로서의 개인을 동시에 고려하도록 안내하고 있다. 그리고 이들 개인 및 지역사회의 강점들은 새롭게 재개될 수도 있고 확장될 수도 있는 성격을 지닌다. 강점 관점을 적용하는 데 사용되는 몇 가지 원칙들[1]을 살펴보기로 한다.

- 모든 개인, 집단, 가족, 지역사회는 강점을 지닌다: 자산, 자원, 지식 등과 같은 강점을 사회복지사가 처음부터 알 수는 없으며 이들을 알아보고 식별해 나가는 것이 강점 관점에서 중요시하는 부분이다. 이를 위해 사회복지사는 클라이언트가 말하는 이야기와 그에 담긴 생각 등에 관심을 기울이고 클라이언트가 현재의 역경을 극복하고 더 나은 쪽으로 변화될 수 있음을 믿어야 한다.

- 질병, 사고, 폭력피해 등과 같은 역경은 겪지 않으면 좋지만 일단 겪게 될 경우 도전과 기회의 원천이 된다: 역경으로 인한 당혹감과 혼란 속에서 어찌할 바를 모르는 사람일지라도 앞으로의 문제를 헤쳐 나갈 능력을 지닌 존재임을 스스로 인정하는 것은 변화와 성장을 이끌어 내는 시발점이 된다.

- 개인과 집단, 지역사회의 성장하고 변화하는 능력에는 상한선이 없다: 사회복지사가 클라이언트의 문제 상황을 정확하게 이해하는 것보다 더욱 중요한 것은 클라이언트가 지닌 바람, 열망, 기대, 통찰, 가치관 등을 존중하고, 이를 진지하게 받아들이는 것이다.

- 클라이언트와 협력할 때 가장 좋은 서비스가 이루어질 수 있다: '전문가'의 역할보다는 문제를 함께 다루어 나가는 '협력자'로서의 역할이 사회복지 전문원조자에게 더욱 요청된다. 그러므로 사회복지사와 클라이언트는 서비스를 계획하고 수행해 나가는 전 과정을 공동으로 해야 한다.

- 어떤 환경이든 자원들로 채워져 있다: 클라이언트의 환경, 즉 가족, 사회적 관계망, 지역사회 모두 잠재적 자원의 '오아시스'라고 할 수 있으며 공식

---

1) Saleebey (1997)의 *The Strengths Perspective in Social Work Practice*, 2nd ed.에서 제시된 내용을 정리한 것이다.

적·비공식적 자원 모두를 원조과정에서 적극적으로 활용해야 한다.

    사회복지실천에서 강점 관점은 매우 중요한 부분을 차지하지만, 실제 사회복지사가 클라이언트로부터 구체적 강점을 확인하는 데 모호함을 느끼는 경우가 많다. Hepworth와 Larsen(1990: 213-214)은 사회복지사가 클라이언트의 강점을 구체적으로 찾는 것을 돕기 위해 대부분의 개인들이 지니고 있는 강점의 예들을 제시하였다. 다음에 제시한 강점의 예들 중 몇 개를 보유하고 있는지 확인해 봄으로써 강점 관점을 구체적으로 적용하는 능력을 키울 수 있을 것이다. 단, 여기에 제시된 예들은 수많은 강점들의 일부분일 뿐임을 밝혀 둔다.

- 문제가 있다는 것을 인정함.
- 책임을 인정함.
- 타인으로부터 정보와 조언을 구하고 이를 수용함.
- 타인을 기꺼이 돕고 격려함.
- 변화에 따른 위험을 감수하려 함.
- 타인에 대해 애정과 관심을 나타냄.
- 직장을 구해 고용에 따른 책임을 지속적으로 수행함.
- 가족으로서의 의무를 이행하고 재정적 어려움을 해결하려 함.
- 우정을 유지함.
- 가족, 친척, 친구에 대한 관심과 헌신을 표현함.
- 자기통제를 함.
- 계획을 통해 사려 깊은 결정을 함.
- 타인에게 상처를 준 것에 대해 죄의식과 유감을 느낌.
- 이웃과 지역사회에 관심을 둠.
- 타인과 그가 처한 상황을 이해하려 함.
- 사람들 간의 차이를 인정함.
- 목전의 어려움과 장벽을 헤쳐 나가려고 노력함.

- 즐거운 일을 타인과 나누려 함.
- 자신의 사회적 · 경제적 상황이 더 나아질 것을 바람.
- 사회 · 지역사회 단체나 종교단체에 참여함.
- 자신의 꿈을 지니고서 이를 이루고자 함.
- 타인의 잘못을 용서함.
- 자신의 관점과 생각을 표현함.
- 자신 및 타인의 권리를 옹호함.
- 위험에 놓이거나 불이익을 받고 있는 타인을 보호하려 함.
- 기계작동이나 대인관계 등 특별한 영역에서 재능을 가짐.

강점 관점의 토대를 이루는 개념 중 하나로 임파워먼트가 대표적이다. 임파워먼트란 개인이 본인의 삶을 향상시키기 위한 행동을 즉각 취할 수 있도록 자신의 내적 힘이나 정치적 세력을 증진시키는 과정으로(Kirst-Ashman, 2003: 52), 개인, 집단, 가족, 그리고 지역사회 등이 스스로의 강점과 긍정적 속성을 키워 나감으로써 자생적 통제력을 지닐 수 있도록 하는 데 목적이 있다. 사회복지전 문직이 발전해 오는 동안 인간이 적응력과 다양한 기회를 통해 평생 성장을 추구하는 존재라는 믿음은 변함없이 유지되어 전문직 내에서 핵심적 가치로 자리 잡아 왔다. 이러한 임파워먼트 지향적 가치와 사고는 사회복지에서 여러 구체적 형태로 표출되고 있으며, 강점에 대한 강조가 가장 대표적인 것이라고 할 수 있다. 임파워먼트를 지향하는 사회복지사들은 임파워먼트에 관한 추상적 생각들을 어떻게 실천으로 옮겨야 할지의 과제에 직면한다. 사회복지사는 클라이언트를 어떻게 생각해야 할지, 이들과 관계는 어떻게 형성해야 할지, 개인적 및 사회적 자원들은 어떤 식으로 동원해야 할지 등의 결정과정에서 임파워먼트를 구체적으로 활용해야 한다. 이를 위해 몇 가지 기본가정들을 이해하는 것이 중요하다(Dubois & Miley, 1996).

- 임파워먼트는 클라이언트와 사회복지사가 파트너로 함께 일을 해 나가는

협력적 과정이다.

• 클라이언트는 자원과 기회가 주어진다면 얼마든지 유능하고 역량 있는 존재다.

• 본인이 변화를 끌어낼 수 있는 존재라는 것을 클라이언트 스스로 인정해야 한다.

• 개인 역량은 삶의 경험을 통해 습득되며, 무엇을 어떻게 해야 하는가에 대해 조언을 듣는 것보다는 스스로 부딪쳐 봄으로써 더 잘 계발될 수 있다.

• 특정 상황은 수많은 복합적 요인들의 결과이므로 이에 대한 해결 역시 다양한 방법들의 동원을 통해 효과를 거둘 수 있다.

• 비공식적 사회지지망은 개인의 스트레스를 줄여 주고 스스로가 유능하고 통제력 있는 사람이라는 느낌을 만들어 주는 주요 지지처가 된다.

• 임파워먼트 과정에 당사자의 참여는 반드시 이루어져야 하며 목표나 수단, 결과 등을 정하는 것 역시 클라이언트 스스로의 참여로 이루어져야 한다.

• 임파워먼트에서는 자각(awareness) 정도가 중요하므로 이를 위해서는 정보가 반드시 필요하다.

• 임파워먼트는 자원에 즉각적으로 접근해서 효과적으로 활용하는 능력을 필요로 한다.

• 임파워먼트 과정은 역동적이며 항상 변화한다.

• 임파워먼트는 개인과 사회경제적 발달이 병행되는 상태에서 얻어질 수 있다.

┌───┐
■ **생각해 봅시다** ■

1. 다양한 영역에서 넓은 의미의 사회복지(social welfare)에 관여하는 직업종 사자들—예를 들어, 의사, 교사, 경찰 등—도 사회복지를 수행하는 측면이 있지만 이들을 사회복지사(social worker)라고 할 수 없는 이유를 생각해 보자.

2. 인간과 환경체계 간의 관계를 민들레 풀밭에 사는 토끼 무리의 예로 생각해 보자. 토끼 무리와 민들레 풀밭은 어떤 상호작용을 할까?

3. 다음 사례의 할머니에게서 어떤 강점을 찾을 수 있을지 생각해 보자.

　　치안이 좋지 않은 재개발지역 내 빈집에서 혼자 살고 있는 76세의 할머니는 낮 동안에는 폐지를 줍고 근처 무료급식소에서 점심을 해결하는 등 바깥 활동을 하 다 해가 지면 거처로 돌아가 라면으로 저녁을 때우고 그다음 날 아침까지 바깥 출 입을 삼간다. 거처에서는 주로 라디오를 듣고 몇 벌 없는 옷이지만 세탁을 해서 그다음 날 폐지를 주우러 다닐 때 도움을 주는 인근 점포 주인들에게 불쾌감을 주 지 않으려고 노력한다.
└───┘

참고문헌

김기태, 박병현, 최송식(2004). 사회복지의 이해. 서울: 박영사.

김기태, 양옥경, 홍선미, 박지영, 최명민(2005). 한국 사회복지실천교육모델 연구. 한국 사회복지교육, 1(1), 19-68.

이문국, 이용표 외 50인 역(1999). 사회복지대백과사전(원저: NASW). 서울: 나눔의 집.

조흥식(2008). 인간생활과 사회복지. 서울: 학지사.

Barker, R. L. (1995). *The Social Work Dictionary*. Washington, DC: NASW Press.

Dubois, B., & Miley, K. K. (1996). *Social Work: An Empowering Profession*. Boston: Allyn and Bacon.

Friedlander, W. A. (1980). *Introduction to Social Welfare* (5th ed.). Englewood Cliffs.

Hepworth, D. H., & Larsen, J. A. (1990). *Direct Social Work Practice: Theory and Skills*. Belmont, CA: Wadsworth Publishing Company.

Kirst-Ashman, K. K. (2003). *Introduction to Social Work and Social Welfare: Critical Thinking Perspectives*. Belmont, CA: Thomson Brooks/Cole.

Miley, K. K., O' Melia, M., & DuBois, B. (2004). *Generalist Social Work Practice* (4th ed.). Boston: Pearson Education, Inc.

National Association of Social Workers (1983). *Standards for Social Service Manpower*. New York: NASW.

Pincus, A., & Minahan, A. (1973). *Social Work Practice: Model and Method*. IL: Peacock Publishers, Inc.

Saleebey, D. (1997). The Strengths approach to Practice. In D. Saleebey (Ed.), *The Strengths Perspective in Social Work Practice* (2nd ed., pp. 3-19). White Plains, NY: Longman.

Skidmore, R. A., Thackeray, M. G., & Farley, O. W. (2000). *Introduction to Social Work*. Boston: Allyn and Bacon.

Zastrow, C. (2000). *Introduction to Social Work and Social Welfare*. Belmont, CA: Thomson Brooks/Cole.

제3장
사회복지의 가치와 윤리
-사회복지는 무엇을 추구하는가-

　사회복지는 환경 속에 둘러싸여 있는 인간의 욕구를 해결하기 위해 명확한 이론적 근거를 필요로 하지만 지식만으론 정답을 찾을 수 없는 애매한 경우도 자주 발생한다. 예컨대, 똑같은 어려움에 처해 있는 클라이언트를 동시에 도울 수 없을 때 누구를 먼저 도와야 하는지, 가난한 사람들을 어느 정도까지 세금으로 도와야 하는지, 혹은 문제가 심각하다고 사회복지사가 판단한 클라이언트가 도움을 완강히 거부하는 경우 등을 말한다. 이 장에서는 이러한 문제들을 판단하고 개입하기 위한 기본지침을 제시할 것이다. 이를 위해 우선 겉으로 표현되는 행동의 근거가 되는 가치의 의미와 다양성을 파악할 것이다. 또한 사회복지에서 중요하게 생각하는 가치인 인간 존엄성과 사회정의를 바탕으로 평등, 자유, 사회적 연대의 개념을 살펴볼 것이다. 다음으로 가치가 행위로 나타나는 윤리를 이해하여, 사회복지현장에서의 윤리적 실천과 딜레마를 학습하게 될 것이다. 이 장에서는 과학적이고 객관적인 접근방법을 보완할 수 있는 가치 중심의 사회복지실천을 이해하는 데 초점을 맞추고 있다.

1. 가치의 의미와 다양성

1) 가치의 의미

우리는 일반적으로 '저 사람은 나와 가치가 다르다.'라는 표현을 자주 한다. 이때의 가치는 보통 생각이 다르다는 뜻으로 상대방의 가치가 바람직하지 않다는 의미는 아니다. 그러나 여기에는 쉽게 감정이 이입되어 나와 다른 가치를 가진 사람을 싫어하거나 심지어 경멸하기도 한다. 이렇게 일상적으로 사용되는 가치라는 용어를 정확하게 정의하기란 쉽지 않다. 따라서 가치에 대한 정의는 학자들에 따라 다양한데, 일반적으로 '선호하면서 잠재적이거나 실제적인 행동을 선택하는 지침으로서 바람직하게 평가하는 상태를 일컫는 개념'(서미경, 김영란, 박미은, 2000)이라고 정의한다. 이를 통해 보면, 가치는 개인적으로 원하는 삶을 살아가는 주관적인 기준이라고 할 수 있다. 따라서 옳고 그름을 명확하게 구분하기 어렵기 때문에 사람들의 다양한 가치는 존중되어야 한다.

그러나 경우에 따라 가치는 단지 선호하는 것이 아니라 진리 또는 정당성을 내포하는 것으로 간주되기도 한다. 예를 들면, 사형제도, 존엄사, 낙태의 찬반에 해당하는 내용은 개인, 집단 및 동시대의 사회적 가치에 의해 분명하게 다르게 나타난다. 사회적 안정을 위해 범죄는 엄하게 처벌해야 한다는 가치를 지닌 사람은 사형제도를 찬성할 것이고, 어떠한 경우에도 인간의 생명은 존중되어야 한다는 생각을 가진 사람은 반대할 것이다. 존엄사의 경우에도, 모든 인간은 스스로의 결정에 따라 죽을 수 있는 권리가 있다고 믿는 사람은 찬성할 것이지만, 생명에 관한 문제는 개인적 권리의 범위를 벗어난다고 생각하는 사람은 반대할 것이다.

역사적으로 사회복지에서 중요하게 생각하는 '가난한 사람들을 어떻게 도와야 하는지'에 대한 논의도 개인적 또는 사회적 가치 갈등으로 인해 뚜렷하게 대립하고 있다. 이 과정에서 개인적인 나눔의 삶은 칭송하지만 사회 전체의 분배정책과 접근을 반대하는 이중적 가치를 지닌 사람, 즉 가난한 사람들을 온정적으로 도와주어야 한다는 사실에는 동의하지만 세금을 통한 정책적 차원의 접근은 좋아하지 않는 사람이 있을 수 있다. 이러한 믿음은 가난한 사람들은 게으르고, 나태하고, 의존적이라서 사회발전에 도움이 되지 않기 때문에 제도적으로 도와줄 필요가 없다는 생각에서 출발한다. 그러나 반대의 생각을 가진 사람은 가난한 사람은 그렇게 될 수밖에 없는 사회적·개인적 상황이 있으며 그들 자신의 능력의 범위 안에서 최선으로 삶을 살고 있다고 가정한다.

이와 같이 가치가 다르다는 것은 사회현상과 문제를 보는 관점에서 차이를 보이게 되며 이를 위한 해결책도 다를 수 있음을 보여 준다. 사회복지는 실천학문으로서 과학적 지식과 더불어 가치가 또 다른 중심축을 이루고 있다. 즉, 사회복지에서는 과학적이고 객관적인 인과론을 추구하기도 하지만 사회복지사 또는 사회복지기관의 가치에 따라 개입하게 된다는 것이다. 사회복지실천에서는 다양한 가치가 충돌할 수 있기 때문에 사회복지사는 각각의 가치에 내재된 차이점을 이해할 수 있어야 한다.

2) 가치의 다양성

사회복지실천에서는 사회복지사 또는 클라이언트가 가지는 개인적 가치, 사회복지를 실천하는 기관의 가치, 동시대의 사회적 가치, 그리고 사회복지전문직의 가치가 공존한다(고수현, 2005; 김상균, 오정수, 유채영, 2002; 양옥경, 김미옥, 김미원, 김정자, 남경희 외, 2004). 그러므로 사회복지사는 이러한 다양한 가치가 사회복지실천현장에서 동시에 표출될 수 있음을 인식해야 한다.

(1) 개인적 가치

개인적 가치의 형성은 가족, 종교, 문화, 그리고 사회의 가치에서 비롯된다.

개인적 가치는 각 개인의 환경과 문화에 따라 다르게 형성될 수 있다. 인간은 태어나면서부터 유전적으로 다르고 각 가족의 다양한 상황 아래에서 생활하게 된다. 예를 들면, 개인적 가치는 형제자매의 관계, 부모의 사회경제적 지위, 가족의 종교 등의 영향에서 벗어날 수 없다. 또한 문화에 의해서도 영향을 받는데, 각 개인들은 청소년기까지 형성된 문화적 정체감을 바탕으로 성역할, 결혼, 부모역할, 직업역할 등을 수행하면서 다음 세대에 문화전통을 전수하려고 노력한다(Hughes, 1993). 그러므로 다른 문화에서 생활해 온 사람들의 삶의 방식은 각각 다르다.

개인적 가치는 내부적 요인부터 문화에 이르기까지 광범위하게 영향을 받으므로 다양할 수밖에 없다. 사회복지실천과 관련해서 보면, 사회복지사와 클라이언트의 개인적 가치는 다를 수 있기 때문에 어떤 문제와 상황에서는 일치하지 않을 수 있다. 따라서 사회복지사는 사회복지실천에서 클라이언트와의 가치충돌을 민감하게 다룰 수 있어야 한다.

(2) 사회적 가치

사회적 가치는 오랜 역사적 경험에서 형성되는 것이며, 그 사회구성원들이 정서적으로 바람직하다고 여기고 공유하여 일반화된 현상이다. 따라서 사회적 가치는 시대에 따라 변화한다. 예를 들면, 수십 년 전에는 노인성 치매로 신체적·정신적 문제가 심각하여 가족들이 돌볼 수 없는 상황이 되어도 노인복지시설 입소는 사회적 비난 때문에 하기 어려운 결정이었다. 그러나 현재에는 그러한 서비스들을 신중하게 고려하는 것에 대해 사회적 합의가 어느 정도 이루어지고 있다. 또한 지금은 과거 어느 때보다도 물질만능주의가 다른 어떠한 가치보다도 위계적으로 높은 위치에 있다. 이런 상황에서 '탈물질주의'라고 부를 만한 대안적 가치들은 뚜렷하게 형성되지 못하고 있다. 이와 같은 사회적 가치는 사회복지실천현장을 구성하는 사회복지사, 클라이언트, 사회복지기관의 가치 형성에 기여하게 된다.

(3) 사회복지기관의 가치

사회복지사는 사회복지관, 노인 또는 아동·청소년기관, 학교, 병원, 기업, 군대 등 다양한 기관에서 일한다. 이러한 각각의 기관들은 역할과 기능, 책임에 따라 나름의 고유한 가치체계를 구성하고 있다. 가령 공무원으로 근무하는 사회복지사는 관료조직 가치의 영향을 받을 것이며, 병원이나 기업체에서 일하는 사회복지사는 이윤추구를 극대화하는 조직 가치의 영향을 받을 수밖에 없다. 또한 사회복지기관의 특성에 따라 가족구조를 유지하는 것에 역량을 다하는 기관이 있고, 반대로 개인의 삶의 질 또는 자기결정을 존중하는 가치를 우선시하는 기관도 있을 것이다. 따라서 사회복지사는 자신이 속한 기관의 가치를 항상 지지하지 못할 수도 있다. 사회복지사의 가치와 소속된 기관에서 추구하는 가치가 다른 경우에는 갈등이 발생할 수 있다.

(4) 사회복지전문직의 가치

사회복지전문직은 합의된 가치를 형성하고 있다. 이와 같은 사회복지전문직의 가치가 반드시 사회복지사 개인의 가치와 항상 일치하는 것은 아니다. 전문직 가치와 개인적 가치의 불일치는 교육과 현장실천에서의 경험을 통해 변화가능한 것이다. 그러나 개별 사회복지사와 사회복지전문직의 가치에서 불일치의 요소가 많을수록 사회복지실천을 지속하는 데는 어려움이 따를 수밖에 없다. 구체적인 사회복지전문직의 가치는 다음 절에서 논의할 것이다.

2. 사회복지의 가치

사회복지의 가치를 몇 가지의 단일 기준으로 나타내기는 어렵지만, 일반적으로 인간의 존엄성, 사회정의, 평등, 자유, 사회적 연대를 중심으로 논하고 있다(김상균, 최일섭, 최성재, 조흥식, 김혜란, 2009; 박경일, 김경호, 김희년, 서미경, 양정하 외, 2004; 오혜경, 2005; 윤철수, 노혁, 도종수, 김정진, 김미숙 외, 2008).

1) 인간 존엄성

사회복지에서 인간 존엄성은 어떠한 상황에서도 고수되어야 하는 기본적 가치다. 인간 존엄성의 기본전제는 '인간은 그 자체로 절대적 가치를 지닌다.' 라는 의미에서 출발한다. 따라서 모든 사람은 자신도 스스로 특별한 존재로 자각하고 타인도 자신과 똑같이 특별하게 대우해야 한다. 인간 존엄성은 다른 사람과 비교할 수 없고 나누거나 더하는 계산도 불가하다(양옥경 외, 2004). 모든 개인은 인간이라는 그 자체로 존중되어야 한다. 즉, 모든 사회구성원은 연령의 차이, 사회적 지위의 다름, 빈부의 격차, 장애의 유무에 따라 차별받거나 소외되지 않고 똑같은 한 명의 인간으로 대우받아야 한다는 것이다.

인간은 다른 사람과 차이 나는 독특성을 가지며 사회적 역할도 다양하다. 인간은 태어나면서부터 외모, 재능, 가족환경, 민족이 구분되고, 성장하면서 각자의 상황에 따라 다양한 사회적 역할을 수행하게 된다. 예를 들면, 어떤 사람은 신체적 장애로 평생 동안 다른 사람의 도움을 필요로 할 수도 있고, 다른 사람은 신체적 조건이 남달라서 올림픽에서 금메달을 딸 수도 있다. 또한 어떤 사람은 돈을 버는 재능과 환경을 가져서 엄청난 부자가 될 수도 있고, 또 다른 사람은 개인적 능력과 환경적 조건의 악화로 가난할 수 있다. 인간 존엄성의 잣대로 본다면 인간에게서 이러한 개인적이고 사회적인 상황과 역할들을 모두 벗겨 버리면 '인간성' 이라는 공통적인 고유성만 존재한다는 것이다(양옥경 외, 2004). 이를 통해 모든 인간은 그 자체로 존중받아야 된다는 당위성을 발견한다.

사회복지는 인간 존엄성을 기본적 가치로 받아들이면서 모든 사회구성원은 인간답게 살 권리가 있음을 강조한다. 이를 위해 사회복지에서는 모든 인간의 생존권 보장을 중요한 목적으로 다루고 있다. 생존권은 기본적 인권의 하나로서 인간이 인간답게 살아갈 권리이며, 국가에 대해 인간의 생존을 유지할 수 있는 생활에 필요한 서비스를 요구하는 권리를 말한다(김기태, 박병현, 최송식, 2000). 사회복지는 인간 존엄성의 가치를 실현하기 위한 최소한의 기본적 권리인 생존권 보장을 중요한 실천전략으로 삼고 있다.

사회복지실천에서 클라이언트와 수평적 관계를 형성하는 것, 클라이언트 중심의 실천, 있는 그대로의 수용과 같은 기본내용들은 인간 존엄성의 가치에서 출발한다. 또한 사회복지는 인간 존엄성의 가치 실현을 위해 사회적 약자의 차별에 반대하고, 문화적 또는 신체·정신적인 독특성에 대한 낙인을 감소시키고 부족한 능력에 대한 배려를 강화시키는 방향으로 나아가고 있다.

2) 사회정의

우리나라에서 채택하고 있는 사회복지사 윤리강령 전문에서는 사회정의가 인간 존엄성과 더불어 사회복지의 핵심 가치라고 기술하고 있다. 일반적으로 정의는 절차상의 정의, 실질적인 정의, 능동적 과정으로서의 정의 등으로 분류된다. 절차상의 정의란 법률에서 정한 합법적인 절차를 중시하고 실질적인 정의로 결과로서의 분배적 정의를 중요하게 고려한다. 능동적 과정으로서의 정의는 불의한 현상을 예방하고 치료하는 사회적 과정에 의미를 부여한다. 사회복지에서는 분배적 정의와 능동적 과정으로서의 정의를 더욱 강조한다(윤철수 외, 2008).

따라서 사회복지사는 사회적으로 취약한 계층의 사람들을 위해 일하고 그들과 함께 사회적 변화를 추구해야 한다. 사회복지사의 사회변화 노력은 빈곤, 신체적·정신적 장애로 인한 차별, 기타 사회적 불의의 문제에 초점을 두어야 한다. 사회복지사는 단순히 경제적 측면의 재분배에만 관심을 보이는 것이 아니라 정치적 측면, 사회적 측면에서 장애 유무 또는 성별에 따른 차별의 배제, 고용기회의 평등 등과 같은 정책적 차원에도 적극성을 보여야 한다. 이 과정에서 사회복지사는 모든 사회구성원들에게 필요한 정보 제공, 서비스 또는 자원에의 접근성 강화를 위해 노력해야 한다.

사회복지는 사회정의의 가치를 실현하여 궁극적으로 사회구성원 모두를 통합하는 것을 목적으로 한다. 사회통합이란 모든 사람들이 사회생활에 적극적으로 참여하여 살아가는 것을 의미하는데, 이는 사회정의의 가치가 사회 전반에 걸쳐서 이행되어야 가능하다. 사회복지의 발달과정에서 생산적이지 않다고 판단한 빈민, 장애인을 사회에서 격리시키거나 원조부적격자로 판단하고 대처하려는 시도들이 있었다. 그러나 이러한 관점들은 사회통합을 달성하는 데 걸림돌이 된다는 반성을 하게 되었으며, 오히려 이들에게 더 많은 심리적 · 경제적 지원을 해야 한다는 당위성을 확인하였다. 따라서 사회정의의 가치 실현은 사회통합을 위해서도 중요한 필요조건이다.

3) 평등

평등은 인간 존엄성과 사회정의의 실현과정인 동시에 결과라고 할 수 있다. 사람은 누구나 인격적이고 사회적인 대우를 받기를 원한다. 그러나 실제 현실은 성별, 장애, 외모, 선천적 능력과 가족 등의 영향에 의해 불평등한 상태로 존재한다. 사회복지는 이러한 불평등의 상황에서 벗어나 실질적인 평등을 실현하기 위해 사회적 조건을 수정하고 분위기를 조성하려고 노력한다. 일반적으로 평등은 기회의 평등, 조건의 평등, 결과의 평등 세 가지 유형이 있으며(박호성, 1994) 세부적으로 접근하면 다음과 같다.

첫째, 기회의 평등(equality of opportunity)은 매우 소극적인 평등의 개념으로 모든 사람들에게 똑같은 기회를 부여하면 된다는 개념이다. 예컨대, 교통사고로 두 다리를 잃은 사람에게 일반적인 활동이 가능한 사람과 똑같은 출발선에서 달릴 수 있는 기회를 주는 것과 같다. 우리 사회에서 기회의 평등은 반드시 주어져야 한다. 모든 사람은 일정 연령이 되면 투표권을 가지고, 자신의 의지에 따라 학교와 직장의 선택권을 가지게 된다. 그러나 이렇게 기회만 똑같이 부여하는 사회가 된다면 약육강식인 동물의 세계와 다르지 않을 것이다.

둘째, 조건의 평등(equality of condition)은 개인의 욕구, 노력, 능력, 기여에 따라 사회적 자원을 다르게 배분한다는 개념이다. 예컨대, 직장에서 신체적 또는 정신적 장애가 있는 사람들에게는 일반인들과 같은 기준으로 채용하거나 급여를 제공하는 것이 아니라, 이들의 부족한 능력을 고려하여 어느 정도의 가산

점을 주거나 배려하는 것을 말한다.

셋째, 결과의 평등(equality of outcome)은 모든 사회구성원들의 욕구나 능력에 관계없이 사회적 자원을 똑같이 배분하는 것을 말한다. 이는 모든 사람들이 자신의 능력 범위 안에서 일을 하고 그 결과인 생산물을 똑같이 나누어 가지는 것을 말한다. 결과적 평등은 현실에서는 불가능하다고 할 수도 있지만, 인간의 생존에 반드시 필요한 영역에서는 고려되어야 한다. 예컨대, 질병으로 고통받고 있는 사람은 경제적 능력에 관계없이 치료받아야 하는 당위성에서 찾을 수 있다.

사회복지사는 모든 사회구성원의 상황에 따라 기회의 평등, 조건의 평등, 결과의 평등의 달성을 목표로 현장에서 직접 실천하거나 법과 제도를 개선하고 새로운 정책을 도입하기 위해 노력하고 있다. 결과적 평등은 자유로운 경쟁이나 개인적 역량의 발휘가 억제되거나 무시된다고 볼 수도 있지만 사회복지에서는 상황에 따라 적용 가능할 것이다.

4) 자유

자유는 평등과 더불어 사회복지에서 중요하게 생각하는 가치다. 자유는 여타의 사회적 기본가치에 우선하며, 어떠한 명목으로든지 희생될 수 없으며, 오직 자유 자체만을 위하여 제한될 수 있을 뿐이다(황경식, 1997). 어떤 사람이라도 자유로운 생각과 활동에 제한을 받게 된다면 그것은 곧 자존심의 손상을 의미하며, 인간 존엄성에 대한 중대한 도전으로 생각할 것이다.

사회복지는 이러한 자유의 가치를 존중하기 위해 구체적으로 자기결정권(self-determination)을 중요한 원칙으로 발전시켜 왔다. 자기결정권은 인간이 자신의 운명을 결정할 권리는 무조건적인 권리이며 결코 수단이 아니라 목적으로 대우받아야 한다는 의미다. 사회복지에서 자기결정권이란 어떠한 사회복지 서비스의 경우에도 최종적으로 클라이언트가 스스로 결정한 내용에 따른다는 개념이다. 예를 들면, 혼자 생활하면서 식사를 비롯한 일상생활의 문제를 제대로 해결하지 못하는 고령의 노인이라도 무조건 사회복지시설 입소를 강권하거나 강제적으로 이동시킬 수는 없다는 논리다. 이 사례에서 만약 자신이 현재 살고 있는 집에서 어떠한 경우에도 떠나지 않겠다는 것이 클라이언트의 결정이라면 이를 존중해야 한다.

그러나 자기결정권은 사회복지실천에서 여러 가지 복잡한 딜레마에 처하는 경우도 발생한다. 이 사례와 같이 클라이언트의 생명에 위협을 주는 상황에서도 자기결정권만을 존중해야 하는지에 대한 명확한 객관적 해답은 없다. 이는 사회복지가 가치와 지식, 그리고 구체적 실천기술이 복합적으로 작용한다는 반증이기도 하다. 또한 사회복지사는 고도의 판단과 대처기술을 소유하기 위해 전문적 능력을 지속적으로 학습하고 훈련해야 한다는 것을 의미한다.

5) 사회적 연대

연대(solidarity)는 "두 사람 이상이 함께 무슨 일을 하거나 함께 책임을 지는 일"이라는 사전적 의미가 있으며 인간의 사회성에 대한 신념과 서로에 대한 책임감을 강조한다(박경일 외, 2004). 따라서 연대는 개인 각자에 의해 어떠한 일을 처리하거나 행동하는 것이 아니라 다른 사람이 함께 한다는 의미를 포함하고 있다.

사회적 연대에 대한 다양한 논의들이 있지만 Durkheim은 기계적 연대(mechanical solidarity)와 유기적 연대(organic solidarity)로 구분하였다(황보종우, 2008). 기계적 연대는 균등한 생각을 가지는 개인들이 사회에 직접적으로 귀속되는 것을 의미한다. 즉, 생명이 없는 무기물의 분자처럼 서로 결합하는 것이라고 할 수 있으며, 개인이 사회에 전적으로 의존하면서 개인적 의식이 사회의 집단성에 통합되는 사회적 연대를 말한다. 예를 들면, 원시 공동체 사회에서의 종교의식이나 오늘날의 국방의무나 납세의무의 기본정신은 이러한 기계적 연대를 바탕으로 이루어진다. 기계적 연대가 비슷한 여러 개인의 압도적인 집합의식 아래에서 몰개성적(沒個性的)인 사회결합으로 결속되어 있는 데 반하여, 유기적 연대는 개별적 독특성을 가지는 여러 개인이 특정한 관계로 맺어지는 사회결합이다. 이는 분업에 의거하여 집합의식이 약해지고 개인의식은 강화되어 자율성이 커지는 상황을 말한다.

　이러한 개념에 근거하여 사회문제를 해결하기 위한 사회복지활동은 기계적 연대와 유기적 연대의 개념 속에서 적절한 조화를 이루어야 한다. 사회구성원들은 원시 공동체 사회의 종교의식과 같은 기계적 연대의 의미를 바탕으로 사회복지제도를 활용하면서 삶을 살아갈 수 있어야 한다. 모든 사람들은 사회복지제도를 통해 개인적으로 접근할 수 없는 어려운 문제들을 해결하도록 해야 한다. 또한 사회복지는 문제를 해결하는 과정에서 관련이 있는 이해당사자들이나 관심 있는 사람들이 자발적으로 참여하여 이의를 제기하고 대응하도록 지원해야 한다. 이는 유기체의 운동처럼 개별 단위의 독립적이고 자율적인 기능이 커질수록 상호 의존성이 강해지고 마침내는 유기체 전체가 성장하게 되는 현상을 기반으로 한다. 즉, 사회구성원 모두가 개별적으로 관심이 있는 사회복지 영역에 자발적으로 참여하는 형태가 많아질수록 우리 사회는 복지사회로 향하게 된다는 것이다.

　사회보장제도를 통해서 사회적 연대를 실제로 달성하는 것의 예는, 사회에서 사람들이 경험하게 되는 빈곤, 질병, 장애, 산업재해 등에 대해서 사회보험과 공공부조를 통해 공동의 협력과 책임으로 해결하려고 시도하는 것에서 찾아볼 수 있다. 사회보험과 공공부조를 위해 지불하는 비용은 각 개인이 경험하게 되는 위험과 반드시 일치하는 것은 아니다. 만일 위험을 덜 느끼는 개인들이 사회보험에 참여하지 않거나 공공부조에 동의하지 않게 된다면 전체 사회구성원들을 보호할 수 있는 사회적 연대는 약화될 것이다. 사회복지에서 사회적 연대의 가치는 인보관운동을 통해 역사적으로 확인되고 있다. 또한 사회복지현장의 사회복지사는 지역사회 주민들의 자발적 참여를 통해 지역문제를 해결하도록 지역사회 조직화에 최선을 다하고 있다.

3. 사회복지와 윤리

1) 윤리의 의미

사회복지는 전문직으로서 실천 이후에 책임성을 갖는다. 사회복지에서 책임은 분명하게 객관적으로 드러나는 경우도 있지만 윤리적 책임과 같이 보다 깊은 성찰과 민감성을 요하는 부분도 있다. 이러한 윤리적 판단의 문제는 가치와 관계가 있을 수밖에 없다.

가치는 개인에게 어떠한 행위를 하도록 하는 준거틀과 같다. 모든 행위는 가치가 바탕을 이루고 있으나, 모든 가치가 윤리가 되는 것은 아니다. 행동의 규범적 기준을 대표하는 가치들이 행위로 나타날 때 비로소 윤리가 된다. 즉, 가치는 무엇이 좋고 바람직한지에 관심을 두는 반면, 윤리는 무엇이 옳고 그른지에 관심을 둔다(Lowenberg & Dolgoff, 1996: 김상균 외, 2002에서 재인용). 윤리는 사람들로 하여금 스스로 추구하는 가치를 일관되게 실천하도록 하는 규범과 같다.

윤리는 관계에서 행위의 기준이나 기대를 다루는 것이다. 즉, 행동이 다른 사람에게 영향을 미치고 사회적 맥락 안에서 의미가 있을 때 윤리의 영역에 속하게 되는 것이다. 윤리는 대인관계에 의해 정의되므로 자기 자신에게 윤리적이거나 비윤리적이라는 표현은 부적절하다(김상균 외, 2002). 예를 들면, 알코올중독자의 자기파괴적인 행동이 개인에게만 국한된다면 윤리의 범주에 들지 않는다. 또한 일반윤리와 달리 사회복지직과 같은 전문직 윤리의 경우에는 제재가 뒤따른다. 따라서 사회복지사는 클라이언트 및 사회와 전문적이고 공식적인 관계를 맺고 있기 때문에 윤리적으로 행동해야 할 의무를 부여받는다.

2) 윤리강령

우리 사회에서 전문적 지위를 추구하는 의사, 변호사, 간호사 등은 전문직으로서의 윤리를 발달시켜 왔다. 이러한 전문직들은 지켜야 할 윤리적 원칙들을 '윤리강령'으로 명문화시켰다. 사회복지에서도 실천과정에서 사회복지사의 윤리적 책임을 명시하기 위해 윤리강령을 채택하여 명문화하였다. 미국사회복지사협회는 1970년대부터 윤리강령을 채택하여 전문가들이 현장에서 부딪치는 모든 상황에 대한 지침을 제공하고 있다. 우리나라에서도 1992년 채택된 윤리강령은 2001년 재개정을 통해 사회복지사의 전문성과 사회적 책임성을 확립하고 전문직으로서의 위상을 강화하는 지침이 되고 있다. 우리나라의 사회복지사 윤리강령은 전문, 윤리기준, 사회복지사 선서 등으로 구성되어 있다.

윤리강령은 사회복지사에게 윤리적 문제에 대한 민감성과 윤리적 딜레마에 대한 지침을 제공해 준다. 윤리강령은 정직하지 않고 무능력한 사회복지사로부터 클라이언트를 보호하고, 사회복지직의 내부 규제를 통해 정부 등의 불필요한 외부 통제로부터 자유롭게 한다. 또한 사회복지전문직 간의 내부 갈등이나 부조화를 예방하여 조화로운 조직문화를 만든다. 다음은 우리나라 사회복지사 윤리강령의 마지막에 있는 사회복지사 선서의 내용이다.

우리나라 사회복지사 윤리강령의 사회복지사 선서
나는 모든 사람들이 인간다운 삶을 누릴 수 있도록,
인간 존엄성과 사회정의의 신념을 바탕으로,
개인 · 가족 · 집단 · 조직 · 지역사회 · 전체 사회와 함께한다.
나는 언제나 소외되고 고통 받는 사람들의 편에 서서,
저들의 인권과 권익을 지키고,
사회의 불의와 부정을 거부하면서,
개인이익보다 공공이익을 앞세운다.

> 나는 사회복지사 윤리강령을 준수함으로써,
>
> 도덕성과 책임성을 갖춘 사회복지사로 헌신한다.
>
> 나는 나의 자유의지에 따라 명예를 걸고 이를 엄숙하게 선서합니다.

3) 사회복지사의 윤리적 책임

사회복지사는 사회복지의 가치를 바탕으로 윤리적으로 판단하고 실천해야 하는 책임성을 가지고 있다. 여기에서는 우리나라의 사회복지사 윤리강령을 중심으로 사회복지사의 윤리적 책임을 살펴볼 것이다.

(1) 전문가로서의 윤리적 책임

전문가로서의 윤리적 책임은 다양하게 세부적으로 정의될 수 있지만 몇 가지만 살펴보면 다음과 같다. 첫째, 사회복지사는 국적, 인종, 문화, 성별, 연령, 종교, 신체적 · 정신적 능력 등에 따라 차별적 실천을 하지 말아야 한다. 예컨대, 동남아시아 등에서 온 이주노동자를 우리와 다르게 차별하거나 필요한 서비스에서 배제시키지 않아야 한다.

둘째, 이러한 사회복지 서비스들은 사회복지사 자신의 능력 범위 안에서 이루어져야 한다. 자신의 능력 이상의 서비스를 약속하거나 시도해서는 안 된다. 예컨대, 병원에 근무하는 사회복지사가 치료비가 없는 클라이언트를 위해 무조건 동정적으로 치료비 문제를 해결하겠다고 하는 것은 바람직하지 않다.

셋째, 사회복지사가 사회정의를 실현하기 위해서는 일차적으로 자기 자신이 정직해야 한다. 또한 사회복지를 실천하는 과정에서 어떠한 개인적 이득도 획득해서는 안 된다. 예컨대, 장래의 목표가 시의원인 사회복지사가 자신이 근무하는 사회복지기관의 서비스를 개인적 목표 달성의 수단으로 생각하고 활용해서는 안 된다.

넷째, 사회복지실천 과정에서 사회복지사도 경제적 문제, 생활상의 스트레스, 법적 문제 등의 어려움을 겪을 수 있지만, 이것으로 인하여 클라이언트에 대한 서비스에 소홀해서는 안 된다.

마지막으로, 사회복지사는 클라이언트에 대한 서비스에 책임성을 가져야 한다. 사회복지사 자신의 서비스가 클라이언트에게 어떻게 작용하였는지를 반드시 평가하고 개선하려는 노력이 중요하다.

(2) 클라이언트에 대한 윤리적 책임

사회복지사는 사회복지의 가치를 바탕으로 클라이언트와의 관계에서 윤리적 책임을 다해야 한다. 첫째, 사회복지사는 사회복지실천을 행함에 있어서 어떠한 상황에서도 클라이언트의 이익을 최우선으로 해야 한다. 이는 사회복지실천에서 수많은 윤리적 문제 발생의 해결책이 되며, 사회복지사의 존재 이유이기도 하다.

둘째, 인간 존엄성과 자유의 가치를 바탕으로 클라이언트의 자기결정권을 존중해야 한다. 사회복지사는 클라이언트와 평등한 관계에서 인간으로서의 존중심을 가지고 어떠한 정보 획득이나 서비스 제공에서도 사전에 쉬운 언어로 충분하게 설명하고 동의를 얻어야 한다.

셋째, 사회복지사는 클라이언트의 사생활을 알게 되는 경우가 많다. 이 경우에 아무리 사소한 비밀이라도 다른 사람에게 발설해서는 안 된다.

넷째, 사회복지사는 클라이언트가 신체적·정신적·경제적·사회적·문화적 다양성을 가지고 있음을 인정해야 한다. 따라서 모든 클라이언트의 능력과 환경은 다르다는 사실에서 출발해야 한다.

(3) 사회복지실천현장에서의 윤리적 책임

사회복지실천현장과 관련해서도 윤리적 책임이 존재한다. 첫째, 사회복지사는 클라이언트와 마찬가지로 동료에게도 인간 존엄성의 가치를 기반으로 존경해야 한다. 자신의 이익을 위해 동료와 다른 동료 또는 고용주와의 분쟁을 활용해서는 안 되며, 동료의 무능력과 비윤리적 행위를 해결하기 위해 노력해야 한다.

둘째, 사회복지사는 필수적으로 인간의 복지를 위해서 일하는 다양한 전문직의 사람들과 함께 일할 수밖에 없다. 이때에도 사회복지사는 사회적 연대의 가치를 실현하기 위해 다른 전문직이나 다학제팀과 협력하고 공동의 목표를 달성하기 위해 노력해야 한다.

셋째, 사회복지사는 사회복지학과 학생이나 지역사회에 슈퍼비전과 자문을 제공하여 유대를 강화해 나가야 한다.

넷째, 사회복지사는 클라이언트의 변화 가능성을 확인하기 위해서 제공된 서비스를 기록해야 한다.

마지막으로, 클라이언트의 변화를 위해 공동으로 노력하는 기관에 대하여 헌신하는 마음이 있어야 한다.

(4) 사회 전체에 대한 윤리적 책임

사회복지사는 사회정의를 실현하고 모든 사회구성원의 자유와 평등을 위해서 사회복지 증진에 노력해야 한다. 이 과정에서 사회복지사는 사회의 불의한 정치경제적 문제에 대해 직접 참여하거나 사회적 연대를 통하여 해결하도록 노력해야 한다. 예컨대, 장애인 차별을 금지하는 법을 만드는 과정에서 사회복지사가 다른 시민단체와 연대하고 법을 제정하는 국회에 압력을 행사하는 것을 말한다.

4. 사회복지에서의 윤리적 딜레마

1) 윤리적 딜레마

사회복지는 지식과 가치를 기반으로 윤리적 책임을 다해야 하는 실천학문이다. 그러나 사회복지를 실천하는 과정에서 윤리적 책임이 서로 충돌하는 상황이 발생하게 된다. 즉, 가치판단을 어렵게 하는 상황에서 어떠한 행동을 선택하는 것이 바람직한지에 대해 혼란을 경험할 수 있다.

사회복지실천에서의 윤리적 딜레마(ethical dilemmas)는 일반적으로 '행동 X가 윤리적으로 옳을 수도 있고 옳지 않을 수도 있는 경우', 그리고 '한 사람이 행동 X를 수행해야 된다고 믿어지는 동시에 수행해서는 안 된다고 믿어지는 경우' 등의 형태로 나타난다(김상균 외, 2002). 이런 경우 사회복지사는 혼란을 경험하며 어떠한 결정을 내리는 것을 주저할 수 있다. 사회복지실천에서 대부분의 윤리적 딜레마는 한 사람 이상이 관계되어 있으며, 각각 다른 결정을 요하는 두 가지 이상의 의무 중에서 한 가지를 선택해야 하는 상황에서 발생한다. 즉, 윤리적 딜레마는 바람직하다고 여겨지는 두 가지 선택기회 중 하나를 선택해야 하거나, 두 가지 모두 옳지 않지만 상대적으로 마음에 드는 하나를 선택해야 하는 경우다.

사회복지사는 전문직의 책임을 다하기 위해 윤리강령을 중심으로 윤리적 딜레마를 해결하려고 노력해야 한다. 그러나 윤리강령이 모든 윤리적 갈등을 해결하거나 사회복지사의 윤리적 책임을 완전하게 달성하도록 하는 기준이 되지는 못한다. 다양하고 복잡한 사회복지실천현장에서 사회복지사가 해야 하는 도덕적으로 옳은 일은 무엇이며, 어떻게 비윤리적 행동을 피할 수 있는가에 대한 답이 항상 쉬운 것은 아니다. 특히 클라이언트와의 관계에서 자기결정의 존중, 비밀보장, 잠재적 위해로부터 보호, 법의 준수, 사회복지사 자신의 보호 등 모든 가치가 조화를 이루도록 실천하기 위한 객관적인 증거들이 언제나 존재하지는 않는다.

2) 윤리적 딜레마에서의 지침

사회복지사는 사회복지실천현장에서 다양한 윤리적 딜레마를 경험하게 되며 자주 자신의 경험을 위주로 결정을 내리게 된다. 그러나 현대 사회복지는 윤

리적 문제를 더욱 중요하게 다루고 있으며 이에 따라 다양한 합리적 결정방법
을 모색하고 있다. 사회복지사는 사회복지실천에서 윤리적 딜레마에 대처하는
정답이나 분명한 인과적 해결책이 존재하는 것이 아니기 때문에 여러 가지 접
근방법과 원칙에 근거하여 전문가적 결정을 해야 한다.

사회복지사들이 윤리적 딜레마 속에서 갈등을 경험할 때 이를 해결할 수 있
는 다양한 방법들이 존재하지만, 여기서는 Reamer(1990)가 여러 종류의 윤리
이론에 기초하여 제시한 여섯 가지 윤리지침을 소개하기로 한다(오혜경, 2005:
52-57). 이 지침은 사회복지사들이 윤리적 딜레마를 해결하는 과정에서 중요하
게 적용될 수 있다.

(1) 첫 번째 윤리지침

인간의 삶에서 가장 기본이 되는 조건들(생명 자체, 건강, 기본적인 의식주)은
일반적으로 사람들이 경험할 수 있는 피해들(거짓에 의한 피해, 비밀보장이 노출
되어 나타나는 피해, 혹은 레저 · 교육 · 경제적 부 등 추가적인 물질에 위협이 가해지
는 경우 등)에 비해 우선적으로 다루어질 수 있다. 예컨대, 어떤 클라이언트가
자신의 부인에게 심각한 위해를 가할 위기에 처해 있는 경우라면 클라이언트
개인의 비밀보장의 원칙보다는 이를 공개해 부인의 안전을 도모하는 것이 우선
이라는 것이다. 또한 공적 자원을 배분하는 과정에서 똑같은 어려움에 처해 있
는 2명 중 한 명에게만 자원을 제공하여야 한다면 사회적 약자 혹은 저소득층
에게 자원을 우선 배분하는 것이 정당하다는 논리다.

(2) 두 번째 윤리지침

개인의 기본적인 행복추구권(인간의 행복을 위해 기본적으로 필요한 물질 포함)
은 다른 개인의 자기결정 권리에 우선하여 다뤄질 수 있다. 예를 들면, 클라이
언트의 자녀양육 방식이 아동의 기본적인 행복추구권을 위협하는 경우에 사회
복지사는 부모의 자기결정에 제한을 가하여 아동의 권리를 증진시킬 필요가 있
다는 것이다.

(3) 세 번째 윤리지침

어떤 개인이 자신을 파괴시키는 행동과 관련된 것을 선택하는 경우, 만약 개인이 이 사실을 알리고 그 상황과 관련된 지식에 근거한 자발적인 결정이며, 그리고 그 결정한 결과가 다른 사람의 행복을 위협하지 않을 경우에 이를 행하도록 허용한다는 것이다. 그러나 그 행동들의 결과가 자기 자신에게 기본적인 해를 입힐 경우에는 이를 막고 중단토록 하는 행위는 정당화된다. 예컨대, 사회복지사가 자신의 클라이언트로부터 자신의 삶을 비관하여 자살을 선택하고, 자살을 할 때 자신의 장애가 있는 자녀를 살해하고 동반자살을 할 것이라는 이야기를 전해 들은 경우다. 이때는 클라이언트의 자기결정을 존중하는 것이 아니라 인간의 기본적 생명 존중을 위해 클라이언트의 자기결정에 대한 권리는 무시할 수 있다.

(4) 네 번째 윤리지침

사회복지사는 자신이 자발적으로 그리고 자유롭게 동의할 수 있는 법률, 규칙, 그리고 규정 등에 의해 사회복지실천을 해야 한다. 예컨대, 낙태에 대한 권리를 옹호하는 기관에 소속된 사회복지사가 낙태반대정책을 옹호하는 발언을 지속한다면 이는 자신이 속한 기관의 정책과 상반되므로 비윤리적 행위가 되는 것이다. 이 경우에 사회복지사는 다른 일자리를 찾아보거나 기관정책의 잘못된 점을 지적하고 정책을 변화시킬 수 있도록 노력해야 한다.

(5) 다섯 번째 윤리지침

사회복지실천에서 클라이언트의 기본적인 행복에 위협이 가해질 때와 같은 상황이 발생한다면 사회복지사는 법률, 규칙, 규정을 위반하는 일에 대해 정당성을 부여받을 수 있다. 그러나 어떠한 상황에서 이러한 법률, 규칙, 규정 위반의 정당성이 부여될 수 있는가는 매우 논쟁적인 주제로 남아 있다. 그리고 사회복지사는 사회복지실천에서 어떠한 상황이 불법적인 것인지 혹은 정당화될 수 있는 예외적이고 특별한 상황인지에 관해 반드시 알고 있어야 한다. 예를 들면,

사회복지사가 속한 기관이 제3의 기관으로부터 기금을 제공받고 있는 경우에 지속적으로 기금을 제공받기 위해 서류를 조작하라는 책임자의 지시를 받았을 때다. 이 경우 사회복지사는 분명히 거부 의사를 밝히고 책임자의 비윤리적 지시에 대항할 수 있어야 한다.

(6) 여섯 번째 윤리지침

인간의 기본적인 욕구를 충족시키는 것은 개인의 권리를 지키는 것에 우선하여 이루어져야 한다. 이 지침은 사회적 약자를 위한 공공정책을 수행하기 위해 강제적인 세금이나 다른 형태의 재원을 마련하는 것, 그리고 개인의 기본적 욕구를 사정하고 평가하는 것에서도 정당성을 제공한다. 예컨대, 빈곤, 아동학대, 주택 상황, 장애상태 등을 확인하기 위해 욕구 측정이나 세금에 대한 사정이 필요한 경우에 해당한다.

사회복지는 환경 속에서 복잡한 삶을 살고 있는 인간에 대한 개입이기 때문에 언제나 새로운 문제와 욕구에 대처해야 한다. 또한 인간의 삶의 질을 향상시키기 위한 사회복지적 도전은 많은 경우 객관적으로 확인 가능한 지식만을 활용해서는 해결되기 어렵다. 이를 보충하기 위해서는 사회복지의 가치를 바탕으로 윤리적인 책임실천을 할 수밖에 없으며 이러한 과정에서 윤리적 딜레마에 직면할 수 있다. 윤리적 딜레마를 정확하게 인식하고 대응하지 못하는 사회복지사는 자신의 주관적 경험으로 해결할 가능성이 높다. 개인적 주관성에 기인한 실천은 보편타당한 결과를 초래할 수도 있지만 그렇지 않을 가능성이 더욱 높다. 따라서 사회복지사는 이론적 지식을 축적하는 동시에 사회복지의 가치를 확인하고 체득하려는 의지가 필요하며 이러한 맥락 속에서 윤리적 책임을 인식하고 윤리적 딜레마에 대한 끊임없는 성찰이 필요하다.

생각해 봅시다

1. 다음 사례의 경우에 어떤 결정이 윤리적으로 옳은 결정이며, 이 과정에서 사회복지사는 어떤 역할을 해야 하는지 생각해 보자.

   대학병원에 근무하는 의료사회복지사는 다음과 같은 클라이언트를 만나 상담하였다. 45세의 여성인 이 클라이언트는 「국민기초생활보장법」상 수급권자이며 남편과 성실하게 일하지만 가난에서 벗어나지 못하고 있다고 하였다. 현재의 남편과 첫 결혼으로 3명의 자녀를 두고 있는데, 자녀들 모두 유전적 영향이 강한 질환으로 치료를 받아야 하지만 치료비 때문에 제대로 병원을 이용하고 있지 못한 상황이었다. 이런 현실에서 클라이언트는 넷째 자녀를 임신한 사실을 확인하였으며 임신중절수술을 고민하고 있다고 하였다. 태아는 임신 2개월째이며 남편도 수술에 동의하였다고 하였다.

2. 다음 사례의 경우에 가장 바람직한 해결 방안은 무엇일까? 사회복지사가 아버지를 고발하거나, 가족과 협의하여 아버지를 병원에 입원시키거나, 가족이 원하는 대로 그냥 보고 있을 것인지, 아니면 또 다른 해결 방법이 있는지에 대해 생각해 보자.

   종합사회복지관에 근무한 지 3년째 되는 사회복지사는 다음 가족의 사례로 고민하고 있다. 가족은 아버지(45, 일용직), 어머니(41, 주부), 딸(12, 초등학생), 아들(8, 초등학생)로 구성되어 있으며, 아버지는 알코올 문제가 있고 일이 없으면 수일 동안 아침부터 음주하면서 자녀들을 심각한 수준으로 학대하고 있다. 어머니도 남편으로부터 신체적이고 정신적인 폭력을 당하면서 살고 있다. 사회복지사는 아버지를 고발조치해야 하는 의무와 알코올중독 치료를 위해 정신병원 입원의 필요성을 인지하고 있지만 어머니가 이를 강력하게 반대하고 있다. 어머니는 과거에 이혼도 생각했지만 경제적 문제를 고려할 수밖에 없었고, 자녀들에게 아버지 없는 아이들이란 낙인을 주지 않아야 한다고 믿고 있다. 또한 자녀들도 아버지와 함께 지내고 싶어 한다.

3. 다음 사례에서의 윤리적 쟁점은 클라이언트의 비밀보장, 자기결정의 권리 존중, 위험으로부터의 보호, 부정직과 사기에 연루되는 상황 기피, 법에 대

한 존중감 증진 등이다. 이러한 경우 사회복지사가 어떻게 해야 하는지, 혹은 여러 방법을 적용했을 경우에 나타나는 잠재적 결과에 대한 가설을 설정하여 보자(보다 자세한 내용은 김상균 외, 2002: 167-190에서 확인할 수 있다).

김 씨는 두 아이의 어머니로서 지난 3년 동안 남편의 폭력으로 고통받아 왔으며, 현재는 가정폭력 피해여성 쉼터에서 생활하고 있다. 그녀의 직업은 동네 미용실 보조이며 남편은 2년 전부터 실직상태로 「국민기초생활보장법」상 수급권자다. 하지만 김 씨는 남편을 폭력으로 신고하려는 생각은 없으며, 담당 사회복지사는 또다시 대안 없이 김 씨가 가정으로 돌아가는 것을 우려하고 있다. 오늘 상담 중 김 씨는 자신이 미용실의 주인이며 아이들과 함께 지낼 수 있는 돈을 저축하고 있다고 하였다. 미용실은 언니가 운영하고 있는 것으로 하여 부정수급을 받고 있으며 이를 남편은 모르고 있다고 하였다. 김 씨는 그동안 생활보장 수급을 받지 못했다면 미용실의 수입만으로는 의식주 해결도 어려웠을 것이며 저축은 꿈도 꾸지 못했을 거라고 하였다.

참고문헌

김기태, 박병현, 최송식(2000). 사회복지의 이해. 서울: 박영사.

김상균, 오정수, 유채영(2002). 사회복지윤리와 철학. 서울: 나남출판.

김상균, 최일섭, 최성재, 조흥식, 김혜란(2009). 사회복지개론. 파주: 나남출판.

고수현(2005). 사회복지실천 윤리와 철학. 파주: 양서원.

박경일, 김경호, 김희년, 서미경, 양정하, 이경희, 이명현, 장중탁, 전광현(2004). 사회복지학강의. 파주: 양서원.

박호성(1994). 평등론. 서울: 창작과 비평사.

서미경, 김영란, 박미은 역(2000). 사회복지실천윤리(원저: F. M. Loewenberg & R. Dolgoff). 파주: 양서원.

양옥경, 김미옥, 김미원, 김정자, 남경희 외(2004). 사회복지윤리와 철학. 서울: 나눔의 집.

윤철수, 노혁, 도종수, 김정진, 김미숙, 석말숙, 김혜경, 박창남, 장은숙(2008). 사회복지
　　개론. 서울: 학지사.

오혜경(2005). 사회복지윤리와 철학. 서울: 창지사.

황경식 역(1997). 사회정의론(원저: J. Rawls). 서울: 서광사.

황보종우 역(2008). 에밀 뒤르켐의 자살론(원저: E. Durkheim). 파주: 청아출판사.

Hughes, C. C. (1993). Culture in clinical psychiatry. In A. C. Gaw (Eds.), *Culture
　　ethnicity and mental illness.* Washington, DC: American Psychiatry Press.

Reamer, F. (1990). *Ethical Dilemmas in Social Service* (2nd ed.). N.Y.: Columbia
　　University Press.

제4장
사회복지의 역사

　개인과 사회를 둘러싼 문제를 해결하기 위해 개입하는 사회복지의 역사 연구는 어떤 의미를 갖는가? 사회복지가 인류 역사 속에 어떻게 등장하게 되었을까? 사회복지를 발전시키는 동력은 무엇이며 퇴보시키는 요인들은 무엇일까? 사회복지 역사의 산출 결과라고 할 수 있는 각국의 사회복지의 모습은 어떠한가? 이상의 질문에 대한 답을 개괄적으로나마 찾아가는 것이 이 장의 목적이다. 먼저 사회복지 역사 연구의 의의를 설명하고, 사회복지 역사와 불가분의 관계에 있는 자본주의 역사를 개괄적으로 살펴보며, 사회복지와 자본주의의 관계를 알아보고자 한다. 그리고 서구국가 중 가장 먼저 산업화와 근대국가 형태를 갖춘 영국의 빈민법사, 사회보험제도를 가장 먼저 시작한 독일의 사회보험사, 마지막으로 전형적인 개인주의 국가였음에도 대공황을 경험하며 부분적으로 국가개입을 인정하는 역사적 경험을 가진 미국을 중심으로 역사적 사례들을 살펴볼 것이다. 마지막으로 우리나라의 근·현대사에 나타난 사회복지의 도입과 발전에 대해 설명하고 향후 과제를 제시하였다.

1. 사회복지 역사 연구의 필요성

현재의 문제를 다루기도 바쁜 초고속 정보사회에서 '역사(歷史)'를 다루는 것에 대해 왜 이런 지루한 과정을 거쳐야 할까 하고 의문을 던지는 이들도 있을 것이다. 결론부터 이야기한다면 사회복지가 어떻게, 왜 오늘날의 모습을 가지게 되었는가를 이해하기 위해서는 사회복지 역사를 이해하는 것이 매우 중요하다. 현재의 사회복지정책은 갑자기 등장한 것이 아니라 사상, 가치, 사건들의 오랜 역사가 오늘날의 모습을 갖게 했기 때문이다(Kirst-Ashman, 2007: 160). 또한 이 역사를 통해 미래를 향한 길을 열어 가는 것이다.

사회복지는 어느 시점에서의 역사적 상황에 휩싸이면서도 동시에 역사를 창조해 가는 역사적·사회적 존재이며 다른 사회과학과 동일하게 사회의 사건과 현상을 대상으로 한다. 그러므로 다른 사회사상(社會事象)과 같이 역사적 존재로서 사회법칙 속에서 그 실체를 파악하는 작업이 무엇보다 중요하다. 또한 역사적으로 사회복지가 생성, 전개, 성숙되어 가는 과정과 사회 상황은 그 시대가 갖는 독특한 시대적 배경 속에서 이루어진 만큼 역사적 연결 속에서 이를 파악하지 않으면 안 된다(홍금자, 2000: 228).

사회복지 역사 연구의 필요성에 대한 여러 학자들의 의견을 정리해 보자. Friedlander(1970)는 사회복지 분야에 대한 체계적·비판적 연구를 위해서는 자선 제도, 사회복지입법, 사회복지계획, 사회복지이론의 역사적 연구가 필요하다고 했으며, Birrell(1973)은 사회복지 그 자체도 역사적 산물이며 그 작용을 통하여 사회변화에 기여해 왔다고 하였다. 급진주의적 관점을 가지고 사회복지와 사회사업(social work)을 엄격하게 구분하였던 중앙사회복지연구회(1991)는 사회사업의 본질을 이해하기 위한 사회과학적 체계는 역사적·사회적·현실적·실천적으로 분석하고 해명하는 것이라고 하며 역사적 분석의 중요성을 함께 지적했다.

사회복지 역사 연구의 의의를 요약하면 다음과 같다. 첫째, 인류의 사회적 생활 속에서 생성, 확립, 그리고 실천되어 온 사회복지의 역사적 사실이 어떻게 전개되어 왔는가 하는 동태적 법칙을 알면 그 이후의 예견이 가능하다. 둘째, 사회복지가 어떠한 사회적 상황하에서 어떻게 성립되고 전개되었는가에 대한 앎을 통해 그 현황을 올바르게 분석할 수 있다. 마지막으로, 미래의 전망을 시도할 수 있다. 사회복지의 한계와 모순을 찾아내고 발전 방향을 모색함으로써 역사적인 관점을 통해 과학적으로 접근할 수 있다(김동국, 1994).

우리가 관심을 가지고 있는 사회복지제도는 우리의 생활과 동시에 존재하는 것이다. 그럼에도 불구하고 사회복지의 원시적인 모습을 찾거나 전근대사회의 자선사업과 현대의 복지국가에 이르기까지의 과정을 탐색하는 이유는 이런 과정을 통해 사회복지의 본질이 무엇인가에 대한 답을 찾을 수 있기 때문이다. 그 답을 통해 우리 사회가 추구해야 할 사회복지의 모습에 대해 정의할 수 있고 사회복지 발전의 동력인 사회적 합의를 이끌어 내는 토대를 형성할 수 있다.

이 논의를 사회복지현장으로 가져와 사회복지 서비스 대상인 클라이언트에게 적용해 보자. 예를 들어, 한 노인에게 사회보장급여 혹은 사회복지 서비스를 제공해야 한다면 가장 적절한 급여 종류와 수준을 어떻게 정할 것인가? 그 기준을 결정하는 데 고려해야 할 사항 중 하나로 노인을 둘러싸고 있는 문제의 특수성과 보편성이 있다. 특수성이 노인이 살아온 개인적인 삶의 궤적에서 나온 것이라면, 보편성은 당대의 노인들이 함께 살아온 사회사가 반영되어 발생한 문제의 성격이라고 할 수 있다. 클라이언트를 이해하고 그들이 직면한 문제를 명확히 분석하기 위해서 넓게는 그들이 속한 사회의 역사를 이해하고 좁게는 그들이 제공받았던 혹은 배제되었던 사회복지의 역사를 이해하는 것이 필요하다.

역사란 현재와 과거의 끊임없는 대화라고 했던 영국의 역사가 Carr에 의하면 역사는 과거에 초점을 맞춘 것같이 보이나 실상은 현실에 대한 이해를 높이기 위한 것이며 무엇보다 미래를 준비한다는 측면이 강하다. 그렇지 않다면 사회복지학에서의 역사 연구가 의미를 가지지 못할 것이다.

역사를 바라보는 것은 현재의 눈이라고 할 수 있다. 사회복지가 무엇인가를 결정하는 분석틀, 사회복지의 발전이 무엇인가를 결정하는 기준, 현대사회의 문제 원인을 규정하는 이론 혹은 사상이 현재의 눈을 만들어 낸다. 결국 현재를 잘 이해하기 위해 과거를 살펴보는 관점이 필요한 것이고 어떤 관점을 가질 것인가 결정하는 것은 역사를 공부하는 이들의 몫이다. 물론 관점을 정립하는 것은 단기간에 이룰 수 없을 뿐더러 자신의 관점을 명확히 설명하는 것도 어렵다. 사회복지학에 입문하는 독자들은 학업수행 기간 동안 끊임없는 질문과 토론 속에서 자신의 관점을 가질 수 있도록 노력해야 하는 이유가 여기에 있다.

사회복지 역사에 대해 본격적으로 소개하기 전에 사회복지 역사에 대한 관점을 정립하는 데 도움을 줄 수 있는 몇 가지 논의점을 제시하면 다음과 같다.

첫째, 시간적 흐름이 사회복지의 진전을 담보하는 것인가, 다시 말하면 중세보다는 근대가, 근대보다는 현대의 사회복지가 더 발전한 것이라고 규정할 수 있는가의 문제다. 이는 시간적 진보에 기댐으로써 사회복지 발전에 기여한 요인을 놓치지 않기 위한 논의가 필요하기 때문이다.

둘째, 사회복지 역사 연구를 통해 '한국적 사회복지실천'을 위한 지식을 축적할 수 있는가와 관련된 문제다. 역사 연구의 의의를 살려 적용한다면 한국 문화를 거스르지 않으면서 기본적 인권을 존중할 수 있도록, 한국인이 살아온 역사 이해를 토대로 현재 처한 상황에 맞는 사회복지실천 방법을 찾아야 한다.

셋째, 사회복지 역사에서 주로 다루어지는 서구사회의 경험이 우리에게 도움이 되는가와 관련된 문제다. 과거의 사회문제 및 사회적 욕구에 대응했던 사회복지제도의 등장과 변천과정에서 나타난 성공 및 실패 원인, 조건, 배경 등에 대한 지식을 확보함으로써 현재의 사회복지 발전을 위해 활용할 수 있음은 분명하다. 그럼에도 불구하고 서구의 경험이 우리에게 전적으로 도움이 되리라고는 볼 수 없다.

하지만 과거의 사회복지정책이나 프로그램의 시행착오는 오늘날 우리에게 좋은 약이 될 수 있다. 사회복지 역사에 대한 이해가 있으면 우리에게 적합한 사회복지제도 발달에 관한 이론을 개발하는 데 중요한 단서를 얻을 수 있으며 또한 모종의 법칙성 발견도 가능하다(감정기, 최원규, 진재문, 2002: 22). 앞서 사회문제를 직면하고 사회복지를 추구한 서구의 경험은 우리가 어떻게 평가하고 받아들이는가에 따라 충분히 의미가 있을 수 있다. 이것은 서구의 사회복지 역사가 모두 선진적인 것은 아닐 수 있음을 염두에 두는 접근이다.

2. 자본주의 역사와 사회복지 역사의 관계

1) 시대 구분 기준으로서 자본주의 발달양식

사회복지 역사를 연구하고 설명하는 방식으로 시대를 구분하여 접근하는 방법, 비교사회복지학적 방법, 사례연구 방법 등이 있다. 즉, 시대에 따라 사회복지제도와 그것이 내포한 의미가 변하기 때문에 통시적으로 접근하기가 힘들며 시대를 구분하여 접근해야 한다. 또한 시대적으로 동일하다 하더라도 사회와 국가마다 사회복지제도의 내용과 의미가 상이할 수 있기 때문에 비교의 방법이 필요하다. 필요에 따라서는 특정 시대, 특정 사회나 국가를 집중적으로 분석함으로써 사회복지의 미세한 역사적 사실들을 보여 줄 필요성도 있다(감정기 외, 2002: 44).

여기에서 제시한 방법 중 가장 기본적이면서도 익숙한 것은 시대를 구분하여 접근하는 방법이다. 특정한 기준을 정하여 시대별로 사회복지의 내용과 특성을 찾아 분석하면 사회복지 역사의 흐름과 그 의미를 보다 쉽게 이해할 수 있다. 그렇다면 사회복지 역사 연구를 위해 어떻게 시대 구분을 해야 할까?

시대 구분을 위한 기준 설정은 단순한 작업이 아니다. 시대 구분이 연구자의 역사관 등 주관적인 판단에 의존할 수밖에 없다 하더라도 그것이 자의적이지 않기 위해서는 그 근거를 명시해야 하기 때문이다. 많은 연구자들이 제시한 시대 구분의 기준을 소개하면 첫째, 자본주의 발달단계에 따른 구분, 둘째, 자본주의 발달단계를 외재적 측면으로 하고 사회정책의 형태와 내용, 사회정책에 대한 수혜자의 의식 및 수혜자에 대한 사회인식을 내재적 측면으로 설정하여 사회복지의 발달단계를 설정하는 통합적 접근(감정기 외, 2002: 47), 셋째, 정치·사회적 변수를 중심으로 시대를 구분하는 접근 등이 있다. 이외에도 사회복지제도나 복지국가 등 사회복지 변화과정과 내용의 특성을 기준으로 시대를 구분할 수도 있다.

시대를 구분하는 기준은 다양하지만 공통적으로 다루어지는 요소는 바로 자본주의다. 사회복지의 발전을 설명하기 위해서는 자본주의 발전이라는 요소를 빼놓고 생각할 수 없을 만큼 깊은 관련성을 가지고 있다. 자본주의 발달단계에 따라 시대를 구분한 예를 들면, 자본주의 발달단계를 봉건시대-전기 자본주의 시대(본원적 축적기)-산업자본주의 시대-독점자본주의 시대-국가독점자본주의 시대로 구분하고, 그 각각의 단계에 맞추어 사회복지가 상호부조 및 자선-빈민법-신빈민법과 민간사회사업-국가정책으로서 사회보험-사회보장제도와 복지국가라는 발달단계를 제시한 것이다(박광준, 2002: 46).

2) 자본주의와 사회복지 역사의 관계

사회복지의 본격적 등장, 변화, 발전이 자본주의의 생성과 변화와 함께 진행되었다는 점에서 자본주의에 대해 개괄적으로나마 이해하는 것이 반드시 필요하다. 오늘날 많은 국가의 복지제도들은 자본주의 발전과정에서 사회적 위험요인으로 등장한 문제들과 그 사회구성원들의 욕구에 대한 대응이라고 할 수 있다(하상락, 1997). 국민의 기본권과 국가의 의무 차원에서 제공되는 현대의 사회복지제도는 자본주의 변화를 고려하면서 함께 이해되어야 한다.

그렇다면 자본주의란 무엇인가? 종교개혁, 영국 혁명(1689), 프랑스 혁명(1789)을 거쳐 18세기 말 낡은 봉건 질서를 파괴할 수 있을 만큼 충분히 강력해진 부르주아지는 봉건제 대신 이윤창출을 제1의 목적으로 하는 상품의 자유교환에 기초한 전혀 다른 사회체제가 등장했음을 알렸다. 우리는 그 체제를 자본주의라고 부른다(장상환, 2005: 192).

자본주의 이전 시대, 즉 중세 봉건사회에서는 장원이 대다수 사람들의 생활 터전이었다. 그러나 중상주의하에 양모 산업이 크게 발전하면서 땅 소유자들은 이윤을 더 높이기 위해 농민들을 쫓아내고 그 자리에 목장을 만들기 시작하였다. 양을 키우기 위해 땅에 울타리를 치게 되는 이 과정을 엔클로저(encloser)라고 한다. 지주와 부르주아지의 이윤이 극대화되어 가는 자본주의 맹아기인 이 시기에 삶의 터전을 잃은 대부분의 농민들은 부랑민이 되거나 일자리를 찾아 도시로 몰려갔으나 빈곤을 해결하지 못하고 급증하는 도시빈민의 대다수를 차지하게 되었다.

여기에 18세기 중반에 시작된 산업혁명은 자본주의가 뿌리 내릴 수 있는 토대를 더욱 견고하게 만들었다. 영국에서 먼저 시작된 산업혁명이 전 유럽으로 확대되면서 경제적 이득을 위하여 투자하고 확장할 기회를 찾고 있는 상업 부르주아 계층을 사회의 중심세력으로 끌어 올리고 경제체제를 시장경제체제로 변천시켰다. 그리고 농업사회에서 공업사회로, 시골에서 도시로, 지역사회에서 국가사회와 국제사회로 급격하게 변화하는 과정을 거치면서 대규모 자본주의 생산이 가능한 사회체제를 형성하였다.

이러한 변화와 함께 사람들은 이동성과 독립성을 가지게 되었지만 봉건체제에서 제공되었던 안전과 낮은 수준이었지만 유지하고 있던 생활안정성은 잃게 되었다. 수많은 사람들이 일자리를 찾는 데 어려움을 겪었으며 고통스러운 빈곤은 일상화되었다(Kirst-Ashman, 2007: 162). 대규모 자본주의 생산이 가능하려면 이윤을 낳는 노동이 있어야 한다. 자본이 쌓이기 위해서는 노동이 적절하게 공급되어야 하는데, 그 자리는 당시 유일한 생산수단이었던 토지로부터 쫓겨난 이들로 채워졌다. 노동자에게는 달리 선택의 여지가 없으므로 자신의 유일한 상품 즉 노동력을 팔게 되었고, 심지어 이윤창출의 우선 원리에 의해 4~5세부터 시작된 아동노동이 20세기 초반까지 일상화되기도 했다.

물론 산업화를 통해 모든 국민들이 어느 정도 혜택을 받는 것은 확실하다. 그러나 동시에 사회구성원 간 불평등도 증가하였다. 산업자본주의의 '성공'이 불평등의 증가를 동반한다는 사실은 산업화의 초기 단계에서부터 오늘날에 이르기까지 자본주의의 도덕적 논란을 불러일으키기에 충분하다(한인철, 1995: 178). 최근에 이르러 더욱 현실화되고 있는 '20대 80의 사회'가 그 증거라고 할 수 있다. 국가 간 빈부 차이, 국민 간 소득격차는 점점 벌어져 상위 20%가 80%의 자원과 부를 차지하고 하위 80%가 남은 20%를 놓고 경쟁해야 하는 사회에 대한 논의는 익히 들어 왔을 것이다.

자본주의 사회에서 사람들이 어떤 문제에 직면하게 될 것인가를 유추하면 사회복지가 왜 본격적으로 등장하게 되었는가를 설명할 수 있다. 유일한 밑천이라고 할 수 있는 노동력을 질병 혹은 사고 등으로 잃게 된 경우, 노동 능력과 의지는 있으나 일자리가 없는 경우, 일을 해도 임금이 너무 낮은 경우, 전통적 가족관계의 해체, 불평등한 분배 현실에서 살아가기 위해 온 가족이 노동시장에 참여하는 다노동(多勞動), 빈곤의 되물림 등 개인이 스스로 예방하고 대처할 수 없는 문제의 확산에 직면하게 된다.

이것이 개인문제가 아닌 사회문제라는 인식으로 확대되거나 사회적 차원에서 대응이 필요하다는 사회적 합의가 이루어지는 곳에서 사회복지적 개입이 이루어지게 된다. 한편, 어떤 문제를 사회문제로 받아들일 것인가에 따라 사회복지 개입의 정도와 내용이 달라질 수 있으며, 정치·경제·문화적 배경의 차이에 따라 사회적 합의가 창출될 수 있고, 여건에 따라 그 합의내용이 변경될 수 있다. 이러한 측면에서 사회복지의 역사는 국가별로 역동적으로 펼쳐지게 된다.

3. 영국, 독일, 미국 사회복지의 전개과정

복지체계의 전개과정을 살펴보면 산업화를 전후로 각 시대적 단계마다 복지의 개념은 물론 구성요소도 상이하였음을 알 수 있다. Murdal은 복지 개념 체계의 진화과정을 사적 자선과 공적인 빈민구제를 통하여 최악의 문제만 해결하였던 온정주의적 보수주의 시대, 사회적 위험에 공동으로 대처함으로써 불평등에 대응하였던 자유주의 시대, 예방적·협동적(protective and cooperative) 사회정책의 시기라고 볼 수 있는 사회민주주의 시대로 구분하였다(원용찬, 1998). 이러한 구분은 각 국가가 경험한 사회복지의 역사와 현황이 어떤 단계에 있는 가를 평가하는 기준으로, 혹은 해당 국가가 어떤 복지국가 유형에 속하는지 설명하는 기준으로도 사용할 수 있다.

사회복지가 발달한다는 것은 추구하는 이념이 선별주의에서 보편주의로 전환되는 것을 가리킨다. 그리고 사회복지 욕구를 가진 이들에 대해 자원과 서비스를 시혜적으로 제공하는 것에서 벗어나 인간다운 삶을 보장받는 것이 모든 사람의 권리임을 인정하고 사회복지를 제공하는 것이 사회복지의 발달이다. 또한 사회복지가 발달할수록 발생한 문제에 대한 사후적인 소극적 개입에서 문제 예방 중심의 적극적 개입이 주가 된다.

앞에서 언급한 대로 한 국가의 사회복지가 시간의 흐름에 따라 발전만 하는 것은 아니다. 이것을 전제로 하고 전체 사회복지 흐름을 파악하기 위해 일부 국가의 대표적인 모습을 살펴보고자 한다. 근대 이전의 고대와 중세 사회의 다양한 상호부조 형태를 간략히 설명하고, 산업혁명의 발원지이며 근대적 국가 형태를 가장 먼저 형성한 영국, 후발 산업화 국가이면서도 사회보험제도를 최초로 수행한 독일, 세계대공황 이후 사회복지적 측면에서 변화를 경험한 시장자본주의 대표국가인 미국을 중심으로 사회복지제도가 어떻게 전개되었는지 살펴본다.

1) 근대 이전의 빈민구제

상호부조는 인류 역사와 함께 보편적으로 이루어져 왔다. 원시공동체 사회에서는 혈연관계에 있었던 상호부조에서부터 씨족 전체에까지 영향을 끼쳤을 것으로 보이나, 전염병 등 대규모적인 재난이나 천재지변에는 무력하였을 것이다. 부조를 주고받음에 있어서 강제적인 것은 아니었으며 고대의 상호부조는 근세의 사선으로 전래되었다.

고대국가 시대로 넘어오면 고대 이집트나 고대 중국, 바빌로니아, 유태사회

어디에나 빈민을 돌보는 제도적 관행, 즉 구빈제도가 있었다. 그러나 빈곤이 빈민 자신의 탓이라고 비난하는 관행은 없었다. 고대 중국에서는 빈민이 발생하면 국가에 의해 구빈이 실시되었고, 홍수·기근 등 천재지변 시에 국가는 곡물창고를 열어 빈민에게 무상으로 방출하고 지불능력이 있는 자에게는 판매하였다(장인협, 이혜경, 오정수, 1999: 40-41).

중세와 근대 사회의 자선활동에 지속적으로 영향을 준 기독교 사상의 뿌리가 되는 고대 유태사회의 구빈은 빈민에게 낙인을 부여하지 않고, 빈민을 비판의 대상으로 보는 것이 아니라 구빈할 수 있는 개인이나 사회가 얼마나 자선을 했느냐에 따라 비판의 대상이 되는 규범을 가지고 있었다.

그리스·로마 시대에 이르면 빈민에 대한 비난이 표출된다. 빈곤을 기회의 결여가 아닌 빈민 자신의 게으름 등 자신의 결함에서 기인하는 것으로 보았기 때문에 빈민에 대해 부정적인 견해를 취하였다. 사원 중심의 빈민구제나 의료시술 조직은 있었으나 전반적으로 구빈사업은 미미했다.

중세 시대에는 종교단체나 동업자 조합인 길드 등이 환자나 극빈자를 돌보았다. 이 시기의 대표적인 자선사업은 기독교 수도원을 중심으로 이루어졌는데, 빈민을 위한 자선을 시행하였고 환자 등을 보호하는 역할을 하였다. 빈민을 둘러싸고 있는 중세사회의 구조적 문제를 등한시하고 빈곤의 사회성을 보지 못했다는 점에서 비판을 받기도 하나, 현대에 이르기까지 자선·박애사업을 비롯한 민간 사회복지의 근저에 영향을 미쳤다는 점에서 중요성을 인정받고 있다.

이후 봉건제도가 붕괴되는 과정에서 수도원이 해체되고 구제사업이 중단되기에 이르렀다. 특히 장원의 해체로 많은 빈민이 발생하고 이들 대부분은 부랑자나 거지가 되어 방랑할 수밖에 없었다. 이들은 사회질서를 위협하는 반사회적 존재로 여겨졌으며 국가는 빈민들을 범죄자와 동일하게 취급하였다. 그런데 16세기 후반부터 흉작, 전염병의 유행, 인구 증가 등에 의해 부랑자와 극빈자의 수가 급증하고 식량문제로 인한 폭동이 발생하기도 하는 등 문제가 심각해지자, 국가는 어떠한 형태든 조치를 취하지 않을 수 없어(장인협 외, 1999: 43) 근대 사회복지의 씨앗이 되는 제도들을 도입하게 된다.

2) 근대적 사회복지제도의 출발과 전개-영국

사회복지 역사에 있어 가장 많이 다루어지고 있는 국가가 바로 영국이다. 특히 영국의 빈민법이 가장 중요한 연구주제로 부각되는 이유는 영국이 자본주의 발전의 선진국이며, 그 발전과정 속에서 빈민법이 국가적 규모로까지 체계적으로 제도화되고 지속적으로 발전하여 왔기 때문이다. 영국의 빈민법은 유럽 빈민법의 전형이었으며, 현재 제도의 기원을 설명할 수 있는 요소들을 가장 많이 갖고 있으며, 복지국가 역시 영국에서 출발했고 나아가 그 위기와 후퇴마저 영국에서 시작되었기 때문에 국제적인 주목을 받고 있는 것이다.

근대적 의미의 사회복지제도의 출발은 1601년 영국에서 제정된 엘리자베스 빈민법(The English Elizabethan Poor Law of 1601)이다. 이 법은 빈민을 비롯하여 보호가 필요한 이들에 대한 국가의 책임을 최초로 규정했다는 점에서 의의가 있다. 물론 이 법은 갑자기 새롭게 등장한 법이 아니라 이전의 임금과 노동시간을 규제하는 법(1562), 부랑자를 처벌하거나 구빈세 부과와 관련한 법(1572), 빈민의 강제 취업과 관련한 법(1576) 등 15세기 이후 빈민관리법과 조례들을 집대성하여 정비한 법이다.

튜더 왕조의 빈민에 대한 태도는 온정주의적 태도로서 국가가 도덕적으로 결함이 있고 나태한 빈민을 교화시키고 보호해야 하며 빈민은 그것에 대해 복종해야 한다고 보았다(장인협 외, 1999). 엘리자베스 빈민법은 중앙집권적 빈민통제를 특성으로 하며, 빈민의 관리를 국가의 책임으로 하되 빈민의 권리는 아직 수용하지 않았다. 각 교구(敎區)에는 교구위원회의 임명을 받은 빈민감독관이 구빈세 징수 등의 행정을 담당하여 음식물이나 돈을 배분하고 교구의 구빈원을 지도·감독하는 일을 담당하였다(감정기 외, 2002: 131).

이 법의 가장 큰 의의는 빈민을 분류하고 그에 상응하는 대책을 강구하였다는 점과 구빈세에 의한 구빈대책을 강구하였다는 점이다. 빈민을 세 가지로 분류하였는데 노동능력이 있는 빈민(the able-bodied poor)에게는 노동을 강제하고 자선을 금지시키고, 정신적으로나 신체적으로 문제가 있어 노동능력이 없

[그림 4-1] 엘리자베스 1세
(1558~1603)

는 빈민(the impotent poor)에게는 원내구호(院內救護, in-doorrelief)를 실시하여 구빈원(poorhouse)에 수용하여 원조하였고, 고아 혹은 부모가 빈곤하여 보호를 받지 못하는 아동(dependent children)은 성인이 될 때까지 도제생활을 시키거나 가정부로 보내졌다.

구빈세는 구빈행정을 담당한 교구의 재원이라고 할 수 있는데, 구빈세를 부과할 수 있었던 것은 빈곤구제의 책임이 국가에 있다는 것을 인정하고 빈곤문제에 대해 억압적으로 조치하였던 것에서 일부 변화하였기 때문이라 할 수 있다. 빈민의 분류에 있어서 과학적으로 접근한 것이 아니라 단순히 노동능력을 유일한 기준으로 삼았고 보호대상자의 독립적인 생활 등을 고려하지 못했다는 점에서 한계가 있다. 그러나 이 법의 결과로 빈민이 사적 자선의 대상이 아니라 공공관리의 대상이 되었다는 점과, 무엇보다 중앙정부 책임의 조치는 선언적 의미에서 선구적인 조치(박광준, 2002: 96)였다고 인정되고 있다.

이후 빈민법은 사회적 상황과 빈곤관의 변화에 따라 여러 가지 형태로 변천과정을 거쳤다. 17세기 후반에는 이윤추구적인 빈민고용론에 따른 작업장법(1722), 18세기 후반에는 작업장의 형벌적 성격으로 인한 문제를 개선하기 위한 길버트법(1782)이 등장했다. 스핀햄랜드법(Speenhamland Act of 1795)은 빈민에게 일자리를 제공함으로써 작업장 등 시설을 벗어나 가정에서 구제를 받게 하고, 부양자 수와 당시의 식량가격을 반영하여 생계비에 미치지 못하는 임금에 대해 보조금을 제공하는 제도였다. 경제적 불황기에 노동자를 보호하려 했다는 점과 오늘날의 가족수당이나 최저생활보장제도 운영의 기반을 제공했다는 점에서 의의가 있으나 제도 운영상 한계가 많았던 법이기도 하다.

이를 통해 볼 때 빈민법은 구제뿐 아니라 노동법, 치안유지법적인 성격을 가진 포괄적인 법이었음을 알 수 있다. 한편 빈민법 시기는 소극적 국가개입의 시기라고 할 수 있다(박광준, 2002). 빈곤의 사회적 원인을 인정한 것은 아니지만

영국의 작업장 설계도(1835년)

St. Marylebone 작업장 식당(1900년)

[그림 4-2]　영국의 작업장

출처: http://en.wikipedia.org
　　　http://history.uk.com

구제의 책임은 국가에 있다는 것을 인정했다는 점 때문이다.

　구제활동이 더 많은 빈민을 양산한다는 주장에 힘을 싣는 자유방임주의가 팽배해지는 가운데 빈민법은 전환점을 맞이한다. 빈민법 개정을 위한 조사를 토대로 1834년의 신빈민법(the New Poor Law)이 탄생하였다. 신빈민법은 특별히 새로운 원칙을 확립한 것이 아니라 억압정책으로의 회귀 경향을 강화시킨 것이다. 신빈민법에서 세운 원칙은 영국의 사회보장제도가 확립되기까지 영국 공공부조의 기본원리로 남아 있었다(박광준, 2002: 137). 그 원칙은 다음과 같다. 첫째, 빈민의 처우를 전국적으로 통일하기 위해 중앙정부에 통제기관을 두는 전국적 균일처우의 원칙, 둘째, 국가의 도움을 받지 않는 최하의 노동자보다는 낮은 처우를 해야 한다는 열등처우의 원칙, 마지막으로 원외(院外)구제를 금지하는 작업장 수용의 원칙이다.

　이 법의 조치로 빈민의 사회적 지위와 빈민에 대한 처우가 극도로 저하되었다. 이러한 배경 속에서 19세기에는 구빈에 대한 국가의 책임이 퇴조하는 가운데 민간부문의 활동이 활발하게 전개되었다. 1869년 조직된 자선조직협회(Charity Organization Society)는 당시 다수 민간 자선기관들의 서비스 중복과 재정낭비 문제에 직면하여 자선기관들의 활동을 조정하기 위한 것이었다. 자선조직협회는 빈곤가정을 등록하게 하고 개별 가정방문과 조사를 실시하였는데, 이 활동은 이후 전문적 사회복지실천의 방법으로 발전하게 되었다.

또한 1880년대에 성공회 사제인 Barnett과 옥스퍼드·케임브리지 대학생들에 의해 시작된 런던 동부지역 빈민을 위한 사회개량운동으로서 인보관운동(Settlement Movement)도 민간 복지활동으로서 이후 지역사회복지의 실천모형으로 발전하였다(장인협 외, 1999: 44). 이 운동은 취약한 지역사회의 문제를 해결하기 위해 지식인이 빈민들이 거주하는 현지에 뛰어들어 그들이 현재 필요로 하는 서비스를 제공할 뿐 아니라 사회의 구조적인 문제를 해결하기 위해 법 제정 추진 등 사회를 개혁하려는 노력을 함께 시도하였다.

자선조직협회를 구성하는 과정에서 구제 대상을 구분하고 빈곤의 원인을 조사하는 활동의 기본관점은 빈곤의 책임을 개인에게 두고 있었는 데 반해, 인보관운동은 빈곤을 비롯한 문제의 원인을 사회구조의 모순에서 찾으려 했다는 점에서 빈곤관의 차이가 있음을 보여 준다. 이러한 관점의 차이는 문제를 해결하는 방법에도 차이를 가져왔고 이후 지역사회복지를 실천하는 방법에서도 자선조직협회 활동은 개인을 대상으로 하는 전문 사회복지실천의 발전에 그리고 인보관운동은 집단 대상의 전문사회복지실천, 빈민조직화 등의 지역사회조직의 발전에 기여하였다.

19세기 중엽 이후 빈곤이 사회문제라는 인식과 함께 빈곤문제의 해결 및 예방을 위해서 사회의 근본적인 개혁이 불가피하다는 인식이 점차 수용되었고, 그에 따라 적극적인 국가개입이 요청되었다. 과거 빈민법 시대와 다른 관점과 문제의식을 가진다는 측면에서 대전환의 시기라고도 한다. 이러한 변화를 가져온 데에는 노동자 투표권의 확대와 사회주의 사상의 보급이 영향을 미쳤으며, 빈곤원인을 분석하고 빈곤현실을 과학적으로 보여 주는 Booth와 Rawntree의 빈곤조사가 영향을 끼치게 된다(박광준, 2002).

20세기 초 자유당 집권하에 노령연금법(1908), 의료보험과 실업보험 성격의 국민보험법(1911)이 제정되었다. 노령연금은 무갹출(無醵出) 급여로서 일정 소득 이하의 노인에게 급여를 제공하는 제도였고, 의료보험제도는 오늘날 영국이 자랑스러워하는 의료보장제도(National Health Services)의 초석이 되었다. 이러한 법은 사회복지 대상을 빈민에서 노동자 혹은 일반 대중에게로 확대하는 계기를 마련하고 빈민구제, 즉 공공부조 중심에서 벗어나 새로운 사회복지의 체계를 갖추는 출발점이 되었다.

영국은 제2차 세계 대전을 전후하여 복지국가로 발전하는 새로운 전환기를 맞이하였다. 전후 영국 재건의 청사진을 제시하기 위한 위원회가 구성되었는데, 위원장인 W. Beveridge의 이름으로 1942년 「사회보험과 관련 서비스에 관한 보고서」(이른바 「베버리지 보고서」)를 출간하였다. 1900년대 초부터 만들어진 다양한 사회입법들을 현대적인 사회보험의 골격으로 재정비하여 전 국민을 '요람에서 무덤까지' 보장하는 계획을 수립했다는 것이 이 보고서가 가진 의의다.

Beveridge는 소득보장, 국민보건 서비스, 교육, 주택, 고용 등 사회보장제도를 완비할 것을 제시하였고, 1945년 총선에서 「베버리지 보고서」를 실천하겠다고 공약한 노동당이 집권하여 보고서의 내용을 법제화하면서 영국이 복지국가로 출발했음을 공식화하였다. 노동당 정부는 1945년 가족수당법, 1946년 산업재해법, 국민보건서비스법, 1948년 국민부조법을 성립시킴으로써 사회보장 체제를 완성했다. 공공부조제도인 국민부조법이 구빈제도의 기초가 됨으로써 300년 이상의 역사를 가진 빈민법은 자연스럽게 해체되었다.

국제적으로 주목받았던 「베버리지 보고서」의 보편주의(universalism)와 국민최저한(national minimum)의 이념을 기초로 복지국가 체제를 수립한 영국은 세계적인 경제호황 속에서 사회복지를 지속적으로 확대시켜 복지국가로 발전하였다. 그러나 1970년대 이후 경제위기 속에서 복지국가위기론이 등장하였고 이에 대해 집권 보수당 정부는 신자유주의 이념에 기초하여 개혁을 추진하였다. 초기의 복지국가 이념과는 상충되는 부분이 많은 복지다원주의(welfare pluralism)를 추구하면서 영국 복지국가의 성격을 전환시켰다. 이후 노동당이 다시 집권하면서 정통적인 사회민주주의 노선을 수정한 '제3의 길'이라는 정책노선을 추구하였는데, 이를 토대로 한 정책 변화가 영국의 사회복지에 어떻게 영향을 주었는가와 사회복지를 변화시켰는지는 앞으로 지켜보아야 할 일이다.

3) 사회보험의 출발-독일

독일은 영국, 프랑스에 비해 산업화의 출발이 늦은 후발 산업국으로 농업적 질서에서 산업적 질서로 급격히 진행된 국가다. 산업화 이전에 정치적 안정기를 맞이하였던 영국이나 프랑스와는 달리, 1871년에야 독일제국에서 국가적 통일을 완료한 독일은 경제·사회적 변화와 함께 구체제 청산과 민족통일문제를 동시에 해결해야 하는 복잡한 상황에 놓여 있었다. 급격한 산업화의 결과 사회문제가 확대되고 특히 노동문제가 대폭 증가하는 가운데 노동자들이 계급의식에 눈뜨면서 급진적인 노동운동과 사회주의운동이 등장하였다.

독일은 산업화의 후발 주자였지만 사회복지국가로 발전하는 기틀이라고 할 수 있는 사회보험제도를 최초로 입법화하였다. 사회보험이란 실업, 질병, 노령과 같은 문제를 해결하기 위해 국가의 공적 책임하에 운영되는 보험제도를 일컫는다. 노동자 혹은 전 국민의 강제가입과 기여, 위험분산과 부담분산을 공적으로 관리함으로써 사회적 위험에 직면한 이들의 생활을 보장하기 위한 체계라고 할 수 있다.

사회보험제도의 도입 배경으로는 노동운동, 사회민주당의 활동, 그리고 통치자들의 가부장적 국가관을 들 수 있다. 경제위기가 확대되면서 노조 조직률이 지속적으로 증가하는 가운데 1870년대 이후 30년간 유럽에서 가장 강력한 사회주의 운동이 행해졌던 곳이 독일이었다. 독일 노동자들의 활동은 체제에 대한 심각한 위협이 되었고 사회보험의 도입에 있어서 노동계급은 주요한 고려사항일 수밖에 없었다(박광준, 2002: 262). 세계에서 가장 먼저 창설된 독일 사회민주당은 생산수단의 사회화를 주장하는 급진적인 노선을 채택하였고 남성 보통선거권을 발판으로 의회 진출을 시도하였다.

사회보험의 입법을 이끌었던 비스마르크는 국가의 권위로서 산업화를 추진하고 통일국가로서 체제를 견고하게 만들기를 원했다. 이를 위해 국가지배 체제에 가장 큰 위협요인이라 생각했던 사회주의자들을 탄압하기 위해 사회주의자 진압법을 만들었다. 반면, 통제만으로 국민들의 지지와 충성심을 얻을 수 없다고 인식하여 사회보험을 성립시켜 노동자들을 회유하려 하였다(박광준, 2002: 269). 흔히 이 두 가지 정책적 접근은 비스마르크의 채찍과 당근으로 비유된다.

강제가입 등이 자유를 침해한다고 본 자유주의자들의 반대를 무릅쓰고 경제적 약자에 대해 국가가 보호자로 나서면서 질병보험법(1883), 산업재해보험법(1884), 그리고 노령 및 폐질(廢疾) 보험법(1889)이 수립되었다. 비스마르크가 우선적으로 관심을 가진 법은 산업재해보험법이었다. 1884년 의회를 통과한 이 법은 소득이 일정 수준 이하인 광산, 공장, 건설업 등에 종사하는 근로자를 의무적 가입대상으로 하여 업무로 인해 발생하는 산업재해에 대해서 사용자가 전적으로 책임질 것을 규정한 것이었다.

산업재해보험법이 통과되지 못하고 의회에서 논쟁하고 있는 동안 늦게 입안된 질병보험법이 먼저 통과됨으로써 세계 최초의 사회보험법이 되었다. 이 법은 기존의 길드, 공장기업 및 상호부조 중심으로 노동자와 사용자가 분담하여 기여한 질병금고(sickness funds)의 설치를 의무화하여 질병발생 시에 무료진료와 질병수당을 지급하도록 하였다.

19세기 말에 이루어진 독일의 사회보험법 성립은 비스마르크의 국가관에 영향을 받은 것임을 알 수 있다. 그의 정치적 사고의 중심은 국가와 개인 간의 전통적 관계를 유지하는 것이었다. 어떤 의미에서 사회적 권리는 정치적 권리의 확대를 저지하기 위하여 주어졌다. 물론 비스마르크는 분명히 빈곤의 완화를 의도하였고, 그의 사회보험은 경제적 불평등을 축소시키는 것이었다. 그러나 그가 채택한 수단들의 전체적 기조는 전통적인 정치적 불평등체계를 유지하는 것이었다(한국사회복지학연구회, 1997: 154). 이러한 주장은 사회보험의 도입 초기에 노동자의 정치적 진출을 막으려는 전략이라는 이유로 노동자들이 반대했다는 것을 통해서도 확인할 수 있다.

정치적 권력을 추구하는 모든 세력들과 맞부딪치면서 마련된 사회보험제도

는 사회민주주의의 무력화, 생산관계의 안정화, 경제적 효율성의 증대, 국제경
쟁력의 강화를 위한 다용도 수단이 되었으나, 결과적으로 사회보장의 핵심적
인 실천방법이 됨으로써 공적이며 항상적으로 존재하면서 예방적인 제도적 복
지를 제공하는 주체로서 복지국가를 태동시키는 새로운 역사의 장을 열었다.

초기에 부정적인 태도를 보이던 노동자들과 사회주의자들도 사회보험이 노
동자 계급에게 이익이 된다는 점을 서서히 인식하게 되었고, 제1차 세계 대전
이후 사회민주당은 사회보험을 노동자 계급의 복지를 실질적으로 증대시킬 수
있는 매우 중요한 전략으로 여기게 되었다. 이후 사회보험제도는 1911년 제국
보험법으로 개정되었고, 세계 대전 중 휴지기를 거쳐 오늘날까지 큰 변화 없이
유지되어 오고 있다. 독일에서 최초로 시도된 사회보험제도는 종국적으로 체
제의 안정화에 기여하였으며, 그 후 전 세계로 확산되어 각국에서 현재와 같은
복지국가의 기틀을 마련하는 데 중심제도로서 역할을 하게 되었다.

4) 사회복지적 전환의 경험-미국

사회복지의 역사를 소개하는 과정에서 미국을 선정하여 설명하는 것은 미국
이 다른 국가와 다른 두 가지 측면 때문이다. 하나는 개인주의적 이념의 배경하
에 민간 사회복지의 비중이 높다는 점과, 다른 하나는 그럼에도 불구하고 1930년
대 대공황을 겪으면서 기존 정책의 방향을 전환하여 국가책임을 전제하는 사회
보장법을 제정하였다는 점이다.

강력한 민간 사회복지의 전통을 가진 미국은 지방자치제의 전통이 강한 국
가다. 국가의 모든 복지 서비스를 총합적으로 관리하고 책임지는 단일한 상위
행정체계를 운영하기보다는 주별로 지방별로 복지행정 체계와 프로그램을 형
성ㆍ운영하고 있으며, 그에 따른 인력의 자격과 직무도 상이한 나라다. 연방정
부는 광범위한 기준과 범주를 제공할 뿐이고 실제적인 운영과 서비스 제공은
주정부에 위임한 형태다. 따라서 중앙정부에서 정책을 실현할 강력한 의지를
가지고 있다 하더라도 개인주의적 이념이 강하고 또한 문화적ㆍ인종적 이질성

이 강한 사회라는 특성이 공존하기 때문에 사회복지 역사의 전개과정은 다른 국가와는 차별성을 가진다.

미국은 남북전쟁 전후로 급속한 산업화가 진행된 이후 20세기에 접어들면서 산업사회의 다양한 문제들이 발생하기 시작하였다. 그럼에도 프론티어 정신은 자조와 독립을 강조하였고 청교도의 윤리도 노동의 가치를 강조하였다. 이러한 자유주의 정신은 어느 나라보다 미국에서 강하게 작용하였고(장인협 외, 1999), 이것은 빈곤의 책임이 개인에게 있다고 보는 관점을 강화시키고 빈곤구제 활동을 종교기관 혹은 민간기관의 자선활동에 의존하게 만들었다. 19세기 후반 영국에서 민간 사회복지의 주류를 이루었던 자선조직협회 활동과 인보관 운동 등이 미국으로 전해 오면서 20세기 초반까지 미국 사회복지를 담당하였다. 공공복지청(1890)이 만들어지고 일부 주에서는 실업보험 등의 법안이 제시되기도 하였으나, 미국은 개인의 빈곤문제 해결을 위한 국가개입을 거부하는 것을 원칙으로 하였다.

이른바 진보의 시대라고 할 수 있는 1900~1930년까지의 시기에는 정신위생운동을 반영한 정신보건 정책에 초점이 맞추어졌고(Kirst-Ashman, 2007: 179), 정신의료치료 중심으로 사회사업이 확대되는 가운데 20세기 전반에 걸쳐 전문 사회복지실천 활동이 발전하였다. Freud 심리학의 영향을 받은 개별지도 방법의 전문화가 이루어지고, 집단지도와 지역사회조직이 사회복지실천 방법으로 분화되어 발전하였으며, 대학에서 사회사업교육이 시작되었다(장인협 외, 1999: 48).

그런데 개인치료 중심의 사회사업적 개입에서 사회개혁과 공공 사회복지 서비스로 무게중심을 옮기게 만들고 개인주의적 빈곤관을 극적으로 변화시키게 만든 것은 1929년 시작된 경제대공황이었다. 급격하면서도 포괄적인 경기하락으로 인해 국민소득 감소와 더불어 노동인구의 25%가 실업상태에 빠지기도 하였다. 일부 주에서 시행되고 있던 노령부조 외에는 사회보장적 대응책이 부재한 상태에서 많은 수의 국민은 생존권을 위협받는 상황에 내몰리게 된 것이다. 그 결과 경제위기 속에서 국가개입을 반대한 후보를 물리치고 1932년 루스벨트가 대통령으로 당선되면서 연방정부가 적극적으로 사회복지에 참여하기 시작했다.

Roosevelt는 신국가주의 이념에 기초하여 뉴딜 정책을 경제위기 극복의 수단으로 시행하였다. 실업자에게 일자리를 제공하는 각종 공공사업이 실시되었고 사회보장법(Social Security Act of 1935)이 제정되었다(장인협 외, 1999: 48). 사회보장법은 미국 최초 연방정부 차원의 복지 프로그램이라고 할 수 있으며, 개인주의적 경제정책에 대한 재검토를 요구함으로써 빈곤의 책임에 대한 사상의 변화를 보여 주는 것이었다. 사회보장법을 통해 연방정부가 관장하는 노령보험, 주정부가 관장하고 연방정부가 재정 보조하는 실업보험제도가 시작되었다. 공공부조와 사회복지 서비스도 주정부가 관장하고 연방정부가 재정을 보조하는 형태를 취하였다. 공공부조제도는 장애아동, 고아, 신생아와 산모를 위한 주정부의 프로그램을 말한다. 미국의 사회보장법은 미국사회의 사회적 안정과 경제적 풍요에 힘입어 1960년대까지 지속되었다.

한편, 빈곤관의 변화와 국가개입 증대라는 급격한 변화의 시기에도 영국과 독일의 경우 사회복지 발전과정에서 필수적으로 등장했던 의료보장제도가 빠져 있는 것이 미국의 특징이다. 이익집단의 반대로 인해 공적 의료보험 추진이 실패함으로써 1965년 도입된 65세 이상의 노인을 대상으로 하는 의료보험인 메디케어(Medicare)를 제외하고는 최근까지 전 국민을 대상으로 하는 공적 의료보장제도가 없다는 것이 한계로 지적된다.

경제발전과 사회적 안정으로 사회보장제도는 지속되었으나 1960년대 이르러 전후 시대의 낙관주의가 퇴조하기 시작하였다(함세남 외, 1996: 221). 노인, 장애인, 아동을 양육하는 여성 등 불안전 고용상태에 있거나 혹은 노동시장에 참여하지 못한 사람들은 여전히 빈곤에 처해 있었는데, 그동안 가려져 있어 관심 밖에 있던 빈곤문제가 드러나기 시작하였다. 이에 Johnson 대통령은 '빈곤과의 전쟁'을 선포하고 공공부조와 병행하여 전문가에 의한 재활서비스 제공을 규정하는 등 다양한 법을 제정하고 프로그램을 실시하였다. 노인과 빈곤층의 의료보장 프로그램이 시작되기도 한 시기이지만 복지비용과 복지수혜자가 급증하면서도 근본적인 문제해결에는 접근하지 못하였다.

1980년대에 레이건 정부는 사회복지 프로그램에 대한 정부지출 감소, 정부 규제 완화, 세금 인하 등의 정책을 폈다. 신보수주의적 혹은 신자유주의 입장이라고 설명되며 사회복지를 축소하려 했다는 점은 1980년 이후 미국의 사회복지 성격을 대표한다고 할 수 있다.

Furniss와 Tilton이 설명한 복지국가 유형에 따르면 미국은 단순히 적극국가로 분류된다. 적극국가란 기존 재산 소유자들의 경제적 안정을 추구함으로써 그들 스스로의 이익을 보장해 주는 것에 일차적 목표를 두고 국가가 개입하는 나라를 일컫는다. 깊은 개인주의적 사상과 경제적 자유주의를 우선하는 미국의 문화는 제2차 세계 대전 후 복지다원주의(welfare pluralism)적 성격으로 고착되면서 사회복지국가를 추구하고 그 성과를 보여 준 유럽의 국가들과는 다른 길로 접어들게 하는 요인이 되었다.

2010년 승인된 일명 오바마케어라고 불리는 미국의 의료보험 시스템 개혁 법안인 '환자보호 및 부담적정보험법(Patient Protection and Affordable Care Act)'은 민영보험에만 의존하는 기존 의료보험 시스템을 바꾸고 전 국민 건강보험 가입 의무화를 골자로 하고 있다. 의회를 통과한 법이었음에도 공화당의 반대로 극단적 갈등과 대립을 초래하였으나 극적인 타협을 거쳐 국민들의 보험가입을 추진하고 있는 중이다. 단일 제도이긴 하나 사회보장의 핵심 요소라고 할 수 있는 의료보장제도의 개혁은 향후 미국사회의 복지체제에 어떻게 영향을 끼치게 될지 지켜보아야 할 변화의 내용이다.

5) 복지국가의 위기와 재편

1960년대까지 세계 경제의 호황과 합의의 정치구도하에서 서구 복지국가들은 복지국가의 황금기라 불리는 시기를 보내게 된다. 그러나 1970년대 중반에 이르러 경기침체, 성장의 둔화와 실업 증가, 정부에 대한 신뢰성 약화 등의 이유로 복지국가는 위기 혹은 재편이라는 큰 전환점을 맞게 된다.

복지국가의 위기론을 주장하는 편에서는 위기의 배경으로 혼합경제의 포디즘 생산체계의 붕괴, 전후 합의의 붕괴, 노동연대 약화 등의 근본적 변화가 있었다고 보았다. 위기의 내용으로는 급격히 팽창한 사회복지 지출에 의한 복지국가의 재정위기, 복지국가 발전과정에서도 여전히 불평등이 존재하며 평등지향적 사회서비스가 과장된 것이라는 비판의 정당성 위기, 국가부분의 과대성장으로 인한 비효율 등을 지적하는 정부의 위기 등이 제시되었다(감정기 외, 2010).

한편 위기적인 요소가 등장하였다고 하더라도 복지국가는 해체되지 않았다는 점에서 1980년대 이후 각국에서의 사회복지제도 축소 혹은 변화는 복지국가가 재편되는 과정이라는 논리도 있다. 복지국가를 형성해 왔던 서로 다른 역사적·사회적 배경하에서 각 국가들은 경제위기와 재정위기를 해소하기 위해 사회복지 재정 지출 감소, 급여 삭감 그리고 급여 제공 기준을 엄격하게 하는 등의 사회복지 축소를 시도하였고, 시장의 역할을 보다 더 강조하는 과정 속에서도 노동과 복지를 연계시키거나 고용 확대를 위한 적극적 노동시장정책을 강화하기도 하였다. 중앙정부의 과도한 책임에 대한 분담을 위해 지방정부로 권한과 책임의 이양을 확대하기도 하고, 노동조직 등의 통제를 강화하기 위해 중앙정부의 영향을 강화하는 경우도 있었다.

복지국가의 재편 방향에 따라 각 국가에서는 복지 주체의 다양화, 불평등의 심화, 가족주의 강조, 복지국가 발전전략의 변화 등 다양한 결과가 나타났다. 그러나 전반적으로 절대적인 수준의 사회복지 예산 감축이나 사회복지제도의 현저한 축소 등은 나타나지 않았다고 평가되고 있다.

오늘날 복지국가를 발전시켰던 동력은 약해지고 경제 침체의 장기화 등 복지국가를 위협하는 요소는 더욱 강화되고 있다. 이로 인한 사회복지 욕구의 변화에 대해 파악하고 대비하는 과정에서 전통적인 복지국가 전략을 뛰어넘는 사회복지 시스템을 모색하는 것이 모든 복지국가의 지속적인 과제가 될 것이다.

4. 우리나라 사회복지의 전개과정

1) 전통사회의 구빈제도

우리나라 전통사회에서는 천재지변이나 전쟁, 질병, 빈곤 등으로 고통당하는 백성들에 대한 구빈활동이 역사 속에서 면면히 이어져 왔다(장인협 외, 1999: 50). 근대에 이르러 중앙집권적 국가 형태를 갖추기 시작한 유럽 국가들과는 다르게 한국, 중국 등은 고대로부터 국가 형태를 가지고 있었으므로 그 개입 정도의 치밀함과 효과 여부에 대한 논의는 뒤로 미룬다 하더라도 국가 중심의 공적인 개입은 일찍이 존재하였음을 알 수 있다. 여기서는 조선시대의 대표적인 제도만 간단히 설명하고자 한다.

조선시대에는 유교적 정치 이념에 따라 왕이 백성의 생활을 책임을 지고 선정을 베풀어야 하는 왕도정치의 이념이 지배하였고, 왕은 교시나 법을 통하여 지시하고 구빈행정의 책임은 지방관에게 있었다. 구빈제도로는 의창, 상평창, 사창이라는 3창이 있었다(장인협 외, 1999: 51). 의창(義倉)은 고려시대부터 시행되어 왔던 것으로 봄에 식량을 대부하여 다음 추수기에 회수하도록 한 제도다. 상평창(常平倉)은 국민생활의 경제적 안정을 목표로 설치된 것이다. 무상구제의 의창과는 달리 빈곤한 자들을 대상으로 대여해 주는 곡식으로서 상환의무가 주어졌다는 점에서 의창과는 다른 것이었다(함세남 외, 1999: 518-519). 사창(社倉)은 국가적 차원의 구제제도가 아니라 촌락이나 부락 단위의 구휼제도로서 국민의 공동저축으로 상부상조했고 민간의 자발적인 구빈기구였다. 이외에도 고아, 과부, 자녀가 없는 사람 등 빈곤하고 자립할 수 없는 상황에 처한 이들을 위해 진휼(賑恤)과 같은 구빈제도를 시행하였고, 흉년이나 재해를 당한 이들을 위해 세금을 감면해 주거나 대부한 곡식을 돌려받지 않는 등의 제도를 운영하였다.

2) 근·현대 시기의 사회복지 전개

근대사회로 진입해야 할 시점에 국가주권이 전면적으로 부정당한 일제 강점기와 정부 수립 직후의 한국전쟁은 근대적 의미의 사회복지를 발전시킬 수 있는 토대를 구축할 수 없도록 만든 주요 배경이다. 한국전쟁 이후의 국가정책은 전쟁으로 인한 피해자들과 피난민을 위한 최소한의 응급구호로도 턱없이 부족하기만 한 것이었다. 한편, 유엔 구호계획에 의하여 많은 외국 물자가 원조 형태로 들어왔으며 관련된 외원단체들이 국내에서 민간 사회복지 활동을 시작하였다.

국가의 기능이 마비된 상태에서 절대적 빈곤과 전쟁으로 인한 상해문제 해결을 지원하는 데 있어서 외원기관의 역할은 결정적이었다. 그럼에도 이것은 사회복지의 성숙이란 관점에서 볼 때 한국에서 근대적 의미의 사회복지 역사를 발전시키는 데 오히려 장애의 요소를 갖고 있었다고도 볼 수 있다. 영국의 자선조직협회나 인보관운동과 같이 민간 사회복지는 사회문제에 대응하여 자생적으로 생기고 성장한 데 비해, 우리나라는 외국의 일방적 원조에 의존하여 출발하였기 때문에 사회복지와 사회복지 전문성에 대한 이해의 폭을 감소시키고 토착적인 민간 사회복지 발전을 지체시키는 결과를 가져왔다.

1960년대 이후는 군사정부가 국가 주도의 산업화 정책을 추진한 시기다. 이때의 급속한 공업화와 도시화로 인해 우리나라는 산업화를 일찍 주도한 국가와 마찬가지로 수많은 사회문제가 발생하였다. 경제성장을 위하여 분배를 희생시키는 일관된 노선을 가졌던 정부하에서 급격한 산업화는 농촌의 해체, 도시빈민의 증가를 가져왔으며 이러한 과정에서 과잉공급된 노동력은 최소한의 기본권을 보장받지 못한 상태에서 노동을 할 수밖에 없었다. 그 결과 빈부격차가 커지고 불평등문제가 확대되었다.

급격한 산업화는 국민 대다수가 처해 있던 절대적 빈곤의 문제를 해결하는 데 주요한 역할을 하였으나, 경제성장 일변도의 급격한 도시화와 경쟁사회로의 진입은 전통사회가 가지고 있던 공동체성을 상실시켰고, 공동체적 기본단위로서의 지역을 행정단위로 대체시켰다. 그 결과 전통적 사회에서 제공되던 공동체적 안전망이 부재한 상태에서 사회복지에 대한 국가 개입도 이루어지지 않았기에, 사회적 위험을 고스란히 개인의 책임으로 떠안을 수밖에 없게 된 것이다. 산업화로 인한 문제해결을 위해 국가의 사회복지적 개입이 절실한 때임에도 불구하고 이 시기는 정치적으로 그것을 기대하기가 어려웠던 시기였다.

정부는 사회보장의 기초가 되는 「생활보호법」(1961), 「아동복지법」(1961), 「공무원연금법」(1960), 「산업재해보상법」(1963), 「의료보험법」(1963), 「국민복지연금법」(1973) 등의 입법을 진행하였으나, 국민의 삶의 질 향상을 위한 것이 아니라 정치적 목적을 가진 법이었기에 내실이 없고 실질적 시행이 오래도록 연기되었던 법이 대부분이었다.

군부독재정권의 연장으로 간주되었던 제5공화국 시대와 민주화운동 확대와 그 시기를 같이하는 제6공화국 정부 시대는 사회복지 관련법들이 대거 제정되었던 시기였다. 주요 입법내용을 보면 「심신장애자복지법」(1981), 「노인복지법」(1981) 등이 제정되었고 사회복지사의 자격을 규정하는 내용을 포함한 「사회복지법」(1983)이 전면 개정되었다. 법만 존재하고 실제로 시행을 미루어 왔던 국민연금제도가 시행되기 시작하였고, 1989년에는 의료보험제도가 전 국민을 대상으로 확대되었다. 저소득층 밀집 지역 동사무소에 현재 사회복지전담공무원의 전신인 사회복지전문요원이 배치되기 시작했으며, 재가복지사업의 확충과 더불어 지역사회복지관 설립이 확대되기 시작하였다.

이 시기에 사회복지 관련법들은 제 · 개정을 거쳐 외연적으로 사회복지가 상당히 확대되었음에도 불구하고 정권 안정을 위한 조치로 평가되었다(원석조, 2008: 292). 김영삼 정부 시기에는 「고용보험법」(1993), 「정신보건법」(1997), 「사회복지공동모금회법」(1997) 등이 제정되었고 1995년부터 고용보험제도를 시행함으로써 4대 사회보험제도의 틀을 완성시켰다. 그러나 1997년 이후 IMF 체제하에서 산업화 이후 경험하지 못한 경제위기와 대량실업, 빈곤의 문제에 직면하여 1998년 집권한 김대중 정부 시기에는 고용보험과 실업 및 빈곤대책이 확대되었다(장인협 외, 1999: 53-54). 1999년에는 도시 자영업자에게까지 국민연금이 확대되었고, 오랫동안 쟁점이 되어 왔던 조합주의적 의료보험을 통합시켜 전 국민이 단일체계하에서 의료보장제도를 이용하게 되었다.

무엇보다 이 시기의 가장 큰 성과라고 할 수 있는 것은 기존의 「생활보호법」을 대체하여 제정된 「국민기초생활보장법」(1999)이라고 할 수 있다. 이 제도의 형성과정에서 시민의 수요를 체계적으로 표출시키고 쟁점화하여 추진한 주도세력이 시민사회단체였다는 것은 여타 제도의 형성과정과 차별적 성격을 가진다. 시민단체들이 법 제정을 위한 연대회의를 결성하여 입법청원 등 조직적인 사회복지운동을 펼쳤으며 또한 일선 사회복지사를 포함한 전문가집단이 대거 참여한 입법운동을 통해 법 제정을 이끌어 냈다(양정하 외, 2008: 229).

'참여복지'를 복지 이념으로 내세운 노무현 정부는 앞선 정부의 기조를 계승하는 가운데 저출산·고령화 문제, 양극화에 대한 문제의식을 가지고 이를 해결하기 위한 위원회를 구성하는 등 시민들의 정책결정 참여를 강조하였다. 집권기간 동안 지역아동센터 확대 등 아동복지사업 예산을 증폭시켜 지원하였으며 의료보험 급여의 포괄성을 점진적으로 확대시켜 나갔다. 그리고 「노인장기요양보험법」(2007)을 제정하여 기존의 노령, 실업, 질병, 산재 등 사회적 위험에 대한 보장제도와 더불어 고령화 문제의 해결책으로서 장기요양의 필요에 따른 제5대 사회보험제도를 수립하였다.

3) 우리나라 사회복지 발전의 과제

전통사회에서 보여 주었던 빈곤문제에 대한 국가의 태도는 빈곤의 원인에 대해 개인의 책임을 묻지 않았고 빈민에 대해 처벌적인 조치를 취하지 않았다는 것이었다. 조직적 개입의 면밀함과 성과에 대한 논의를 뒤로 미룬다면 기본적으로 빈곤문제에 대해 국가의 정책적 개입이 당연하게 여겨졌다는 것이 특징이라고 할 수 있다. 그럼에도 불구하고 국가 개입이 사회적 위험에 전반적으로 대처할 수 있는 체계를 갖추고 이루어졌다고 보기는 어렵다는 점이 한계라고 할 수 있다.

　전통사회에서는 문제를 해결하기 위한 기본적 책임은 가족 및 친인척에게 있고 지역사회 공동체에 책임을 일부 확대하는 정도에 그쳤다. 이러한 전통은 급속한 산업화사회로 진입하게 될 때 그 한계가 더욱 드러나게 된다. 사회적 위험은 더욱 증가되는 데 비해 기존 문제해결의 핵심 주체였던 '가족 중심적' 동력마저도 공업화, 도시화, 개인주의화 과정에서 해체되기 시작했기 때문이다.

　더욱이 구호 중심의 외원 단체의 활동으로 시작된 민간 사회복지는 종교기관들의 주도로 혹은 정부 지원 의존도가 높은 형태로 그 맥을 잇게 되었다. 그 결과 시민들의 자발적 참여와 기여를 통한 동력을 역사적 기반으로 갖지 못한 한계를 가지고 있어, 현실적으로 산업화 과정에서 와해된 공동체 의식을 회복하는 기능을 기대하기도 어렵게 되었다. 또한 사회복지 발전시기에 도입된 사회복지 이론과 실천기술은 우리 사회의 역사적 경험과 사회문제의 특수성을 고려한 것이기보다는 한국의 사회역사적 단계에서 일정한 거리를 가진 미시적 실천이 중심을 이루면서, 토착적인 사회복지를 발전시킬 수 있는 역량을 축적하지 못한 한계를 가지고 있다.

　이에 대하여 내실 있는 대응을 모색하고 사회복지 발전을 추진하기에는 분단국가라는 한국의 특수한 상황과 과거 군부독재의 장기집권이라는 정치적 현실은 매우 불리한 여건이었고, 산업화와 경제발전에 우선순위를 둔 정책의 추진결과 사회문화적인 간극을 줄여 갈 수 있는 여지가 없었다. 선진국가들이 다양한 사상적 논의의 장을 토대로 하여 세계 대전 이후 복지국가로 진입했다고 할 수 있는데, 우리 사회는 그러한 논의들을 풍성하게 할 수 있는 민주적 사회로의 성숙이 상대적으로 더디었기 때문에 사회복지 발전이 제한적이었다고 할 수 있다. 이로 인해 사회복지는 국가의 주도에 전적으로 의존하게 되었고, 그 결과 법은 있으나 현실적으로 시행되지 않는 제도들과 사회복지의 가치 실현에는 미치지 못하는 제도들이 존재하게 되었던 것이다.

　그렇다면 앞으로 우리나라의 사회복지가 보다 발전하기 위한 과제는 무엇일까? 우리나라는 선성장정책에 밀려 후순위였다고는 하나 상대적으로 매우 짧은 시간에 걸쳐 사회보장의 기본틀을 갖추었다. 그렇다면 형식적 제도의 성립을 넘어서 내용을 충분하고 적절하게 갖추는 것을 목표로 해야 한다. 절대빈곤은 감소되었다고는 하나 사회 양극화 현상은 더욱 심해지고 있는 시점에서 각 제도들이 사회복지의 본래 가치를 충실히 반영하고, 국민의 특히 사회적 약자층의 삶의 질을 실질적으로 높이도록 해야 한다.

그리고 이제까지는 사회보장의 큰 틀을 구성하는 것이 우선적인 목표였다면, 앞으로의 과제는 국민 개개인의 욕구에 대응하는 다양한 사회서비스를 개발하고 효과적으로 운영하는 것이다. 이를 위해 국가의 역할과 결정에만 의존하는 것이 아니라 새로운 정책 형성을 위하여 사회구성원 간의 다양한 논의가 이루어질 수 있는 소통과 참여의 장이 만들어져야 할 것이다.

궁극적으로 한국의 사회복지가 지향해야 할 것은 공동체성의 회복이라고 할 수 있다. 이것은 단순히 사회문제 해결을 위한 부담을 나누기 위한 것이 아니라 사회복지의 가치가 지속적으로 실현될 수 있는 장을 회복시키기 위한 것이다. 그리고 산업화로 인해 와해된 공동체성을 회복시키는 데 있어서 한국의 토착적 사회복지 발전에 대한 연구와 논의가 있어야 할 것이다. 이는 선진 복지국가들의 사회복지 발전은 우리나라와 전혀 다른 역사적 과정을 거쳤으며, 사회발전의 기반이 서로 다른 우리 사회에 그대로 적용될 수 없기 때문이다. 한 가지 덧붙이자면 평화적인 남북통일에 대비하는 사회복지실천에 대한 준비가 필요하다. 한국사회만이 가지고 있는 독특한 정치적 현실과 역사적 과제라는 측면에서 다른 어떤 나라도 고민해 주지 않을 것이기 때문이다.

생각해 봅시다

1. 인보관운동과 자선조직협회(COS) 활동의 서로 다른 특성은 무엇이며, 각각
   의 특성은 이후의 사회복지 발전에서 어떻게 영향을 미쳤는지 논의해 보자.

2. 복지국가에 대한 위기론과 재편론의 차이를 살펴보고 복지국가의 미래는
   어떻게 될 것인지 토론해 보자.

3. 현대 사회복지에서 열등처우 원칙이 적용되는 예를 생각해 보고, 열등처우
   원칙의 정당성 여부에 대해 토론해 보자.

참고문헌

감정기, 최원규, 진재문(2002). 사회복지의 역사. 서울: 나남출판.

권오구(2000). 사회복지발달사. 서울: 홍익사.

권오현 역(1990). 역사란 무엇인가(원저: E. H. Carr). 서울: 일신서적공사.

김동국(1994). 서양사회복지사론-영국의 빈민법을 중심으로-. 서울: 유풍출판사.

박광준(2002). 사회복지의 사상과 역사-마녀재판에서 복지국가의 선택까지-. 서울: 양서원.

박시종 역(2009). 복지 자본주의의 세 가지 세계(원저: Gøsta, Esping-Anderson). 성균관대
    학교출판부.

박승희 외 4인(2007). 스웨덴 사회복지의 실제. 파주: 양서원.

심창학, 강봉화 역(2000). 복지국가(원저: François-Xavier Merrien). 서울: 한길사.

이영석 역(1989). 영국민중사(원저: J. F. C. Harrison). 서울: 소나무.

양정하 외 5인(2008). 사회보장론. 고양: 공동체.

원석조(2008). 사회복지발달사. 고양: 공동체.

원용찬(1998). 사회보장발달사-포스트 복지자본주의 패러다임-. 전주: 신아출판사.

장상환 역(2005). 자본주의 역사 바로 알기(원저: Leo Huberman). 서울: 책벌레.

장인협, 이혜경, 오정수(1999). 사회복지학. 서울대학교출판부.

중앙사회복지연구회 역(1991). 현대 자본주의와 사회사업(원저: 孝橋正一). 서울: 이론과
    실천.
하상락(1997). 한국사회복지사론. 서울: 박영사.
한인철 역(1995). 역사(원저: Ronald A. Wells). 서울: IVP.
함세남 외 6인(1999). 先進國 社會福祉發達史. 서울: 弘益齊.
홍금자(2000). 근대 사회사업의 성립과 발달사적 구분에 관한 연구. 한국사회복지학, 40,
    226-269.
한국사회복지학연구회 역(1997). 사회복지의 사상과 역사(원저: Gaston V. Rimlinger). 서
    울: 한울아카데미.

Birrell, W. D. (1973). *Social Administration Readings in Applied Social Science*.
    England: Harmondsworth.
Friedlander, W. A. (1970). *Introduction to Social Welfare*. Englewood Cliffs, NJ:
    Prentice-Hall.
Kirst-Ashman, K. K. (2007). *Introduction to Social Work and Social Welfare* (2nd
    ed.). Belmont, CA: Thomson Brooks/Cole.

http://en.wikipedia.org
http://history.uk.com

제5장
사회복지사의 현실과 정체성

  이 장에서는 전문직업인으로서 사회복지사의 역할과 정체성, 교육과정, 그리고 전문직으로서 사회복지사의 전망에 대하여 살펴본다. 사회복지사에 대한 긍정적 인식에도 불구하고 실제 사회복지사들의 급여와 노동조건은 긍정적 이상을 실현하기 어려운 환경이다. 사회복지사의 활동 영역은 점차 다양해지고 있으며 업무가 세분화, 전문화되고 있지만 사회복지사 고유의 전문적 정체성은 미확립된 상태다. 사회복지전문직의 정체성은 전체로서의 인간 삶에 대한 관여, 임파워먼트전문직, 윤리전문직, 조정협력의 구심점 등에서 찾아볼 수 있다. 현재 사회복지사의 양성은 전문교육과 국가자격증제도를 통하여 이루어지고 있으나 인력 공급 과잉과 교육과정 및 내용의 문제, 자격증제도의 불합리성을 개선하여 고용여건과 전문성의 제고를 이루어야 한다. 또한 높은 보수나 사회적 위세 등 전문직에 대한 전통적인 판단기준을 추구하기보다는 사회복지직만이 가진 고유한 가치와 사회적 역할을 중심으로 새로운 전문성에 대해 정의하여야 한다. 앞으로 사회복지 수요의 증가에 따라 사회복지사들이 이미 진출해 있는 사회복지 영역뿐만 아니라 다양한 미개척 분야에서 사회복지의 외연을 확장함으로써 사회복지직의 수요와 고용을 증가시켜야 할 것이다.

1. 사회복지사에 대한 인식과 현실

1) 사회복지사에 대한 사회적 인식

'왜 사회복지사가 되고자 하는가?' 해마다 갓 입학한 대학 신입생들과 처음 만나는 사회복지개론 수업시간에 학생들에게 던지는 질문이다. 대답은 다양하지만 그 내용은 크게 두 가지로 요약된다. 첫째는 '누군가(아동이나 노인 등 특정 대상이 있는 경우도 있고 막연한 경우도 있다)를 돕고 싶어서'고, 둘째는 '앞으로 전망이 있을 것 같아서' 다. 첫 번째 대답을 하는 학생들은 대개 이전에 자원봉사활동이나 사회복지사와의 접촉을 통해 사회복지를 경험한 학생들일 가능성이 높고, 두 번째 대답을 하는 학생들은 교사나 부모님으로부터 권유를 받았을 가능성이 높다. 그러나 두 부류 모두 사회복지사 혹은 사회복지직에 대해 긍정적인 인식을 가지고 있으며 '남을 돕는 봉사' 와 '괜찮은 전망'에 대한 낙관적인 기대를 가지고 있다는 점에서 공통적이다.

그렇다면 현재 사회복지사로 일하고 있는 이들이 사회복지사가 된 동기는 무엇일까? 사회복지사에 대한 한 조사 결과에 의하면 그들의 동기도 사회복지학과 신입생들의 동기와 크게 다르지 않다. 사회복지사의 업무나 역할에 대한 구체적인 정보에 기반하기보다는 자원봉사 경험과 종교적 신념, 다른 사람을 돕는 학문이라는 점이 좋아서 사회복지학을 전공하고 사회복지사로 일하게 되었다는 응답이 많았다(권지성, 김교연, 김지혜, 2004). 사회복지사가 되고자 하는 학생들이나 현재 사회복지사로 일하고 있는 이들의 공통점은 '타인에 대한 관심과 돕고자 하는 의지' 다. 즉, 이는 사회복지사에 대한 주관적 · 객관적 인식의 핵심이라고 하겠다.

「사회복지사업법」 제11조 제1항에 의하면 사회복지사는 "사회복지에 관한 전문지식과 기술을 가진 자"로서 "사회복지 전문가"이다. 정부의 한국직업표준분류에서는 사회복지사를 "현대사회에서 발생하고 있는 청소년, 노인, 여성, 가족, 장애인 등 다양한 사회적·개인적 문제를 겪는 사람들에게 사회복지학 및 사회과학의 전문지식을 이용하여 문제를 진단·평가함으로써 문제해결을 돕고 지원하는 업무를 담당하는 자"라고 규정하고 있다.

2012년 12월 말 현재까지 56만 530명이 사회복지사가 1, 2급의 자격증을 교부받았다. 2012년 한 해에만 사회복지사 자격증을 새로 취득하는 사람이 약 5만 명 6천여 명에 달하였으니, 사회복지사 자격증은 '국민자격증'이라는 호칭을 얻을 만하다. 그러나 실제로 사회복지시설 등에서 사회복지사로 활동하고 있는 사람은 이 중 약 11%에 해당하는 6만 1,355명이며, 사회복지전담공무원이 약 1만 689명이다(김제선, 유재윤, 김효정, 2012a). 이처럼 양적인 측면만 보더라도 많은 사람들이 사회복지사가 되기를 희망하고 실제로 사회복지직에 진출하였음을 알 수 있다. 뿐만 아니라 대중매체의 사회복지 관련 프로그램에 등장하는 사회복지사들이 증가하면서 사회복지사에 대한 전반적인 인지도와 호감도 상승하고 있다. 복잡하게 얽힌 문제를 해결해 주는 만능해결사, 소외된 이웃과 늘 함께하는 투철한 봉사정신의 소유자, 늘 밝게 웃는 모습으로 어려운 이들을 돕는 착한 직업인의 이미지가 사회복지사에 대한 긍정적인 인식을 반영한다.

실제로 우리나라 사람들의 사회복지사에 대한 전문직업 이미지와 다른 원조전문직(의사, 간호사, 상담심리사 및 목회상담가)에 대한 일반인의 인식을 비교한 연구에 의하면 사회복지사는 여러 원조전문직 중 가장 긍정적으로 인식되고 있는 것으로 나타났다. 그러나 비교대상이 된 다른 전문직에 비해 사회복지사의 전문성은 낮게 인식되는 것으로 나타났다(강철희, 최명민, 2007). 이러한 연구 결과는 우리 사회에서 사회복지사에 대한 이미지가 긍정적이고 호감이 감에도 불구하고 그 이미지가 상당히 막연한 데 머무르고 있으며, 전문적이기보다는 '누구나 할 수 있는 일'로 인식되고 있음을 보여 준다.

2) 사회복지사의 현실

사회복지사에 대한 대중적 이미지는 실제 우리나라의 사회복지사들이 처한 현실을 반영하는 것이기도 하다. 사회복지사들의 현실을 좀 더 구체적으로 보여 주는 몇 가지 조사 결과를 살펴보자.

- 우리나라 대다수의 사회복지사들은 주당 평균 50.4시간(주 6일을 기준으로 보더라도 하루 8.4시간)을 근무하는데, 이는 「근로기준법」상 40시간보다 10시간 이상 많다(김제선 외, 2012a).
- 2013년 사회복지전담공무원의 초임은 120만 원(시간 외 수당 제외), 종합사회복지관 사회복지사의 초임은 월 160만 원 수준으로, 전체 산업노동자 월평균임금의 61.4% 수준에 불과하며, 사회복지사들이 생각하는 적정 연봉보다 660~700만 원 낮은 수준이다(한국사회복지사협회, 2013).
- 사회복지사의 평균 근무연수는 6년가량이고 사회복지기관 및 시설 종사자의 58.3%가 이직경험이 있으며, 38%가량이 이직의도를 가지고 있었는데, 그 주된 이유는 낮은 임금수준 때문이다(김제선 외, 2012a).
- 일본의 경우 사회복지생활시설 근로자 1인당 2~3명의 클라이언트를 담당하지만, 우리나라 노인복지시설의 경우 1인당 5~25명, 아동복지시설은 1인당 5~12명, 장애인복지시설은 1인당 5~20명의 클라이언트를 담당한다(박용오, 2007).
- 사회복지전담공무원과 사회복지시설 종사자 대상의 조사 결과 사회복지전담공무원은 95.0%, 민간 사회복지사는 65.2%가 클라이언트로부터 폭력을 당한 경험이 있다고 응답하였다. 폭력의 이유는 서비스 탈락에 대한 불만, 클라이언트의 정신이상이나 약물 부작용, 사회복지사에 대한 잘못된 인식과 낮은 권위 등으로 나타났다(김제선, 유재윤, 김효정, 문정희, 문은하, 2012b).
- 국가인권위원회의 '사회복지사 인권상황 실태조사'에서 이들의 인권보장

수준은 10점 만점에 평균 5.6점으로 나타났으며, 스스로의 건강을 지킬 건강권, 폭력에 맞서거나 회피할 방어권 등이 특히 취약한 것으로 나타났다(국가인권위원회, 2013).

• 업무 때문에 사고나 질병을 경험한 사회복지사는 조사대상의 56.8%(정신적 질병 28.7%, 육체적 질병 28.1%)였으며, 46~64%가 감정적 소진(피로, 녹초, 고갈)의 위험을 경험한 것으로 나타났다(국가인권위원회, 노동사회연구소, 2013).

• 사회복지사들이 가장 필요로 하는 세 가지를 순서대로 들면 경제적 여유, 휴식과 재충전, 승진기회와 권한이다(한국사회복지사협회, 2007).

남을 돕는 희생과 봉사, 착한 직업인이라는 대중적 이미지 뒤에는 바로 이처럼 어둡고 열악한 사회복지사들의 현실이 자리 잡고 있다. 더 나아가 희생하고 봉사하는 직업인으로서 사회복지사의 긍정적인 이미지는 열악한 급여와 긴 노동시간을 묵묵히 견디고 있는 다수 사회복지사의 현실을 외면하게 만들기도 한다. 심지어 2013년에만 4명의 사회복지전담공무원이 자살하는 충격적인 일이 일어나기도 하였다. 남을 도와야 하고 소명의식에 투철해야 하는 사회복지사는 임금을 적게 받고 장시간 노동을 견디는 것이 당연한가? 과로와 잡무, 신변상의 위협과 비일상적 사건이 주는 스트레스 속에서도 항상 친절과 웃음을 잃지 않아야 한다면, 사회복지사는 스트레스를 어떻게 해소해야 할까? 클라이언트의 삶의 질 향상을 위해 노력하는 사회복지사들의 삶의 질은 누가 보장해 줄까? 이러한 질문은 사회복지현장에서 일하고 있는 사회복지사 당사자뿐만 아니라 사회복지사를 고용하고 있는 시설과 기관, 사회복지사의 고용과 노동조건을 보장해야 할 정부, 더 나아가 사회복지 서비스를 필요로 하는 국민들이 함께 해결해야 할 문제다.

사회복지사의 열악한 노동조건과 처우가 사회문제화됨에 따라 사회복지사의 노동실태와 관련한 각종 조사가 실행되었다. 이러한 조사에 의하면 사회복지사들은 사회복지사의 처우개선을 위해 가장 시급히 해결해야 할 점으로 보건복지부의 인건비 가이드라인을 의무화하여 현장에서 반드시 실행되도록 하고, 사회복지시설의 단일 보수체계를 구축하며 보조금 지급 주체를 중앙정부가 책임질 것 등을 핵심적 과제로 제시하였다(김제선 외, 2012a). 이것은 사회복지사의 처우개선에서 저임금 문제를 해결하는 것이 가장 시급하며, 특히 정부의 책임 있는 역할이 중요함을 보여 준다.

지금까지 사회복지사의 이미지와 현실 사이의 괴리, 기대와 보상 사이의 차이에 대해 살펴보았다. 그렇다면 이러한 문제는 무엇 때문에 생기는 것일까? 그것은 무엇보다 사회복지사라는 직업이 아직 우리나라에서 직업인으로서의 정체성과 위상을 정립하지 못한 채 막연히 남을 돕는 사람으로만 인식되기 때문이다. 자원봉사자나 자선사업가와 같이 영리적 이해관계를 떠나 타인을 위해 봉사하거나 돕는 일은 전문적 능력이나 경제적 대가를 필요로 하지 않는다. 자의에 따라 돕는 것이므로 도움을 받는 입장에서는 이들에게 고마워하면 되고, 자신의 봉사와 자선에 대해 보람과 자부심을 느낌으로써 이미 보상을 받은 것으로 인식된다. 착한 마음, 남을 돕고자 하는 선한 의지, 그리고 신체적 수고가 부각될 뿐 전문적 지식과 기술, 경험, 과학성, 노동에 대한 적절한 대가 등 전문 직업인으로서의 사회복지사의 실제 모습과 욕구는 보이지 않는다.

실제 서구 사회복지의 역사에서도 봉사 및 자선과 전문가주의 사이의 긴장이 불편한 균형(uneasy balance) 상태를 유발한 것으로 나타난다. 사회복지사의 본질로 여겨지는 타인에 대한 배려(care)와 희생은 그 자체로 가치 있는 것이지만 사회적 인정과 이에 상응하는 적절한 처우와 연결되지는 않는다. 그 이유는 무엇일까? 한 가지 유력한 설명은 상품화되어 이윤을 창출할 수 있는 지식과 기술을 중요시하는 자본주의 사회의 본질적 속성 때문에 사회복지 관련 직종이 사회적으로 낮은 임금과 처우를 받는다고 보는 것이다. 특히 돌봄과 도움, 봉사 등은 역사적으로 주로 사적인 관계에서 수행되던 여성의 일이었기 때문에 이러한 영역이 사회적 차원에서 전문 인력에 의해 수행될지라도 전문직으로 인식되지 않는다는 것이다(Freedberg, 1993). 더구나 우리 사회는 상대적으로 압축적이고 짧은 근대화 과정을 거치면서 가족과 지역 공동체가 구성원의 복지를 도

맡아 해결하는 관행이 아직 강하게 남아 있다. 따라서 전문가가 사회구성원의 복지를 책임지고 수행하는 데 대한 사회적 인식이 아직 미흡한 편이다. 그러므로 원조전문직(helping professional)으로서 사회복지사의 사회적 위상이 정립되는 데는 적지 않은 시간과 과정이 필요할 것이다.

이처럼 타인에 대한 관심과 돌봄은 사회적으로 높은 위상을 인정받기 어려움에도 불구하고 사회복지사가 되고자 하는 학생들이나 이미 사회복지사로서 일하고 있는 이들은 모두 타인에 대한 관심과 그들을 돕고자 하는 의지를 가지고 있다. 그들은 삶의 한순간 누군가로부터 받았던 도움을 갚기 위하여, 혹은 자신이나 가까운 이들의 문제를 해결하기 위하여, 혹은 종교적 소명을 다하기 위하여, 혹은 사회정의를 실천하기 위하여 전문적으로 타인을 돕는 직업을 선택한다. 실제로 현재 사회복지현장에서 일하고 있는 사회복지사들이 가장 큰 보람과 자부심을 느끼는 요인도 스스로 누군가에게 없어서는 안 되는 존재라는 인식, 누군가의 삶에 긍정적 변화를 가져오는 존재라는 자부심, 그리고 자신이 하고 있는 일이 가치 있고 중요하다는 인식이다(이주재, 김순규, 2007). 바로 이러한 소명의식이 열악한 사회복지현장을 지키고 스스로를 지탱하는 힘이 된다. 그러나 소명의식과 의지도 적절한 보상체계와 합리적인 근무여건, 전문 영역에서의 지속적 발전 없이는 유지되기 어렵다는 점을 기억해야 할 것이다.

2. 사회복지사의 역할과 정체성

1) 사회복지사는 어디서 어떤 일을 하는가

어디에 가면 사회복지사들을 만날 수 있는가? 아마 가장 쉽게 만날 수 있는 곳은 가까운 주민센터(동사무소)일 것이다. 또한 동네마다 있는 종합사회복지관과 장애인복지관, 노인복지관, 그리고 복지관만큼 쉽게 눈에 띄지는 않지만 각종 생활시설 등이 사회복지사가 일하는 현장이다. 이외에도 각종 상담기관,

병원, 정신보건센터, 학교, 교정시설, 군대, 시민운동단체 등에서도 사회복지사를 만날 수 있다. 다양성으로 볼 때 공공과 민간기관을 두루 포괄하며 거의 모든 연령의 다양한 인구집단을 대상으로 한다. 시·군·구 공공기관의 1만여 명과 사회복지전담공무원과 전국 사회복지시설에서 일하는 6만여 명의 사회복지사, 도합 7만여 명의 사회복지사가 하루 평균 만나는 서비스 이용자들은 600만 명으로, 전 국민 열 명 중 한 사람은 하루 한 번 꼴로 사회복지사를 만나는 셈이다.

사회복지사가 활동하는 영역은 공공 영역과 민간 영역으로 나누어 볼 수 있다(김상균, 최일섭, 최성재, 조흥식, 김혜란 외, 2007). 공공 사회복지 영역의 경우 「사회복지사업법」 제14조에 의해서 사회복지사업에 관한 업무를 담당하기 위하여 시·도, 시·군·구 및 읍·면·동 등 또는 복지사무 전담기구에서 사회복지사 자격증을 가진 사회복지전담공무원이 근무하고 있다. 이들은 정부에 소속되어 주로 국민기초생활보장제도를 비롯한 각종 사회복지 수당 관련 업무와 사회복지 서비스 전달업무를 담당한다. 1987년에 사회복지전문요원으로 출발하여 2000년부터 사회복지전담공무원으로 명칭이 변경되었으며 2011년 말 현재 1만여 명에 이르고 있다. 사회복지전담공무원은 일반공무원과 별도로 사회복지사 자격자에 한하여 임용시험을 실시하여 공채한다.

민간 사회복지 영역에는 각종 사회복지기관 및 시설이 포함되는데, 지역 사회복지관과 노인, 장애인, 아동, 한부모가족, 여성, 노숙인시설 등이 있다. 채용기준은 기관이나 시설마다 다르지만 사회복지사 2급 내지 1급 자격을 기본으로 한다. 사회복지사는 보건의료 영역과 정신보건 영역에서도 활동하고 있는데, 의료사회복지사와 정신보건사회복지사의 자격과 활동은 의료법과 정신보건법에 따로 규정되어 있다.

이외에도 사회복지사가 활동하는 영역은 매우 다양하다. 이러한 영역들은 전통적인 사회복지기관과 시설 외 사회복지의 확장된 영역에 속한다(이에 관해서는 이 책의 '제11장 사회복지의 실천현장'에서 더 자세히 살펴볼 것이다). 사회복지사가 종사하는 확장된 영역은 학교(학교사회복지사), 교정시설(교정사회복지사), 군대(군사회복지사), 기업체(산업사회복지사), 자원봉사기관(자원봉사활동관리 전문가) 등이다. 이외에도 각종 시민운동단체, 사회복지 관련 재단, 종교기관, 상담소, 건강가정지원센터 등 사회복지사의 진출 영역이 증가하고 있다 (〈표 5-1〉 참고).

〈표 5-1〉 사회복지사의 취업현황(2009~2012)   (단위: 명)

| 연도 | 총계 | 민간[1] | | | | 공공 |
| | | 사회복지 시설 | 법인 | | 기타 관련 기관[3] | 사회복지 전담공무원 |
			사회복지	기타[2]		
2009	66,790	46,757	4,766	652	4,280	10,335
2010	68,361	48,890	4,040	747	4,188	10,496
2011	72,981	51,042	4,280	1,320	5,700	10,639
2012	73,619	51,642	4,371	1,316	5,955	10,335

주 1) 민간 사회복지사의 경우 자격증 취득 후 종사 여부에 대한 사항을 신고하도록 법령에 규정되어 있지 않으므로 실제 현재 파악되지 않은 종사자 존재 가능
주 2) 사회복지법인, 사회복지시설 외 사회복지 관련 사업을 실시하고 있는 기관
주 3) 사단법인, 재단법인, 의료법인 등 사회복지법인 외 사회복지 관련 사업을 실시하고 있는 법인
자료: 한국사회복지사협회 홈페이지(http://www.welfare.net).

사회복지사들이 활동하는 분야 및 기관과 활동 내용을 포괄적으로 정리하여 살펴보면 〈표 5-2〉와 같다. 사회복지사는 이용시설과 생활시설, 의료 분야, 관공서, 모금 및 새롭게 등장하고 있는 분야에서 활동하며, 활동의 범위는 개인, 가족, 지역사회를 모두 포괄하며 면접이나 상담, 치료 등의 직접 서비스 제공과 행정, 프로그램 기획과 평가, 정책 실행과 제안, 교육, 조직, 연계와 협력 등 매우 다양하다.

〈표 5-2〉 사회복지사의 활동 분야 및 기관과 활동 내용

분야	기관	주요 활동
이용시설	지역사회복지관	- 분야별 이용자들에 대한 상담, 경제적지원, 자원봉사모집활동, 분야별 대상자들을 위한 프로그램 기획 운영, 심리 · 정서적 지원 등 - 자원봉사 모집 관리, 대상자 연결 등
	노인종합사회복지관	
	장애인종합복지관	
	공부방/방과후교실	
	여성회관	
	청소년수련관	
	주간보호센터	
	재가복지분야	
	자원봉사센터	
생활시설	노인복지시설	- 각 분야별 대상자 입소생활 및 관련 행정업무 - 대상자 상담 및 정서적 지원 - 후원자 개발 및 연결, 자원봉사 관리 등
	장애인복지시설	
	노숙인복지시설	
	아동복지시설	
	정신요양시설	
	모자복지시설	
의료 분야	정신보건센터	- 정신장애인의 재활치료 및 정신장애인 상담을 통한 사회복귀 지원 - 병원입원환자들 관리 및 병원비 지원, 후원자 연결 등
	의료사회복지사	
	정신장애그룹홈(센터)	
관공서	사회복지전담공무원	- 국가의 복지 업무 담당 및 수급권자 관리 등
모금 분야	모금단체 (한국복지재단, 월드비전, 대한사회복지회 등)	- 후원자 개발 및 모금활동 - 사회복지기관에 후원금 배분 및 지원
	모금지원단체 (공동모금회, 아름다운재단 등)	
	기타 관련 단체	
신규 분야	학교사회복지	- 학생들을 위한 문제학생 상담지도
	교정사회복지	- 교정시설 내 재소자들 상담 및 지원을 통한 재범 방지
기타 분야	기업사회공헌	- 기업의 사회복지사업 지원 및 프로그램 발굴
	기관, 협회 등	- 각 사회복지 정책 입안 지원 및 행정사무 등 지원

2) 사회복지사의 정체성은 무엇인가

아동시설의 보육교사와 사회복지사, 노인시설의 요양보호사 및 간호사와 사회복지사, 병원의 원무담당자와 의료사회복지사, 학교의 상담교사와 학교사회복지사, 건강가정지원센터의 건강가정사와 사회복지사……. 비슷한 여러 직업들과 구별되는 사회복지사만의 직업 정체성은 무엇일까? 사회복지학과 신입생들에게 이러한 질문을 해 보면 상당수의 학생들이 유사 직업군들과 사회복지직을 명확히 구분하지 못하거나, 거의 동일하게 인식하는 것을 볼 수 있다. 실제로 사회복지사에 대한 대중 이미지에 관한 조사에서도 상담심리사와 사회복지사 간의 변별성이 나타나지 않았다(강철희, 최명민, 2007).

사회복지사의 정체성의 모호함은 외부에서 보이는 현상일 뿐만 아니라 현장에서 일하는 사회복지사들에게도 해결되지 않은 문제다. '인간과 관련된 서비스를 지원하는 다른 전문직과 구별되는 사회복지만의 전문성이란 과연 무엇인지, 그런 게 과연 있기는 한 것인지, 사회복지사가 하는 일의 고유성이 무엇인지가 분명하지가 않다.' (김기덕, 2008에서 재인용)는 현장 사회복지사의 고백은 이러한 고민을 명확하게 보여 준다. 그렇다면 사회복지사를 희망하는 학생들은 정체가 불분명한 직업인이 되기 위하여 공부를 하고 있다는 뜻일까?

「사회복지사업법 시행령」 제6조 제1항에서는 ① 사회복지 프로그램의 개발 및 운영, ② 시설거주자의 생활지도 업무, ③ 사회복지를 필요로 하는 자에 대한 상담 업무 등을 수행하는 자를 사회복지사로 채용하도록 규정하고 있다. 즉, 이러한 세 가지가 사회복지사의 주요 활동내용이라고 볼 수 있다. 그런데 이 규정은 사회복지사의 고유한 정체성, 즉 다른 유사 직업과 명확히 구분되는 영역과 특징을 명확하게 보여 주지 않는다. 프로그램 개발 및 운영, 생활지도 업무, 상담 등은 사회복지사가 아닌 유사 직업군의 전문인도 할 수 있고 실제로 하고 있는 일이기 때문에 사회복지사만의 배타적인 활동 영역이라고 보기 어렵다. 이처럼 사회복지사의 활동내용과 영역이 다양하다는 점과 자신만의 고유한 정체성을 갖기 어렵다는 점은 동전의 앞뒤처럼 물고 물리는 관계인지도 모른다.

사회복지사의 정체성은 사회복지사의 역할을 통해서도 살펴볼 수 있다. 여기서 사회복지사의 역할이란 사회복지사가 중요하다고 여기는 전문적인 기능과 관련하여 기대되는 행동을 말하는 것으로, 사회복지사가 사회복지의 현장에서 실제 수행하고 있는 일이다(Zastrow & Kirst-Ashman, 2001). 사회복지사가 수행하는 역할은 〈표 5-3〉과 같다.

〈표 5-3〉 사회복지사의 역할

역할	내용	예
가능하게 하는 자 (enabler)	개인 및 가족 등의 문제와 같은 지역사회의 문제를 해결하거나 대처하도록 돕는 것	• 이혼, 실직, 중독문제에 대한 클라이언트의 대처능력 개발, 해결전략 모색
중재자 (mediator)	중립적 위치에서 관련 당사자 간의 의사소통을 돕는 역할	• 부부 간, 부모 자녀 간 갈등이 있을 때 양자 간의 의사소통 매개
중개자 (broker)	인간의 욕구와 이를 충족시킬 (인적, 물적, 심리적, 사회적) 자원을 연결하는 역할	• 생계 곤란자와 긴급 구호 제공 기관 연결
조정자 (coordinator)	다양한 자원과 서비스들을 적절히 배분, 배치하는 역할	• 이혼가족 원조 시 재정, 법률, 건강, 교육, 상담 관련 기관 간 협력, 조정
관리자 (manager)	사회복지기관과 부서에서의 행정적 책임과 관련된 역할	• 목표 세우기 • 프로그램 개발과 운영 • 재정자원의 모금과 배분 • 인력 관리와 발전
교육자 (educator)	정보를 제공하거나 여러 가지 기술을 가르치는 역할	• 치매노인 가족에게 장기요양보험제도 및 시설 관련 정보 제공
분석/평가자 (analyst/evaluator)	프로그램의 기능과 효과성을 평가하는 역할	• 각종 중독 치료 프로그램의 효과성 평가
촉진자 (facilitator)	개인이나 집단, 사회의 긍정적인 변화를 촉진시키는 역할	• 치매노인 가족 자조집단의 조직과 활동 촉진
주창자 (initiator)	개선되어야 할 문제나 이슈에 대한 관심을 불러일으키는 역할	• 저소득층 주거지 재개발 계획이 초래할 홈리스 증가 문제 제기

| 협상가
(negotiator) | 개인이나 집단의 입장에서 특정한 합의에 도달할 수 있도록 노력하는 역할 | • 재개발지역 세입자가 불이익을 받지 않도록 담당부서와 합의 |
| 옹호자
(advocator) | 사회정의를 지키기 위해 개인, 집단, 지역사회의 입장을 지지·변호하는 역할 | • 장애인 차별 시정 요구
• 이주노동자 권리 주장 |

〈표 5-3〉에서 제시한 역할은 사회복지사의 활동내용은 보여 줄 수 있으나 다른 전문직과 구별되는 고유한 정체성을 제시하기에는 여전히 미진하다. 사실 사회복지사의 정체성 문제는 대학 신입생들의 고개를 갸우뚱하게 만드는 질문일 뿐만 아니라 현장의 사회복지사, 사회복지학을 연구하고 교육하는 연구자, 모두에게 어려운 질문이다. 그리고 그 답은 이미 존재한다기보다 만들어지고 있다는 표현이 정확할 것이다. 불완전하게나마 지금까지 사회복지실천가들과 연구자들이 이 질문에 대해 어느 정도 동의한 대답을 중심으로 사회복지사의 정체성을 좀 더 자세히 살펴보도록 하자.

(1) 전체로서의 인간의 삶에 대한 관여

인간 서비스 전문직(human service profession)과 사회복지전문직(social work profession)을 구별하는 가장 뚜렷한 차이점은 사회복지전문직이 인간의 총체성, 즉 '전체로서의 인간'과 관련된다는 점이다. 많은 인간 관련 서비스 전문직은 자신들이 관심을 갖고 해결하고자 하는 문제나 증상, 질환 등에 상대적으로 더 초점을 맞추지만, 이와 달리 사회복지전문직은 문제, 증상, 질환 그 자체가 아니라 그러한 문제나 증상을 가지고 있는 사람(humans themselves)에 초점을 맞춘다(김기덕, 2008). 문제나 질환에 관심을 가지는 것과 문제나 질환을 가진 사람에게 관심을 가지는 것은 어떻게 다를까?

예를 들어, 병원에서 일하는 의료사회복지사와 간호사를 생각해 보자. 간호사는 질병의 발견과 치료, 회복에 주로 관심을 가진다. 간호사는 환자의 가족이 환자를 돌보지 않는다거나 환자가 경제적 문제 때문에 치료를 중단해야 할 때,

환자가 질병 때문에 실직하더라도 굳이 이 문제에 관여할 필요가 없다. 그러나 사회복지사는 환자의 신체적 질병뿐 아니라 환자의 정서와 욕구, 의료진과 환자의 관계, 환자와 가족의 관계, 경제적 문제와 퇴원 이후의 생활에까지 관심을 갖는다. 질병 치료를 감당할 경제적 능력이 되지 않을 경우 보험급여나 의료급여, 후원 등의 경제적 자원을 제공하며 가족의 어려움과 문제를 상담하고 해결하도록 원조한다. 뿐만 아니라 환자가 병원에서 부당한 차별이나 처우를 받지 않는지, 의료진과의 관계나 의사소통에 문제가 없는지 등을 살펴 문제가 있을 경우 이를 해결하도록 돕고, 퇴원과정 및 퇴원 후 생활복귀 절차까지 원조한다. 이 경우 사회복지사의 역할은 질병 치료를 제외한 환자의 삶 전체 영역에 걸쳐 있음을 알 수 있다.

(2) 윤리전문직

사회복지사는 전체로서의 한 인간의 삶에 관여해야 하기 때문에 인간을 어떻게 이해하고 바라볼 것인가, 인간이 가진 문제에 대해 어떤 입장과 태도를 갖는 것이 바람직한가라는 윤리적, 규범적 질문에 항상 직면할 수밖에 없다. 이것은 사회복지전문직이 일종의 가치기반 전문직(value-based profession), 윤리전문직(ethical profession)으로서의 특성을 가지고 있음을 뜻한다(김기덕, 2008; 김인숙, 2005). 사회복지사는 질병, 장애, 범죄, 비행, 중독, 실직, 빈곤과 같은 문제에 대해 무엇이 옳고 그른지, 무엇이 가치 있는 것인가를 판단하고 이에 따라 행동해야 한다. 따라서 사회복지사는 눈에 보이는 현상 아래 숨겨진 더 큰 존재로서의 한 인간에 대한 이해와 존중을 바탕으로 지속적으로 자신의 태도와 행동, 인식과 가치관을 반성하고 성찰하여야 한다.

윤리적문직으로서 사회복지사의 정체성은 궁극적으로 사회복지사가 무엇을 위해, 누구를 위해 일해야 하는가라는 문제와도 관련된다. 따라서 사회복지사는 인간의 잠재성을 실현하는 데 걸림돌이 되는 사회현상과 사회적 부정의에 대해 성찰적이고 비판적인 입장을 가져야 한다. 소수의 기득권층과 개인적 권리 및 사회적 자원의 배분에서 불리한 위치에 있는 다수의 사람들로 구성된 현재의 사회구조를 당연시하고 승인하기보다는 차별과 억압, 인권의 제한에 대해 비판적 인식을 갖고 이러한 사회구조의 문제를 해결하기 위해 노력하여야 한다(DuBois & Miley, 2005; Kirst-Ashman, 2007). 이러한 의미에서 비판적 사회의식과 변화 지향성은 사회복지전문직의 정체성 중 중요한 부분이다.

(3) 임파워먼트 전문직

많은 사람들이 사회복지사의 역할은 주로 가난하고 문제를 가지고 있고, 많은 것이 결여되어 있고, 무력한 사람들에게 일방적으로 도움을 '제공'하는 것이라고 생각한다. 사회복지사는 도움을 '베풀고', 서비스를 '제공'하며, 클라이언트는 이러한 도움과 베풂의 대상이라고 생각한다. 그러나 사회복지사의 실제 역할은 클라이언트가 자신의 삶의 주인이 되고 당당한 사회의 구성원으로서 살아가는 주체가 되도록 하는 과정의 '동반자'다.

예를 들어, 장애인에게 사회복지사는 어떤 존재인가? 사회복지사는 의사나 물리치료사와 다른 어떤 역할을 하는가? 이때 무엇보다 중요한 차이는 의사나 물리치료사의 역할에서 그 주체가 전문가지만, 사회복지전문직은 그 주체가 장애인 자신이라는 점이다. 사회복지사는 장애인과 동등한 입장에서 장애인이 삶의 주인으로서, 한 사람의 사회구성원으로서 교육과 직업과 문화와 가족생활을 영위하는 과정에서 더 나은 선택을 할 수 있도록 돕고, 정보를 제공하며, 함께 해결책을 모색하는 한편, 장애인에 대한 사회적 차별을 제거하고자 함께 노력하는 전문가다.

사회복지전문직에서는 인간이 문제를 가지고 있고, 나약하고, 좌절하는 존재임에도 불구하고 궁극적으로 문제와 어려움을 극복하고, 새로운 삶에 적응하며, 이를 통해 평생 동안 발달하고 성장하는 존재로 본다. 인간의 잠재성에 대한 절대적인 신뢰는 사회복지전문직의 정체성을 이루는 핵심이다(DuBois & Miley, 2005; Saleebey, 2003). 인간에게는 중독, 질환, 범죄, 부적응, 결핍과 손상을 극복하고 회복하는 잠재성이 있다고 믿으며 다양한 방식으로 잠재성을 극대화하고 잠재성의 실현을 가로막는 요소들을 제거하는 것이 사회복지사의 역할이다. 즉, 사회복지사는 인간의 강점(strength)에 대한 신뢰를 바탕으로 이러한 강점을 개인적으로, 다른 사람과의 관계 속에서, 사회적으로 발현하도록 돕는 사람이다.

이것을 보다 전문적인 용어로 표현하면 '임파워먼트(empowerment)' 다. 임파워먼트란 말 그대로 권한, 혹은 권력을 달성함을 의미하는데, 자신감, 자부심 등과 같은 개인적 차원뿐만 아니라 자신이 필요로 하는 자원과 권한을 획득하는 사회적 차원 모두에서 한 인간이 온전한 영향력을 행사할 수 있음을 의미한다(Gutierrez, 1994). 사회복지사는 임파워먼트를 실천하는 사람이다. 따라서 사회복지전문직의 정체성을 이루는 요소 중 임파워먼트는 매우 중요한 요소다.

(4) 조정 · 협력의 구심점

사회복지사는 인간의 삶에 총체적으로 관여한다. 그것은 현대사회에서 인간이 처한 현실 자체가 복합적이고 인간이 당면하는 문제들이 복잡하게 얽혀 있기 때문이다. 예를 들어, 비행을 저지른 청소년의 경우를 보자. 청소년 개인의 비행이라는 문제는 학교생활, 또래집단, 가족, 거주환경 등과 복잡하게 얽혀 있다. 신체적 질병과 경제적 고통을 함께 겪고 있는 독거노인, 정신장애인과 그 가족은 어떠한가? 이 모든 경우 한 분야의 전문가의 개입만으로는 문제를 해결하기 어렵다. 따라서 다양한 분야의 전문가들이 함께 문제를 해결하는 데 협력해야 한다. 다른 분야의 전문가들과의 협력은 사회복지전문직에서 앞으로 점점 더 중요해질 것이다. 예를 들면, 노인장기요양보험제도의 실행에 있어 사회복지사는 의사, 간호사, 물리치료사, 상담치료사와 같은 전문인력, 요양보호사와 같은 준전문인력, 자원봉사자와 가족 등 다양한 사람들과 협력하여 서비스를 제공하는 것이 중요하다.

이러한 다양한 인력과의 협력과 조정에서 사회복지사는 중심적인 역할을 수행할 것으로 기대된다. 왜 다른 전문직이 아니라 사회복지사가 협력의 구심점이 되어야 하는가? 그것은 사회복지사가 다른 전문직보다 우월해서라기보다는 인간에 대한 총체적인 접근방식을 갖는 전문직이 인간의 특정한 부분에 대해 기술적 접근을 하는 전문직보다 협력과 조정에 더 적합하기 때문이다(김기덕, 2008).

3. 사회복지전문직

1) 사회복지사는 어떻게 태어나는가

사회복지사는 자원봉사자나 자선사업가와 달리 전문성을 가진 직업인이다. 사회복지사가 지위와 역할에 맞는 사회적 책임을 다할 수 있도록 전문성을 갖추기 위해서는 전문적 지식, 윤리적 가치, 실천 기법과 기술 등을 체계적으로 학습하고 실천현장에서의 전문성을 강화하기 위한 실습과정과 현장 경험 등을 거쳐 최종적으로 국가자격시험에 합격하는 과정을 거쳐야 한다. 또한 사회복지사로서 현장에서 일하면서도 지속적인 보수교육을 통해 전문적 지식과 경험을 향상시켜 나가야 한다.

우리나라의 사회복지사 교육은 해방 후 미국을 중심으로 한 외원단체들의 유입과 함께 미국식 사회사업 전문교육의 수입으로부터 시작되었다. 1947년 이화여자대학교에 우리나라 최초의 사회사업학과가 설치된 이래, 1959년에 서울대학교 대학원에 사회복지 전공이 개설되었고, 1970년대부터 사회복지학과로 점차 명칭이 바뀌었으며, 1980년대 이후 사회복지정책의 외연 확대에 따라 사회복지학과 개설학교 수가 급격히 늘어나, 2000년대 이후에는 학부의 학과와 대학원 이외에도 사이버대학과 평생교육원 등 다양한 교육과정이 생겨났다. 〈표 5-4〉에서 보는 바와 같이, 2010년 현재 전국에서 사회복지학과 및 사회복지 관련 학과를 설치한 전문대학은 505개, 대학교는 482개교이며 대학원 과정(556개)과 사이버대학(57개)를 합하면 총 1,600개의 과정이 개설되어있는 셈이다(보건복지부, 2012).

현재 우리나라의 사회복지사 양성과정의 내용을 사회복지사 2급 과정(대학

〈표 5-4〉 사회복지학과 및 전공학과 개설 현황   (단위: 개)

구분		사회복지 (사업)전공 학과		사회복지 관련 전공 학과		소계	
		2007년	2010년	2007년	2010년	2007년	2010년
전문대학		51	71	60	434	111	505
대학교		116	147	93	335	209	482
대학원	일반대학원	51	65	10	162	61	227
	특수대학원	90	118	81	189	171	307
	전문대학원	8	10	16	12	24	22
사이버 대학	전문대학(2년)	2	1	6	7	8	8
	대학교(4년)	13	11	12	38	25	49
합 계		331	423	278	1,177	609	1,600

자료: 보건복지부(2012).

교와 전문대학)을 중심으로 살펴보면 다음과 같다. 전체 교과목은 크게 사회복지의 기초, 사회복지실천 및 분야론 영역, 사회복지정책 및 행정 영역, 조사 및 프로그램 영역 등으로 나누어진다. 사회복지의 기초과목은 사회복지개론, 사회문제론, 인간행동과 사회환경, 사회복지발달사, 사회복지윤리와 철학 등이다. 기초과목에서는 사회복지의 사회적·문화적·역사적 가치와 규범적 배경을 학습한다. 실천 및 분야론 과목에서는 사회복지의 실천대상이 되는 개인, 가족, 지역사회 중심의 사회복지실천에 관한 내용을 학습한다. 사회복지실천론과 사회복지실천기술론, 지역사회복지론, 아동복지론, 노인복지론, 청소년복지론, 장애인복지론, 가족복지론, 여성복지론, 교정복지론, 정신보건복지론, 의료사회복지론, 학교사회복지론 등이 이에 속한다. 사회복지정책 및 행정 영역에는 거시적 정책과 제도를 다루는 사회복지정책론, 사회복지행정론, 사회보장론, 사회복지법제 등의 교과목이 포함된다. 조사 및 프로그램 영역에는 사회복지조사론, 사회복지자료분석론, 프로그램 개발과 평가 등의 교과목이 포함된다. 여기에 사회복지현장실습이 필수과목으로 지정되어 있다. 대부분의 사회복지학과들이 사회복지사 1급 자격시험에 필요한 필수 10과목 및 선택 4 과목을 기본과목으로 하고 나머지 과목들을 선택적으로 배치하는 식으로 교육 체계를 수립하였다.

그러나 이러한 사회복지사 양성교육과정은 전문가로서의 사회복지사를 양 성하는 데 미흡한 점이 많은 것으로 지적된다. 무엇보다 실천에 있어 가치와 윤 리가 중심이 되는 사회복지사의 전문적 특수성에도 불구하고 실천의 가치와 윤 리를 심층적으로 교육할 수 있는 교과목이 부족하다는 점, 사회복지실천현장 의 변화를 반영하고, 직접 활용하고 적용할 수 있는 교과내용이 더 많아져야 한 다는 점, 사회복지현장실습 교과목의 강화와 개선 등이 사회복지 교육의 주요 과제로 제시되었다(정종화, 김제선, 김욱진, 김혜성, 박영란 외, 2013).

한편, 사회복지사 인력의 질을 향상시키기 위해 현장 사회복지사의 지속적 이고 체계적인 보수교육이 중요한 과제로 제시되었는데, 2007년 말 개정된 「사 회복지사업법」은 사회복지사의 보수교육 의무조항을 명시하였다. 2009년부터 사회복지사 보수교육이 의무화됨으로써 현장의 사회복지사들이 학교를 떠난 후에도 새로운 전문적 지식과 기술을 습득할 수 있는 기회가 보장되었다.

지금까지 우리나라의 사회복지사 양성교육은 외적 성장과 내적 체계화 노력 에도 불구하고 우리나라의 실정에 맞는 교육체계와 내용을 고민하기보다는 미 국식 사회복지실천 교육의 내용을 그대로 답습하여 개인에 대한 치료와 임상적 접근을 강조하는 문제점을 가지고 있었다(김인숙, 2005; 정홍원, 2007). 특히 한 국사회의 압축적 산업화와 격변하는 정치적 민주화 과정이라는 특수성 속에서 우리나라 실정에 맞는 사회복지와 사회복지사의 역할을 고민하고 개발하지 못 하였다는 점은 사회복지 교육의 과제로 남아 있다.

한편, 사회복지사자격제도는 1970년에 제정된 「사회복지사업법」에 "사회복 지에 관한 전문지식과 기술을 가진 자에게 사회사업 종사자 자격증을 교부할 수 있다."고 규정함으로써 시작되었다. '사회복지사'라는 명칭은 1983년 「사 회복지사업법」이 개정되면서 사용하기 시작하였다. 1997년부터 사회복지사 자격을 1, 2, 3급으로 구분하기 시작하였으며 2003년도부터 국가자격시험에 의해 사회복지사 1급 자격을 부여하였다. 2009년부터 개정된 「사회복지사업법」에 의하여 사회복지사 3급이 폐지되었으며 사회복지사 자격증을 교부받지 않은 경우 사회복지사 명칭 사용이 금지되었다. 현행 「사회복지사업법」에 명시된 사회복지사의 등급별 자격기준은 〈표 5-5〉와 같다.

사회복지사 2급 자격 취득을 위한 전공교과목은 대학원의 경우 현장실습을 포함하여 필수 6과목 18학점 / 선택 2과목 6학점 이상을, 대학 및 전문대학, 학점은행제 등에서는 필수 10과목 30학점 / 선택 4과목 12학점 이상을 이수하여

〈표 5-5〉 사회복지사의 등급별 자격기준

등급	자격기준
사회복지사 1급	법 제11조 제3항의 규정에 의한 국가시험에 합격한 자
사회복지사 2급	가. 「고등교육법」에 따른 대학원에서 사회복지학 또는 사회사업학을 전공하고 석사학위 또는 박사학위를 취득한 자. 다만, 대학에서 사회복지학 또는 사회사업학을 전공하지 아니하고 동 석사학위를 취득한 자는 보건복지부령이 정하는 사회복지학 전공교과목과 사회복지 관련 교과목 중 사회복지현장실습을 포함한 필수과목 6과목 이상(대학에서 이수한 교과목을 포함하되, 대학원에서 4과목 이상을 이수하여야 한다), 선택과목 2과목 이상을 각각 이수한 경우에 한하여 사회복지사 자격을 인정한다. 나. 「고등교육법」에 따른 대학에서 보건복지부령이 정하는 사회복지학 전공교과목과 사회복지 관련 교과목을 이수하고 학사학위를 취득한 자 다. 법령에서 「고등교육법」에 따른 대학을 졸업한 자와 동등 이상의 학력이 있다고 인정하는 자로서 보건복지부령이 정하는 사회복지학 전공교과목과 사회복지 관련 교과목을 이수한 자 라. 「고등교육법」에 따른 전문대학에서 보건복지부령이 정하는 사회복지학 전공교과목과 사회복지 관련 교과목을 이수하고 졸업한 자 마. 법령에서 「고등교육법」에 따른 전문대학을 졸업한 자와 동등 이상의 학력이 있다고 인정하는 자로서 보건복지부령이 정하는 사회복지학 전공교과목과 사회복지 관련 교과목을 이수한 자 바. 「고등교육법」에 따른 대학을 졸업하거나 이와 동등 이상의 학력이 있는 자로서 보건복지부장관이 지정하는 교육훈련기관에서 12주 이상 사회복지사업에 관한 교육훈련을 이수한 자 사. 사회복지사 3급자격증 소지자로서 3년 이상 사회복지사업의 실무경험이 있는 자

〈표 5-6〉 사회복지학 이수 교과목 현황

구분	교과목	이수교과목(학점)	
		대학원	대학 · 전문대학
필수 교과목	사회복지개론, 인간행동과 사회환경, 사회복지정책론, 사회복지법제, 사회복지실천론, 사회복지실천기술론, 사회복지조사론, 사회복지행정론, 지역사회복지론, 사회복지현장실습	6교과목 18학점 (교과목당 3학점) 이상	10교과목 30학점 (교과목당 3학점) 이상
선택 교과목	아동복지론, 청소년복지론, 노인복지론, 장애인복지론, 여성복지론, 가족복지론, 산업복지론, 의료사회사업론, 학교사회사업론, 정신건강론, 교정복지론, 사회보장론, 사회문제론, 자원봉사론, 정신보건사회복지론, 사회복지지도감독론, 사회복지자료분석론, 프로그램 개발과 평가, 사회복지발달사, 사회복지윤리와 철학	2교과목 6학점 (교과목당 3학점) 이상	4교과목 12학점 (교과목당 3학점) 이상

야 한다(〈표 5-6〉 참고).

사회복지사 자격을 취득할 수 있는 통로는 4년제 대학, 2년제 대학, 대학원, 특수대학원, 평생교육원, 학점은행제, 사이버대학, 복수전공제 등 다양하다. 이에 따라 자격증 교부자 수도 2013년까지 총 62만 명 이상이다. 그러나 현재 이 중 18% 내외만이 사회복지 분야에서 실제로 일하고 있는 것으로 추산된다(한국사회복지사협회, 2013). 이러한 사회복지사 자격증 소지자의 공급 과잉 문제는 국가시험 없이 이수교과목만으로 사회복지사 자격을 얻을 수 있는 2급 자격증 취득자의 증가가 주요 원인이다. 교육기관의 난립과 사회복지 인력의 과다배출로 인한 사회복지학과 학생들의 취업문제와 사회복지 인력의 질 저하 문제도 심각한 것으로 지적된다(이봉주, 2011). 이와 관련하여 사회복지계는 인력의 과잉공급에 따른 수요 불균형뿐만 아니라 국가자격의 신뢰를 저하하는 원인이 되고 있는 교육기관의 난립과 자격증 남발을 시정할 것을 지속적으로 지적하였다.

현재 사회복지 인력의 과다배출 문제를 해결하기 위한 방편으로 1급 사회복지사 자격시험 합격률을 낮추는 경향이 나타나고 있다. 실제로 2003년에 실시된 제1회 시험에서 응시대비 합격률은 67%였으나 2007년 제5회 시험의 합격률은 25%, 2008년 제6회는 46%, 2009년 제7회는 31%의 합격률을 나타내었다(한국사회복지사협회 홈페이지). 그러나 사회복지사 자격시험의 합격률 조정을 통해 사후적으로 사회복지인력의 수급을 조절하기보다는 단일 사회복지사 자격증제도 실시, 응시를 위한사회복지 필수교과목 확대와 사회복지사 교육기관에 대한 인증제 실행, 실습교육 강화, 전문사회복지사제도 활성화 등이 근본적인 해결방안으로 제시되었다(이봉주, 2011; 정종화 외, 2013).

2) 사회복지사는 전문직인가

의사, 교사, 변호사는 전문직인가? 이에 대해서는 아마 거의 모든 사람들이 그렇다고 답할 것이다. 사회복지사는 전문직인가? 이 질문에 대해서는 많은 사람들이 약간 난처한 표정을 지으며 고개를 갸우뚱하지 않을까? 한 직업의 전문성은 주관적 인식뿐 아니라 객관적 인정을 필요로 한다. 즉, 사회복지사 본인뿐 아니라 사회에서도 전문직으로 인정해야 사회복지직이 전문직이라고 할 수 있다.

그 답을 찾아보기 위해 사회복지사들 자신의 전문가로서의 인식과 사회에서 전문성을 인정받고 있는가를 함께 살펴보자. 사회복지사들 스스로 '자신을 전문가라고 여기는가'에 대한 응답에서 조사대상자의 60%가 자신을 전문인으로 인식하는 것으로 나타났다(김동기, 2009). 그러나 사회복지사가 사회에서 전문성을 인정받고 있는지에 대해서 46.5%가 부정적으로 응답하였다(김제선 외, 2012a). 이러한 조사 결과는 사회복지사 본인이 자신을 전문인으로 생각하는 인식과 사회에서 전문인으로 인정하는 인식 사이에 차이가 있음을 보여 준다. 본인과 사회가 인정하는 전문성이 모두 높으면서 전문직에 대한 인식의 차이가 적을 때 그 직종은 전문직으로 인정받을 수 있다. 그러나 본인과 사회가 인정하는 전문성이 모두 낮거나 그 인식의 차이가 크다면, 그리고 그 원인이 사회로부터의 인정 정도가 낮기 때문이라면 그 직종에 대한 가치절하와 종사자들의 사기저하가 발생할 것이다. 그렇다면 과연 우리는 사회복지전문직이라는 용어를 사용할 수 있을까? 이 질문에 답하기 위해 먼저 과연 전문직이란 무엇이며 전문직을 구성하는 요소는 무엇인지 살펴보자.

전문직의 요소에 대한 고전적인 논의는 전문직 속성론(trait model)에서 찾아볼 수 있다. 이것은 특정 직업이 전문직인가의 여부는 그 직업이 다른 직업과 구분되는 일정한 속성을 가지고 있는가에 의해 결정된다는 것이다. 그 중요한 속성은 전문직이 수행하는 기술의 바탕이 되는 체계적 이론, 서비스 공급에 있어서의 전문적 권위, 인력에 대한 독점적 권한과 특권, 전문직 자체의 윤리강령, 전문직 고유의 문화의 존재 등 다섯 가지다(Greenwood, 1957: 김태성, 최일섭, 조흥식, 윤현숙, 김혜란, 1998에서 재인용). 이러한 속성론에 입각하여 현재 사회복지직이 전문직인가에 대해서는 명확히 답하기 어렵다. 그러나 사회복지직과 같이 전문성 논란을 겪고 있는 직업뿐만 아니라 전문직으로 인정받는 다수의 직업들도 이러한 속성을 완벽하게 만족시키는 경우는 드물다.

또한 현대사회에서 전문직의 종류가 계속 변화하며 전문직과 비전문직의 경계도 모호해지고 있다는 사실을 고려해야 한다(김상균 외, 2007). 예를 들면, 의사나 변호사가 전문직으로 인정받은 지는 꽤 오래 되었지만 회계사나 변리사 등은 비교적 근래에 전문직으로 부상하였으며 오랫동안 의료계의 준전문직에 머물던 간호사는 최근에 전문직으로 인정받기 시작하였다. 또한 미국 사회복지실천의 역사에서도 사회복지직은 전문직 내의 선택의 힘에 의해서라기보다는 전문직 밖의 힘, 즉 사회적 · 정치적 · 경제적 환경에 의해 영향을 받았으며 그때마다 사회복지전문직에 대한 정의가 달랐던 것으로 나타났다(Gibelman, 1999).

이것은 사회가 변화하고 사회구성원의 욕구가 변화함에 따라 전문직의 위상도 변화한다는 것을 의미한다. 따라서 전문직으로 변화하는 과정, 특정 직업인에 대한 사회의 요구와 인식 변화에 주목하는 것이 보다 적절할 것이다. 의사나 변호사 등 전통적인 전문직을 기준으로 하는 전문직에 대한 판단기준(높은 보수나 독점적 지위, 사회적 위세 등)은 사회복지직만이 가진 고유한 가치나 사회적 역할과는 별로 관계가 없다는 점에서, 사회복지직의 전문성을 새롭게 정의하기 위한 노력이 필요하다.

사회복지직만이 가진 고유한 가치와 사회적 역할은 바로 사회복지사가 누구를 위해 일하는 존재인가, 어떤 목표를 위해 일하는가 등 정체성에 대한 질문과 관련된다. 전문직에 대한 기존의 외적 판단기준에 맞추어 사회복지직의 전문성을 부정적으로 평가하기보다는 우리의 전문성을 어떻게 만들어 갈 것인가에 대한 고민이 우선되어야 한다. 사회복지사가 사회적으로 꼭 필요한 존재로 인식된다면 사회복지직의 전문적 위치는 정립될 것이고 사회복지사 지망자들이 많아져 사회복지사의 위상 또한 강화될 것이다. 교육과정과 자격제도의 개선, 업무 영역의 독점화 등은 사회복지직의 전문성 발전을 위한 외적 조건으로서 중요한 의미를 가진다. 그러나 이러한 외적 조건은 사회복지직의 정체성 확립과 사회적 책임 수행이라는 내적 과제를 해결하지 않고서는 달성되기 어렵다. 사회복지전문직의 위상은 사회복지직의 사회적 책임 수행을 통해 사회복지의 대상과 수혜자로부터 필요성을 인정받고 사회복지의 가치에 대해 폭넓은 사회적 재가(social sanction)을 얻음으로써 확고해질 수 있다.

사회복지직 고유의 사회적 역할과 책임을 고민함에 있어서는 무엇보다 보편적이며 포괄적인 사회복지정책에 대한 사회적 합의와 국가의 책임이 부족한 우리나라 복지환경의 특수성, 그리고 경제적 · 사회적으로 취약한 위치에 있는 클라이언트가 주된 사회복지의 대상이라는 점을 염두에 둘 필요가 있다. 사회복지사가 사회적 약자의 편에 서서 약자들의 권익을 증진시키고 보편적인 사회복지제도의 증대를 위해 노력할 때 사회복지의 존립 근거는 확고해질 수 있다. 이를 위해서는 무엇보다 불합리한 사회문제에 대해 비판적이며 반성적인 전문직의 인식수준과 이에 효과적으로 개입하기 위한 전문지식과 기술을 개발하는 것이 중요하다(홍선미, 2004). 즉, 사회적 약자를 보편적 인권 차원에서 새롭게 바라보며, 이들의 사회적 통합을 증진할 수 있는 새로운 실천방식을 개발하는 것이야말로 사회복지직의 내적 전문성의 핵심이라고 할 수 있다.

4. 사회복지직의 수요와 전망

현대사회에서는 전문적인 돌봄과 원조를 필요로 하는 사람들이 점점 증가하고 있으며, 이들의 욕구도 다양해지고 이들의 욕구를 충족하기 위한 사회적 자원과 서비스도 다양해져서 사실상 대부분의 사람들이 생애기간 동안 적어도 한 번 이상은 사회적인 돌봄과 원조를 필요로 하게 되었다. 특히 후기 산업사회 이전까지 구성원의 욕구를 충족하는 역할을 맡았던 가족과 지역사회, 여타 공동체가 해체되거나 기능이 변화하면서 가족과 공동체에게 구성원의 복지를 전적으로 맡길 수 없게 되었다. 분명한 것은 이러한 경향이 앞으로 한층 가속화될 것이며 우리나라에서도 복지욕구를 사회적으로 해결해야 할 필요성이 급속히 커지고 있다는 사실이다.

한국고용정보원이 조사한 '직업별 인력수요전망' 에 따르면 앞으로 사회복지사의 인력수요는 연간 12%씩 증가해 2018년에는 9만 6천 명이 필요할 것으로 나타났다. 또한 사회복지사는 일자리 증가 속도가 가장 빠른 직업(5.4%)으로 꼽혀, 앞으로의 성장 잠재력이 큰 것으로 나타났다(한국고용정보원, 2010). 그러나 사회복지 전문인력의 미래가 밝은 것만은 아니다.

사회복지 전공자들이 가장 선호하는 분야는 고용이 안정적인 사회복지전담공무원이다. 그러나 사회복지전담공무원은 사회복지사 자격증을 가진 재직공무원을 중심으로 채용하는 관행 때문에 신규 졸업자들에게는 사실상 기회가 많지 않고, 채용시험에서도 1급 자격증 소지자뿐 아니라 자격증 획득이 쉬운 2급 소지자에게 똑같이 응시자격이 부여되기 때문에 사회복지 전공자나 1급 자격증 소지자들에게 유리한 것이 아니다.

사회복지법인 등 민간 사회복지기관이나 시설에서의 사회복지사 채용은 주로 인터넷을 활용하고 학교의 추천, 실습생이나 자원봉사자 중 발탁을 보완적으로 활용하는 추세다. 한국사회복지사협회 홈페이지(http://www.welfare.net), 시 · 도 사회복지사협의회 홈페이지 구직 게시판 등을 통해 사회복지사를 채용하고 있다. 민간 사회복지 분야는 주로 사회복지실천 경험이 있는 사회복지사를 채용하는 추세로, 정규직의 경우 현장근무 경력자를 채용하고 대학을 갓 졸업한 신규 사회복지사는 일단 인턴, 혹은 계약직으로 채용한 후 능력이 검증되면 정규직 채용으로 연결된다. 특히 2008년 이후 사회복지 예산 감소로 정규직 채용이 감소하고 계약직, 직장체험 연수생(인턴), 사회적 일자리 등 비정규직 채용이 증가하여 사회복지직 노동시장의 불안정성이 점점 심화되고 있다.

매년 5만 명 이상 신규 사회복지사들이 양산되는 반면, 3천 개에서 5천 개의 새로운 일자리가 창출될 것으로 예상되는 상황에서 기존의 사회복지 분야 일자리만으로 사회복지사의 고용을 충당하는 것은 불가능하다. 현재 사회복지 노동 관련 통계에 의하면 최소 6만 7천 명에서 최대 14만 4천 명의 사회복지사 수요에 비해 공급은 약 39만 명에 이르고 있어서 2.7~5.8배의 공급과잉 상태에 있다(이봉주, 2011). 따라서 사회복지의 새로운 영역을 개척하고 소수의 취약계층뿐만 아니라 다양한 계층과 연령의 국민들에게 사회복지를 제공하여 사회복지의 영역을 확대하는 것이 사회복지사의 고용을 확대할 수 있는 근본적인 해결책이다.

학교사회복지사 제도가 전면적으로 도입되면 상당한 수의 사회복지사들이 학교현장에서 일할 수 있으며, 현재 종합병원에만 의무화되어 있는 사회복지사 채용이(「의료법 시행규칙」 제28조) 일정 병상 이상의 병원으로 확대된다면 의료사회복지사의 역할과 위상이 훨씬 강화될 것이다. 말기 임종환자 대상의 호스피스 제도가 실시될 경우 임종 및 호스피스 서비스 영역에서도 사회복지사의 개입이 필수적이므로 가까운 미래에 호스피스 전문 사회복지사의 출현이 기대된다. 정신보건 분야에서도 기존의 병원과 시설뿐 아니라 지역사회 정신보건센터가 늘어남에 따라 정신보건사회복지사의 채용 수요가 크게 늘어날 것이다. 또한 노인장기요양보험제도 실시로 국민건강보험관리공단의 요양등급 판정요원 채용도 점차 증가할 것으로 예상되며, 요양관리사(care manager) 자격제도가 도입되면 노인복지 분야의 채용 규모도 확대될 것으로 예상된다. 2005년부터 시범사업 중인 군기본권상담원제도가 본격적으로 실시될 경우 군사회복지사

인력도 늘어날 것으로 예상되며, 교정시설에서 재소자와 가족에 대한 사회복지 접근이 주목받으면서 교정복지 분야도 활성화될 전망이다. 사회복지사의 진출이 별로 없었던 기업에서도 직원 및 가족에 대한 지원과 상담을 제공하고 기업 차원의 사회복지사업 및 자원봉사활동을 수행하기 위하여 사회복지사를 채용하는 사례가 늘어나고 있다.

사회복지사들이 이미 진출해 있는 사회복지 영역의 일자리뿐만 아니라 미개척 분야에서 사회복지의 외연을 확장하여 사회복지직의 수요와 고용을 증가시키는 방법에도 눈을 돌릴 필요가 있다. 국내에서 증가하고 있는 다문화 가족과 이주노동자를 위한 다문화 사회복지(multi-cultural social work), 사회복지실천을 국제적 차원의 구호나 협력과 연결시키는 국제사회복지(international social work), 재외 한인 동포들을 위한 사회복지 등은 사회복지사의 새로운 도전을 필요로 하는 영역이다(김세진 외 21인의 사회복지사, 2013).

이처럼 사회복지실천 영역의 확대와 사회복지 수요의 증가에 따라 앞으로 사회복지직은 도전해 볼 만한 가치가 있는 매력적인 분야다. 그러나 사회복지 영역의 확대는 유사 전문직과의 경쟁, 사회복지 교육과정의 개선, 자격증제도의 정비, 사회복지사의 처우 개선 등 지난한 과제를 성공적으로 극복할 때 이루어질 수 있다. 또한 심화되고 있는 사회적 위기에 대응하여 삶의 질을 보장받고자 하는 약자들의 편에서 평등과 연대를 실천하는 전문가로서의 사회적 역할을 확립하고자 하는 노력(홍선미, 2004)이 있을 때만 사회복지 영역의 확대가 가능하다. 사회복지사의 자질과 전문성이 아무리 우수하다 해도 우리나라의 사회복지가 소수만을 대상으로 하는 선별주의적 복지에 머물러 있다면 사회복지사를 필요로 하는 영역은 더 이상 확대되지 않을 것이기 때문이다.

┌─ **생각해 봅시다** ─────────────────────────┐

1. 사회복지사의 주관적인 전문성 인식과 사회로부터의 전문성 인식에 차이가
   나는 이유를 생각해 보고, 사회복지사의 전문성이란 무엇인가에 대해 토론해
   보자.

2. 사회복지사는 희생과 봉사의 직업이므로 처우(보수와 근무조건)가 다소 불리
   하더라도 감내해야 한다는 주장에 대해 토론해 보자.

3. 미래의 사회복지사로서 사회복지사의 업무에 합당한 처우와 조건(급여, 수
   당, 고용조건, 노동시간, 업무량, 휴가 등)을 구체적으로 생각해 보자.

4. 과거에 존재하지 않던 사회복지사라는 직업이 왜 현대에 나타나게 되었으며,
   사회복지사 인력이 왜 앞으로도 증가할 것인지에 대해 생각해 보자.

└────────────────────────────────────┘

참고문헌

강철회, 최명민(2007). 사회복지사와 타분야 원조전문직 간 대중 이미지 비교연구. 한국
     사회복지학, 59(1), 171-197.

강홍구(2007). 전문사회복지사제도의 도입 필요성과 도입을 위한 과제. 복지동향(2007.
     12.), 61-65.

국가인권위원회(2013). 사회복지사 인권상황 실태조사. 국가인권위원회.

국가인권위원회, 노동사회연구소(2013). 사회복지사 정신건강 실태조사. 국가인권위원
     회.

권지성, 김교연, 김지혜(2004). 종합사회복지관 초임 사회복지사의 직업경험에 대한 현
     실기반 이론적 접근. 사회복지연구, 24(5), 5-44.

김규수 외 역(2001). 인간행동과 사회환경(원저: C. Zastrow & K. K. Kirst-Ashman). 서울:

나눔의 집.

김기덕(2008). 사회복지전문직만의 고유 정체성. *Social Worker*(2008. 9.).
　　　http://www.welfare.net/welfare_in/Socialworker_list_view.jsp.

김동기(2009). 사회복지사의 전문성 인식에 대한 조사. *Social Worker*(2009. 3.).
　　　http://www.welfare.net/welfare_in/Socialworker_list_view.jsp.

김상균, 최일섭, 최성재, 조흥식, 김혜란, 이봉주, 구인회, 강상경, 안상훈(2007). 사회복
　　　지개론. 파주: 나남출판.

김세진 외 21인의 사회복지사(2013). 사회복지사가 말하는 사회복지사. 서울: 부키.

김인숙(2001). 사회복지실천의 탈계층화: 정체성의 위기인가? 정체성의 확립인가? 상황
　　　과 복지, 11, 119-143.

김인숙(2005). 한국 사회복지실천의 정체성-정치사회적 관점에서-. 상황과 복지, 20,
　　　119-152.

김제선, 유재윤, 김효정(2012a). 2012 한국사회복지사 통계연감. 보건복지부 · 한국사회
　　　복지사협회.

김제선, 유재윤, 김효정, 문정희, 문은하(2012b). 사회복지사의 클라이언트 폭력 피해 실
　　　태 및 안전방안 연구. 한국사회복지사협회.

김태성, 최일섭, 조흥식, 윤현숙, 김혜란(1998). 사회복지전문직과 교육제도. 서울: 소화.

박용오(2007). 사회복지 인력의 실태와 근로환경 개선의 필요성. 복지동향(2007. 4.), 7-11.

보건복지부(2012). 보건복지통계연보. 보건복지부.

이기영, 최명민(2006). 사회복지전문직과 인적자원 개발. 한국사회복지학회 2006년도 춘계
　　　학술대회 자료집(pp. 74-108).

이봉주(2011). 사회복지사 자격증제도의 현황과 문제점. 사회복지사 교육과정 및 자격제도
　　　개선방안 연구 공청회 자료집(pp.1-14).

이용교(2006). 사회복지사의 수급체계. 복지동향(2006. 9.), 5-13.

이은주(2012), 사회복지사 자격증 제도변화와 대학원 교육과정. 사회복지대학원협의회.

이은주(2003). 사회복지실천의 전문성과 정체성 확립에 대한 고찰-간접적 개입과 관련
　　　하여-. 상황과 복지, 16, 203-245.

이주재, 김순규(2007). 사회복지사의 임파워먼트(empowerment)에 영향을 미치는 요
　　　인. 한국사회복지학회 창립 50주년기념 2007년 세계학술대회 자료집(pp. 470-472).

정종화, 김제선, 김욱진, 김혜성, 박영란, 전석균(2013). 한국 사회복지교육의 실태와 개
　　　선방향. 2013사회복지교육정책세미나 주제발표문. 한국사회복지교육협의회.

정홍원(2007). 사회복지인력의 전문성 제고방안. 복지동향(2007. 4.), 16-21.

최수찬(2008). 사회복지시설 종사자를 위한 윤리경영. *Social Worker*(2008. 5.).
　　　　http://www.welfare.net/welfare_in/Socialworker_list_view.jsp.
한국고용정보원(2010). 직업별 인력수요전망. 한국고용정보원.
한국사회복지사협회(2007). 한국사회복지 근로환경백서. 한국사회복지사협회.
한국사회복지사협회(2013). 한국사회복지사협회 내부자료. 한국사회복지사협회.
홍선미(2004). 사회복지사의 이데올로기 변화에 대한 역사적 분석. 한국사회복지학회
　　　　2004년도 춘계학술대회 자료집(pp. 311-324).
홍선미(2009). 한국사회복지교육인증제의 필요성과 도입방안. 사회복지사 전문화 방안을
　　　　위한 자격제도 개선 정책토론회 자료집(pp. 7-42).

DuBois, B., & Miley, K. K. (2005). *Social Work: An Empowering Profession* (5th
　　　　ed.). Boston, MA: Allyn and Bacon.
Freedberg, S. (1993). The Feminine Ethic of Care and the Professionalization of Social
　　　　Work. *Social Work, 38*(5), 535-540.
Gibelman, M. (1999). The Search for Identity: Defining Social Work-Past, Present,
　　　　Future. *Social Work, 44*(4), 298-310.
Gutierrez, L. M. (1994). Beyond Coping: An Empowerment Perspective on Stressful
　　　　Life Events. *Journal of Sociology and Social Welfare, 21*, 201-219.
Kirst-Ashman, K. K. (2007). *Introduction to Social Work & Social Welfare: Critical
　　　　Thinking Perspectives* (7th ed.). Belmont, CA: Thomson Brooks/Cole.
Saleebey, D. (2003). Strength Based practice. In R. A. English (Ed.), *Encyclopedia of
　　　　Social Work: 2003 Supplement* (pp. 150-162). Washington, DC: NASW Press.
Zastrow, C., & Kirst-Ashman, K. K. (2001). *Understanding Human Behavior and
　　　　the Social Environment*. Belmont, CA: Wadsworth/Thomson Learning.

시민과 함께 꿈꾸는 복지공동체 http://cafe.daum.net/ewelfare.
한국사회복지교육협의회 http://www.kcswe.kr.
한국사회복지사협회 http://www.welfare.net.

제2부
사회복지의 방법

제6장
사회복지의 구조

　이 장에서는 사회복지의 기본구조에 대하여 살펴본다. 사회복지의 구조는 사회복지의 대상과 사회복지의 자원, 사회복지의 공급 및 전달체계로 이루어져 있다. 사회복지의 대상은 사회복지를 통해 변화시키거나 해결하고자 하는 대상을 의미하며, 인간이 가진 욕구, 욕구를 충족하는 데 외부의 도움을 필요로 하는 인간인 클라이언트, 그리고 사회적 차원에서 미충족된 욕구로 인해 발생하는 사회문제가 포함된다. 사회복지의 자원은 인간의 사회적 욕구를 충족하고 당면한 문제를 해결하기 위하여 필요한 물질적·비물질적 수단이다. 그러나 인간의 욕구는 무한하고 이를 충족시킬 수 있는 자원은 한정되어 있으므로 욕구와 자원 간의 균형을 이루어야 한다. 사회복지의 자원과 이를 필요로 하는 클라이언트를 연결시키는 역할을 하는 것은 사회복지 공급 및 전달체계다. 사회복지의 공급자는 공공부문과 비공식부문, 영리부문과 비영리부문 등 다양하다. 최근 사회복지의 전달체계는 클라이언트의 복합적인 욕구를 해결하고 효율적인 자원 공급을 위하여 다양한 사회복지 공급자의 참여를 확대하고 민간부문과 공공부문이 역할을 분담, 협력하는 방식으로 변화하고 있다.

1. 사회복지의 대상

1) 욕구와 사회문제

사회복지의 대상은 사회복지가 해결하고자 하는 대상 혹은 사회복지가 개입하여 변화를 일으키고자 하는 대상을 의미한다. 사회복지가 존재하는 것은 사회복지를 필요로 하는 대상 혹은 사회복지를 통하여 해결해야 할 문제가 있기 때문이다. 따라서 사회복지의 일차적인 대상은 인간의 욕구(need)와, 욕구를 충족함에 있어 외부의 도움이나 원조를 필요로 하는 인간, 즉 클라이언트다. 또한 한 사회에 속한 구성원 다수가 욕구를 충족시키지 못했을 때 이것은 사회의 존속과 발전을 위협하는 문제로 나타나게 되는데, 인간의 욕구가 사회적 차원에서 충족되지 못하여 발생하는 사회문제가 사회복지의 대상이 된다. 즉, 개별적 차원에서 보면 인간이 가진 다양한 욕구와 그 욕구를 가진 개인이나 집단이, 사회적 차원에서 보면 사회구성원 전체나 다수가 가지고 있는 사회적 욕구 및 사회구성원이 겪는 사회문제가 사회복지의 대상이다.

(1) 욕구의 개념과 구성요소

인간의 삶은 다양한 욕구를 충족하는 과정이다. 그러나 인간의 욕구가 항상 적절하게 충족되는 것은 아니다. 욕구를 충족시킬 수 없는 상황이 항상 존재하기 때문에 이러한 욕구들을 어떻게 충족시킬 것인가가 사회복지의 관심사가 된다. 즉, 사회복지는 인간이 가진 욕구를 개인적 차원에서 충족시킬 수 없는 경우 외부로부터 도움을 받을 수 있도록 체계화·제도화된 사회적 원조체계라고 할 수 있다(조흥식, 권기창, 이태수, 박경수, 이용표 외, 2008).

여기서 욕구(need)란 목적을 위해 필요하거나 필수적이라고 인정되는 것이 결여되거나 결핍된 것 혹은 그 상태다. 특히 Weale은 인간의 욕구가 네 가지 요소, 즉 목적, 목적의 소유자로서의 인간, 목적 달성을 위한 수단, 목적이 생기는 상황으로 구성된다고 하였다(Weale, 1983: 김상균, 최일섭, 최성재, 조흥식, 김혜란 외, 2007: 127에서 재인용). 예를 들어, 활동을 하기 위해(목적) 인간은(인간) 에너지를 만들어 낼 수 있는 음식물(수단)이 필요한데, 음식물이 결여될 경우(상황) 이를 욕구라고 할 수 있다.

　욕구의 성격에서 중요한 점은 그것이 인간의 삶을 영위하는 데 필수적인 요소라는 점이다. 즉, 한 인간이 살아가는 데 없어서는 안 된다는 규범성을 가지고 있다. 이러한 점에서 욕구는 원하는 것, 즉 욕망(want)과 구별된다. 인간은 대개 자신에게 꼭 필요한 것을 원하지만 자신에게 꼭 필요하지 않은 것을 갖고 싶어 하는 경우도 많다. 예를 들어, 현재 휴대전화를 가지고 있지만 최신형의 휴대전화를 사고 싶을 수도 있다. 반대로 자신의 생존을 위해 꼭 필요한데 이를 원하지 않는 경우도 있다. 어떤 환자는 생존을 위해 치료를 필요로 하지만 삶을 연장하고 싶지 않아 치료를 원하지 않을 수도 있다. 또 인간이 삶을 유지하는 데 필요한 욕구는 공통적이지만 각 개인이 원하는 구체적인 대상은 모두 다르다. 이러한 점에서 욕구가 객관적이라면 욕망은 주관적이고, 욕구가 규범적이라면 욕망은 세속적이며, 욕구가 현실적이고 구체적이라면 욕망은 추상적이다.

　그러나 욕구와 욕망은 어떤 상황에서는 구분이 모호한 경우도 있고 서로 중복되기도 한다. 불과 20여 년 전만 해도 휴대전화는 일부 사람들만 가질 수 있는 사치품이었기 때문에 욕구의 대상이라기보다는 욕망의 대상에 가까웠다. 그러나 현재는 대부분의 사람들이 휴대전화 없이 일상생활을 하는 것에 불편함을 느낀다. 따라서 현재 휴대전화의 필요성은 욕구의 성격에 가깝다고 할 수 있다. 이처럼 욕구와 욕망은 본질상 차이가 있지만 상황에 따라 변화할 수 있다.

　또한 한 인간이 살아가면서 필요로 하는 것 혹은 충족되어야 할 것은 시간의 흐름에 따라 변화하기도 한다. 예를 들어, 갓난아기는 자신의 욕구 충족을 위해 스스로 아무것도 할 수 없는 무력한 존재이기 때문에 거의 모든 것을 외부에 의존해야 하지만, 성장함에 따라 생존을 위해 스스로 충족할 수 있는 욕구가 생기

고 필요로 하는 것도 달라진다. 따라서 어린아이의 욕구와 성인의 욕구는 다
르다.

(2) 욕구의 분류와 수준

다양하고 무한한 인간의 욕구를 수준에 따라 분류하는 것은 매우 어려운 일
이다. 그러나 인간의 욕구를 해결하기 위해서는 우선적인 욕구를 구별할 필요
가 있다. 많은 학자들이 인간의 욕구를 단계별로 분류하였는데, 욕구의 특성에
따른 분류와 욕구에 대한 인간의 인식에 따른 분류로 나누어 볼 수 있다.

인간의 욕구의 특성에 따른 대표적인 분류는 Maslow(1970)의 욕구단계이론
이다. 이에 따르면 인간의 욕구는 단계별로 나누어진다. 가장 기본적이고 강한
생물학적 생존의 욕구인 생리적 욕구로부터, 안전과 안락함을 보장받고자 하
는 안전의 욕구, 애정과 소속감을 갈망하는 애정의 욕구, 사회적으로 인정받고
자 하는 존경의 욕구, 최종적으로 자신의 재능과 잠재력을 발휘하여 자신이 원
하는 인간이 되고자 하는 자아실현의 욕구를 갖는다. 이 중 생리적 욕구와 안전
의 욕구, 애정의 욕구, 존경의 욕구와 같은 기본욕구는 결핍욕구에 해당하고 자
아실현의 욕구는 메타욕구, 즉 성장욕구에 해당한다. 각 욕구들은 단계별로 충
족되는 경향이 있으며 궁극적으로는 자아실현의 욕구가 인간이 충족시키고자
하는 최상의 욕구라고 보았다. 기본욕구를 충족시키는 것이 우선적으로 중요
하지만, 자아실현의 욕구 또한 인간의 삶에서 중요한 위치를 차지하며, 심지어
어떤 경우에는 기본적 욕구를 충족하기 어려운 상황에서도 자아실현의 욕구를
추구할 수 있다고 하였다([그림 6-1] 참고).

예컨대, 국가로부터 생계비 지원을 받고 있는 클라이언트라 할지라도 다른
어려운 처지에 있는 이들을 돕고자 하는 의지가 있고, 적절한 기회가 주어진다
면 이를 실천할 수 있다. 종종 기초생활수급자로 힘겹게 살아가는 독거노인이
기부를 하거나 더 어려운 처지의 이웃을 돕는 경우를 볼 수 있는데, 이러한 사
례는 기본욕구를 충족시키기 어려운 상황에서도 성장과 자아실현의 욕구를 추
구할 수 있다는 것을 보여 준다.

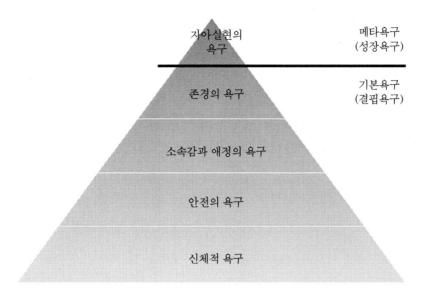

[그림 6-1] Maslow의 인간욕구의 단계

Brill과 Levine(2002)은 모든 인간이 신체적 욕구와 지적 욕구, 정서적 욕구, 사회적 욕구와 영적 성장에 대한 욕구를 가진다고 보았다. 신체적 욕구는 의식주 및 의료 등 신체적 성장 및 유지와 관련되며, 지적 욕구는 개인의 잠재성을 실현할 기회에 대한 욕구이며, 정서적 욕구는 타인과의 관계 및 자기수용과 관련된다. 사회적 욕구에는 사회화 및 타인과의 의미 있는 관계를 발전시키는 것이 포함되며, 영적 욕구는 인생의 목적을 제공하는 삶의 의미를 발견하는 것과 관련된다.

한편, Bradshaw(1972)는 인간의 욕구 인식을 기준으로 욕구를 분류하였는데, 이것은 사회복지를 통해 제공하여야 할 원조의 수준과 관련된다는 점에서 의미가 있다. 인간의 욕구는 사회적 측면에서 규범적 욕구, 감지된 욕구, 표현된 욕구, 비교적 욕구로 구분된다. 규범적 욕구는 전문가나 행정가들이 사회적으로 바람직한 욕구의 수준을 정해 놓고 이 수준과 실제 수준의 차이를 욕구의 정도로 규정하는 것이다. 반면 감지된 욕구는 주관적인 것으로, 개인이 스스로 결핍된 상태에 있다고 인식하는 것이다. 표현된 욕구는 실제 욕구를 가지고 있고, 이것을 충족시키기 위한 행위로 표현되는 것을 의미한다. 반면 비교적 욕구는 특정 집단과 비슷한 다른 구성원의 욕구와 비교할 때 나타나는 욕구다.

이처럼 인간의 욕구는 다양하고 이를 규정하고 분류하는 방식도 다양하다. 그러나 모든 인간의 욕구에서 공통된 점은 인간이 의존이나 결핍에 의한 욕구를 가지고 있는 동시에 성장이나 독립에 대한 욕구도 가지고 있다는 점이다. 또한 이러한 다양한 욕구들이 단일 방향으로 충족되기보다는 인간의 삶 전체에서 복잡한 상호작용 과정을 통해 충족된다는 점이다(DuBois & Miley, 2005).

예컨대, 장애인에게 생계비를 지급하는 것은 현재의 물리적 욕구 충족을 위해 필수적이지만, 교육을 통해 독립과 자아실현의 욕구를 충족시킬 수 있도록 하는 것도 중요하다. 안정적인 생계를 보장함으로써 더 나은 삶에 대한 의지를 실천할 수 있는 경제적인 기반을 제공할 수 있고, 교육과 취업을 보장함으로써 스스로 경제적인 조건을 변화시킬 수 있게 된다. 이러한 욕구의 복합적인 성격은 사회복지정책의 수립과 서비스 실천과정에서 면밀히 고려되어야 한다.

(3) 사회적 욕구와 사회문제

인간이라면 누구나 가지고 있는 보편적인 욕구가 있지만 모든 사람이 같은 욕구를 가지고 있는 것은 아니다. 개인에 따라 욕구의 종류와 범위, 강도 등이 다양하다. 그러나 사회복지의 대상은 인간이 가진 모든 개별적인 욕구가 아니라 사회구성원 전체나 다수가 공통적으로 가진 것으로 인정되는 욕구다.

그렇다면 사회적 욕구로 규정할 수 있는 욕구에는 어떤 것들이 있을까? 사회적 욕구는 일단 모든 사람들이 필요로 한다는 보편성을 가지고 있어야 하고, 인간다운 삶을 유지하는 데 없어서는 안 되며, 그렇기 때문에 양과 질에 있어서 일정한 수준에 도달해야 한다는 점을 전제로 한다. 이러한 조건을 만족시키는 욕구는 사회나 개인의 가치에 따라 차이가 있을 수 있으나, Harvey가 제시한 음식, 주택, 의료, 교육, 깨끗한 환경, 소비재, 여가, 이웃, 대중교통 등과 같은 범주에 속할 경우 사회적 욕구로 인정받을 가능성이 높다(Harvey, 1973: 김상균 외, 2007: 134에서 재인용).

이와 더불어 저출산·고령화 현상과 새로운 사회적 위험의 도래에 따라 새로운 사회적 욕구가 등장하였다. 즉, 아동양육과 노인부양 등 돌봄의 사회화에 대한 욕구, 고용 불안정과 장기 실업 증가에 따른 고용 안정에 대한 욕구, 여성의 사회 진출 증가에 따른 성 평등에 대한 욕구, 생활수준 향상에 따른 문화 및 웰빙(well-being)에 대한 욕구, 정보화 기술 발달에 따른 정보 및 평생교육에 대한 욕구 등이 새롭게 등장한 사회적 욕구라고 할 수 있다(성민선, 권문일, 김인숙, 김종해, 김용석 외, 2005).

한편, 사회적 욕구는 이를 충족시키는 데 너무 큰 비용이 들거나 해결과정이 복잡하여 개인의 노력으로 해결하기 어렵기 때문에 사회적인 방식으로 해결되어야 한다. 즉, 사회적 욕구에는 사회구성원 공통의 욕구라는 의미뿐만 아니라 욕구의 충족방식이 집단적이고 사회적이라는 의미도 포함된다. 과거 산업화 이전의 사회에서는 개인의 욕구 충족이 어려울 경우 가족과 친척, 소규모 지역 공동체의 집단적 원조체계를 통해 이를 해결하였다. 그러나 산업화가 진전된 현대사회에서는 개인과 가족, 소규모 공동체가 해결하기 어려운 일이 많아졌다. 환경오염, 빈곤, 대량실업, 공중보건, 교통사고, 교육 등이 그러한 예다. 오늘날 산업화된 사회에서는 사회복지제도를 비롯한 다양한 정책과 제도를 통해 사회적 욕구를 사회적인 방식으로 해결한다. 결국 사회복지의 근본적인 존재 이유는 개인이 기본적인 욕구를 충족하기 어려울 때 이를 집단적, 사회적으로 해결하기 위해서다.

사회적 욕구가 사회적 방식으로 해결되어야 하는 또 한 가지 이유는 자본주의 사회의 특성인 시장경제에 있다. 자본주의 사회에서는 사회구성원 개인이 화폐를 매개로 시장경제에서 욕구를 충족하도록 되어 있다. 그러나 사회구성원의 욕구를 시장경제를 통해서만 해결하는 것은 현실적으로 불가능하다. 따라서 시장경제 체제가 적절하게 해결할 수 없는 욕구를 사회적 차원에서 해결해야 한다.

예를 들어, 의료욕구를 시장경제를 통해 충족시켜야 할 경우, 경제적 능력이 없는 사람들은 의료 서비스를 구입할 수 없다. 뿐만 아니라 꼭 필요하더라도 이

윤이 발생하지 않는 의료기술은 발전하지 않고 고가의 의료장비나 기술 등 이 윤이 발생하는 영역만 발전할 가능성이 크다. 따라서 대부분의 산업화된 나라에서는 국가의료보험제도와 공공 의료 서비스 체계를 수립하여 국민의 의료욕구를 사회적으로 해결하는 방식을 택한다.

사회구성원들의 기본적 삶을 유지하는 데 사회적 욕구가 필수적으로 충족되어야 함에도 불구하고 이를 사회적으로 적절하게 해결하지 못할 경우 사회문제가 발생한다. 사회문제는 산업사회에서 사회구성원들의 사회적 욕구가 제대로 충족되지 못한 결과 생기는 문제이므로, 특정 사회에서 나타난 사회문제는 사회복지의 대상이 된다. 대부분의 산업화된 사회에서 사회문제의 해결은 사회구성원이 합의하여 사회복지제도를 수립하고 비용의 책임을 공동 분담하는 방식으로 이루어진다.

예를 들어, 평균수명이 증가하여 돌봄을 필요로 하는 노인의 수가 급격히 늘어나고 노인 돌봄 비용이 급증하는 경우를 생각해 보자. 이 경우 노인인구 증가의 원인은 개인이나 가족이 아니다. 그럼에도 불구하고 노인 돌봄을 개인과 가족에게만 맡길 경우 제대로 돌봄을 받지 못하는 노인이 생기고, 돌보는 가족의 부담이 지나치게 커져서 여러 가지 사회문제가 발생한다. 따라서 노인 돌봄이 사회문제가 될 경우 그 책임을 개인과 가족에게 돌리기보다는 사회적 부양체계를 확립하여 해결하는 것이 적절하다. 우리나라를 비롯하여 많은 나라에서 공적 노인장기요양보험제도를 수립하여 노인 돌봄 문제를 제도적으로 해결하는 것은 사회문제를 사회적인 방식으로 해결해 나가는 대표적인 예다.

(4) 욕구의 측정

사회적 욕구를 해결하기 위해서는 사회적 욕구를 충족시키는 데 어떤 자원이 얼마나 필요한지 알아야 하며 이를 위해서는 충족되어야 할 사회적 욕구의 양과 질을 먼저 파악해야 한다. 즉, 필요한 재화나 서비스를 제공하려면 사회적 욕구를 측정 가능한 양적 개념으로 전환시켜야 하는데, 이 과정이 바로 사회적 욕구의 측정이다(김성이, 채구묵, 1997).

사회적 욕구를 측정하는 방법의 대표적인 예는 빈곤선의 설정이다. 이것은 특정한 기준이나 지표를 정해 놓고 그 기준에 미달하는 경제적 상황에 있는 사람들을 사회적 욕구를 가진 사람들로 간주하는 방식이다. 절대적인 빈곤선 설정방식은 한 사회에서 특정한 시기에 사회구성원이 생활하는 데 드는 최소한의 비용(최저생계비)을 계산하여 이를 빈곤선으로 설정하는 것이다. 물론 '최소한의 비용'이라는 범주 속에 어떠한 욕구가 어느 수준으로 포함되어야 할 것인가를 정하는 것은 매우 어렵다. 대체로 의식주와 의료, 교육, 교통비 등을 고려하여 최저생계비를 기준으로 빈곤선을 설정한다. 우리나라도 매년 최저생계비를 설정하여 발표하고 이를 국민기초생활보장제도의 수급 여부를 결정하는 기준으로 이용한다. 예컨대, 2014년 최저생계비는 1인 기준 60만 3,403원, 4인가족 163만 820원이다.

반면 상대적인 방식으로 빈곤선을 설정할 수도 있는데, 이것은 가계조사나 소득조사를 통하여 평균 혹은 중위가구 소득 또는 지출의 몇 % 이하에 해당하느냐에 의해 빈곤 여부를 결정하는 방식이다. 예컨대, 대부분의 복지국가들이 사회복지의 수혜대상을 결정할 때 중위소득 혹은 평균소득의 일정 비율(50~60% 선)을 기준으로 채택한다.

빈곤선의 절대적 설정방식은 생존을 유지하는 데 필요한 절대적 기준을 정하는 것이므로 사회구성원의 전반적인 생활수준이나 사람들의 취향 혹은 가치관 등이 반영될 수 없으며, 전반적으로 소득수준이 향상되더라도 그대로 유지된다. 따라서 한 사회의 전반적인 생활수준이 향상되면 절대빈곤선 이하의 사람의 숫자도 저절로 감소한다. 반면 상대적 설정방식은 사회구성원들의 주관적 욕구와 한 사회의 전반적인 생활수준의 변화를 고려하기 때문에 상대적 박탈로서의 욕구를 반영한다. 따라서 소득수준이 오르면 빈곤선이 높아지며 소득 불평등이 높은 국가에서는 빈곤인구의 규모가 커지게 된다.

오늘날 우리나라는 경제성장으로 과거에 비해 절대적 빈곤상태에 있는 사람의 숫자는 많이 줄어들었지만 빈부격차의 확대로 사회적 욕구를 적절히 충족시키지 못하는 사람들의 숫자는 훨씬 많아졌다. 즉, 사회복지를 통해 충족시켜야 할 사회적 욕구가 과거보다 더 다양해졌으며 욕구 충족의 필요성이 더욱 커졌다고 할 수 있다. 굶는 사람이 많을 때는 결식자의 수가 사회적 욕구의 지표가 되는 반면, 굶는 사람들의 수가 줄어들면 결식자의 수뿐만 아니라 국민들의 영양상태와 건강상태가 사회적 욕구를 측정하는 지표에 포함되어야 한다.

2) 클라이언트

(1) 클라이언트 체계

사회복지의 대상자는 일반적으로 클라이언트(client)라는 용어로 지칭한다. 원래 클라이언트는 고객 혹은 (서비스) 의뢰자라는 뜻을 가진 용어로, 변호사나 심리상담사 등 개업을 통해 개인에게 전문 서비스를 제공하는 전문직 분야에서 주로 사용된다. 사회복지 분야에서는 사회복지 프로그램의 대상자라는 의미로 사용된다.

사회복지의 대상자를 가리킬 때 수혜자(beneficiary), 이용자(user), 소비자(customer) 등의 용어도 함께 사용되는데, 수혜자는 제공되는 자원이나 서비스의 혜택을 받는다는 의미를 가진 용어이고, 이용자는 사회 서비스 전반에 사용되는 단어로서 보다 중립적인 용어이며, 소비자는 사회 서비스 발전에 따른 서비스 구매자로서의 위치와 권리를 강조하는 용어다. 근래에는 시민의 권리로서의 사회복지 서비스라는 관점을 강조하기 위하여 수급권자라는 용어를 보편적으로 사용한다.

사회복지의 대상은 개인뿐 아니라 가족과 집단, 지역사회 등 다양하기 때문에 다양한 수준의 클라이언트를 일반적으로 클라이언트 체계(client system)라고 표현한다. 앞에서 체계이론에 대하여 살펴본 바와 같이 사회복지의 개입은 다양한 수준의 변화를 필요로 하며, 사회체계의 연속선상에서 어떤 체계도 클라이언트가 될 수 있다([그림 6-2] 참고).

개인과 가족, 소집단 등은 미시적 수준(micro level)의 클라이언트 체계에 해당하며 이때 사회복지의 관심사는 개인의 행동, 능력과 기능, 개인 간의 관계

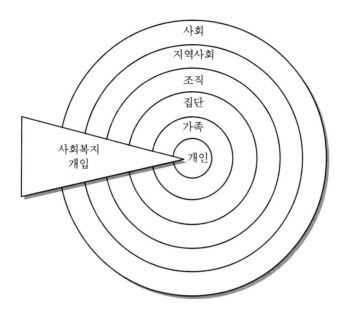

[그림 6-2] 클라이언트 체계

등이다. 중간 수준(mezo level)의 클라이언트 체계는 학교나 병원, 기관 등 공적인 집단과 조직이 해당된다. 거시 수준(macro level)의 클라이언트 체계는 지역사회와 사회, 문화, 제도 등을 포괄하며 사회적 수준의 변화와 개혁을 추구한다(DuBois & Miley, 2005). 그러나 개인 클라이언트에 대한 개입은 필연적으로 개인이 속한 환경과 관련되기 때문에 클라이언트 체계는 단일한 수준이라기보다는 동시에 여러 차원을 포괄하는 경우가 많다. 예컨대, 비행청소년에 대한 개입은 청소년 개인에 대한 상담과 치료뿐 아니라 가족과 또래집단, 학교, 교육정책 등 모든 체계와 관련된다.

(2) 선별주의와 보편주의

사회복지의 발달과정 초기에는 소수의 빈민을 대상으로 최소한의 생존을 보장하는 수준이었기 때문에 사회복지의 대상이 경제적으로 생존능력이 없는 노인이나 아동, 장애인, 병자 등이었다. 특히 사회복지의 대상을 결정하는 기준은 주로 경제적 곤란과 관련되었다. 그러나 사회가 발달함에 따라 경제적 문제 이외에도 다양한 문제를 가진 집단이 나타나게 되었으며 이러한 문제를 해결하기 위하여 다양한 원조를 필요로 하게 되었다. 이에 따라 정신보건, 부적응, 범죄, 돌봄과 양육 등의 문제 때문에 사회적 보호를 필요로 하는 다양한 인구집단이 사회복지의 대상에 포함되었다. 즉, 사회복지가 발달해 가는 과정에서 사회복지의 대상은 소수의 빈민계층에서 점차 보편적인 일반 인구로 확대되어 왔으며, 경제적 문제를 중심으로 했던 데서 점차 다양한 영역으로 개입범위가 넓어졌다고 할 수 있다.

사회복지의 대상을 어디까지 어떻게 설정할 것인가에 대한 입장은 선별주의 (selectivism)와 보편주의(universalism)로 나누어진다. 선별주의는 엄격한 조사를 통해 원조의 필요성이 있다고 인정되는 소수의 집단만을 사회복지의 대상으로 선정한다는 입장으로, 사회복지 비용을 되도록 제한하려는 입장이다. 대상자의 자격을 제한하기 위하여 사회복지의 대상자를 선정하는 데 자산조사를 중요한 도구로 활용하며, 그 과정에서 동반되는 사회적 낙인과 열등감, 굴욕감 등을 불가피한 것으로 본다.

보편주의는 복지 서비스가 국민의 권리로 여겨지며 자격과 기준을 균등화하

〈표 6-1〉 선별주의와 보편주의의 특성 비교

구분	선별주의	보편주의
주요 내용	• 대상자를 기준에 따라 구분 • 자산조사를 통해 원조의 필요성이 인정되어야 대상자가 됨. • 소수의 빈민과 무능력자	• 사회구성원 전체를 대상으로 함. • 대상자 자격 기준의 균등성과 서비스 내용의 균일성 • 권리로서의 복지 서비스
장점	• 욕구가 있는 사람에게 원조를 집중 • 자원 낭비가 적고 비용효율성이 높음.	• 예방적 개입과 사회통합 • 행정절차의 용이성 • 재분배를 통한 평등 촉진
단점	• 원조의 불충분성 • 대상자에 대한 낙인 • 복잡한 행정절차와 행정비용 증가	• 한정된 자원의 효율적 사용에 한계

여 모든 사회구성원이 사회복지의 대상이 되도록 한다는 입장이다. 즉, 사회복지는 모든 시민이 봉착하게 되는 사회적 위험을 대상으로 하여야 한다는 입장이며, 욕구의 결핍이나 사회문제 발생 후의 사후적 개입보다는 예방적 개입을 중요시한다. 이에 따라 사회복지 대상자에 대한 낙인감이나 열등감이 조성되지 않으며 사회적 통합을 증진시킬 수 있다. 선별주의와 보편주의의 특성 및 장점과 단점을 비교하여 나타내면 〈표 6-1〉과 같다.

2. 사회복지의 자원

1) 주요 자원체계

인간의 사회적 욕구를 충족시키고 당면한 문제를 해결하기 위해서는 어떤 수단이 필요하다. 사회복지에서는 이러한 수단을 자원(resource)이라고 표현한다. 즉, 자원이란 인간의 욕구를 충족시킬 수 있는 물질적 · 비물질적 수단이라고 할 수 있다. 자원의 형태는 물리적 욕구를 충족시켜 줄 수 있는 물적 자원뿐만 아니라 서비스와 서비스를 수행하는 인적자원, 재정, 정보, 인간관계망, 권한이나 기회 등 다양하다.

Pincus와 Minahan(1973)에 의하면 자원체계는 공동체(community)에서 활용할 수 있는 물질적 · 정서적 · 심리적 자원을 포함하는 서비스와 기회다. 이들은 자원체계를 ① 비공식적 · 자연적 자원체계, ② 공식적 자원체계, ③ 사회적 자원체계로 구분하였다.

비공식적 · 자연적 자원체계는 과거로부터 모든 사람들이 욕구 충족과 문제해결을 위해 도움을 받았던 가족과 친구, 이웃, 동료 등을 말한다. 대부분의 사람들은 스스로의 힘으로 해결할 수 없는 문제에 봉착했을 때 자신을 도와줄 수 있는 사람으로 가장 먼저 가족이나 친척, 친구, 이웃, 동료 등 자신의 비공식적 관계망을 떠올린다. 이들로부터 경제적 도움, 정서적 지지, 신체적 도움, 애정,

관심과 조언, 정보 등을 제공받을 수 있다. 이것은 대부분의 사람들이 가지고 있는 자원이다.

그러나 이러한 자연적인 자원체계가 항상 잘 작동하는 것은 아니다. 도움을 줄 수 있는 가족이나 친구 자체가 없거나 주변 사람들과의 관계가 단절된 경우, 가족이나 친구가 있더라도 사정상 도움을 줄 수 없는 경우 등 다양한 이유로 비공식적 자원체계를 활용할 수 없게 된다. 예컨대, 같은 연령의 노인이라도 자녀로부터 부양을 받을 수 있는 노인과 자녀로부터의 부양을 받을 수 없는 노인, 가족에게서 방임이나 학대를 당하는 노인 등이 있을 수 있다. 이 경우 가족은 노인에게 부양의 자원이 될 수도 있고, 그렇지 않을 수도 있으며, 심지어 위험이 될 수도 있다. 이처럼 비공식적 자원체계는 보편적으로 존재하지만 자원의 활용에 있어서 불안정한 측면이 있고, 각 개인이 처한 상황과 조건에 따라 활용가능성이 다르다는 점에서 불평등한 자원체계라고 할 수 있다.

공식적 자원체계는 개인들 간의 이익과 필요성에 의해 결성된 것으로, 소속된 사람들에게 직접 도움을 주기도 하고 외부의 자원을 동원하는 활동을 할 수도 있다. 그 예로는 각종 조합, 종교단체, 연합회, 향우회, 동창회 등을 들 수 있다. 이들 단체는 자발적으로 결성되었으나 목적을 가지고 있으며, 공식적 혹은 비공식적으로 복지와 관련된 많은 역할을 담당한다. 예컨대, 우리나라에서 동창회와 향우회는 친목을 도모하는 단체이지만 소속 회원의 경조사가 있을 때 중요한 역할을 하는 자원체계다. 또한 종교단체는 종교적 목적뿐만 아니라 교우들과 지역사회 주민의 복지에서 일정한 역할을 담당한다.

그러나 이러한 공식적 자원체계는 단체에 소속된 사람 혹은 단체에 의해 권한이나 자격이 부여된 사람에 한하여 도움을 제공한다는 특징을 가지고 있다. 혹은 단체 자체의 능력이 부족하여 회원이 필요로 하는 도움이나 자원을 제공하지 못할 수도 있다. 예컨대, 회사의 노동조합은 조합원들의 복지와 권한을 향상시키기 위하여 존재하지만, 조직과 지도부의 능력이 부족하여 조합원들의 이해를 반영하기보다는 회사 측의 이해를 위해 봉사하는 경우 조합원들은 노동조합을 통하여 복지욕구를 적절하게 충족시킬 수 없다.

사회적 자원체계는 법적 지원 혹은 공공기관이나 조직의 형태로 존재한다. 병원이나 학교, 관공서, 사회복지제도 등이 이에 해당된다. 사회적 자원체계는 욕구를 가진 사람들에게 공공재원을 이용하여 원조를 제공하기 때문에 모든 사회구성원들을 대상으로 하지만, 도움을 받고자 하는 사람들이 많기 때문에 자격조건이 엄격하고 이용절차가 복잡한 경우가 많다. 혹은 자원에 대한 정보와 공공기관에 대한 접근이 쉽지 않아서 자원을 이용할 수 없는 경우도 있다. 따라서 사회적 자원체계는 세 종류의 자원체계 중에서 가장 도움을 얻기가 어렵다. 예컨대, 우리나라의 공공부조제도인 국민기초생활보장제도는 소득수준뿐 아니라 부양가족의 경제적 능력까지 고려하여 수급자격을 결정하기 때문에 수급자로 선정되기가 매우 어렵다. 그 결과 전체 국민의 2~3%만이 국민기초생활보장제도의 혜택을 받는다.

2) 욕구와 자원의 불일치

인간의 욕망은 무한하고 이를 충족시킬 수 있는 자원은 한정되어 있다. 도움을 필요로 하는 사람은 많지만 모든 사람에게 도움을 제공할 수는 없다. 그 결과 어떤 사회에서든 충족되지 못한 욕구, 해결되지 못한 문제가 항상 존재한다. 경기침체와 실업문제로 공공부조 수급을 필요로 하는 저소득층은 급속히 늘어나고 있지만, 이들에게 경제적 원조를 제공할 수 있는 정부의 재원은 항상 부족하다. 해마다 취업해야 하는 대학졸업자들은 늘어나지만 일자리는 오히려 줄어든다.

욕구(need)와 자원(resource)의 불일치(N > R)는 근본적으로 욕구의 문제와 자원의 문제 양쪽에서 찾아볼 수 있다. 욕구와 자원의 불일치를 자원 측면에서 보면 우선 자원이 희소하다는 사실이 문제가 된다(김상균 외, 2007). 필요로 하는 사람은 많은데 이를 충족시킬 자원이 아예 없거나 부족한 것이다. 예컨대, 최근 맞벌이부부는 급속히 증가하였으나 공공 보육시설은 턱없이 부족하며, 독립적인 일상생활이 불가능한 고령노인의 숫자는 빠르게 늘어나고 있지만 노인장기요양보험의 혜택을 받는 것은 하늘의 별따기다. 막대한 의료자원을 필요로 하는 희귀난치성 질환자는 많은데 이들에 대한 의료급여 혜택은 매우 제한적이다.

자원 측면에서 볼 때 또 한 가지 문제는 접근성(accessibility)이다. 자원이 존재하더라도 물리적 문제나 홍보 부족, 자격제한, 심리적 문제 등으로 접근이 어려울 경우 자원을 활용할 수 없다. 예컨대, 노인이 일상생활에 도움을 필요로 할 경우 가족은 일차적인 자원으로 고려될 수 있지만 멀리 사는 자녀는 자원이 되기 어렵다. 거리가 너무 멀거나 찾아가기 어려운 곳에 위치해 있거나 교통이 좋지 않은 경우 기관이나 서비스를 활용할 가능성은 훨씬 낮아진다. 또한 연령이나 소득 등을 중심으로 특정한 자격을 가진 사람에게만 서비스를 제공하는 경우도 접근성이 제한된다. 자원을 제공하는 사람이나 기관의 태도도 심리적 차원에서 자원의 접근성을 높이거나 낮출 수 있다. 사회복지기관 직원의 불친절한 태도는 사회복지 서비스가 필요한 경우에도 신청하기 어렵게 하는 원인이 될 수 있다.

자원공급자의 차별이나 거부도 자원 측면의 문제에 해당한다. 특정한 집단이 자원을 활용할 수 없도록 하는 구조적인 차별은 장애인이나 저소득층, 소수자를 차별하거나 배려하지 않음으로써 결과적으로 자원을 이용할 수 없게 하는 것이다. 예컨대, 우리나라의 대다수 대학은 장애인 편의시설의 미비로 그렇지 않아도 교육의 기회가 적은 장애인에게 대학교육의 문턱을 더욱 높인다. 어떤 의료기관은 의료급여 환자의 이용을 제한하기도 한다. 상당수 공공기관과 사회복지기관에서는 통·번역 지원이 제대로 제공되지 않아 외국인이 공공 서비스를 이용하는 데 어려움을 겪어야 한다. 이 모든 경우 장애인이나 저소득층, 외국인의 욕구를 충족시킬 자원의 제공방식이 문제가 된다.

다음으로 욕구의 측면을 살펴보자. 무엇보다 인간은 현재의 상태에 쉽게 만족하지 못하고 욕구의 양과 질을 지속적으로 상승시키고자 하는 속성을 가지고 있다. 사회가 변화함에 따라 새로운 욕구가 등장하기도 하고 욕구 충족의 방식이 변화하기도 한다. 예컨대, 아름다운 외모와 신체를 추구하는 경향은 시각 매체의 발달과 생활수준의 향상으로 최근 들어 급격히 증가한 욕구다. 이러한 욕구를 충족시키는 방식도 화장이나 운동 등 자연스러운 방식에서 다이어트와 성형수술 등 인위적인 방식으로 변화하였다.

그리고 욕구를 충족시킬 적절한 자원을 획득하거나 활용할 수 있는 사회구성원 개인의 능력에도 차이가 있다. 모든 개인은 신체적·정신적으로 다른 조건을 가지고 태어나며, 후천적으로 개인적 능력의 차이가 더욱 확대되기도 한다. 교육을 많이 받은 사람이 그렇지 않은 사람보다, 나이가 젊은 사람이 노인보다, 직업을 가진 사람이 실직자보다, 아동보다 성인이, 장애인보다 일반인이 사회적 자원을 획득할 가능성이 더 크다. 이것은 인간이 원래부터 가지고 있는 개별적 차이와 사회적 조건의 차이가 결합된 결과다.

자원 획득 능력의 본질적인 차이 외에도 자원을 활용할 수 있는 능력도 문제가 된다. 서비스에 대한 정보가 없다든지, 공공기관이나 서비스기관을 이용하는 것이 익숙하지 않아 두렵다든지, 거동이 불편하여 이동이 불가능한 경우 등이 자원을 이용하는 사람의 능력 문제에 해당한다. 예컨대, 독거노인에 대한 다양한 서비스가 실시되고 있음에도 불구하고 노인들은 공공기관으로부터 서비스를 받은 경험이 없고, 서비스에 대한 최신 정보를 얻을 수 있는 기회가 없으며, 신체적이거나 인지적 제한 때문에 직접 서비스를 신청하여 이용하는 비율이 높지 않다.

3) 욕구와 자원의 균형을 위한 방안

사회적 욕구를 충족시킬 수 있는 충분한 자원이 존재한다면 욕구와 자원의 이상적인 균형상태를 달성할 수 있다. 그러나 자원은 한정되어 있는 반면 사회적 욕구는 항상 이용할 수 있는 자원의 양보다 크다. 또한 다양한 이유로 많은 사람들이 필요로 하는 자원에 접근할 수 없다. 이처럼 현실적으로 욕구와 자원이 일치하는 것은 불가능하기 때문에 사회적 욕구와 이를 충족시킬 자원의 균형을 이루기 위해서는 여러 가지 노력을 시도하여야 한다.

즉, 사회복지는 한편으로 인간이 가진 욕구를 적절히 충족하도록 하기 위하

여 필요한 자원을 적재적소에 연결하고 평등하게 배분하는 일과 관련되며, 또
다른 한편으로는 필요한 자원을 획득할 수 있도록 개인의 능력을 향상시키는
일과 관련된다. 활용할 수 있는 자원을 파악하고 동원하며 개발하는 것은 욕구
충족과 문제해결에 있어 핵심적인 과정이다. 사회복지의 차원에서 생각해 볼
때 사회적 욕구 혹은 자원을 배분받을 대상을 축소하거나, 자원을 확대하여 보
다 많은 사람들이 자원을 배분받을 수 있도록 할 수 있다. 혹은 자원과 욕구를
가진 사람 간의 연결, 즉 전달을 효율화함으로써 자원과 욕구 간의 균형을 이룩
할 수 있다([그림 6-3] 참고).

우선 사회적 욕구나 사회복지 서비스의 대상을 축소하는 방안을 생각해 보
자. 국가는 복지비용을 절감하기 위해 다양한 방법을 동원한다. 예를 들면, 자
격을 엄격하게 제한하여 대상자 수를 줄이거나, 사회복지 혜택을 받을 때 열등
감이나 수치심을 느끼도록 함으로써 서비스 사용을 억제하는 방식, 자기부담
금을 부과하여 서비스를 남용하지 않도록 방식 등이 흔히 사용된다. 우리나라
의 국민기초생활보장제도는 엄격한 자격기준을 적용하여 수급자 수를 제한하

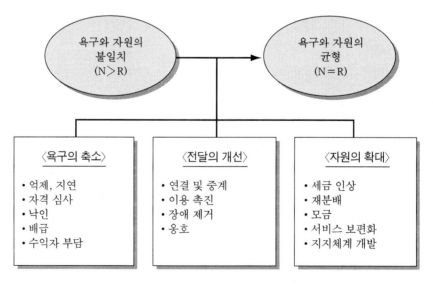

[그림 6-3] 욕구와 자원의 균형을 위한 방안

며, 의료급여 수급자의 병원 이용을 억제하기 위하여 자기부담금을 부과한다. 미국의 공공부조 프로그램 중 수급자에게 식품구매권을 제공하는 식품구매권 (food stamp) 제도의 경우 수급자들이 수치심 때문에 식품구매권 사용을 꺼려 하는 점을 급여 억제의 수단으로 활용하는 것으로 알려져 있다.

사회복지가 추구하는 궁극적인 목표는 사회구성원의 인간다운 삶이다. 이는 적절한 욕구 충족을 통해 달성될 수 있다. 그러므로 욕구를 억제하거나 대상자 를 축소하기보다는 자원을 확대하거나 보다 많은 사람들에게 자원이 효과적으 로 배분되도록 하는 것이 사회복지 본래의 목적에 부합된다.

정부가 사회구성원의 욕구를 적절하게 충족시킬 수 있도록 가용자원을 확대 하는 대표적인 방법에는 세금 부과나 인상, 재분배의 강화, 자격의 보편화 등이 있다. 예를 들어, 술이나 사치품과 같은 바람직하지 않은 소비에 대한 세금을 인상하여 그 재원을 교육이나 의료 같은 사회적 욕구를 충족시키는 데 사용할 수 있다. 부유층에 대한 과세율을 높여 그 재원으로 저소득층에 대한 복지를 확 충하는 경우는 재분배를 통한 자원의 확대다. 우리나라에서 2012년까지 자산 조사를 통해 저소득층에게만 지원하던 만 0~5세 아동에 대한 아동양육수당과 보육료를 2013년부터 전 계층에게 지급하기 시작한 것은 사회복지 수혜자격을 보편화함으로써 자원 공급을 확대한 대표적인 예다.

정부만이 아니라 기업이나 일반 국민의 자발적인 기부와 모금을 통해서도 가용자원을 확대할 수 있다. 기업은 이윤의 일부를 사회로 환원함으로써 세금 혜택을 받는 동시에 기업 이미지를 개선할 수 있기 때문에 기업의 기부가 장려 되고 있다. 또한 자연재해 등의 갑작스러운 위기에 국민들의 자발적인 모금은 사회적 욕구의 확대에 대처할 수 있는 좋은 방법 중의 하나다. 이외에도 지역사 회와 이웃, 가족의 관계망을 확대하고 연결하며 이들이 가진 자원을 적극적으 로 활용할 수 있도록 하는 것도 가용자원을 늘리는 방법이다. 지역사회의 자원 봉사 활동을 조직화하여 아동이나 노인, 장애인에 대한 돌봄 서비스를 증대하 거나, 정신장애인 가족에 대한 지지집단 활성화를 통해 가족의 보호기능을 지 원하는 것 등이 그 대표적인 예라고 할 수 있다.

한편, 자원공급 체계를 조정하고 정비함으로써 자원을 보다 효율적으로 활용하는 것도 욕구와 자원의 균형을 달성하기 위한 방법이 될 수 있다. 욕구와 자원 연결의 가장 대표적인 방식은 중개(brokering)다. 중개는 욕구를 가진 개인 혹은 집단에게 자원이나 서비스에 대한 정보를 제공하고 자원의 전달이 원활하게 이루어지도록 하는 활동이다. 부동산 중개소에서 집을 팔고자 하는 사람과 집을 사고자 하는 사람을 연결하듯이 욕구를 가진 사람과 필요한 자원을 연결하는 것이 사회복지기관과 사회복지사의 주된 역할이다. 많은 사람들이 자신의 문제를 해결하기 위하여 어디서 어떤 서비스와 원조를 받을 수 있는지에 대한 정보를 가지고 있지 않기 때문에 필요한 자원을 발견하고 활용할 수 있도록 돕는 것이 중요하다.

또는 자신의 권리를 주장하기 어렵거나 부당하게 권리 행사를 거부당하여 필요로 하는 자원에 접근할 수 없는 경우 이들의 권리를 보호하고 대변하는 활동인 옹호(advocacy)를 통해 자원을 적절히 배분받을 수 있도록 도울 수 있다. 서비스 이용에 장애가 되는 여러 가지 요인을 제거함으로써 자원의 이용을 촉진하는 것도 중요하다. 이러한 활동으로는 장애인이나 외국인 이주자들이 공공기관을 어려움 없이 이용할 수 있도록 지원하거나, 정보가 부족한 노인이나 노인부양 가족에게 적극적으로 서비스를 안내하여 서비스 이용을 활성화하며, 거동이 불편한 사람들에게 교통편의를 제공하는 것 등을 들 수 있다.

욕구와 자원의 균형을 위한 또 한 가지 중요한 방법은 개인의 욕구 충족 능력이나 자원 획득 능력, 문제해결 능력을 강화하도록 원조하는 것이다. 개인의 능력이 모두 다르고, 사회적 조건이나 차별에 의해 자원을 획득할 수 있는 가능성이 제한되기 때문에 개인을 대상으로 하는 교육이나 훈련, 정보 제공, 상담, 치료 등을 통해 개인의 능력을 향상시킴으로써 자원 획득 가능성을 높이는 것이다. 예를 들어, 지체장애인이나 정신장애인으로 하여금 새로운 기술을 습득하도록 하고, 상담을 통해 자신감과 직장 적응력을 높일 경우 취업 가능성이 높아진다. 노인들에 대한 재교육을 통해 재취업과 구직을 촉진할 수 있다. 직장이나 학교에서 적응이 어려운 사람들에게 대인관계 기술과 의사소통 기술을 교육하여 사회적 관계망을 넓히게 도울 수 있다. 이러한 예들은 모두 개인의 능력을 향상시킴으로써 자원을 더 잘 획득하여 욕구를 충족할 수 있도록 돕는 방식이다.

3. 사회복지의 공급자와 전달체계

1) 사회복지의 공급자

사회구성원의 욕구를 충족시킬 수 있는 자원으로서의 사회복지 혜택은 다양한 공급주체에 의해 제공될 수 있다. 클라이언트에게 필요한 사회복지 서비스와 급여를 제공하는 조직이나 조직의 체계를 사회복지 공급자(provider)라고 한다. 사회복지 공급자를 분류하는 기준은 다양하나 여기서는 사회복지의 주된 공급자로서 비공식부문과 공공부문, 민간비영리부문과 민간영리부문을 살펴본다.

(1) 비공식부문

비공식부문은 가족, 친구, 친척, 이웃 등과 같이 대면적이고 원초적인 인간관계의 영역을 말한다. 비공식부문 공급자는 전통사회에서 가장 중요한 사회복지의 공급주체였으며, 현재도 가장 자연적이고 보편적이며 일차적으로 활용되는 공급주체다.

예를 들어, 우리나라의 국민기초생활수급자의 수급자격을 보면 소득이 최저생계비 이하일 뿐 아니라 부양의무자(부모나 자녀, 배우자 등)가 없거나, 있어도 부양능력이 없는 경우에만 수급자가 될 수 있도록 규정하고 있다. 이것은 부양능력이 있는 부양의무자(가족)가 국가보다 우선순위의 사회복지 공급자라고 보기 때문이다.

또한 만성질환 노인을 돌보는 것은 대부분의 나라에서 주로 가족과 친척 등 비공식부문이다. 노인에 대한 가족보호 전통이 강한 우리나라의 경우는 말할 것도 없고, 가족보호 전통이 상대적으로 약한 미국의 경우에도 만성질환 노인의 3분의 2 이상이 비공식 보호에 의존하고 있으며, 4분의 1 정도는 비공식 보호와 공공 서비스를 겸해서 이용할 정도로 비공식부문의 복지 공급 역할은 매우 크다(Evashwick, 1996).

　비공식부문 공급자는 친밀한 관계와 인간적 유대에 기반한 자연적인 서비스를 제공할 수 있다는 장점을 가지고 있다. 그러나 모든 사회구성원이 필요할 때 가족이나 친구로부터 적절한 원조를 받을 수 있는 것은 아니며, 비공식부문이 제공하는 사회복지 서비스의 질과 양은 개인에 따라 편차가 심하다. 또한 지금까지 비공식부문에서 주된 역할을 담당해 왔던 가족의 기능과 형태가 변화하고, 여성의 사회참여가 늘어남에 따라 현대사회에서 비공식부문이 사회복지 공급에서 주도적인 역할을 담당하는 것은 현실적으로 점점 어려워지고 있다.

(2) 공공부문

　공공부문 사회복지의 특성은 사회복지 공급자가 전체 사회구성원을 대표하며 사회복지의 재원이 공공성을 가지고 있다는 것이다. 공공부문은 국민을 대표하는 정부(중앙정부와 지방정부)가 주체가 되며 국민들이 납부한 조세를 재원으로 하여 법률에 따라 사회복지 급여를 제공한다. 공공부문의 사회복지는 정부의 통치 및 행정활동과 관련되므로 제1부문(first sector)이라 지칭되기도 한다. 공공부조와 사회수당, 사회보험 급여, 각종 사회복지 서비스를 제공하는 정부기관 및 국공립시설이 공공부문 공급자이다. 또한 정부가 시설과 기관을 민간법인이나 재단에 위탁하여 운영하는 경우도 공공부문 공급자에 포함될 수 있다.

　공공부문 사회복지의 대상은 민간부문 사회복지보다 범위가 크고 보편적으로 제공되는 경향이 있으며 재원은 국민들이 낸 세금으로 충당된다. 사회복지는 생계 유지, 의료, 교육 등 사회구성원 전체의 공통된 욕구 충족을 목표로 하기 때문에 공공부문이 사회복지의 주요 공급자가 된다. 따라서 개인이나 소규모 집단이 할 수 없는 대규모의 제도적 사회복지 영역(교육, 의료, 고용, 사회보험과 공공부조 등)을 담당한다.

(3) 민간비영리부문

　민간비영리부문 사회복지는 주관자가 민간단체(법인)나 개인이고 영리를 추구하지 않는 영역으로서, 제3부문(third sector) 민간비영리부문은 비영리기구(Non Profit Organization: NPO)와 비정부기구(Non Government Organization: NGO)를 포함한다. 혹은 자발적 부문(voluntary sector)으로도 불린다. 민간비영리부문 사회복지의 재원은 주로 지역사회의 개인, 가족, 사회단체 및 기업의 자발적 기부금으로 조달한다.

　전통적으로 종교와 자선단체 등 민간비영리부문은 사회복지 공급자로서 중요한 역할을 담당해 왔으며 현재도 상당한 역할을 담당하고 있다. 특히 최근에는 사회복지 공급에 있어 국가 역할의 한계와 복지재정의 부족 문제가 대두되면서 민간비영리부문의 역할과 활성화가 중요한 관심사로 떠오르고 있다.

　민간비영리부문 사회복지는 공공부문 사회복지가 대처하지 못하는 세분화된 서비스를 신속하게 제공할 수 있으며 복지대상자의 참여를 촉진할 수 있다는 장점이 있지만, 재원(자발적 기부금)이 불안정하고 다수를 대상으로 하는 보편적인 프로그램을 실시하기 어렵다는 한계가 있다. 그러므로 사회복지 제공에 있어 공공부문과 민간비영리부문이 적절하게 역할을 분담하고 사안에 따라 재정 지원, 공동운영, 위탁경영 등을 통해 협조, 상호 보완하는 것이 중요하다.

(4) 민간영리부문

　민간영리부문은 사회복지 활동을 통해 이윤을 추구하는 공급자로서, 시장부문 혹은 제2부문(second sector)으로 불린다. 정부가 제공하는 보편적인 사회복지 급여는 재정의 제한 때문에 기본적인 욕구 수준만 충족시키므로, 차별적인 서비스를 원하는 계층에게 다양한 서비스를 공급하기 위하여 시장에서 서비스를 구매할 수 있는 제2부문이 발달하게 되었다. 미국과 일본을 비롯한 선진 자본주의 국가에서는 영리부문의 사회복지 서비스 공급이 활발하며 영리기업이 민간비영리 조직이나 공공 서비스 조직과 경쟁하는 관계가 형성되었다. 특히 급속한 인구 고령화로 돌봄 관련 서비스와 노인시설 운영 분야에서 영리기업이 차지하는 비중이 점차 커지고 있다.

그러나 다양한 복지욕구 충족이라는 측면에서 민간영리부문을 사회복지 공급자로 설정하는 것이 타당하다는 주장과 민간영리부문이 사회복지의 공급주체로 포함되기 어렵다는 주장이 함께 제기되고 있다. 또한 민간영리부문의 발달이 사회복지 서비스의 질을 향상시키는가에 대해서도 이견이 존재한다. 특히 사회복지에 대한 욕구가 크면서도 서비스 구매가 어려운 저소득계층은 민간영리부문 서비스에 접근하기 어렵기 때문에 사회복지 서비스가 지향하는 평등성을 저해할 수 있다는 점이 문제로 지적된다.

2) 사회복지의 전달체계

사회복지와 관련된 욕구를 가진 클라이언트에게 이들이 필요로 하는 사회복지 서비스 등의 자원을 전달하는 다양한 기관과 이들 기관이 가진 서비스의 전달망을 사회복지의 전달체계(delivery system)라고 한다. 욕구와 이를 해결하기 위한 자원을 연결하여 욕구를 충족하고 문제를 해결하도록 하는 것이 사회복지 전달체계의 기능이다. 자원과 욕구라는 측면에서 볼 때 사회복지의 주된 활동은 클라이언트의 욕구를 파악하고, 이를 충족시키거나 해결할 자원을 찾아내고 동원하여 사회복지 전달체계를 통해 자원을 효율적으로 전달하는 것이다. 따라서 사회복지가 원활하게 작동한다는 것은 욕구와 자원을 연결하는 전달체계가 효율적으로 잘 작동한다는 의미다. 오늘날 사회복지 서비스를 필요로 하는 클라이언트들은 다양하고 복합적인 욕구를 가지고 있으며 이러한 욕구를 충족하기 위하여 다양한 사회복지 전달체계를 필요로 한다. 다음 사례를 통해 복합적인 욕구와 이를 충족시킬 사회복지의 전달체계를 생각해 보자.

만성질환을 가진 저소득 독거노인의 경우

만성질환을 가진 저소득 독거노인이 가진 생활상의 욕구는 다음과 같다.

- 경제적 어려움을 해결할 수 있는 생계비 지원에 대한 욕구
- 만성질환 치료를 위한 의료 서비스에 대한 욕구
- 혼자 생활하는 데서 오는 고독감과 소외감을 해소할 수 있는 대인관계에 대한 욕구
- 가사활동과 주거생활문제를 도와줄 수 있는 서비스에 대한 욕구
- 불균형한 영양상태를 개선하기 위한 도시락 및 반찬배달 서비스에 대한 욕구

반면 이 노인이 자신의 욕구를 충족시키기 위하여 동원할 수 있는 자원은 매우 제한적이다. 소득활동을 하기에는 신체적 건강이 허락하지 않고 자녀나 친척과의 관계가 단절되어 있거나 그들도 형편이 어렵기 때문에 지원을 기대할 수 없다. 거동이 불편하므로 이웃과의 관계도 단절되고 다양한 서비스 정보에도 접근하기 어렵다.

이 사례에서 도시락 배달을 비롯하여 가사지원 서비스 등 노인복지 서비스 프로그램을 실행하는 지역사회복지관, 의료 서비스를 제공하는 보건소, 생계비 및 각종 생활지원 서비스를 제공하는 주민생활지원센터 등은 서비스 전달체계에 해당한다. 또는 독거노인이 거주하는 지역의 자원봉사자가 방문하여 서비스를 제공할 경우 지역사회복지관의 자원봉사자조직도 서비스 전달체계에 포함된다. 거동이 불편한 저소득 독거노인이 적절한 서비스를 제때 받기 위해서는 각 전달체계가 맡은 기능을 적절하게 수행해야 하며 여러 서비스 전달체계 간의 관계와 연락이 원활하게 이루어져야 한다. 서비스와 클라이언트를 연

결하는 전달체계가 원활하게 기능하지 않으면 서비스가 적절히 전달될 수 없으며 서비스가 중복되거나 누락되는 일이 발생하여 클라이언트의 욕구 충족과 생활 기능에 부정적인 영향을 주게 된다. 일반적으로 우리나라의 사회복지 급여가 클라이언트에게 전달되기 위해 거치는 과정을 도식화하여 나타내면 [그림 6-4]와 같다.

거동이 불편한 저소득 독거노인의 사례를 사회복지의 공급과 전달체계에 적용해 보자. 독거노인에게 보살펴 줄 가족이나 이웃이 있다면 이들은 비공식부문의 사회복지 제공자에 해당된다. 보건복지부에서 노인복지 서비스와 국민기초생활보장정책을 수립하여 이를 일선 주민생활지원센터와 지역사회복지관의 서비스를 통해 전달할 경우 중앙정부와 지방자치단체는 공공부문의 사회복지 공급자다. 정부에서 수립된 정책과 예산은 사회복지 급여와 서비스의 종류에 따라 읍, 면, 동 주민생활지원팀과 같은 최일선 정부조직으로 전달되거나, 민간 비영리기관이 대부분인 지역사회복지관과 재가복지봉사센터, 자원봉사센터 등 사회복지기관이나 시설로 전달된다. 이 예에서 저소득 노인의 국민기초생활보장 급여와 기초연금은 주민생활지원센터에서 담당하며, 가사 및 일상생활

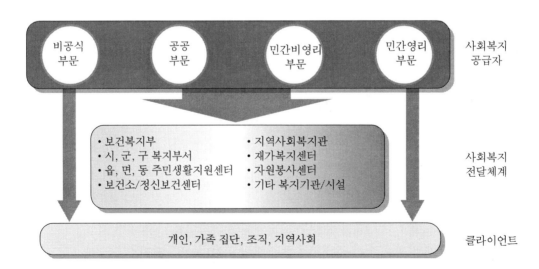

[그림 6-4] 사회복지의 공급과 전달

지원 서비스는 지역사회복지관과 재가복지봉사센터를 통해 공급된다. 노인이 생활하는 지역사회의 민간복지 관련 기관이나 종교기관, 즉 민간비영리부문도 노인에게 필요한 물품이나 서비스를 제공할 수 있다. 우리나라에서는 아직 민간영리부문 서비스 시장이나 기업이 활성화되지 않았지만, 민간영리조직이나 기업도 정부의 지원과 감독을 받으며 정부의 사회복지정책에 따라 서비스를 공급하거나 전달하는 역할을 담당할 수 있다. 노인에게 돌봄 서비스를 제공하는 민간영리부문이 활성화된 외국에서는 노인이 직접 전문기업의 돌봄 서비스를 구매하거나, 지역사회복지관이나 재가 서비스 제공기관이 기업의 서비스를 구매하여 노인 클라이언트에게 제공하는 방식이 보편화되어 있다.

3) 사회복지 공급 및 전달체계의 혼합

서구 사회복지의 발달 역사를 보면 종교나 자선단체 등 민간비영리부문은 산업화 이전에 사회복지의 주된 주공급자였으나, 산업화와 복지국가의 발달 이후 공공부문이 사회복지 공급을 주로 담당하였으며, 점차 민간영리부문의 역할과 참여가 확대되는 경향을 보인다(김상균 외, 2007). 우리나라의 사회복지는 제도의 도입기에 공공부문이 주도적 역할을 담당하였으나 제도의 정착과정에서는 개인과 가족, 이웃 등 비공식부문의 역할이 더욱 강조되어 국가의 역할이 축소되었다는 특징을 가지고 있다. 직접적인 서비스 공급은 공공부문이 아닌 민간비영리부문이 실질적으로 전담하고 있으며 사회복지 공급자로서의 민간영리부문은 아직 활성화되지 않은 상태다.

복지국가 성립 이후 사회복지 공급은 주로 공공부문이 담당해 왔다. 그것은 사회복지 자체가 가진 공공재로서의 성격뿐만 아니라 평등이나 소득재분배, 사회통합과 같은 사회적 가치와 규범에 부합하며, 대량공급에서 오는 경제적 효율성 등의 측면에서 공공부문이 사회복지 공급에 훨씬 유리하기 때문이다. 그러나 사회적 욕구가 이전과 비교할 수 없이 다양해지고 증대함에 따라 현실적으로 공공부문이 사회복지 공급을 전담하는 것은 불가능해졌다. 그 결과 다양한 형태의 민간 영역이 함께 서비스를 제공하는 경향이 일반화되었다. 이에 따라 공공부문은 다양한 민간비영리조직에 경영을 위탁하거나 영리기관과 제휴를 맺고 사회복지 서비스를 제공하기 시작하였으며, 시장에서 독자적으로 사회복지 서비스를 공급하는 영리부문의 비중도 점점 증가하고 있다.

이처럼 다양한 형태의 복지공급자가 공존하는 형태를 복지혼합(welfare mix)이라 하고, 복지재원이 공공, 비영리 및 영리 부문에서 조달되는 경우를 복지의 혼합경제(mixed economy of welfare)라고 한다(김상균 외, 2007). 예를 들어, 우리나라의 경우 사회복지 관련 정책은 중앙정부의 보건복지부가 담당하고, 예산은 중앙정부와 지방정부가 분담하거나 지방정부가 전담한다. 일선에서 실질적으로 서비스를 전달하는 것은 지자체의 예산을 지원받는 민간비영리 사회복지법인이 운영하는 사회복지기관이다.

사회복지 재화 및 서비스를 공급하는 주체는 이전보다 점점 다양해지고 있다. 다원주의적 복지혼합 경향은 복지예산 삭감과 세계적 경기침체라는 상황에서 사회복지 비용을 절감하고 다양한 사회복지 공급 주체의 참여를 촉진하여 클라이언트의 선택을 촉진한다는 면에서 사회복지 공급의 대안적 경향으로 여겨지고 있다. 또한 공공부문이 가진 관료적 경직성을 극복하고 복합적인 욕구를 충족시킬 수 있는 다양하고 세분화된 서비스를 제공할 수 있다는 점이 장점이다.

그러나 가족 규모의 축소와 가족 기능의 변화, 여성의 사회참여 확대, 실업률과 빈곤층의 증가 등 사회적 변화는 더 이상 가족을 비롯한 비공식부문이 복지공급의 역할을 수행하기 어려운 환경을 조성하고 있다. 또한 다양한 서비스를 여러 부문에서 제공할 경우 서비스가 분절되고 서비스 공급절차가 복잡해져서 사회복지 서비스를 필요로 하는 클라이언트가 제대로 서비스를 받기 어려운 경우도 많아지게 된다. 이와 더불어 사회복지 급여에 대한 욕구를 가진 클라이언트는 점차 증가하는 반면, 공공부문에서 제공하던 보편적 서비스는 감소하고 영리부문이 공급하는 서비스가 증가하면서 정작 필요한 사람은 경제적 부담 때문에 서비스를 구매하는 것이 더욱 어려워지는 문제가 발생하게 되었다. 따라서 복지혼합의 경향에서 다양한 복지 서비스 제공 주체 간 협력과 역할 분담, 중앙정부의 지원과 조정이 동반되어야 한다.

생각해 봅시다

1. 대표적인 사회적 욕구인 의료욕구를 개인에게 해결하도록 하는 경우와 사회
   적으로 해결하는 하는 경우, 그 결과가 어떻게 달라지는지 비교해 보자.

2. 한정된 자원으로 보다 많은 사람의 욕구를 충족할 수 있는 여러 가지 방법 중
   바람직한 방법이 무엇인지 토의해 보자.

3. 전통적으로 국가와 정부가 주로 책임지던 사회복지를 근래에 와서 다양한 복
   지공급 주체가 분담하게 된 이유에 대해 생각해 보자.

참고문헌

김상균, 최일섭, 최성재, 조흥식, 김혜란, 이봉주, 구인회, 강상경, 안상훈(2007). 사회복
　　지개론. 서울: 나남출판.
김성이, 채구묵(1997). 욕구조사론. 서울: 아시아미디어리서치.
성민선, 권문일, 김인숙, 김종해, 김용석, 노연희, 엄미선, 이상균, 이용표, 백은령, 정재
　　훈(2005). 사회복지개론. 서울: EM커뮤니티.
조흥식, 권기창, 이태수, 박경수, 이용표, 엄규숙, 박기훈(2008). 사회복지학개론. 서울: 창
　　지사.

Brill, N. I., & Levine, J. (2002). *Working with People: The Helping Process* (6th ed.) Boston, MA: Allyn and Bacon.

Bradshaw, J. (1972). *The Concept of Need*. New Society, 30, march.

DuBois, B., & Miley, K. K. (2005). *Social Work: An Empowering Profession* (5th ed.). Boston, MA: Allyn and Bacon.

Evashwick, C. J. (1996). *The Continuum of Long Term Care: An Integrated System Approach*. Albany: Delmar Publishers.

Maslow, A. H. (1970). *Motivation and Personality* (2nd ed.). New York: Harper and Low.

Pincus, A., & Minahan, A. (1973). *Social Work Practice: Model and Method*. Itasca, IL: Peacock Publishers.

제7장
사회복지정책

　현대국가의 모든 정책은 사회문제를 해결하는 주체가 국가임을 전제로 한다. 그중 사회복지정책은 사회복지를 위한 정부의 원칙과 행동계획, 그리고 그 과정이라고 정의할 수 있다. 보다 구체적으로 말하면 사회복지를 위하여 국민이 납부한 조세를 재원으로 하여 중앙정부와 지방정부가 수립한 원칙과 계획, 활동이 사회복지정책이다. 오늘날 사회복지 활동의 대부분은 국가의 제도나 정책으로서 확립되어 있다. 이것은 공공과 민간의 다양한 사회복지실천이 국가의 사회복지정책과 제도라는 틀 속에서 전개된다는 것을 의미한다. 산업화된 자본주의 사회에서의 사회적 위험은 개인이 해결하기 어렵기 때문에 사회구성원이 공통적으로 가진 욕구와 위험을 해결하기 위해 모든 사람에게 보편적으로 적용할 수 있는 제도를 수립하고 운영하는 것이다. 이 장에서는 사회복지정책이 형성되는 과정을 소개하고 그렇게 만들어진 사회복지정책의 요소들은 무엇인지 설명한다. 사회복지정책으로서 대표적인 것이 사회보험과 공공부조로 이루어진 사회보장제도라고 할 수 있다. 이에 우리나라의 5대 사회보험과 대표적인 공공부조제도의 내용을 간략히 제시하였다.

1. 사회복지정책의 개념과 원리

1) 사회복지정책의 개념과 성격

사회과학에서 사용되는 용어를 보편적으로 통용될 수 있도록 정의한다는 것은 어려우며, 학자에 따라서 또는 그 용어를 사용하는 국가와 역사에 따라서 다르기 때문에 더욱 그러하다. 그러나 '사회복지정책'이 사회복지를 실현시키는 중요한 방법 중 하나라는 측면에서 그 정의를 개략적으로나마 정리하는 것이 우선적으로 필요하다. 정책이라는 용어는 일반적으로 정책 결정에서 일관된 목적을 달성하도록 하는 원칙, 지침 혹은 과정이라는 의미로 사용되며 법, 공공 혹은 민간 규제, 공식적인 절차 또는 단순히 어떤 행동 패턴에 대한 제재로 나타난다(Popple & Leighninger, 1998: 26, 33).

사회복지와 정책의 합성어인 사회복지정책은 목표가 되는 사회복지를 실현하기 위한 수단, 즉 사회복지를 실현하기 위한 일관된 지침, 원칙, 행동계획이다. Wilensky와 Lebeaux가 구분한 제도적 사회복지와 잔여적 사회복지 중 제도적 개념의 사회복지가 이에 해당하며, 본질적인 기능인 사회복지를 달성하기 위해 제시되는 원칙과 행동계획 혹은 그 과정이 사회복지정책이라고 할 수 있다. 특히 현대국가의 모든 정책은 사회문제를 해결하는 주체가 국가임을 전제한 것이므로 정책의 주체는 정부다. 따라서 사회복지정책은 사회복지를 위한 정부의 원칙과 행동계획, 그리고 그 과정이라고 정의할 수 있다. 보다 구체적으로 말하면 사회복지를 위하여 국민이 납부한 조세를 재원으로 하여 중앙정부와 지방정부가 수립한 원칙, 계획, 그리고 활동이 사회복지정책이다.

오늘날 사회복지 활동의 대부분은 국가의 제도나 정책으로서 확립되어 있다. 이것은 공공과 민간의 다양한 사회복지실천이 국가의 사회복지정책과 제도라는 틀 속에서 전개된다는 것을 의미한다. 사회복지를 실현하는 데 있어서 사회복지정책이 중요한 이유는 오늘날 산업화된 자본주의 사회에서 발생하는 각종 사회문제, 해결하기 어려운 개인 욕구의 확대 문제, 그리고 질병이나 실업과 같은 사회적 위험을 개인이 해결하기는 어렵기 때문이다. 정부는 대규모 재원과 인력을 동원할 수 있는 능력이 있고 행정의 전문성과 과학성을 갖추고 있기 때문에 사회문제와 사회적 욕구를 해결하는 데 가장 효과적인 주체가 될 수 있다. 특히 모든 사회구성원이 공통적으로 가진 욕구와 사회적 위험을 해결함에 있어 국가는 막대한 영향력을 가지고 모든 사람에게 보편적으로 적용할 수 있는 제도를 수립하고 운영하는 주체가 된다.

한편, 정부가 수립하고 실행하는 정책에는 사회복지정책 외에도 경제정책, 국방정책, 환경정책 등 다양한 분야가 있다. 사회복지정책은 다른 정책과 마찬가지로 합리성과 효율성을 중시하지만 다른 사회정책과 구별되는 특성을 가지고 있다(박경일, 2008). 우선 사회복지정책은 상대적으로 가치 및 이념과 더 밀접하게 관련되어 있다. 즉, 사회복지정책은 평등이나 자유, 사회적 연대, 사회통합 등 한 사회에서 중요시하는 가치를 지향하며 특정 사회가 중요하게 여기는 가치와 이념은 사회복지정책을 통해 나타난다. 국가마다 사회복지정책의 발전 정도가 다르고 사회복지의 분야별 우선순위가 다른 것은 바로 이러한 이유 때문이다.

둘째, 사회 내의 한정된 자원으로 충족되지 않은 욕구를 해결하므로 희소성의 원칙이 지배한다. 따라서 사회구성원 모두에게 충분한 자원을 제공하기보다는 가장 우선적으로 필요한 사람에게 제한된 양의 자원을 할당하고자 한다. 이를 위해 특정한 기준을 설정하고 이에 부합하는 사회구성원에게 우선적으로 자원을 배분하는 방식을 택한다.

셋째, 경제정책은 시장기구를 통해 이루어지는 교환관계를 전제로 하지만 사회복지정책은 일방적 이전(移轉)의 형태를 포함하는 재분배정책이다. 따라서 사회복지정책의 수혜 여부는 경제적 능력과 비례하지 않는다. 예를 들면, 아동이나 장애인은 경제적 능력이 낮지만 사회복지정책에서는 우선적 고려대상이 된다. 공공부조 프로그램은 사회적 위험에 노출될 가능성이 큰 저소득층을 대상으로 한다. 이 경우 소득이 있는 사람에게서 없는 사람으로, 소득이 많은 계층에서 적은 계층으로 소득이 이전되기 때문에 사회 전체로 볼 때 재분배가 이루어지는 것이다.

넷째, 사회복지 서비스를 향유하는 대상 집단이 이익집단화되는 경우가 많지 않아 이익집단의 힘이 약하다. 경제정책의 경우 노동자와 고용주라는 이익주체가 존재하여 이해관계 조정을 위한 실체가 항상 존재한다. 그러나 사회복지정책은 대상자 집단이 사회적 약자이거나 사회복지 서비스의 수혜자인 경우 이들이 강력한 이익집단을 형성하는 경우는 많지 않다. 그럼에도 불구하고 모든 정책은 대상자의 문제해결 정도 혹은 만족에 따라 그 성과가 달라지므로 정책 형성과정에서 대상자의 참여가 더욱 필요한 것도 사회복지정책의 특성이라 할 수 있다. 예를 들면, 장애인정책의 수립과 실행과정에서는 장애인의 참여는 필수적이다.

2) 사회복지정책의 가치와 이념적 모형

앞서 사회복지정책은 한 사회의 가치 및 이념과 밀접하게 관련되어 있음을 지적하였다. 구체적으로 사회복지정책에 영향을 미치는 사회적 가치에는 평등, 자유, 효율성 등이 있다. 평등, 자유, 사회적 연대 등의 개념은 앞서 제3장에서 설명하였으므로 여기서는 사회복지정책의 가치로서 효율성에 대해 설명하고자 한다. 효율의 핵심적 의미는 최소한의 자원을 투입하여 최대한의 결과를 얻는 것이다(송근원, 김태성, 1995: 209). 즉, 사람의 욕구는 무제한으로 확대될 수 있는데, 제한된 자원을 어떻게 적절하게 분배하여 문제를 해결할 수 있을까라는 것에서 출발한 개념이 효율성이다. 그러므로 사회복지정책에서 효율 개념은 매우 중요하다.

그러나 효율이라는 가치를 맹목적으로 추구하다 보면 다른 중요한 가치인 평등이나 자유, 연대 등을 저해할 수 있다. 예를 들어, 빈곤층에게 생계보조금을 지급하고자 할 때 최소한의 자원으로 꼭 필요한 사람에게 혜택을 주기 위하여 지나치게 엄격한 자산조사 과정과 복잡한 행정절차를 거치도록 한다면 생계비를 필요로 하는 많은 사람이 스스로 수혜를 포기하거나 탈락하게 될 것이다. 이 경우 효율성의 추구는 최저생활수준 보장이라는 더욱 중요한 정책목표를 저해하게 된다. 그러므로 효율은 일차적으로 추구해야 하는 목표라기보다는 오히려 평등과 같은 일차적 목표를 달성하기 위한 수단 혹은 이차적 목표라고 할 수 있다.

사회복지정책은 정책의 기초가 되는 가치 기반과 목표를 가지고 있다. 사회복지정책의 목표는 그 사회의 지배적인 가치나 정책결정자의 의지를 반영하고 있다. 그리고 사회복지정책과 프로그램의 내용에는 정책목표와 가치가 반영되어 구체화된다(장인협, 이혜경, 오정수, 1999: 114). 사회복지문제에 대해 사회가 어떻게 대응하는가를 이해하기 위해서는 어떤 가치가 정책을 지지하는가, 그리고 정책이 어떤 가치를 거절하는가에 대해 질문해야 한다(Popple & Leighninger, 1998: 91).

사회복지정책의 일반적인 목표에는 최저생활수준의 보장, 사회적 불평등의 감소, 사회적 적절성의 달성, 사회통합의 달성 등이 있다. 이러한 목표는 개별 사회복지 프로그램에 실제적으로 반영되며 어떤 사회적 가치를 강조하느냐에 따라 그 내용과 과정이 달라진다. 즉, 한 사회에서 제도와 프로그램을 통해 드러나는 목표를 살펴보면 그 사회를 주도하는 사회복지정책과 관련한 가치가 무엇인지 알 수 있다. 그리고 구체적으로 드러난 사회복지제도나 프로그램의 모습은 사회현실과 문제를 누가 어떻게 해석하는가에 따라, 즉 인간과 사회에 대한 가치와 신념체계에 따라 결정된다고 할 수 있다.

이러한 관점에서 사회복지에 관한 가치와 이념을 분석하고 구분하는 작업은 여러 학자들에 의해 시도되었다. 먼저 사회복지에 대한 집약적 가치의 양극단을 보수주의와 자유주의로 이분화하여 설명하고, George와 Wilding이 구분한 사회복지 이데올로기의 유형을 중심으로 소개하고자 한다.

일반적으로 이데올로기는 극우(순수 자본주의 체제)와 극좌(순수 사회주의 체제)의 연속선상에서 다양한 모형들이 존재할 수 있다. 극우 내지 순수 자본주의 체제의 이데올로기는 자본주의 초기의 '자유방임(laissez-faire)'의 철학을 그대로 이어받고 있을 뿐만 아니라 자본주의 경제체제가 갖는 장점을 조장해 주는 것에 한정시키고 있으며, 오늘날에 와서 보수적인 이데올로기로 간주되고 있다.

반면 극좌 내지 순수 사회주의 체제는 자본주의의 경제체제가 비효율적이며 불공정하다고 신랄하게 비판하고 있다. 따라서 시장경제는 정부나 정치의 힘으로 계획되고 방향이 설정되는 합리적인 질서에 의해 대체되어야 하며, 이러한 질서에서만이 모든 사람들의 기본적인 욕구가 충족될 수 있다는 것이다. 또한 이러한 이데올로기는 자본주의 체제의 필연적 붕괴를 전제로 하기 때문에 오히려 자본주의 체제의 계속성을 보장하거나 보완하는 사회복지의 이념이나 실천을 배척하는 경향이 강하다(장인협, 1997: 46).

이 두 가지 이데올로기가 서로 다른 양극단을 이루고 있다면 그 사이의 연속선에서 해당 사회의 필요나 상황에 따라 두 유형을 조화시키려는 유형들이 존재하게 된다. 아울러 위의 연속선상에 위치 지을 수 없는 페미니즘, 녹색주의와 같은 유형도 존재한다. 이러한 배경하에 사회복지 이념 모형을 여섯 가지로 분류한 George와 Wilding의 논의를 정리하면 〈표 7-1〉과 같다.

신우파는 신자유주의(neo-liberalism)라고도 불리며 1980년대 미국, 영국을 필두로 일어난 이데올로기다. 이것은 19세기 말 사회개량을 이끌었던 자유주

〈표 7-1〉 George & Wilding의 이데올로기별 복지국가관

이데올로기	복지국가에 대한 입장	복지국가란
신우파	반대	자유시장의 걸림돌
중도노선	제한적 지지	사회안정과 질서의 유지
사회민주주의	열광적 지지	사회조화, 평등한 사회 실현
마르크스주의	반대	자본주의 체제 강화
페미니즘	제한적 지지	여성 평등 지위 보장
녹색주의	반대	경제성장(환경문제) 조장

자료: 박경일(2008: 67).

의(liberalism)와는 구별되는 개념으로서, 복지국가의 확대로 인해 개인의 자유
와 자유경쟁 시장이 크게 제한받는다고 판단하고 자본주의 시장을 신봉하며 국
가 개입의 최소화를 주장하는 이데올로기다.

마르크스주의는 자본주의 사회와 분리될 수 없는 실업, 빈곤, 부와 소득의 불
평등, 자원의 불균등한 분배가 근본적인 문제라고 지적하며, 이를 해결하기 위
한 사회복지적 노력은 오히려 모순된 자본주의 체제를 더욱 강화하는 기능을
수행한다고 본다. 따라서 복지국가를 반대하는 이데올로기라고 할 수 있다.

양극단의 이데올로기 사이에 존재하는 것으로서 중도노선의 입장은 복지국
가가 자유시장 체제의 모순을 완화해 주며, 정부가 국민들의 안녕에 적극적인
관심을 갖고 있다는 느낌을 주어, 이로써 국가의 권위에 정당성을 부여한다는
것이다(박경일, 2008: 66).

사회민주주의는 자본주의의 고유한 병폐에 대한 저항운동으로서 19세기 중
엽 이래 전개되었던 독일의 사회민주주의와 영국의 페이비언주의(fabianism)로
부터 출발하였다. 사회민주주의는 자본주의 비판에 주력하면서 그 정치적 영
역을 확대하였고, 민주주의를 인간생활의 모든 영역으로 확대·발전시킴으로
써 사회를 개조할 수 있다고 보았다. 따라서 사회민주주의는 국가가 자유를 위
협하는 것이 아니라 오히려 적극적인 국가활동을 통해 자유를 확대할 수 있다
고 주장한다. 사회민주주의 관점에서는 사회복지를 자본주의 경제체제에서 야
기된 여러 문제를 해결하기 위해 고전적 자유주의와 사회주의를 조화시켜 사회
적으로 개혁하는 것으로 보고 있다(김성천, 강욱모 김혜성, 박경숙, 박능후 외,
2009: 221-225). 대표적인 선진 복지국가인 스웨덴, 덴마크 등은 복지국가 형성
과정에서 불평등을 없애려고 한 것이 아니라 시장 중심적 사회의 극단성을 감
소시키려고 노력해 왔다는(Blakemore, 1998: 24) 점에서 사회민주주의 국가의
성격을 잘 보여 주는 예라고 할 수 있다.

탈이데올로기적 모형이라고 할 수 있는 페미니즘은 근본적인 문제에 대한
인식의 차이에 따라 복지국가에 대한 서로 다른 입장을 가지고 있다. 첫째, 현
대 복지국가가 남성은 생계를 책임지고 여성은 경제적으로 의존하는 가족구조

의 이데올로기를 주입시키고 있으며, 복지국가의 주요 목표와 역할은 여성에 대한 지배를 강화하는 것이라고 보는 입장이 있다(원석조, 2006: 181). 둘째, 복지국가가 노동시장에서 여성들이 평등한 지위를 보장받도록 하기 위해 필요한 서비스를 제공할 수 있다는 측면에서 강한 지지를 보내는 입장도 있다.

녹색주의는 경제성장이 개인적 풍요나 공공 서비스 자원을 증가시킴으로써 복지를 강화하는 수단이기는 하나, 경제성장 그 자체가 엄청난 비복지라고 보는 모형이다. 이것은 환경주의적 관점이라고도 하는데, 환경론자들은 과학 자체에 대해 지속 가능하고 환경친화적인 기술적 해결책을 제시할 능력이 없다고 주장하며 성장에 기초한 복지국가는 전체 인류의 복지 보장과 조화를 이루지 못한다고 주장한다(김성천 외, 2009: 243-244).

2. 사회복지정책의 형성과정

국민의 삶의 질을 높이기 위해서는 어떤 제도들이 도입되어야 하는가? 각 제도들은 무엇을 지향하는가? 어떻게 운영되어야 하는가? 이와 같은 질문은 정책이 누구에 의해 어떤 과정을 거쳐 이루어지는가를 살펴봄으로써 더 잘 이해할 수 있다. 이는 구체적으로 사회복지정책의 과정 분석(process analysis), 즉 정책이 만들어지는 과정에 초점을 맞추어 살펴보는 것이다. 정책 형성권과 결정권을 가진 수많은 정치가들이 어떻게 움직이며 관료, 대중매체, 학자, 그리고 다양한 이익집단들이 정책의 형성, 집행, 평가에 어떻게 영향을 주고받는가를 고찰하는 것이다.

사회복지정책 형성과정은 정책 결정에 이르기까지의 과정을 의미하는데, 주요 학자들인 DiNitto, Gilbert와 Terrell, Kahn 등이 제시한 내용의 공통점을 중심으로 정리하면 문제 발견, 정책의제 형성, 정책대안 형성, 정책 결정·실행, 정책 평가로 정리할 수 있다([그림 7-1] 참고).

사회문제는 사회복지정책을 형성하게 하는 가장 중요한 동인(動因)이자 사회

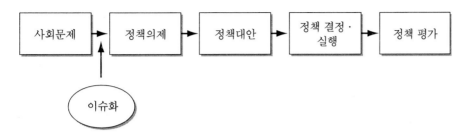

[그림 7-1] **사회복지정책의 형성과정**

복지정책의 주원료다. 왜냐하면 사회문제의 해결을 위하여 채택된 방안이 바로 사회복지정책이기 때문이다. 결국 정책학적 관점에서 볼 때 사회문제는 사회복지정책의 형성을 촉발시키는 원동력이자 원료인 셈이다(송근원, 김태성, 1999: 35). 그렇다면 사회문제가 어떠한 과정을 밟아 정부의 사회복지정책으로 탈바꿈하는 것일까? 문제가 존재한다는 것만으로 정책이 형성되는 것은 아니다. 그것이 대중에게 혹은 정책결정자들에게 해결되어야 할 문제로 인식될 수 있도록 부각되어야 하는데, 이 과정을 '이슈화'라고 한다. 이슈화는 특정한 사회문제가 사회구성원들에게 중요하게 인식되어 해결욕구를 가지도록 하는 과정으로서, 논리적인 근거를 가지고 의도적인 전략을 통해 이루어지기도 하고 결정적인 사건 발생을 통해 급격하게 이루어지기도 한다.

이슈가 된 문제는 대중이 관심을 가지고 정책형성가들이 문제해결을 위해 논의하기 시작함으로써 정책의제가 된다. 문제를 해결하기 위한 대안 제시과정은 가장 효과적인 대안을 탐색하고 선정하기 위해 다양한 전문가들의 연구와 참여가 이루어진다.

그러나 이렇게 제시된 정책대안들이 모두 정부 당국에 의하여 채택되는 것은 아니다. 즉, 사회문제를 해결할 수 있는 정책대안들 가운데 어떤 것은 정책결정자에 의하여 채택되고 어떤 것은 채택되지 못한다. 또한 채택된 정책들 사이에서도 그 시행에 관한 우선순위가 논의되고 확정된다. 정책대안의 선택과정에서는 정치적 상황, 경제적 비용, 대중의 선호, 실질적 효과성이나 실현 가능성 등 다양한 요소들이 고려된다(송근원, 김태성, 1999: 119). 정책이 결정되고

나면 구체적인 프로그램으로 개발되어 실행되고 평가가 이루어지게 된다.

정책이 어떤 과정을 거쳐 형성되는가에 대해 이해하는 것은 매우 중요하다. 기존 정책의 내용 이해를 넘어서 국민의 미충족된 욕구를 해결하기 위한 정책 개발 전략을 수립할 수 있기 때문이다. 정책 형성과정의 각 단계에서 문제분석, 대중 홍보, 이슈화, 정책목표 개발과 대중의 지지 확보 등을 위해 사회복지사 혹은 관련 실무자들은 어떻게 효과적으로 역할을 수행할 것인가를 고려해야 한다. 이것은 사회복지사가 결정된 정책의 전달자라는 수동적 입장이 아니라 클라이언트의 욕구와 문제를 더 효과적으로 해결할 수 있는 정책형성자로서 적극적인 역할이 필요함을 의미한다.

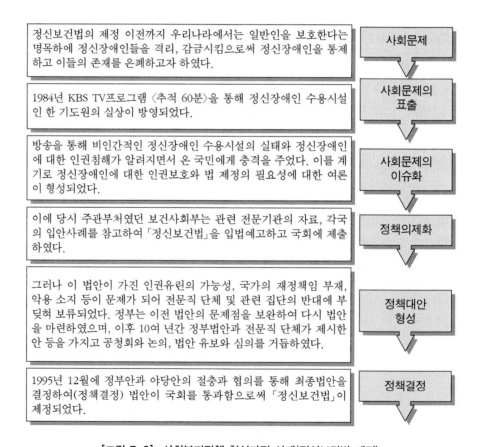

[그림 7-2] 사회복지정책 형성과정 사례(정신보건법 제정)

　　[그림 7-2]에 제시한 「정신보건법」의 제정과정은 우연한 계기로 사회문제가 표출되어 이슈화되고 이를 출발점으로 하여 정책입안자와 전문가, 실무자들이 사회문제의 해결을 적극적으로 모색하고 정책 형성과정에 관여함으로써 사회복지정책이 수립되는 과정을 보여 준다([그림 7-2] 참고).

3. 사회복지정책 프로그램의 구성요소

　　사회복지정책이 구체적인 프로그램으로 시행되기 위해서는 기본적으로 갖추어야 할 요소들이 있다. 이 요소들은 누구에게, 어떤 방식으로, 누가 어떤 재원을 가지고 사회복지 자원을 할당할 것인가에 대한 기준이다. 정책설계의 중요한 구성요소들을 구분함으로써 정책의 주요 내용들을 이해할 수 있을 뿐만 아니라 특정한 조건에서 정책을 설계할 때 다양한 선택의 차원(dimensions of choice)을 고려할 수 있다. 정책내용에 관한 기본적인 요소를 분석하기 위한 Gilbert와 Terrell이 제시한 네 가지 요소는 다음과 같다(남찬섭, 유태균, 2007: 111).

- 사회적 할당의 기반(the bases of social allocation)은 무엇인가?
- 사회적 급여의 형태(the types of social provision)는 무엇인가?
- 사회적 급여를 전달하기 위한 전략(the strategies for delivery)은 무엇인가?
- 사회적 급여에 필요한 재정을 마련하기 위한 방법(the ways to finance)은 무엇인가?

1) 급여대상자의 선정

　　일반적으로 사회복지 재화나 서비스는 시장에서의 쌍방 교환이 아닌 국가로부터 일방적 이전(unilateral transfer)의 형태로 제공되기 때문에 수요보다 공급이 적은 경향이 있다. 즉, 사람들이 원하는 사회복지 자원의 양보다 국가에서 급여할 수 있는 양이 적다. 이러한 상황에서는 어떠한 방식으로라도 사회복지 재화나 서비스에 대한 수요를 제한할 필요성이 발생하고, 이때 대상자를 선택하는 기준이 무엇이냐가 쟁점이 된다(송근원, 김태성, 1999: 279).

따라서 급여대상자를 선택하고 급여 제공의 우선순위를 정할 때 사회복지정책 프로그램의 표적인 대상을 정책목표에 부합하도록 결정해야 한다. 사회복지 급여대상자를 결정하는 기준으로는 거주 여부, 연령 등 인구학적 조건, 사회에 대한 기여 여부, 전문가의 판단, 소득 및 자산 정도 등이 활용된다. 대상자 선정의 기준에 따라 보편주의적 혹은 선별주의적 원칙이 적용되어 대상자의 포괄범위가 달라진다. 일반적으로 인구학적 조건을 기준으로 하는 경우에는 보다 많은 사람에게 보편적으로 적용되고, 사회적 기여를 조건으로 하는 경우에는 보편적 프로그램보다는 대상자의 범위가 제한된다. 전문가의 판단이나 소득 및 자산에 대한 조사를 기준으로 하는 프로그램은 대상자 선정기준이 엄격하고 프로그램 대상자의 범위가 매우 제한적이다.

현재 많은 복지국가에서 운영하고 있는 노령연금은 해당 국가의 시민인 65세 이상 노인 전체에게 기초연금을 제공하며, 아동수당은 18세 이하의 아동을 양육하는 모든 가구에 현금수당을 제공하는 보편적 프로그램으로서 국민 대다수가 그 대상이 된다. 국가유공자의 사회적 기여를 인정하여 제공되는 각종 보훈제도, 보험료 납부자에 한해 혜택이 주어지는 국민연금이나 건강보험제도는 다수 국민들을 대상으로 하지만 기여를 전제로 하기 때문에 대상자의 범위는 보편적 프로그램보다 적다. 장애인 등급 판정을 통해 장애인으로 등록될 경우 주어지는 장애인 관련 급여, 업무 관련 재해로 인정받은 대상자에 대한 산업재해 보상보험 급여는 전문가의 판단을 근거로 하기 때문에 선정기준이 보다 엄격하고 대상자의 범위가 더욱 좁다. 소득 및 자산조사 결과를 기준으로 하는 프로그램은 부정수급을 방지하기 위하여 엄격한 선정기준과 복잡한 행정절차를 거쳐 대상자를 선정한다. 우리나라의 국민기초생활보장제도를 비롯한 공공부조제도가 이에 해당한다. 국민기초생활보장제도는 소득이 최저생계비 미만이

어야 할 뿐 아니라 부양능력이 있는 부양의무자가 없어야 수급자로 선정될 수 있으며, 수급자 비율은 전 국민의 3% 미만으로 매우 적다.

2) 급여의 형태

사회복지정책을 통해 제공되는 급여는 다양한 형태를 가지고 있다. 급여의 형태에 관한 논의는 어떤 형태로 급여하는 것이 바람직한가 또한 정책목표에 맞추어 더 효과적인 것은 어떤 형태인가와 관련된다. 최선의 급여 형태는 정책 프로그램의 성격과 목표, 주요 대상자의 성격에 따라 달라질 것이다.

급여 형태는 단순하게 현금이냐 현물이냐로 구분하기도 하고, 이전 가능성을 기준으로 보다 세분화하여 현금, 물질적 재화, 서비스, 증서, 기회, 권력 등으로 분류할 수 있다. 예컨대, 현금은 급여 제공방식이 간편하고 필요에 따라 자유롭게 사용할 수 있다는 장점이 있지만 다른 용도로 사용될 가능성이 높다. 식품을 비롯한 생필품을 지급하는 현물방식은 제공과정이 번거롭지만 특정 용도로만 사용된다는 장점이 있다. 거동이 불편한 노인이나 장애인에게 가사서비스를 지원하거나 저소득층 자녀에게 보육서비스를 제공하는 것은 서비스 제공에 해당한다.

현대 사회복지정책에서 현금, 재화, 서비스의 세 가지 형태가 실질적으로 가장 많이 사용되고 있으나 최근 급격하게 확대되고 있는 급여 형태는 바우처(증서 혹은 카드)다. 급여대상자에게 일정 액수의 증서를 지급하여 특정한 용도로만 사용할 수 있도록 하는 방식인 바우처는 현물과 현금급여가 가진 각각의 장점을 살리고 한계를 보완한다는 측면에서 선호되고 있다.

3) 급여의 전달체계

사회복지 전달체계는 사회복지 급여를 어떤 경로를 통해 전달할 것인가에 관한 것이다. 사회복지정책을 통하여 제공되는 급여 형태가 다양하고 다양한 영역에서 제공되기 때문에 전달체계도 다양하다. 사회복지 전달체계에 따라 사회복지정책이 추구하는 가치나 목표의 성취가 달라질 수 있기 때문에 조직 및 인력 활용과 관련된 전달체계는 매우 중요한 요소다. 전달체계의 형태로는 공공부문, 민간부문, 공공과 민간부문의 혼합 형태가 있다. 민간부문은 다시 영리조직과 비영리조직으로 나눌 수 있다.

어떤 재화나 서비스는 중앙정부가 급여의 자격, 급여 형태, 재원 등에 관해 모두 결정하고 전 국민들을 대상으로 포괄적으로 제공하는 반면, 어떤 재화나 서비스는 민간부문에서 모든 것을 결정하여 일부 사람들에게만 제공하기도 한다. 또 어떤 것은 중앙정부와 지방정부 혹은 정부와 민간부문 사이의 다양한 형태의 혼합체계로 제공되기도 한다(송근원, 김태성, 1999: 353). 영리조직의 이윤 추구라는 목적이 사회복지 서비스의 본질과 충돌된다는 점에서 사회복지 영역에서 주로 배제되었으나 최근에 이르러 서비스의 효율성과 효과성에 있어서 비영리조직보다 우월할 수 있다는 논의와 함께 영리조직의 영역이 조금씩 확대되고 있다.

정책의 목표와 내용이 바람직하다고 하더라도 그에 효과적으로 부합하는 전달체계가 아니라면 추구하는 목표를 이루기가 어려울 수 있다. 소득재분배를 통한 빈곤과 불평등의 완화라는 정책목표를 놓고 볼 때는 정부를 통한 전달이 유리할 것이며, 자원의 효율적 배분과 수급자 편의라는 측면에서는 민간부문이 더 효과적일 것이다(김성천 외, 2009: 113). 사회복지 부문의 급여와 서비스 전달체계는 공공부문과 민간부문의 장점을 결합한 혼합형태가 많이 활용되는데, 민간부문이 프로그램의 운영을 담당하고 공공부문이 재정지원과 관리·감독을 맡는 방식으로 운영된다.

4) 재원 조달 방법

사회복지정책에는 재원이 필요하며 아무리 정책의 내용—급여자격, 급여방법 등—이 훌륭해도 재원이 불충분하면 그 정책은 성공하기 어렵다. 따라서 사회복지정책을 집행하기 위해 필요한 비용을 어떻게 조달할 것인가는 매우 중요하다. 사회복지정책에 사용되는 재원의 형태는 매우 다양하고 서로 다른 사회복지정책은 서로 다른 형태의 재원을 갖는다. 정책을 수행하기 위해 선택할 수 있는 재원의 종류는 크게 공공부문 재원과 민간부문 재원으로 나눌 수 있다. 공공부문 재원으로는 일반조세, 사회보장성 조세, 사회보험료 등이 있으며 민간부문 재원으로는 개인 및 기업 등의 기부금, 기업복지 비용, 가족 간 이전, 서비스 이용 시 지불하는 본인부담액 등이 있다.

사회복지정책이 달성하고자 하는 목표에 따라 더 적절한 재원 조달방식이 있으며, 정책이 궁극적으로 지향하는 가치에 따라 재원의 조달방식과 운용이 달라진다. 소득보장정책에 속하는 제도의 재원은 주로 강제적인 조세에 의존하는 반면, 개별적 사회적 서비스 정책들은 상대적으로 민간부문의 재원에 의존하는 경향이 있다(송근원, 김태성, 1999: 315). 예를 들면, 연금이나 의료보험 등 사회보험제도는 개인의 자발적 선택이 아니라 모든 근로자에게 준조세방식으로 보험료를 부과하여 재원을 조달한다. 반면, 가사지원 서비스나 보육 서비스 등 개별적인 서비스는 지역사회의 민간자원이나 본인부담액 비중이 높다.

재원의 종류에 따라 급여를 받는 자격요건, 급여액 수준, 급여방법 등이 달라지며 또한 재원의 운용방식에 따라 소득재분배, 효율 등 사회복지정책의 목표 달성 여부도 영향을 받게 된다. 따라서 정책 프로그램의 요소로서 재원에 대한 내용을 결정할 때는 재원의 조달처, 운영관리 방법, 급여의 전달방식 등을 함께 고려하여 선택해야 한다.

5) 정책 프로그램 평가

정책내용의 요소는 아니지만 사회복지정책의 시행에서 빼놓을 수 없는 요소가 정책에 대한 평가다. 정책 평가란 정책 프로그램에 대한 정보를 수집하고 분석함으로써 정책활동의 가치를 확인하는 과정이다. 최선의 구조화를 이룬 정책이라 하더라도 평가라는 요소를 고려하지 않는다면 사회복지정책의 목표 달성 정도를 확인할 수 없고 자원의 효율적 배분을 확보할 수 없다. 또한 평가를 통해서 정책 집행의 주체가 책임감을 갖고 정책을 성실히 집행하였는지 확인할 수 있으며, 궁극적으로 정책대상자가 적절하게 욕구를 충족했는지, 문제가 해결되었는지, 그리고 그 결과에 만족하는지를 평가할 수 있다. 아울러 평가는 잘못 집행된 정책을 확인하고 정책목표나 내용을 수정할 수 있으며, 무엇보다 향후 장기적인 정책을 개발하는 데 중요한 지침으로 삼을 수 있다는 점에서 중요한 요소다.

즉, 사회복지정책의 평가는 정책의 내용이 정책목표 달성에 얼마나 잘 기여할 것인지를 파악하거나, 좀 더 나은 새로운 정책대안을 만들어 내기 위해 또는 정책 집행 과정에서 정책을 수정하기 위해 이루어진다. 또한 정책의 시행 및 관리의 효용성을 높이기 위해서 이루어지기도 하며, 정책활동의 책임성을 확보하거나 정책의 정당성을 증명하기 위해서 이루어지기도 한다(송근원, 2004: 420). 어떤 기준으로 평가할 것인가를 명확하게 명시하고 평가를 전제로 정책을 집행하면 사회복지정책은 내용 형성에서 수행과정까지 보다 발전적으로 이루어질 것이다.

4. 우리나라의 사회보장제도

1) 사회보장의 의미와 방법

사회복지정책이 사회복지를 실현하기 위해 공식적, 의도적으로 선택한 미래의 행동지침이라고 한다면 그것이 가시화되는 대표적인 산출물은 사회보장제도라고 할 수 있다. 사회보장이란 전 국민을 대상으로 삶의 질을 향상시키기 위하여 국가가 일차적 책임을 가지고 문제 예방을 포함하여 질병, 빈곤, 노령, 실업 등 사회적 위험에 대하여 보호를 제공하는 것을 말한다. 특히 사회보장제도는 소득 중단과 감소, 지출 증가, 불확실한 미래 소득 등으로 인한 경제적 어려

움에 대처하기 위한 사회복지정책으로, 국가 차원의 소득재분배라는 방식을
통해 국민의 소득생활을 보장하는 정책이다.

사회보장의 핵심적인 두 가지 방식은 사회보험과 공공부조다. 사회보험은
보험의 원리를 사회 전체 구성원에게 적용한 것으로 소득이 있는 사람이 보험
료를 납부하고 질병, 노령, 산업재해, 실업을 당하면 급여를 제공받는 방식이
다. 일반적인 보험은 개인이 선택하여 가입하지만 사회보험은 국가가 운영주
체가 되어 소득이 있는 모든 국민을 대상으로 보험료를 강제적으로 징수하여
운영한다는 특징이 있다. 특히 대부분의 사회보험제도는 소득에 비례하여 보
험료를 납부하기 때문에 소득이 많은 사람이 더 많은 부담을 하게 되어 소득재
분배 효과가 있다.

사회보험이 보험료 납부라는 기여를 전제로 급여를 제공받는 방식인 데 반
해 공공부조는 기여와 상관없이 급여를 제공받는 것이 특징이다. 공공부조제
도는 특정한 기준(예를 들면, 정부가 정한 최저생계비 혹은 이에 준하는 소득기준)
이하의 소득을 가진 계층의 생활을 보장하기 위하여 생계비를 비롯한 각종 급
여를 대상자에게 제공하는 것이다. 공공부조의 재원은 일반조세, 즉 국민들이
납부한 세금을 통해 충당되며 공공부조 급여의 기준에 부합하는 대상자로 선정
되면 최저생계비 기준에 부족한 만큼 생계비와 급여를 제공받는다.

아래에서는 우리나라의 대표적 사회보장제도인 5대 사회보험제도를 제도 시
행 순으로 그 내용을 살펴보고 최저생활보장을 확보하기 위한 공공부조제도를
설명한다.

2) 5대 사회보험제도

우리나라의 사회보험제도는 모두 다섯 가지로 그 내용은 〈표 7-2〉와 같다.
각각의 사회보험제도는 각기 산업재해, 질병, 노령, 실업, 장기요양 등의 사회
적 위험에 대한 예방과 대처를 위한 것으로 서로 다른 시기에 도입되었다. 가입
대상은 대체로 국민 전체 혹은 근로자를 고용한 모든 사업장을 대상으로 하며

〈표 7-2〉 우리나라의 사회보험제도

사회보험	우리나라 제도명	가입대상	급여 내용	관리운영기관
산업재해 보상보험	산업재해 보상보험	상시근로자 1인 이상 모든 사업장	요양, 휴업, 상병, 유족, 간병 급여 등	근로복지공단
의료보험	국민건강보험	국내 거주 모든 국민	요양급여, 본인부담액 보상금 등	국민건강보험공단
연금보험	국민연금	18세 이상 60세 미만 국민	노령, 장애, 유족 연금 등	국민연금공단
실업보험	고용보험	상시근로자 1인 이상 모든 사업장	실업급여, 직업능력 개발 사업 등	근로복지공단
요양보험	노인장기요양보험	국민건강보험 가입자	요양급여(재가, 시설) 특별현금급여	국민건강보험공단

정부가 전담기관(공단)을 통해 운영을 담당한다. 2011년부터 사회보험료 징수 관련 업무창구는 일원화하여 건강보험공단에서 일괄 처리한다.

(1) 산업재해보상보험

우리나라에서 가장 먼저 도입된 산업재해보상보험(1963)은 근로자의 재해에 대한 사용자의 보상책임을 보장하는 것이 목적인 사회보험제도다. 산업화의 진전과 함께 각종 산업재해가 급증하였고, 근로자는 치료가 필요할 뿐 아니라 재해로 인한 휴업 등으로 소득이 중단되는 등 사회적 위험에 그대로 노출되었다. 이에 적절한 치료 및 재활을 위한 급여를 제공하고 소득을 보장함으로써 근로자와 그 가족의 복지를 보장하고자 하는 것이다. 산업재해보상보험제도는 재해의 과실 원인이 어디에 있는가를 묻지 않고 재해를 당한 근로자의 욕구에 집중하여 급여와 보호를 제공하는 무과실책임의 원칙에 의해 운영된다.

산업재해보상보험은 상시 근로자 1인 이상의 모든 사업장이 가입대상이 된다. 급여로는 의료기관에서 치료에 소요되는 비용을 지급하는 현물급여로서 요양급여, 부상 또는 질병으로 인해 근무하지 못하는 기간에 대하여 근로자와 가족의 생계보호를 위해 임금 대신 지급하는 현금급여, 업무상 재해의 완치 후

장해가 남에 되는 경우 장해의 정도에 따라 지급하게 되는 장해급여, 유족급여, 상병보상연금, 간병급여, 장의비 등이 있다.

산업재해와 관련된 업무는 고용노동부 산하 근로복지공단이 맡고 있으며, 적용 단위가 사업장인 만큼 보험료는 사업자가 전액 부담하며 정부가 운영사업비의 일부를 부담한다.

(2) 국민건강보험

국민건강보험은 사회보험(National Health Insurance: NHI) 방식의 단일관리 체계하에 있으며 모든 의료기관이 건강보험 요양기관으로 당연 지정되어 있기 때문에 어느 곳에서든 치료와 건강 증진을 위한 급여를 제공받을 수 있다. 가입자는 직장가입자 혹은 지역가입자로 나뉘며 피부양자는 가입자의 배우자 혹은 직계 존비속 등으로 가입자에 의해 생계를 유지하면서 소득이 없는 자를 가리킨다. 주요 급여로는 질병, 부상, 출산 등에 대한 요양급여, 질병의 조기 발견과 예방을 위한 건강검진 등이 있다.

건강보험의 재원은 가입자가 납부하는 보험료가 주 재원이며 정해진 보험료를 사용자와 근로자(가입자)가 절반씩 부담한다. 지역가입자의 경우 경제활동, 소득, 재산 등을 고려하여 세대당 통합보험료가 부과된다. 그리고 국고 및 건강증진기금 등 정부지원금도 재원의 일부다. 보험료 부과·징수, 급여비용의 지급 등을 보건복지부 산하 국민건강보험공단이 관리하고 있으며, 의료기관이 청구하는 진료비에 대한 심사와 진료의 적정성을 평가하는 기능을 수행하는 건강보험심사평가원이 있다.

(3) 국민연금

연금제도는 노령에 따른 소득 중단에 대한 대비책으로서 국가가 일정한 자격을 가진 사람을 대상으로 강제적으로 적용하여 노후 생계보호를 위한 급여를 제공하는 소득보장제도다. 우리나라의 공적 연금으로 공무원연금, 사립학교교직원 연금, 군인연금이 있으며 국민 대다수를 포괄하는 국민연금이 있다. 국민연금은 원칙적으로는 국내에 거주하는 18세 이상 60세 미만의 국민이 가입대상이다. 상시 1인 이상 고용하는 사업장의 근로자와 사용자는 사업장가입자, 여타 수급권자의 배우자로서 별도의 소득이 없는 자 등을 포함한 지역가입자로 구분된다.

국민연금은 연금 수급 시점에 급여의 실질가치가 하락하는 것을 막기 위하여 연금 슬라이드제를 적용하여 물가가 오르면 연금액수도 많아진다. 연금 형태로 급여를 제공받기 위해서는 최소 10년 이상 보험료를 납부해야 한다. 주요 급여로는 60세(향후 5년마다 1세를 더하여 2033년에는 65세)에 도달하면 지급되는 노령연금, 국민연금 가입 중 발생한 질병 또는 부상으로 장애가 남을 때에 지급되는 장애연금, 가입자 사망 후 가족에게 지급되는 유족연금, 사망일시금 등이 있다. 직장가입자의 경우 보험료를 사용자와 절반씩 부담하며 지역가입자는 전액 본인이 부담한다. 보건복지부의 감독을 받는 독립된 공단인 국민연금공단이 전반적인 관리와 운영을 담당하고 있다.

(4) 고용보험

실업으로 인한 소득 중단의 위험을 보장하고, 근로자의 직업능력을 개발하고, 적극적인 노동시장정책의 근간이 되는 고용보험은 1995년 시작되었으며 상시 근로자 1인 이상 고용하는 모든 사업장이 가입대상이 된다. 이 제도는 단순히 실업에 대한 사후적 개입을 넘어서서 적극적인 노동시장정책과 직업능력 개발을 통해 실업을 예방하는 것까지 목적으로 한다.

고용보험의 급여 종류는 고용안정사업과 직업능력 개발사업, 실업급여로 분류된다. 실업급여에 해당하는 재원은 사용자와 근로자가 절반씩 부담하지만 나머지 두 사업은 사용자만의 부담으로 재원을 조달한다. 고용노동부 산하 근로복지공단과 고용지원센터가 관리 · 운영하고 있다.

(5) 노인장기요양보험

급속한 고령화로 인해 연금과 같은 소득보장만으로는 해결할 수 없는 노인

부양 문제가 확대되었고, 아울러 장기요양 서비스에 대한 사회적 수요가 급격이 증가하여 수년간의 시범사업을 거쳐 2008년부터 노인장기요양보험을 시행하게 되었다. 장기요양 서비스가 필요한 65세 이상 노인과 65세 미만의 노인성 질환을 가진 자 중 요양등급 판정을 통해 수급자로 인정받은 자가 서비스 제공 대상이 된다. 급여의 종류로는 방문요양, 방문간호 등의 재가급여와 장기간 입소하여 신체활동 지원과 보호를 받을 수 있는 시설급여가 있다.

이를 위한 재원으로는 건강보험료 납부액을 기준으로 일정 비율을 정하여 부과하는 장기요양보험료, 국가 및 지방자치단체의 부담, 서비스 이용자의 일부 본인부담 등이 있다. 국민건강보험공단이 보험료 수납 및 서비스 관리를 수행하고 있으며 다양한 노인복지시설이 서비스 공급자로서 참여하고 있다.

3) 공공부조제도

사회보장의 방법으로서 사회보험과 양대 축을 이루고 있는 것이 공공부조다. 우리나라의 대표적인 공공부조제도는 국민기초생활보장제도다. 이 제도는 부양의무자가 없거나 부양의무자가 있어도 부양능력이 없거나 또는 부양을 받을 수 없는 자로서, 소득인정액이 정부가 정한 최저생계비 이하인 자에 대하여 보충급여 형태로 급여를 제공하는 제도다. 예를 들어, 2014년 현재 4인가족의 소득이 100만 원인 수급자의 경우 최저생계비인 163만 원을 기준으로 하여 차액인 63만 원 중 의료비 지원과 타법의 지원금액을 차감한 금액으로 지급한다. 최저생계비는 물가와 연동하여 해마다 조정된다.

기초생활보장 수급자에게 제공하는 급여는 생계급여 외에도 주거급여, 교육급여, 해산급여, 장제급여, 자활급여, 의료급여가 있다. 급여는 생계급여를 기본으로 하고 필요에 따라 다른 급여를 병합하여 제공한다. 이러한 급여 시스템은 2014년 10월 '맞춤형 급여체계'로의 개편이 계획되어 있다. 공통적으로 지원되던 생계, 주거, 의료, 교육 등 네 종류의 급여 선정기준이 소득수준에 따라 다층화될 계획이다.

기초생활보장제도의 보장 기관은 「국민기초생활보장법」에 의하여 급여를 행하는 보건복지부장관, 특별시장·광역시장·도지사, 시장·군수·구청장이다. 보건복지부장관은 최저생계비, 소득인정액 산정방식, 급여기준, 수급권자 범위의 특례, 자활후견기관 지정 등 기초생활보장제도의 중요 정책사항을 결정하고, 시·도지사 및 시·군·구청장은 법령에서 위임된 구체적인 기초생활보장사업을 집행한다.

국민기초생활보장제도의 재원은 정부예산으로 중앙정부와 지방자치단체가 분담하여 마련한다. 서울의 경우 중앙정부가 총액의 50% 이하를 부담하고 그 외 지역은 총액의 80% 이상을 중앙정부가, 나머지 20% 중 절반 이상을 광역자치단체가, 절반 이하를 기초자치단체가 부담한다.

국민기초생활보장제도 이외에도 2008년부터 실행된 기초노령연금제도가 있다. 기초노령연금제도는 보편적 제도로 모든 노인에게 제공하는 방식으로 운영되는 경우가 많지만, 우리나라의 경우 자산조사를 통해 65세 이상 노인 중 소득과 재산이 하위 70%에 속하는 계층에게 제공되는 공공부조 방식이다. 급여는 소득수준에 따라 2014년 현재 2만 원에서 9만 6,800원까지 차등 지급되며 부부가 각각 연금을 받을 때는 각각 20.0%씩 감액 지급된다. 재원은 국가가 부담하되, 지방자치단체의 노인인구 비율 및 재정 여건 등을 고려하여 40~90% 범위 내에서 대통령령이 정하는 비율을 부담한다.

생각해 봅시다

1. 무상급식의 경우를 예로 들어 평등, 연대와 같은 사회복지의 가치가 사회복지정책에서 어떻게 드러나는지 논의해 보자.

2. 사회복지정책 형성에 영향을 주는 정치, 사회, 문화적 요인들이 무엇인지 구체적으로 생각해 보자.

3. 2011년 영화 〈도가니〉 상영을 계기로 인터넷에서 소위 '도가니법' 제정을 위한 시민들의 서명운동이 벌어지고, 사회복지시설 운영자들과 관계자들의 반대, 공익이사제 도입에 뜻을 같이하는 사회복지 관련 단체와 사회복지학과 교수들의 사회복지법인 공익이사제 도입 촉구 과정을 거쳐, 공익이사제를 골자로 하는 「사회복지사업법」 개정안이 통과되었다. 이 사례를 통해 사회복지정책 형성과정을 분석해 보자.

참고문헌

김성천, 강욱모, 김혜성, 박경숙, 박능후 외(2009). 사회복지학개론: 원리와 실제. 서울: 학지사.

김성천, 강욱모, 김영란, 김혜성, 박경숙 외(2013). 사회복지학개론: 원리와 실제(2판). 서울: 학지사.

김태성(2001). 사회복지정책의 이해. 서울: 나남출판.

남찬섭, 유태균 역(2007). 사회복지정책론-분석틀과 선택의 차원-(원저: N. Gilbert & P. Terrell). 서울: 나눔의 집.

박경일(2008). 사회복지정책론. 파주: 공동체.

송근원(2004). 사회복지정책학. 서울: 학지사.

송근원, 김태성(1999). 사회복지정책론. 서울: 나남출판.

양정하 외 5인(2008). 사회보장론. 파주: 공동체.

원석조(2006). 사회복지정책론. 파주: 공동체.

장인협(1997). 사회복지학개론. 서울대학교출판부.

장인협, 이혜경, 오정수(1999). 사회복지학. 서울대학교출판부.

정영순, 김영애, 김혜연, 변소현, 송연경, 이윤경 역(2009). OECD 국가들의 적극적 사회정책 동향 및 도전과제(원저: OECD). 서울: 학지사.

Blakemore, K. (1998). *Social Policy: An Introduction*. Buckingham: Open University

Press.

Kirst-Ashman, K. K. (2007). *Introduction to Social Work and Social Welfare* (2nd ed.). Belmont, CA: Thomson Brooks/Cole.

Popple, P. R., & Leighninger, L. (1998). *The Policy-Based Profession*. Boston: Allyn and Bacon.

제8장
사회복지행정

    사회복지 전달체계가 클라이언트의 욕구를 해결하기 위해 수행하는 조직 내부적 활동과 조직 간 조정 및 네트워킹 등의 외부적 활동을 일컬어 사회복지행정이라고 한다. 클라이언트 욕구의 변화, 사회복지조직 성격의 변화, 사회제도 등 사회복지를 둘러싼 환경의 변화가 사회복지행정의 내용을 확대시키기도 하고 사회복지행정의 성격을 변화시키기도 한다. 이 장에서는 사회복지행정이 이루어지는 사회복지조직이 다른 조직과 구별되는 특성이 무엇인지 설명하고, 조직 내외부에서 이루어지는 사회복지행정의 기본요소들과 기본과정으로서 기획, 인사관리, 재정관리 등에 대해 설명하였다. 그리고 사회복지 환경 변화의 내용을 설명하고 그에 따라 현대사회에서 더욱 요구되는 사회복지행정 활동이라 할 수 있는 프로그램 개발과 평가, 정보관리와 홍보, 네트워킹에 대해 설명하였다.

1. 사회복지행정의 개념과 구성요소

1) 사회복지행정의 개념과 의의

사회복지행정은 사회복지정책, 사회복지실천 등과 함께 사회복지를 실천하는 방법 중 하나다. 사회복지행정이란 사회복지 전달체계가 클라이언트의 욕구를 해결하기 위해 수행하는 조직 내부적 활동, 조직 간 조정 및 네트워킹 등의 외부적 활동을 일컫는다. 사회복지정책 혹은 기관의 정책을 사회 서비스로 전환시키는 사회적 과정이며, 이를 위한 기관의 임원 및 모든 팀 구성원들의 활동으로도 표현된다.

사회복지행정의 개념을 쉽게 구분하여 설명하기 어려운 이유는 그 실천과정이 다른 실천방법과 별개로 이루어지는 것이 아니라 사회복지정책 혹은 개인, 가족, 집단 등을 위한 사회복지실천의 과정에서 함께 이루어지기 때문이다. 그럼에도 사회복지행정을 실천방법의 하나로 주목하는 이유는 그것이 어떻게 이루어지고 진행되는가에 따라 사회복지의 궁극적 목적을 달성하는 데 직접적인 영향을 미치기 때문이다.

사회복지행정의 개념이 내포하고 있는 내용을 정리하면 다음과 같다(황성철, 정무성, 강철희, 최재성, 2003). 첫째, 사회복지조직을 중심으로 정책이 서비스로 전환되는 과정이다. 서비스를 산출하는 과정에서 중심적 위치를 차지하는 것이 사회복지조직이다. 따라서 정책을 사회 서비스로 효과적으로 전환시키기 위한 조직관리는 사회복지행정의 중요한 요소가 된다. 둘째, 사회복지조직의 목표를 달성하기 위해서 인적·물적 자원을 관리하는 과정이다. 셋째, 사회복지행정은 관리자를 포함한 모든 조직구성원의 역동적인 협력활동이다. 넷째, 사회복지행정은 앞서 설명한 바와 같이 사회복지실천의 한 방법이다. 조직을 표적체계로 개입하는 실천방법이라는 점에서 조직혁신과 발전을 위해 구체적인 사회복지실천 기술이 광범위하게 적용된다.

따라서 사회복지행정이란 국민의 기본적 욕구를 충족시키고자 하는 목표를 전제로 하여 사회복지 서비스를 산출하는 과정에서 사회복지조직을 표적체계로 하여 인적·물적 자원을 관리하여 최상의 성과를 도출하기 위한 정부 및 민간 사회복지조직들의 모든 활동이라고 할 수 있다.

사회복지행정이 사회복지실천의 핵심 중 하나라는 점에서 이러한 과정을 효과적으로 수행할 수 있는 행정가, 훈련된 사회복지사에 대한 요구가 증가하고 있는 추세다. 한편, 클라이언트 욕구의 변화, 사회복지조직 성격의 변화, 그리고 사회제도 등 사회복지를 둘러싼 환경의 변화가 사회복지행정의 내용을 확대시키기도 하고 사회복지행정의 성격을 변화시키기도 한다.

2) 사회복지조직의 특성

사회복지행정은 주로 사회복지조직 관리자의 활동과 관련되어 있다. 목표설정, 프로그램 기획, 자원 동원과 유지, 성과평가와 같은 과업활동에 사회복지적 지식, 기술, 가치 등을 의도적으로 적용하는 사회복지행정은 사회복지조직의 특수한 목적과 특징의 영향을 받는다(최성재, 남기민, 2001: 19-21). 그렇다면 여타 조직과 구별되는 사회복지조직의 특성은 무엇일까?

물리적 상품이나 일반적인 행정 서비스와는 달리 수요자와 직접 접촉하여 서비스를 제공하는 것을 기본으로 하는 사회복지조직은, 사회복지 증진을 위한 책임을 사회로부터 위임받았기 때문에 자의적으로 서비스를 철수하거나 서비스 제공의 거절이 어려운 조직적 성격을 가지고 있다. 이러한 사회복지조직은 휴먼 서비스 조직이라는 고유한 속성을 가지고 있는데, Hasenfeld(1992)의 정리를 참고하면 휴먼 서비스 조직의 원료는 인간이며, 제도화된 조직으로서 다양한 환경적·이념적 요구를 수용해야 하며, 조직을 운영하는 기술은 사회적 이념 혹은 실천 이념을 반영한다. 무엇보다 휴먼 서비스 조직은 일방적인 서비스 이전이 아니라 클라이언트 동조가 중요하며 직원과의 관계도 매우 중요하다는 속성을 가지고 있다.

사회복지조직만이 가지고 있는 제한점도 여타 조직과 다른 고유한 특성이라고 할 수 있다. 조직목표를 구체화하거나 합의를 얻기가 어려우며, 모든 활동에서 가치가 반영되기 때문에 가치와 이해관계에서 갈등이 있을 수 있다. 또한 인간을 대상으로 적용할 수 있는 지식과 기술이 불완전하기에 이로 인한 문제에 직면할 수 있으며, 제공한 서비스의 효과를 측정하는 것도 현실적으로 매우 어렵다.

사회복지행정의 방법과 기술적인 부분들을 일반 행정의 원리에서 상당 부분 차용해 온 것은 사실이나, 사회복지의 가치와 사회복지 서비스의 독특함은 일반 행정의 가치나 방법들과는 융화되기 어렵다(김영종, 2003: 89). 그러므로 일반 행정적 방법이나 지식을 그대로 적용하는 데 주의가 필요하며, 클라이언트의 변화라는 계량화할 수 없는 측면이 사회복지조직의 산출물이 된다는 것이 사회복지행정에서 가장 중요한 특성임을 고려해야 한다.

사회복지조직의 특성과 관련하여 빼놓을 수 없는 것이 바로 사회복지조직을 둘러싼 환경이다. 사회복지조직은 외부환경에의 의존성이 매우 높다. 인구 및 정치경제적 사회 상황이 수시로 변하며 서비스 대상자 집단의 성격과 구성 또한 지속적으로 변하고 대응하는 기술 수준의 변화도 끊임없이 이루어진다. 이로 인해 사회복지조직에서 다루는 문제와 서비스 양식의 변화는 필연적이며, 사회복지조직의 구조와 조직과정을 어떻게 혁신할 것인가라는 과제가 상존하게 된다. 조직환경은 사회복지행정의 기본구조라고 할 수 있다. 조직은 환경적 요소로부터 직간접적인 영향을 받으므로 사회복지 서비스를 제공하는 조직은 탄력성과 유연성을 구비해야 한다. 또한 환경에 대한 대응뿐만 아니라 사회복지 서비스 전달을 효과적으로 수행하기 위해 조직을 초월하여 교류하는 개방적인 조직체계가 되어야 한다.

사회복지조직을 둘러싼 환경은 [그림 8-1]과 같이 요약할 수 있다. 사회복지조직에 있어서 외부환경은 자원과 조직의 사회적 활동에 대한 합법성을 제공하

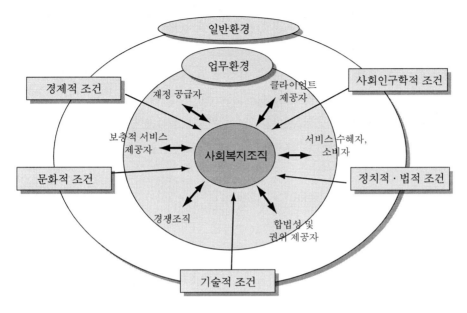

[그림 8-1] 사회복지조직의 환경

자료: Hasenfeld (1992).

고, 클라이언트를 의뢰하거나 제공하며, 각종 이해집단들로서 존재한다. 이러한 유형의 외부환경을 조직이 업무활동을 통해 직접적으로 관련을 맺고 있다고 해서 '업무환경'이라고 부른다. 그리고 간접적이기는 하지만 업무환경에 대한 영향을 통해서 조직에 중대한 영향을 미칠 수 있는 '일반환경'이라는 존재도 간과할 수 없다(김영종, 2003: 98). 일반환경은 사회인구학적 조건, 경제적 조건, 문화적 조건, 정치적·법적 조건, 기술적 조건 등이다.

3) 사회복지행정의 요소

사회복지조직의 기본구조를 이루고 있는 것이 조직환경이라면, 사회복지행정을 구성하고 있는 기본적인 요소는 기획, 조직, 인사, 평가 등의 과정이다. Stein은 행정을 "조직적이고 협력적인 노력에 의한 체계를 통해서 조직목표를 분명히 하고 달성하는 과정"이라고 정의하였는데(Skidmore, Thackeray, & Farley,

1991: 112), 이에 따르면 사회복지행정의 기본요소들은 조직목표를 달성하기 위한 체계들이라고 할 수 있다. 사회복지행정의 기본요소는 [그림 8-2]와 같다. 목표 설정 및 목표 달성을 위한 과업 설정 등의 기획(planning)을 시작으로 하여 조직(organization), 인사(staffing), 지시(directing)가 이루어지고, 위원회 등을 창설하고 활용하는 조정(coordination), 클라이언트의 사례 등의 기관활동에 대한 보고(reporting), 예·결산서 작성과 후원금관리 등의 재정(budget), 마지막으로 최근에 그 중요성이 더 높아지고 있는 목표 달성 정도에 대한 평가(evaluation) 등이 사회복지행정의 기본적인 요소가 된다.

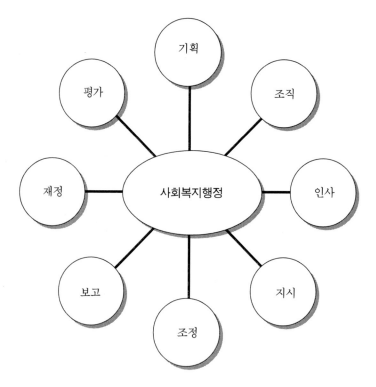

[그림 8-2] 사회복지행정의 기본요소

2. 사회복지행정의 내용

1) 사회복지 전달체계의 행정과정

제6장에서 사회복지 전달체계란 사회복지 욕구를 가진 클라이언트에게 이들이 필요로 하는 서비스와 자원을 전달하는 다양한 기관과 이들 기관의 전달망임을 살펴보았다. 그렇다면 이들 기관들이 서비스를 전달하기 위해 어떤 행정활동을 하고 있는가?

사회복지 전달체계는 기능에 따라 서비스를 직접 제공하는 직접제공체계와 간접적인 지원체계로 구분하기도 하고, 운영 주체에 따라 민간 혹은 공공으로 구분하기도 한다. 공공체계는 지원체계로서, 민간체계는 집행체계로서 기능을 주로 담당하는 분화 현상을 보이기도 한다(김영종, 2003: 374). 사회복지 전달체계의 종류에 따라 기본적인 행정활동은 유사하게 이루어진다 해도 전달체계의 주 기능에 따라 주력하는 행정활동은 차이가 있다. 사회복지행정을 사회복지 조직체와 프로그램 운영의 측면에서 살펴보면, 사회복지 조직체의 관리 · 운영은 재정관리, 인적자원 개발, 리더십 등을 통해 이루어지며, 프로그램의 관리 · 운영은 기획과 평가 등을 통해 수행된다. 여기서는 사회복지 전달체계에서 행해지는 공통적인 행정활동을 중심으로 간략히 설명하고자 한다.

(1) 기획

기획(planning)은 계획을 세워 가는 활동과 과정이라는 점에서 계속적인 행동이라는 포괄적인 개념으로 이해되고 있다. 사회복지행정에서는 많은 경우 사업기획(program planning)이라는 말로 쓰이고 있는데(최성재, 남기민, 2001: 152), 기획은 구체적 목표를 설정하거나 변경하고 어떻게 자원을 배분할 것인가의 정책 결정과정을 거쳐 우선순위에 따라 자원을 배분하기도 하고 자원을 획득하기도 한다. 기획은 목표 선택 → 가용자원의 고려 → 대안의 모색 → 최선의 계획 결정 → 우선순위화 → 구체적 프로그램 수립의 과정을 거친다. 문제에 대한 요구사항을 명확히 하여 자료를 수집하고 기본적인 활동계획 설계, 과업할당, 수행 및 종료 일정의 결정, 그리고 보고서 작성방법에 이르기까지 구체적인 내용을 계획한다. 그리고 변화에 대한 개방성을 유지하는 것은 기획과정에서 필수적이다.

사회복지조직에서 기획이 필요한 이유는 급변하는 환경에서 사회복지조직의 불확실성을 감소시켜 조직의 목표가 안정적으로 추구될 수 있도록 하며, 문제해결과 의사결정을 위해 타당하게 적용될 수 있는 수단을 제공함으로써 합리성을 높이고, 제한된 자원을 가진 사회복지조직이 최소한의 비용으로 목표를 달성할 수 있도록 효율성을 증진하기 위해서다. 무엇보다 조직의 책임성 증진을 위해 기획이 필요하다(Skidmore, 1990: 42-43).

(2) 인적자원관리

인적자원관리란 사회복지조직이 필요로 하는 인력을 조달하고 유지·개발하며 활용하는 일련의 활동체계를 가리킨다. 인적자원관리의 목적은 조직의 생산성을 향상시키고, 법과 규칙을 준수하도록 하며, 의사소통과 합의점을 개발하는 것이다. 그리고 효율적이고 이상적인 인적자원을 양성하는 것을 포함한다.

사회복지행정에서 인사관리에 대한 관심은 일차적으로는 직원의 능력 향상에 있다. 향상된 직원의 능력을 통해 서비스 프로그램의 효과성과 생산성을 증대시키고, 궁극적으로 사회복지의 최종 목적인 클라이언트의 복지 증진에 이바지한다. 인사관리는 직위를 분류하고, 이에 따라 직원을 선발하고, 적절한 보상계획을 수립·집행하고, 직원의 능력 개발 및 훈련을 시도하며, 직무 수행을 평가하는 것이다(김영종, 2003: 173). 사회복지조직의 인사관리에서는 인적자원에 대한 동기부여, 직무만족 향상, 그리고 조직 내에서의 갈등관리 등이 중요한 요소라고 할 수 있다. 직원들의 소진(burnout) 예방과 관리, 전문직업적 지식과 기술을 훈련시켜 전문성 개발에 기여하는 지도감독(supervision) 등은 특히 사회복지조직에서 중요하게 다뤄지는 과정이다.

(3) 재정관리

재정관리는 조직의 목표 달성을 위해 필요한 재정자원을 합리적이고 계획적으로 동원하고, 배분하고, 효율적으로 사용하고 관리하는 과정을 의미한다. 사회복지기관의 재원은 주로 외부에서 조달되므로 조직 유지와 일정 수준의 서비스 질을 유지하기 위해서는 효과적인 재원관리가 필요하다. 재원관리는 예산수립, 회계, 지출관리, 재정 평가 등의 과정을 거치게 된다. 이와 함께 사회복지기관들의 다양한 재원 확보를 위한 노력 역시 중요한 과제다. 현대 사회복지기관의 주요한 재원은 국가의 세금, 사회에서 제공되는 기부금이나 후원금, 이용료 등으로 구성된다. 이러한 재원은 늘 안정적으로 제공되지 않을 수 있으므로 필요에 따라 사회의 다양한 자원으로부터 기금을 확보하기 위한 전략을 마련할 필요가 있다(김성천, 강욱모, 김혜성, 박경숙, 박능후 외, 2009: 121).

주로 눈에 보이지 않는 서비스를 전달하는 사회복지조직의 특수성으로 인해 투입과 성과에 대한 명확한 규정이 어려우며, 이로 인해 재정자원의 운용과정과 결과를 가시적으로 드러내는 것은 매우 어려운 관리과정이다. 이러한 제한점이 있음에도 현대사회에서 사회복지기관은 계속 증가하고 있으며 재원조달을 위해 경쟁 아닌 경쟁이 심화되고 있다. 아울러 자원 투입에 대한 책무성이 더욱 요구되고 있어 사회복지조직에서 재원관리의 중요성은 더욱 커지고 있다.

2) 우리나라 사회복지 전달체계의 주요 행정활동

사회복지 전달체계의 기능을 행정 기능과 서비스 제공 기능으로 나눈다면 행정 기능은 서비스의 전달업무를 원활히 하기 위한 기능이고, 서비스 제공 기능은 클라이언트나 소비자의 욕구에 응하여 서비스를 직접 제공하는 기능이라 할 수 있다. 행정체계에서는 거의 행정 기능만 수행하지만 집행체계에서는 서비스 전달 기능을 주로 수행하면서 행정 기능도 수행한다. 예를 들면 최일선의 사회복지사는 소비자와 대면하여 상담하거나 금품을 제공하는 직접적 전달업무 이외에 소비자와의 상담계획 수립, 슈퍼비전, 행정상 필요한 회의 참석 등의 행정업무도 수행한다(최성재, 남기민, 2001: 74-75).

제6장에서 제시된 사회복지 전달체계들이 각각 어떤 행정활동을 주로 수행하는지를 나타내면 [그림 8-3]과 같다. 공공부문에서 중앙정부라고 할 수 있는 보건복지부는 국민 전체를 아우르는 정책을 개발하고 이를 위해 예산을 수립하고 집행하는 예산관리를 수행한다. 중앙정부에서 지방정부로 권한을 위임하거나 이양하는 것은 핵심적 행정활동이라고 할 수 있다. 지방자치단체는 배정된 예산을 보건소 및 정신보건센터 등에 투입하여 클라이언트에게 직접 서비스를 전하기도 하며, 민간 사회복지기관에 재정지원과 함께 감독의 기능을 수행하면서 클라이언트에게 간접적으로 서비스를 제공한다. 또한 클라이언트의 요구에 직접적 서비스를 제공하지 않는 공공 전달체계는 민간 사회복지 전달체계 및 다른 자원체계로 서비스를 의뢰하거나 연계를 통해 제공한다.

서비스 전달의 일선에 있는 민간 사회복지 전달체계, 즉 지역사회복지관, 사회복지시설, 재가복지봉사센터, 각 기관들의 협의체 등은 조직 내부적으로 기

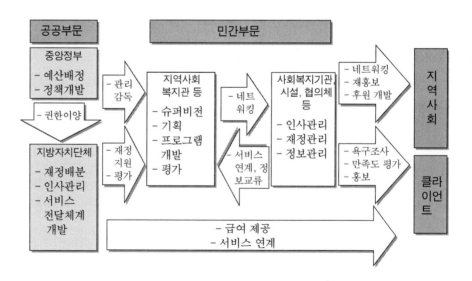

[그림 8-3] 사회복지 전달체계에서 이루어지는 행정활동

획, 인사관리, 재정관리, 정보관리를 한다. 미래의 조직구성원으로 성장해야 할 사회복지 실습생이나 직원을 대상으로 하는 슈퍼비전과 프로그램 개발과 평가 등이 중요한 행정활동으로 자리 잡고 있다. 외부적으로는 사회복지기관 간의 네트워크 구축을 위하여 활동하며 이를 통해 정보교류, 서비스 연계를 수행한다. 그리고 클라이언트의 피드백을 받기 위한 만족도조사 등을 평가의 한 과정으로 수행하며, 새로운 프로그램 개발을 위한 욕구조사도 실시한다. 지역사회의 많은 조직들과 네트워크를 형성하며 홍보 등을 통해 후원개발을 도모한다.

3. 사회복지행정의 전망

1) 사회복지조직 환경의 변화

현대사회에서 사회복지 서비스의 규모는 점점 확대되고 있으며 업무의 양과 영역이 확대되면서 효과적인 사회복지행정 체계가 더욱 강조되고 있다. 사회복지행정에 있어서의 경쟁력 유무가 기관 존재의 당위성 확보와 기관의 경쟁력을 좌우하는 매우 중요한 요인이 되고 있다. 효과적인 사회복지행정이란 무엇인가? 그것은 서비스 수요자에 대하여 최선의 서비스를 효율적으로 전하기 위한 일련의 과정이라고 할 수 있는데 사회복지조직의 환경이 어떻게 변하고 있는지를 인식하는 것은 효과적인 사회복지행정의 출발점이 된다.

첫째, 사회복지조직의 환경 변화로 우선 지적할 수 있는 것이 책임성의 강조다. 20세기 후반에 이르러 사회복지 전달체계의 영역과 종류가 확대됨에 따라 사회복지조직의 책임성이 강조되고 있다. 이는 사회복지에 투입할 수 있는 자원의 제한성이 커지면서 더욱더 강화될 것으로 보인다. 영리조직은 자원을 자신들의 목적을 위해 임의대로 쓸 수 있지만, 사회복지조직은 기부해 주는 사람들의 순수한 신뢰를 조직의 활동으로 교환하여 제공하는 비영리조직이다. 따라서 영리조직보다 자원을 효율적으로 활용해야 할 책임이 훨씬 크며 재원의 사용에 더욱 신중해야 한다(황성철 외, 2003: 309). 마찬가지로 국민의 세금을 통해 확보된 재원을 사용하는 공공행정기관도 각 지역사회의 욕구에 대응하여 균형적으로 자원을 배분하고 이에 대해 책임성 있게 관리해야 한다.

둘째, 사회복지조직의 활동에 있어서 효과성을 확보하고 또한 성과물의 가시화를 요구하는 환경으로 변화되고 있다. 주된 서비스가 무형적 형태라는 측면에서 볼 때 이러한 요구는 사회복지기관에게 쉽지 않은 과업이 되었고, 이것은 사회복지조직 혹은 사회복지 프로그램에 대한 평가의 필요성 확대와도 관련된다.

셋째, 사회복지의 지방화다. 국민들의 보편적 욕구에 대한 대응으로 중앙정부 책임하에 사회보장의 기본틀을 갖추게 되면 사회복지는 각기 다른 지역사회가 가지고 있는 욕구에 대해 보다 섬세한 대응을 필요로 하게 된다. 이를 위해 중앙집권에서 지방으로 단계적인 분권화를 지향하고, 사회복지 서비스의 내용과 형태를 결정할 수 있는 권리에 대해서도 지방에서의 자율성을 확대하는 추세다. 이러한 변화는 지나치게 중앙정부에 의존해 있던 재정구조에서 벗어나야 하는 책임부여의 부담이 있다. 그러나 지역사회에 잠재되어 있는 자원들을 개발하는 기회가 만들어질 수도 있고, 무엇보다 산업화로 인해 해체된 우리 사회의 공동체성을 회복하기에 좀 더 용이한 환경으로 전환하고 있다고 볼 수도 있다. 따라서 사회복지조직은 단순히 서비스를 전달하는 역할뿐만 아니라 지역사회의 사회복지 욕구에 대한 명확한 이해와 보다 능동적인 자원개발, 지역사회 각 기관들과의 협력적 관계의 개발과 유지 노력이 강조된다.

이상에서 사회복지조직 환경 변화에 따라 향후 사회복지행정에서 더욱 강조될 것으로 전망되는 것으로는 경쟁성 강화, 민영화 경향, 마케팅 활성화, 기업경영적 행정 강화, 품질관리 강화, 결과에 대한 강조, 전략적 기획 강화 등을 들 수 있다(황성철 외, 2003).

2) 프로그램 개발과 평가

사회복지조직을 둘러싼 환경의 변화는 사회복지조직에 대하여 과거와는 다른 새로운 사회복지행정 활동을 요구하고 있다. 지금까지 상위 조직에서의 의사결정 내용을 집행하는 기능 혹은 배분이 결정된 자원과 서비스를 전달하는 기능이 중심이었다면, 이제는 사회복지조직이 존재하고 있는 지역사회를 대상으로 보다 능동적인 사회복지 서비스 전달 기능이 요구되고 있다. 이것은 지역사회의 욕구와 변화를 신속히 파악해야 하고, 그에 대한 대응으로서 프로그램의 지속적인 개발과 수행과정에 대한 평가가 필수적이라는 의미다.

프로그램은 새로운 변화와 욕구에 맞추어 개발되어야 하며, 각 기관은 지역사회의 특수성을 반영하는 프로그램을 운영해야 한다. 어떤 프로그램을 수행하느냐에 따라 사회복지조직의 고유한 설립 이념을 구현하는가 혹은 사회복지조직의 정체성이 무엇인가를 확인할 수 있기 때문에 프로그램 개발은 기본적이면서도 핵심적인 행정활동이라고 할 수 있다. 프로그램 개발을 위해서는 실제 욕구조사를 통해서 클라이언트들의 필요를 정확히 파악하여 적절한 프로그램을 마련하는 것이 바람직하다. 또한 사회복지기관은 프로그램 성과를 객관적으로 평가받음으로써 그 존재성을 사회에 알릴 수 있게 된다. 평가는 일차적으로 대외적인 책임성을 제시할 필요성과 결부되어 있으며(김영종, 2003: 425), 국가나 사회에서 위임받은 사회복지 프로그램을 효과적·효율적으로 운영하도록 만들고 필요한 경우 바람직한 방향으로 이끌 수 있는 교육적인 목적도 갖고 있다.

프로그램 평가의 기준으로는 프로그램 수행의 정도와 투입된 자원의 정도, 제공된 서비스와 성취된 결과 사이의 관계를 통해 밝히는 효과성, 주어진 자원을 경제적이고 효율적인 방법으로 적절하게 활용했는가의 여부와 서비스와 급여들의 비용효율성, 프로그램이 전문적인 기준에 맞추어 이루어졌는지를 보는 프로그램의 질(quality), 그리고 자원이나 서비스가 인구집단에게 공평하게 배분되었는가를 보는 공평성 등이 있다. 여기에 더하여 최근에 더욱 강조되는 기준이 클라이언트 만족도다(김통원, 2009: 117).

3) 정보관리 및 홍보

정보와 커뮤니케이션 기술의 발달은 전통적인 서비스 환경에 변화를 가져오고 서비스를 제공하는 다양한 수준의 행정조직 모두에게 변화를 가져다주었다. 정보기술의 발달은 서비스 수요자인 시민과 제공자인 행정조직 간에 즉각적인 반응을 가져올 수 있는 관계로 만들 것이며, 미시적인 서비스 전달과정에서도 정보의 중요성은 더욱 커질 것이라는 Lips(1998)의 주장은 10여 년이 흐른 지금 그대로 적중하여 나타났다. 사회복지조직과 시민 간의 접점은 급격히 늘어났으며 그에 따른 정보관리의 중요성이 현실적인 과제로 주어졌다.

아울러 정보사회화로 인해 조직에 나타나는 가장 큰 변화 중의 하나는 수평적 조직구조의 보편화 현상이라고 할 수 있다. 정보기술의 발달은 구체적인 조직운영과정에도 많은 변화를 가져와(황성철 외, 2003: 263), 의사소통 및 의사결정 방식을 변화시켰다. 그리고 정보화 시대에 필요한 지식과 기술을 사회복지조직의 구성원에게 요구하는 것은 보편적인 현상이 되었다. 정보관리 체계는 클라이언트에 대한 서비스를 향상시키고 서비스 제공의 효율성을 향상시킬 수 있다는 점에서, 그리고 사회복지기관 업무에 대한 체계적인 업무 분류나 업무 표준화를 할 수 있다는 점에서 능동적으로 수용되었다.

이에 따라 사회복지조직의 실무자들이 사회복지기관의 정보체계를 개발하거나 능숙하게 활용하는 것이 기본적인 업무로 자리 잡고 있어, 필요한 기술의 습득과 정보관리 체계에 대한 이해가 요구되고 있다. 또한 사회복지기관들은 활동이나 성과에 대해서 일목요연하게 설명할 수 있어야 하는 상황에 놓이게 되었다. 이를 위해 정보를 취합하여 구조화된 문서를 완성하고 이것을 지역사회, 클라이언트 및 이해당사자들에게 제시할 수 있어야 한다.

효과적인 정보관리는 사회복지조직의 홍보를 위한 기초자료이며 토대다. 정보관리가 사회복지조직 내부에서의 행정활동이라고 한다면, 홍보는 사회복지조직의 외부를 향한 행정활동이라고 할 수 있다. 사회복지조직의 입장에서 홍보란 조직을 둘러싼 클라이언트, 가족, 지역사회, 후원자, 정부, 기타 기관들과 다양한 관계를 형성하는 노력을 의미한다. 그런데 사회복지조직에서 홍보가 왜 중요한 행정활동 영역이 되었을까?

이는 사회복지조직 환경의 변화와 관련이 있다. 분권화로 인해 사회복지 서비스에 대한 권리와 책임성이 함께 커졌으며, 이에 따라 자원을 개발하고 유지하기 위한 전략들이 필요하게 되었다. 그리고 사회복지 서비스의 존재와 유용성을 서비스 수요자들에게 효과적으로 전달함으로써 사회복지조직의 유지를 위한 지지를 확보할 뿐만 아니라 홍보를 통해 사회복지에 대한 사회적 합의를 이끌어 낼 수 있다. 즉, 사회적으로 필요하고 바람직한 일을 수행한다 하더라도 그 지속성을 유지하기 위해서는 홍보라는 행정활동을 통해 그 동력을 얻을 필요가 있다.

이를 위해 사회복지조직은 지역사회 내의 개인, 단체 및 조직 등과 관계를 유지하기 위해 노력해야 하며, 지역사회 자원을 개발하고 후원자를 확보하기 위해 효과적인 홍보매체가 무엇이며, 어떻게 전략적으로 활용할 것인가에 대해 고려하며 활동해야 한다. 최근에 이르러 사회복지기관에서 홍보와 후원개발 업무만 전담하는 사회복지사를 배치하는 경향이 증가하는 것도 이러한 필요성을 반영하는 것이다.

4) 네트워킹

일반적으로 사회의 집합적 목표를 달성하고 공동의 문제를 해결하기 위해 사회적 수단으로 사용하는 것 중 하나가 네트워크다. 네트워크는 신뢰(trust)와 상호성을 그 핵심 기제로 활용한다. 중요한 것은 이러한 조정 및 통제기제의 차이가 사회적 맥락에 따라 그 효과성을 발휘할 수 있는 정도가 달라진다는 점이며, 최근의 세계화, 지방화 및 정보화로 대표되는 사회환경의 변화는 사회적 문제해결을 위한 조정 및 통제기제로서 네트워크에 대한 인식을 긍정적으로 변화시키고 있다(김준기, 2006: 20).

네트워킹(networking)은 사회복지행정 활동의 한 영역으로만 설명하기에는 그 의미가 너무 크나, 여기서는 사회복지조직에서 이루어지는 주요 활동의 하나로 접근하고자 한다. 사회복지 욕구의 다변화와 충족되지 않은 욕구로 인해 발생하는 사회문제의 형태는 더욱 다양해지고 있다. 문제해결을 위해서는 다양한 측면에서의 접근이 필요하고, 다층적인 욕구를 해결하기 위해서는 하나의 기관 혹은 하나의 조직적 노력을 넘어서는 개입이 필요하게 되었다. 휴먼 서비스 조직에서의 협력적인 서비스 전달체계에 대한 요구가 커지면서 폐쇄체계적 행정관리 방법은 한계를 가지게 된다. 이로 인해 사회복지 서비스와 관련되어 있는 조직들은 하나의 조직 영역 내에서의 역할보다는 여러 조직 간의 관계를 새롭게 형성하고 연결시키는 역할을 더욱 강조하게 되었다.

사회복지조직 간 네트워크는 지역사회 복지수요자의 복지 증진을 위해 사회복지 서비스 공급주체 간의 정보공유, 서비스의 연결 등 지역사회의 복지조직 및 관련 조직 간의 유기적 연계체제를 의미한다. 예를 들어 2004년 사회복지관 백서에서 나타난 네트워크 활동사례를 보면, 지역사회복지관은 지역사회 문제와 주민의 욕구에 따라 정부기관, 기관협회 등의 사회복지기관, 학교조직, 교정조직, 의료조직, 법률 관련 조직, 종교 관련 연계, 기타 시민사회단체 등과 함께 활동하며(김준기, 2006: 39) 연계체제를 유지하고 있음을 볼 수 있다. 조직들 간의 연계를 통해 서비스를 제공하는 활동의 중요성은 사회복지 환경의 변화에 따라 더욱 확대될 것으로 보인다.

그러므로 사회복지조직의 관리자와 조직구성원은 지역복지 문제와 관련해 다양한 지역단체나 관련 기관과의 연계활동을 수행하기 위한 기술이 필요하며, 기존 자원과 시설들을 최대한 활용하도록 협조를 구하는 노력이 상시적인 활동이 되고 있다. 단순한 정보교환과 친밀감의 교류를 넘어서 네트워크의 중요성과 필요성에 대한 인식을 높이는 가운데, 사회복지 자원 및 이용자 교류의 활성화에 관심을 갖고 실질적인 네트워크의 매개자 역할을 더욱 강화해야 할 것이다.

　사회의 불안정성이 높아질수록 사회복지의 기능과 역할에 대한 기대는 더 높아지면서도, 사회복지조직 또한 예외 없이 불안정성으로 인한 문제에 직면하게 될 것이다. 사회의 욕구와 기대에 부응하면서 사회복지정책이 원활하게 사회 서비스로 전환되고 전달되도록 하기 위해서는 사회복지조직 내부 및 조직 간 행정활동의 중요성이 더욱 강조될 수밖에 없다. 사회복지행정의 과정이 효과적으로 이루어지기 위해서는 서비스 대상인 클라이언트에만 관심을 가지는 것이 아니라 이들을 둘러싼 지역사회를 이해하고, 지역사회의 강점과 약점, 어떻게 연계해서 일을 해 나갈 것인가 등에 대한 이해가 바탕이 되어야 할 것이다. 즉, 사회복지 행정가는 조직의 운영에 있어 지역사회에 대한 책임을 갖고 지역사회가 요구하는 서비스 전달체계의 기능을 효과적으로 수행해야 한다.

생각해 봅시다

1. 지방정부와 주민자치센터의 사회복지행정 활동에서 주민들의 참여를 촉진시킬 수 있는 방법에 대해 생각해 보자.

2. 지방화, 지역화를 강조하는 사회복지행정 환경의 변화가 사회복지조직을 어떻게 변화시킬 것인가를 생각해 보자.

3. 사회복지행정에서 사회복지사의 전문성이 가지는 의의가 무엇인지 토론해 보자.

참고문헌

김성천, 강욱모, 김혜성, 박경숙, 박능후 외(2009). 사회복지학개론: 원리와 실제. 서울: 학
　　지사.

김성천, 강욱모, 김영란, 김혜성, 박경숙 외(2013). 사회복지학개론: 원리와 실제(2판). 서
　　울: 학지사.

김영종(2003). 사회복지행정. 서울: 학지사.

김준기(2006). 한국 사회복지 네트워크의 구성과 효과성. 서울대학교출판부.

김통원(2009). 사회복지 프로그램 기획과 평가. 서울: 신정.

박경일 외(2001). 사회복지행정론. 서울: 양서원.

신복기, 박경일, 장중탁, 이명현(2002). 사회복지행정론. 서울: 양서원.

최성재, 남기민(2001). 사회복지행정론. 서울: 나남출판

황성철, 정무성, 강철희, 최재성(2003). 사회복지행정론. 서울: 현학사.

Hasenfeld, Y. (1992). The Nature of Human Service Organizations. In Y. Hasenfeld
　　(Ed.), *Human Services as Complex Organizations*. Newbury Park, CA: Sage.

Kirst-Ashman, K. K. (2007). *Introduction to Social Work and Social Welfare* (2nd
　　ed.). Belmont, CA: Thomson Brooks/Cole.

Lips, M. (1998). Reorganizing Public Service Delivery in an Information Age. In I.
　　Snellen & W. B. B. H. van de Donk (Eds.), *Public Administration in an
　　Information Age*. IOS Press.

Skidmore, R. A. (1990). *Social work administration: dynamic management and
　　human relationships*. Englewood Cliffs, NJ: Prentice Hall.

Skidmore, R. A., Thackeray, M. G., & Farley, O. W. (1991). *Introduction to Social
　　Work*. Englewood Cliffs, NJ: Prentice Hall.

제9장
사회복지실천

이 장에서는 원조방법으로서의 '사회복지실천'에 대해 살펴보기로 한다. 사회복지실천이란 과연 무엇이며, 어떤 구성요소들을 갖추어야 하는가, 어떤 대상에게 제공될 수 있는가 등에 대해 설명하였다. 또한 사회복지실천을 위한 기본적 수단으로서의 사회복지 전문원조관계와 면접 등에 대한 내용도 다루고 있다. 마지막으로, 사회복지실천이 실제 어떻게 진행되는가를 보다 생생하게 볼 수 있도록 사례를 제시하였다. 사례에서는 원조과정의 시간적 순서에 따라 사회복지사와 클라이언트의 상호작용과 원조활동상의 초점이 어떻게 변화하는지 살펴보았다.

1. 원조방법으로서의 사회복지실천

사회복지실천은 사회복지학에서 하나의 방법 또는 접근 노력으로서 "사회적 기능을 신장시키고 바람직한 사회적 상황을 만들어 나갈 수 있도록 사람들의 능력을 향상시키거나 회복시키는 전문적 활동(Barker, 1995)"이라 할 수 있다. 개인뿐만 아니라 가족, 집단, 그리고 지역사회를 대상으로 문제를 해결하도록 돕는 사회복지실천은 "일종의 예술이자 과학으로서의 속성을 지닌 전문직" (Skidmore, Thackeray, & Farley, 2000)으로 표현되기도 한다. 이들 표현은 사회복지실천을 매우 압축적으로 나타내고 있는 만큼 우리는 이것을 풀어서 이해하려는 노력을 기울일 필요가 있다. 이 장에서는 사회복지실천이 지닌 목적과 목표는 무엇인지, 어떤 요소를 갖추었을 때 '사회복지실천'으로 불릴 수 있는지, 어떤 대상들에게 제공될 수 있는지 등을 살펴봄으로써 사회복지실천에 보다 실제적으로 다가가 보기로 한다.

1) 사회복지실천의 목적 및 목표

사회복지실천은 직접적 실행을 염두에 둔 목적과 이에 따른 구체적 목표를 가진 실천적 개입활동이다(김기태, 김수환, 김영호, 박지영, 2007). 실용적 바탕 위에서 사회복지실천을 발전시켜 왔던 미국의 경우 사회복지실천의 목적과 목표에 관한 다양한 내용들이 많은 학자들에 의해 요약·제시되어 왔다. 이 중 Pincus 와 Minahan(1973)이 제시한 내용은 오늘날 사회복지실천이 핵심적으로 지향하는 개인과 지역사회 내 자원체계와의 관계 증진이나 연결을 강조한 출발로서의 의의를 지닌다. 이들이 제시한 사회복지실천의 목적은 다음 네 가지로 요약할 수 있다.

- 개인의 문제해결 및 대처능력의 향상
- 개인과 지역사회 자원 및 서비스 제공체계와의 연결
- 서비스 제공체계가 인도주의적 차원에서 효과적으로 운영되도록 촉진
- 사회정책의 개발과 발전에 공헌

다소 포괄적이고 광범위한 목적에 비해 목표는 보다 구체적이고 상세하게 목적이 지향하는 바를 나타낸다. Zastrow(2000)는 미국사회복지사협회(NASW, 1983)와 미국사회복지교육협의회(CSWE, 1999)가 제시한 사회복지실천의 목표를 종합하여 여섯 가지로 요약하였다. 이들 목표는 앞서 Pincus와 Minahan (1973)이 제시한 사회복지실천의 목적에 도달하기 위해 필요한 세부사항을 보여 주고 있으며, 우리는 이로부터 사회복지실천을 위한 실행지침들을 얻을 수 있다.

- 사람들의 문제해결 및 대처능력, 발달상의 능력 등을 향상시킨다.
  ⇒ 이 목표는 사회복지실천상의 초점이 상황 속의 '개인'에게 맞추어져 있다. 사회복지사는 개인을 대상으로 상담자, 교사, 조력자(enabler) 등의 역할을 한다.
- 사람과 자원, 서비스 및 기회를 제공해 줄 수 있는 체계가 서로 연결되도록 한다.
  ⇒ 이 목표는 사회복지실천의 초점이 개인과 체계 간의 관계에 맞추어져 있다. 사회복지사는 중개자로서 역할을 한다.
- 사람에게 자원과 서비스를 제공해 주는 체계(조직)가 효과적이면서도 인간적인 방식으로 운용되게 한다.
  ⇒ 이 목표는 사회복지실천의 초점이 서비스 조직체계에 맞추어져 있다. 이때 사회복지사는 행정가, 옹호자로서 역할을 한다.
- 사회정책을 개발하고 개선한다.
  ⇒ 이 목표 또한 체계에 초점이 맞추어져 있지만, 보다 큰 환경으로서의 사

회체계에 관심을 두고 있다. 이와 관련하여 사회복지사는 기획가, 정책 개발자로서 역할을 한다.

- 위험에 처한 집단이 스스로의 힘(능력)을 발휘할 수 있도록 하며 사회·경제적 정의를 증진시킨다.
  ⇒ 여기에서 위기에 처한 집단이란 여성, 노인, 장애를 지닌 사람, 빈민 등과 같은 사회적 소수자를 의미한다. 사회복지사는 옹호자, 협상가로서 역할을 한다.
- 전문적 지식과 기술을 개발하고 검증한다.
  ⇒ 사회복지사는 누적된 현장 경험을 통해 사회복지실천을 위한 지식을 발전시키는 데 기여할 것으로 기대된다. 사회복지사는 조사연구자로서 역할을 한다.

이상과 같은 사회복지실천의 목적 및 목표의 내용들은 대략 세 가지로 요약을 할 수 있다(김기태 외, 2007). 첫째, 사회복지실천은 인간의 욕구 충족과 능력 신장, 사회적 기능 향상에 초점을 둔다. 둘째, 그러기 위해서는 환경이나 여건의 형성이 필요하며 이로부터 서비스 및 프로그램의 제공이 있어야 한다. 셋째, 이를 위해 특정한 지식과 기술이 필요하다.

2) 사회복지실천의 구성요소

'사회복지실천은 어떤 요소로 구성되어 있는가?'라는 질문은 거꾸로 어떤 요소를 갖추었을 때 이것을 '사회복지실천'이라고 할 수 있는가에 대해 생각하게 해 준다. 많은 학자들이 구성요소에 관한 의견들을 제시했지만 Perlman(1957), Pincus와 Minahan(1973)의 의견은 간결하면서도 매우 함축적이라는 점에서 현재까지도 자주 언급된다.

Perlman(1957)이 언급한 사회복지실천의 구성요소는 '4P'로 표현된다. 그에 따르면 구체적 대상으로서 '사람(person)'이 있고, 그 사람은 반드시 '문제

(problem)'를 가지고 있으며, 그러한 문제를 가진 사람을 돕기 위해 일정한 '장소(place)'에서, 일정한 '과정(process)'을 통해 진행되는 것이 사회복지실천이다. 여기에서, '사람'은 어떤 도움을 필요로 하는 보편적 인간으로 스트레스 상황에 놓여 있으며, 자신의 삶의 영역에서 어려움을 경험하고 있는 클라이언트를 의미한다. '문제'라 함은 클라이언트가 직면하고 있는 고통과 부적응 등을 말한다. '장소'란 문제를 가진 사람들이 찾아오는 곳으로서 주로 사회복지실천 현장에서의 기관을 일컬으며 공공기관 및 민간기관이 모두 포함된다. 마지막으로, '과정'은 주로 클라이언트가 당면한 문제를 해결해 가는 과정, 즉 '문제 해결 과정'이다. 이들 4P를 간단하게 보자면 도움을 필요로 하는 측과 도움을 주는 측으로 정리될 수 있다. 이 점에서 우리는 사회복지실천이 어느 한쪽만이 아니라 양쪽 모두를 포함하는 것임을 알 수 있다.

Pincus와 Minahan(1973)은 네 가지 체계로 사회복지실천의 구성을 설명하고자 했다. 네 가지 체계에는 변화매개인 체계, 클라이언트 체계, 표적체계, 그리고 행동체계 등이 포함되며 이들을 좀 더 구체적으로 살펴보면 다음과 같다.

- 변화매개인 체계: 계획된 변화를 실행하게 하는 체계로서 원조업무에 관여하는 사람과 기관 전체를 포함한다. 가장 핵심적 인물은 사회복지사(변화매개인)이며 그가 속한 기관의 다른 직원들 역시 이 체계에 포함된다.
- 클라이언트 체계: 변화매개인의 서비스를 기대하는 사람으로서, 어떤 구체적인 형태로 도움을 필요로 하는 사람을 가리킨다. 개인뿐만 아니라 가족, 집단, 지역사회 또한 도움을 필요로 하는 경우에는 클라이언트 체계로 간주될 수 있다. 클라이언트와 변화매개인 간에는 변화 노력의 목표나 방법을 명시한 업무 동의나 계약이 이루어져야 하며 이때 클라이언트의 자기 결정이 중요하다.
- 표적체계: 변화매개인과 클라이언트가 상호 동의하에 설정한 목표를 달성하기 위해 영향을 미치거나 변화시킬 필요가 있는 대상이다. 보편적으로 클라이언트가 변화되어야 할 대상, 즉 표적체계에 포함되는 경우가 많으

나 항상 그런 것은 아니다. 즉, 클라이언트 체계와 표적체계는 동일할 수도 있고 따로 분리되는 경우도 있다.

- 행동체계: 의도적이고 계획적인 변화를 일으키기 위해 노력하는 과정에서 다른 사람의 도움을 받을 수도 있으며 변화 노력을 함께 일궈 갈 수도 있는데, 이러한 특정인을 행동체계라 한다. 주로 클라이언트의 변화를 지지하거나 격려해 줄 수 있는 가족이나 친구 등이 포함된다.

이들 네 가지 체계를 통한 Pincus와 Minahan(1973)의 설명은 종종 '4체계 모델'로 불리기도 하며 실제 현장에서 사례 검토를 할 때 유용하게 활용되고 있다. 다음 사례를 통해 4체계 모델의 적용을 살펴보자.

성적 하락에 따른 우울감으로 학교사회복지사와 만나게 된 K양(15)은 서너 차례의 면담 결과 어머니의 자녀 편애에 대한 심한 반감과 가족 내에서 본인이 '왕따'라는 피해의식을 강하게 드러내고 있었다. K양의 가족으로는 부모님과 연년생 언니, 터울 차이가 큰 늦둥이 남동생(8세)이 있다. K양의 어머니는 첫째에 이어 둘째까지 딸을 낳자, 아들을 낳지 못한 것을 서운해하다 늦게 아들을 낳은 후 편애를 심하게 했다. K양과 같은 학교에 다니면서 성적이 우수한 큰딸에 대해서는 '착하고 살림밑천'이라고 생각하는 반면, K양에 대해서는 '정신 차려 공부만 해 주면 집안에 아무 걱정이 없을 것'이라고 입버릇처럼 말하고 있다. K양의 교우관계는 폭넓지는 않아도 단짝 친구 몇 명이 있으며 언니와도 원만하게 지내는 편이다. 지난 중간고사 준비기간에는 공부를 잘하는 언니로부터 도움을 얻으려 했지만 언니를 방해하지 말고 혼자 공부하라는 어머니의 만류로 포기하였다.

이 사례에 4체계 모델을 간략하게 적용하면 다음과 같다.

- 변화매개인 체계: 계획된 변화를 실행하게 하는 원조 제공자인 학교사회
  복지사와 그가 소속되어 있는 조직인 학교
- 클라이언트 체계: 현재 학교사회복지사의 도움을 필요로 하는 K양
- 표적체계: K양의 문제해결을 위해 변화되어야 할 어머니
- 행동체계: K양의 문제해결에 격려와 지지를 줄 수 있는 언니, 단짝 친구들

3) 사회복지실천의 대상

다양한 단위(unit)가 사회복지실천의 원조대상인 클라이언트 체계가 될 수 있다. 일반적으로 사회복지사는 개인을 직접 만나 문제를 확인하고 변화지점을 파악해서 변화를 추구하는 경우가 많으며, 이때 클라이언트 체계의 단위는 개인이다. 그러나 모든 사회복지실천이 개인만을 대상으로 하는 것은 아니다. 개인 클라이언트를 대상으로 원조가 시작되었더라도 경우에 따라서는 그 개인의 가족으로 클라이언트 체계가 확장될 수 있으며, 더 크게는 지역사회로까지도 가능하다. 또한 처음부터 개인이 아니라 집단, 가족, 지역사회 등을 클라이언트 체계로 하여 사회복지실천이 시작되는 경우도 많다.

(1) 개인

사회복지실천은 개인 대상의 개입과 원조 제공으로부터 발전해 왔다. 영국과 미국의 자선조직협회는 오늘날 사회복지실천의 토대를 만드는 데 큰 공헌을 한 것으로 평가받고 있으며, 특히 빈민을 직접 방문해서 자선적 시혜를 제공하던 우애방문원의 활동은 개인 클라이언트를 대상으로 한 면접기법 등의 원조방법상의 지식을 발전시키는 데 기여하였다. 개인 대상의 실천은 그 발전과정에서 문제의 원인이나 책임을 개인에게만 한정시킬 수 있다는 비판에 직면하기도 했지만, 오늘날 사회 · 환경적 차원의 요소들을 함께 고려하는 가운데 여전히 사회복지실천에서 상당한 부분을 차지하고 있다. 대부분의 지역사회복지관에서 지역 내 만성적 · 복합적 문제를 지닌 개인을 대상으로 개입하고 있다는 점

은 개인 대상 실천의 중요성을 말해 준다.

개인을 대상으로 하는 사회복지실천은 개인 내부 측면에서 정서, 인지, 행동 상의 변화를 추구할 수도 있으며, 개인이 주변과의 관계 측면에서 의사소통 기술상의 기술을 변화시키는 데 초점을 둘 수도 있다. 또한 개인이 스트레스를 관리하고 문제해결 기술을 대처방식 측면에서 향상시키는 데 역점을 두기도 한다.

(2) 가족

사회복지실천에서 가족을 대상으로 하는 경우는 대략 두 가지 형태로 나눌 수 있다. 하나는 개인을 대상으로 실천하는 과정에서 변화를 촉진시키기 위해 개인의 가족구성원을 포함시키는 경우다. 앞서 설명한 '4체계 모델'을 통해 보자면 가족이 표적체계나 행동체계로 실천과정에 포함되는 경우이며 이때 클라이언트 체계는 여전히 개인이다. 다른 하나는 가족 자체가 실천의 대상, 즉 클라이언트 체계가 되는 경우로서 본격적인 가족 대상의 실천이라고 할 수 있다.

가족을 대상으로 실천할 경우 가족은 구성원 개개인의 단순한 집합체를 넘어 물리적, 심리적 공간을 공유하는 하나의 전체 체계로서 이해되어야 한다. 가족구성원 개인의 문제행동은 가족 전체의 역기능을 표현하는 것으로 파악되며 '누가' 문제의 원인인가를 규명하기보다는 '어떻게' 문제가 가족 내에서 순환되는가에 관심을 둔다. 따라서 문제의 해결도 한 구성원의 개인적 변화에 초점을 두기보다는 가족구성원들끼리 상호작용하는 방식의 변화에 초점을 둔다(엄명용, 김성천, 오혜경, 윤혜미, 2005). 사회복지사는 체계이론의 준거틀을 가족에 적용함으로써 가족구성원들이 모두 참여하지 않더라도 전체가족에 대한 이해를 도모할 수 있으며, 가족 일부분의 변화로 전체의 변화를 촉진하거나 혹은 그 반대로 변화를 도모하는 것과 같은 '가족치료'적 접근을 진행할 수도 있다.

오늘날 우리 사회는 사회경제적 및 문화적 측면에서 급격한 변화를 겪고 있으며 이로 인한 가족문제의 양상 또한 다양해지고 있다. 기러기아빠, 비혼부모가구, 한부모가구, 조손가구, 다문화가족 등은 가족에 대한 사회의 관심을 더욱 증폭시킬 것으로 예상된다. 이러한 상황에서 사회복지사는 부부갈등, 부모-자녀 문제, 아동문제, 다세대 및 다문화 간 갈등 등의 문제를 중재하고 해결하기 위한 가족 대상의 사회복지실천 프로그램과 서비스 개발에 노력을 기울여야 하며, 이를 위해 가족체계 및 구조에 대한 지식을 한층 더 강화해야 한다.

(3) 집단

사회복지실천에서 집단의 활용은 경제적 효용성 외에도 특별한 가치를 지니는 것으로 평가받고 있다. 특히 사회적으로 소외되어 있거나 정서적 지지를 필요로 하는 사람들의 경우, 개인 대상 위주의 개별적 사회복지실천보다는 유사한 경험을 지닌 다른 사람들과 함께 문제를 해결하거나 변화를 일으키도록 돕는 것이 훨씬 효과적이다. 다른 사람도 나와 비슷한 문제와 어려움이 있음을 알게 되는 '동병상련'의 경험을 통해 집단 자체는 역동성을 지니게 되고 개인의 변화를 일으킬 수 있는 효과적 수단이 된다. 그러므로 집단을 대상으로 사회복지실천을 하는 사회복지사는 각 구성원의 개별적 욕구보다는 전체로서의 집단역동성을 촉진시키는 데 초점을 둔다.

사회복지실천에는 집단이 구성되는 목적에 따라 다양한 형태의 집단이 형성될 수 있다. 이들 집단은 크게 치료집단과 과업집단 두 가지로 구분할 수 있으며 구체적 내용은 〈표 9-1〉과 같다.

이들 집단유형 이외에도 자조집단이 있다. 비슷한 문제를 지닌 사람들이 모여 스스로 문제해결을 하는, 일종의 '당사자' 모임의 형태로 운영되며 임파워먼트 효과가 큰 것으로 알려져 있다. 사회복지사는 집단 내부에서 직접적인 촉진

〈표 9-1〉 집단의 유형

치료집단 (treatment group)	교육집단	• 위탁모교육 집단, 청소년성교육 집단, 부모역할훈련 집단 등
	성장집단	성원들의 자기인식의 고취를 목적한 집단 • 퇴직준비집단, 자아성장집단 등
	치료집단 (therapy group)	역기능적 문제를 가진 개인을 치유할 목적의 집단 • 정신치료집단, 금연집단, 약물중독자회복집단 등

치료집단 (treatment group)	사회화집단	사회적 기술습득을 통해 지역사회에서 효과적으로 기능하도록 함에 목적을 둔 집단으로 게임이나 역할극, 야외활동 등의 프로그램 참여를 통한 학습을 중시 • 사회적 기술훈련집단: (예) 자기주장훈련집단 • 자치집단: (예) 치료적 지역사회[1] • 여가집단: (예) 스카우트활동, 캠프 등
과업집단 (task group)	위원회	과업집단의 가장 보편적 형태로 조직의 욕구 해결에 목적을 둠.
	행정집단	• 이사회
	팀	각자의 지식과 기술을 갖춘 구성원들로 구성
	※ 이외 협의회, 치료회의, 사회행동집단 등	

자 역할을 하지는 않으며, 다만 집단 외부인으로서 집단의 형성 및 연계에 관여하거나 외부자문을 제공하는 형태로 관여할 수 있다.

(4) 지역사회

개인, 가족, 집단에 이어 지역사회 또한 문제해결을 필요로 하는 사회복지실천의 대상, 즉 클라이언트 체계가 될 수 있다. 지역사회 대상의 사회복지실천은 지역주민이 자신들의 사회적 기능 향상을 위해 필요한 의식개혁, 환경 개선, 지역사회 조직화 등을 자발적, 주체적, 협력적으로 해 나갈 수 있도록 하는 데 목적을 두며 이때 사회복지사는 안내자, 조력자, 조정가, 운동가, 전문가 등의 역할을 수행한다(엄명용 외, 2005). 즉, 지역주민이 스스로 문제해결 과정에 참여해서 해결능력을 발휘하도록 돕는 데 주요 목적을 둔다.

현재 우리나라 지역복지관에서 이루어지고 있는 지역사회 대상의 실천은 지역사회보호활동과 지역사회조직활동이 혼합되어 있는 형태다. 지역사회보호는 지역 내에 존재하는 후원자원을 발굴하고 동원하여 지역 내 보호가 필요한 대상자—예를 들어, 소년·소녀가장, 독거노인, 빈곤 한부모세대, 장애인세대

---

1) 정신병동이나 시설 거주자들이 처우개선 및 욕구해결 위해 토론하고 의사소통능력과 갈등해결기술을 증대시키도록 한 모임의 형태다.

등—의 생활안정을 도모하는 활동이다. 후원대상자에게 개별통장을 지급하기도 하고 생필품이나 식품, 기타 물품 등을 지급하기도 한다.

지역사회조직활동은 잠재된 지역사회의 인적자원을 찾아내고 조직화함으로써 지역 스스로 지역문제를 해결해 나가는 역량을 함양하도록 돕는 활동이다. 이를 위해 사회복지사는 지역사회와 공동사업을 추진하기도 하고 지역주민들이 서로 만나 연결되고 조직화될 수 있도록 장소와 기회를 제공한다. 지역주민의 유대와 공동체의식을 강화시키기 위한 지역 바자회나 지역주민 축제의 개최, 살기 좋은 동네 만들기 운동 등이 여기에 포함된다. 이 밖에도 복지관 내 강당, 회의실, 프로그램실 등과 같은 편의시설을 주민 모임을 위해 제공하거나 주민 동아리를 조직하고 관리하는 활동 역시 지역사회조직활동의 예라고 할 수 있다.

2. 사회복지실천의 기본수단

앞서 설명한 것처럼 사회복지실천은 다양한 대상자에게 원조를 제공할 수 있으며 이를 위해 여러 방법들을 절충적으로 사용한다. 예를 들어, 개인의 생각(사고체계)의 전환을 통해 정서나 행동상의 변화를 가져오게 하는 '인지행동주의'적 접근을 사용하거나, 임파워먼트에 근간한 '지역사회 조직화' 전략을 사용하기도 한다. 그러나 각 사례에 부합하는 다양한 기술과 지식을 개입방법적 측면에서 고려하기 전에 모든 사회복지실천에서 공통적으로 사용해야 하는 기본적 방법을 살펴볼 필요가 있다. 여기서는 클라이언트와 전문원조와의 관계를 어떻게 형성해서 활용할 것인가에 관한 '관계론' 측면과, 클라이언트를 직접 만났을 때 어떤 지식과 기술을 효과적으로 사용할 것인가에 관한 '면접론' 측면을 다루기로 한다.

1) 전문원조관계

'관계' 란 두 사람 간 상호작용의 산물로서, 사회복지실천에서는 원조를 필요로 하는 클라이언트와 그에게 원조를 제공하는 사람(사회복지사) 간의 상호작용이 실천과정에 영향을 미친다는 점에서 중요하게 다루어지고 있다. Hamilton(1951)은 일종의 유대(bonding)로서 사회복지실천 관계를 논의한 최초의 인물이며, 모든 인간관계가 유대를 내포하고 있지만 특히 전문원조관계에서는 감정상의 강한 유대가 나타나며 상호 신뢰가 확립된 상태에서만 치료나 개입이 가능하다는 점을 강조했다. 즉, 구체적인 원조나 서비스의 제공에 앞서 사회복지사와 클라이언트 간의 유대와 신뢰에 바탕을 둔 관계 확립이 선행되어야 한다.

(1) 전문원조관계의 형성

사회복지사가 클라이언트에 대해 관심을 가지고 클라이언트는 이를 수용하면서 사회복지사에게 관심과 신뢰를 가지기 시작할 때 비로소 개입은 효과적으로 출발할 수 있다. 이때 사회복지사가 클라이언트는 현재 상황을 변화시켜 나갈 능력을 가진 존중받을 사람이라는 믿음을 지니는 것이 중요하다. 물론 처음부터 클라이언트가 문제의 본질에 대한 명확한 인식을 가질 것으로 기대할 수는 없다. 그러나 클라이언트의 행동과 인식의 변화 등을 통해 상황은 얼마든지 달라질 수 있다는 점을 확인시키고 이를 촉진하는 것이 사회복지사의 몫이다. 또한 사회복지사는 자신에 대해서도 원조업무를 수행해 나갈 능력을 갖춘 사람이라는 신념과 확신을 스스로 지니고 이를 클라이언트와도 공유해야 한다. 그럼으로써 클라이언트는 원조 제공자로서의 사회복지사에 대한 관심과 신뢰를 가질 수 있다.

(2) 전문원조관계의 지침

사회복지사가 클라이언트를 돕는 과정에서 원조관계를 효과적으로 유지 · 발전시키기 위해서는 몇 가지의 지침을 고려해야 한다(김기태 외, 2007).

첫째, 전문원조관계는 항상 목적성을 지녀야 하며 이로 인해 전문원조관계는 일반원조관계와 구분된다.

둘째, 전문원조관계는 시간제한적 특성을 지닌다.

셋째, 전문원조관계의 종료는 감정적 유대 측면에서 세심한 주의를 필요로 한다.

넷째, 전문원조관계는 클라이언트의 이익과 욕구만이 중요시되는 일방성을 지닌다.

다섯째, 전문원조관계에서는 클라이언트의 사생활에 대한 비밀보장이 철저하게 지켜져야 한다.

여섯째, 한 사람 이상의 클라이언트를 대상으로 하는 경우 사회복지사는 관계 내에서 어느 한쪽의 편을 들어서는 곤란하며 중립적 태도를 견지한다.

일곱째, 클라이언트가 전문원조관계 안에서뿐만 아니라 바깥, 즉 지역사회의 서비스들을 활용할 수 있도록 도와야 한다.

(3) 사회복지 원조관계의 원칙

Biestek(1978)은 사회복지사와 클라이언트 간의 원조관계는 원조과정 전반에 중요한 영향을 미치므로 클라이언트가 지닌 기본욕구에 부응하는 원조관계의 형성과 유지를 강조하면서 이를 위한 일곱 가지 원칙을 제시하였다.

- 개별화: 클라이언트의 독특한 자질을 인정하고 이해하는 것이다. 이를 위해 사회복지사는 편견과 선입견 없이 클라이언트의 이야기를 경청하고 관찰하는 능력을 갖추어야 한다.
- 의도적 감정표현: 클라이언트가 자신의 감정, 특히 부정적 감정을 자유롭게 표현할 수 있도록 적극적으로 격려하고 분위기를 조성해 주는 것이 중요하다.
- 수용: 클라이언트의 장점과 단점, 바람직한 측면과 그렇지 못한 측면, 긍정적

감정과 부정적 감정, 건설적인 태도와 행동, 그리고 파괴적 행동 등 모든 측면을 있는 그대로 지각하고 다루어야 한다.

- 통제된 정서적 관여: 사회복지사는 클라이언트와 원조관계 안에서 정서적으로 상호작용하고 때로는 이를 의도적으로 조절하거나 원조과정에 활용하기도 한다. 여기서 '통제'는 지배라는 의미보다는 조절 혹은 조정이라는 뜻으로 이해되어야 한다.
- 비심판적 태도: 클라이언트가 가진 문제나 욕구의 발생 원인에 대해 사회복지사는 옳고 그름에 관한 판단, 즉 심판을 내리지 말아야 한다.
- 클라이언트의 자기결정: 사회복지사는 클라이언트의 결정을 대신 내려 주기보다는 클라이언트가 자신의 문제에 대해 충분히 인식할 수 있도록 돕고 문제해결에 필요한 자원을 내·외부적으로 발견해서 가장 적절한 것을 스스로 선택하고 활용할 수 있도록 돕는다.
- 비밀보장: 원조과정에서 알게 된 클라이언트의 사생활은 반드시 비밀로 보장되어야 한다. 그러나 이것은 절대적이기보다는 상대적 성격에 더 가깝다.

2) 사회복지실천 면접

면접은 개인이나 집단을 대상으로 정보를 수집하고 보다 정확한 이해를 획득하기 위한 도구로서 여러 영역의 전문가들에 의해 활용되고 있다. 클라이언트의 문제해결에 목적을 둔 사회복지실천에서도 면접은 매우 중요한 기능을 한다. 사회복지사와 클라이언트의 대면관계 대부분은 면접을 통해 이뤄지는 만큼 사회복지실천상의 많은 전략이 면접이라는 수단에 의존하고 있다. 사회복지실천 면접은 지식을 기반으로 한다는 점에서 '과학'이라고 할 수 있으며, 사회복지사에 의해 창의적 방식으로 활용될 수 있으므로 '예술'로도 표현된다(Brown, 1992). 다른 면접과 마찬가지로 사회복지실천 면접 역시 면접목적에 따라 방법과 형식을 달리할 수 있다. 면접에서 정보수집이 목적이 되기도 하며,

개입을 통한 원조의 제공이 목적이 되는 경우도 있다. 일반적으로 사회복지실천 면접의 목적은 해결되어야 할 문제를 파악하고 어려움을 겪고 있는 사람과 그 상황을 충분히 이해함으로써 문제를 효과적으로 해결하고자 하는 데 있다. 이러한 목적 아래 진행되는 사회복지실천 면접의 특성과 구조, 그리고 주로 사용되는 기술 등을 구체적으로 살펴보기로 한다.

(1) 면접의 특성

사회복지실천 면접은 다음과 같은 특성을 지닌 일련의 의사소통이다 (Compton & Galaway, 1999). 첫째, 사회복지실천 면접을 위한 특정의 장(場)이 있다. 즉, 클라이언트의 문제해결을 위한 기관에서 주로 진행된다는 점이 사회복지실천 면접의 특징이다. 둘째, 사회복지실천 면접은 구체적 목표를 달성하기 위해 의도적으로 이루어진다. 즉, 사회복지실천 면접은 목적성을 지니고 진행된다. 셋째, 사회복지실천 면접은 계약성을 내포하며 그 기간이나 구성내용 등에서 제한성을 지닌다. 넷째, 사회복지실천 면접에서는 사회복지사와 클라이언트라는 독특한 역할에 따른 상호작용이 일어난다.

이외에도 사회복지실천 면접은 다른 면접과 비교해 볼 때 참여자의 감정적 측면과 상호작용에 관심을 가지는 특성이 있다. 또한 면접에 앞서 미리 많은 부분을 결정할 수 없으며 면접이 진행됨에 따라 주어진 상황에 즉각적으로 반응을 해야 하는 경우가 많다. 이러한 점에서 사회복지실천 면접은 '비구조화' 혹은 '비표준화' 의 경향이 높다고 말하기도 한다.

(2) 면접의 구조

대체로 사회복지실천 면접은 약 1시간 정도 소요되며 한정된 시간 동안 시작, 중간, 종결의 단계적 구조로 진행된다.

먼저 시작단계에서는 클라이언트가 면접 상황에 어색함을 덜 느끼도록 자연스러운 분위기로 면접을 시작하는 것이 좋은데, 기후, 교통, 식사, 스포츠 등 일상화제에 대해 이야기를 나누는 것도 한 방법이 될 수 있다. 그리고 면접을 진행하게 된 목적을 명확히 하는 것이 중요하다. 만남의 목적, 계약의 이유, 해야 할 일 등에 대해 이야기하고 연속적으로 이뤄지는 면접들 중의 한 회기(session) 일 경우에는 지난번 회기에서 다루어졌던 내용을 재검토하는 것도 시작단계에서 이루어져야 할 사항이다.

면접의 중간단계에서는 사회복지사와 클라이언트가 문제해결 과정에 적극적으로 참여한다. 클라이언트의 상황에 관심과 에너지를 집중시키며 서로가 해야 할 일(과업)을 고려해서 선택하는 등 목표가 성취될 수 있도록 여러 활동을 하게 된다. 이러한 과정에서 목표 성취에 장애가 될 수 있는 부분들이 확인되기도 하며 이것을 처리하는 방법이 논의되기도 한다(Brown, 1992).

소기의 목적이 성취되고 정해진 시간이 끝나 가면서 면접은 종결국면으로 가게 된다. 종결에서는 다루었던 내용뿐만 아니라 감정적 측면에서의 마무리도 필요하며 이에 대한 준비를 서서히 해 나가는 것이 중요하다. 사회복지사는 종결시간이 다가옴을 말로써 알리거나 비언어적 자세를 통해 알릴 수도 있으며, 당 회기의 면접에서 다루었던 것, 결정한 것, 앞으로 해결되어야 할 것, 앞으로 취해져야 할 것 등을 간략하게 반복해서 요약한다(Kadushin, 1990). 다음 면접회기가 예정되어 있을 경우에는 일정을 최종적으로 확인하는 것으로 마무리한다.

(3) 면접의 기술

사회복지사는 클라이언트와의 면접에서 여러 다양한 기술들을 사용할 수 있다. 주로 많이 사용되는 기술로는 적극적 경청, 관찰, 명료화, 허용과 일반화, 재초점화, 감정이입 등이 있다. 그러나 이들 기술의 활용에 앞서 면접에 임하는 사회복지사가 기본적으로 갖추어야 할 것은 클라이언트에 대한 진정 어린 관심과 그를 이해하고자 하는 진지함이라고 할 수 있다. 이것은 말로써 표현되기도 하지만 주로 상대방에 대한 눈빛, 몸짓, 목소리, 표정 등과 같은 비언어적 형태로 전달된다. 그러므로 면접에 임하는 사회복지사는 무슨 질문을 어떻게 할 것인가와 같은 언어적 차원의 면접기술뿐만 아니라 비언어적 태도의 표출에도 신중하고 민감해야 한다. 아울러 면접목적에 따라 여러 면접기술을 절충적으로 선택해서 사용하는 능력이 사회복지사에게 요구된다. 이에 관한 자세한 내용은 '사회복지실천기술론'이라는 교과목을 통해 접할 수 있다.

3. 사회복지실천의 과정

앞서 사회복지실천의 목적, 대상, 그리고 방법 등에 대해 간략하게 알아보았다면, 이제는 이 내용이 실제 사회복지현장에서 어떤 과정을 통해 적용되는가를 실천사례를 통해 살펴보고자 한다. 제시된 사례의 원조과정을 통해 Perlman(1957)의 4P 요소 및 Pincus와 Minahan(1973)의 4체계 모델의 적용을 확인할 수 있을 것이다.

또한 문제가 비록 개인으로부터 출발했다 하더라도 해결을 도모하기 위해서는 개인과 가족, 지역사회가 서로 연결되어야 한다는 점을 이 사례를 통해 알 수 있다. 사례에 대한 원조과정은 [그림 9-1]에서처럼 초기, 실행, 그리고 평가 및 종결의 세 단계로 나눠 살펴볼 수 있다.

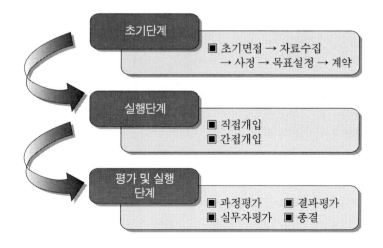

[그림 9-1] 사회복지실천의 원조과정

접수 및 원조기관: ○○종합사회복지관

사례개요: J씨(55세, 남)는 자녀의 지역아동센터 이용을 문의하기 위해 복지관을 방문했으며 그를 맞이한 담당 사회복지사는 J씨 가정이 더욱 심각한 문제(아동방임)를 지니고 있음을 알게 되었고, 자녀들(11, 10, 4세)을 일차적 원조대상으로 하는 과정을 진행하였다.

---

1) 초기단계

(1) 초기면접

현재 접수를 요청한 사람이 기관의 서비스 대상 클라이언트가 될 수 있는가를 판단하는 과정이다. 이를 위해 기관마다 고유한 양식서가 있으며 주로 간단한 일반 사항과 주요 문제 영역에 관한 확인이 이루어진다.

담당 사회복지사는 J씨(55세)와의 1차 초기면접 회기를 통해 두 아들(11, 10세) 및 딸(4세)과 함께 생활하고 있는 기초생활수급대상 부자세대로서, 부인과는 2년 전 이혼하였음을 확인하였다. 애초 두 아들의 지역아동센터 이용을 문의하려는 J씨의 의도와는 달리, 담당 사회복지사는 이 가족에게 자녀 양육의 문제가 있을 수 있다는 판단 아래 가정방문을 통한 2차 초기면접을 추가하기로 결정했다.

가정방문에서는 J씨와 함께 두 아들을 만날 수 있었다. 주거위생이 매우 열악하여 취사를 거의 할 수 없는 상태로, 아동들의 적절한 건강유지에 심각한 문제가 있을 것으로 판단되었다. 아버지 J씨는 아무 문제없다는 식으로 문제 자체를 부인하였고, 두 아들은 연신 J씨의 눈치 보기에 급급한 인상을 주었다. J씨에 따르면 딸(4세)은 '24시간 어린이집'에서 보호하고 있으며 주말에만 집에 온다고 하였다.

2회의 초기면접을 통해 담당 사회복지사는 이 가족이 지역아동센터 이용보다는 아동방임 문제와 관련한 원조 제공이 더욱 시급한 대상이며, 복지관의 다차원적 서비스계획이 필요하다고 판단하여 기관 내 사례관리 대상으로 상정하였다. 아동방임에 관한 구체적 자료를 확보하기 전이어서 일단은 J씨를 클라이언트로 정하고 이 사례에 접근하기로 했다.

(2) 자료수집

초기면접에서 미처 얻지 못한 구체적 정보를 얻고자 하는 과정이며 이후 정확한 사정면접을 위한 기초가 된다. 주로 클라이언트의 구두보고를 통해 많은 정보를 얻지만 가능한 둘 이상의 자료출처를 확보하는 것이 중요하다. 가족이나 친구, 주변 사람들 혹은 다른 기관에서 보낸 의뢰경위서 등으로부터도 부차적으로 정보를 얻을 수 있다. 이들 정보를 수집하기 전 반드시 클라이언트의 동의를 얻는 절차를 거쳐야 한다.

담당 사회복지사는 클라이언트 가족 상황을 보다 정확하게 이해하기 위해 두 아들과의 면담이 필요하다고 판단하여 이에 대한 J씨의 동의를 구하였다. J씨는 자꾸 귀찮게 한다며 불평하였지만, 아동의 건강과 안전을 우선적으로 챙길 수밖에 없고 이를 위해 아들들과 직접 이야기를 나누고 싶다는 사회복지사의 설명에 면담을 수락하였다. 담당 사회복지사는 만약 J씨가 끝까지 아들과의 면담을 거부하거나 서비스 요청 자체를 취소하고 중도포기할 경우에는 그대로 사례를 종결시키기보다는 외부기관(아동보호전문기관)에 신고함으로써 아동방임 가능성을 외부기관이라도 판단하도록 조치하는 것이 옳다고 생각하였다. 하지만 J씨가 아들과 사회복지사와의 면담에 동의했으므로 일단은 조금 더 정확한 자료를 얻는 데 주력하기로 하였다.

아버지의 참석 없이 두 아동과의 면접을 통해 담당 사회복지사는 J씨가 매일 하루 종일 외출을 하며, 만취한 상태로 새벽에 귀가하고, 자녀의 식사나 위생관리 등에는 전혀 관심이 없음을 알게 되었다. 어린이집에 맡겨 둔 딸(4세)은 주말에만 집에 오는데, 그나마 아들들이 여동생의 식사를 챙기고 있다. 아이들에게는 학교 점심급식이 유일한 식사이며, 방과 후나 주말에는 주로 과자로 식사를 대신하고, 저녁은 거의 굶는 일이 많았다. 면담 후 아이들을 집으로 데려다 주는 담당 사회복지사에게 말을 걸던 인근 슈퍼마켓 주인과 잠시 J씨 가정에 대해 이야기를 나누었다. 그에 의하면 J씨는 이웃과 거의 단절되어 있으며 술에 취한 모습이 자주 목격되었다고 했다. 그러면서 그는 "아이들이 불쌍하다."라는 말을 거듭했다.

(3) 사정

수집된 자료를 바탕으로 클라이언트와 그가 직면한 상황에 대한 총체적 이해를 도모하는 과정이다. 문제에 대한 분석과 대안 모색을 검토하며 클라이언

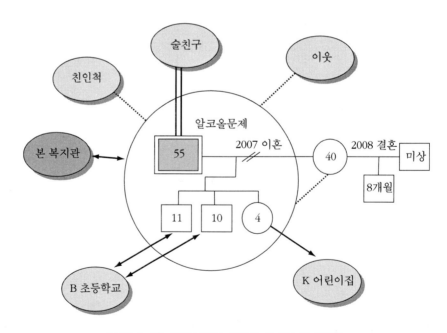

[그림 9-2] 클라이언트 가족의 가계도 및 생태도

트가 가진 내 · 외부적 강점체계를 발견하는 데 주안점을 둔다. 이후 원조단계에서 새롭게 알게 된 사실이 있을 경우 언제든 수정하도록 해야 한다. 복잡한 정보를 일목요연하게 정리하기 위해 가계도나 생태도 등을 작성하기도 한다.

> 사회복지사는 그동안 J씨, 두 아들, 주변 이웃 등으로부터 얻은 정보를 종합하기 위해 가계도와 생태도를 작성했으며([그림 9-2] 참고), 문제 상황 분석을 통해 그에 대한 대안들을 아래의 몇 가지로 정리 · 기록했다.

- 클라이언트 체계 및 문제 영역: 초기면접에서 J씨를 클라이언트 체계로 하여 그의 가족에 대한 서비스를 제공하기로 결정하였으나 자료수집이 진행되는 동안 J씨의 자녀들이 방임되고 있음이 확인되었다. 그러므로 자녀들을 포함하는 가족 전체를 클라이언트 체계로 두고 개입을 진행할 필요가 있다. 방과 후 아동들끼리만 빈집에서 지냄으로써 안전상의 문제와 영양상의 결핍 문제가 우선적으로 해결되어야 할 주요 문제 영역으로 확인되었다.
- 가족력: J씨(55세)는 부인(40세)과 2000년 결혼하여 K, S, M 세 자녀를 두었으나, J씨의 잦은 음주로 부부갈등이 심하였고, 2007년 이혼하였다. 이후 J씨와 세 자녀가 함께 생활해 오고 있다. J씨는 이전(약 8년 전) 알코올중독으로 병원에 입원한 적이 있으며 현재까지도 알코올문제를 지니고 있다. 친구들과 재미로 마신다는 본인의 주장에도 불구하고 아동 양육이나 생활유지상의 어려움을 나타내고 있다. J씨의 부인은 2008년 재혼하여 생후 8개월의 아들을 두고 있으며 J씨 및 J씨의 세 자녀와 전혀 왕래 없이 살고 있다. J씨 가족은 친척과의 왕래도 없는 것으로 파악되었다. J씨가 자주 만나는 술친구 몇 명을 제외하면 주변 이웃이나 지인과의 접촉도 없는 편이다.
- 클라이언트 체계 강점: 생활상의 문제에도 불구하고 K(11세)와 S(10세)는 정

서적으로 위축되어 있지 않으며 학교생활도 잘하고 있는 것으로 보인다. 특히 둘째인 S는 학업성적도 우수하고 교우관계에도 적극적이어서 학교 담임교사는 S가 방임의 문제를 겪고 있음을 전혀 모를 정도였다. K는 S보다는 내성적이지만 동생들을 챙기고 배려하는 점에서 또래보다 성숙한 경향이 있다. 연년생이지만 S는 K의 말을 대체로 잘 따르는 모습을 보이며 형제애가 돈독하였다. 어린이집에서 생활하는 M(4세)은 외견상으로 건강하게 보였으며 오빠들과 아버지에 대한 애착관계가 형성되어 있는 것으로 판단되지만, 추후 구체적 관찰이 더욱 필요할 것으로 보인다. 아버지 J씨는 양육태도가 불성실함에도 불구하고 자발적으로 지역아동센터에 관한 문의를 해 온 점에서 자녀에 대한 관심이 전혀 없는 것은 아니다. 두 아들과의 면담을 요청했을 때에도 다소 불만을 보였지만 사회복지사의 설명을 듣고 동의해 준 점도 이를 뒷받침해 준다.

• 클라이언트 체계 취약점: 아동들은 부모의 이혼 이후 친모와 만난 적이 없으며 K와 S 모두 어머니에 관해서는 언급을 피하는 등 정서적으로 미해결된 부분을 지닌 것으로 보인다. 이외에도 친척이나 이웃 등과 같은 주변 지지체계가 매우 미약하며 이러한 점은 아버지 J씨가 세 자녀를 양육하는 데 큰 부담으로 작용했을 것으로 판단된다. 현재 기초생활수급 지원금(약 70만 원)이 유일한 수입원인 점에서 경제적으로도 매우 취약성을 지니고 있다.

• 변화되어야 할 부분(표적체계): J씨의 자녀에 대한 방임은 명백한 것으로 확인되었으므로 일차적으로 J씨의 변화가 일어나야 할 것으로 판단된다. 몇 차례의 면담을 통해 아버지에게 문제의 심각성을 인식시키고자 노력하였지만, J씨는 변화하려는 의지나 동기수준이 매우 낮으며 오히려 문제 자체를 부정하는 상태다. J씨의 변화의지가 전혀 없을 경우 학대피해아동과 가해 부모를 위한 전문 서비스를 제공할 수 있는 아동보호전문기관에 이 사례를 신고·접수하도록 조치하는 방법을 강구할 수도 있다. 이때에는 이 기관과의 연계를 통해 복지관 차원에서 가족을 도울 수 있는 방안을 모색할 것이다. 아동보호전문기관과의 접촉이 있을 경우 사례에 대한 구체적 재

사정작업이 필요할 것으로 사료된다.

- **기관 내부 자원의 탐색**: 아동들이 방과 후 집에 혼자 있는 시간을 줄이기 위해 기관 내 지역아동센터의 이용이 필요하다. 이들이 지역아동센터를 이용할 경우 담당교사와의 협조체계가 가능하므로 아동들에 대한 더욱 세밀한 관찰과 원조 제공이 가능할 것으로 생각된다. 아동보호전문기관과의 연계 가능성도 고려되어야 하는 복합적 사안이므로 전문적 슈퍼비전이 필요하며, 이를 위해 기관에서 월 1회로 진행되는 통합사례회의(직원＋외부전문가)를 이용하는 방법이 활용될 수 있다.

- **기관 외부(지역사회) 자원의 탐색**: 동주민센터에서 지급하는 식권을 신청하여 아동들이 방학 중의 식사문제를 해결하는 데 도움을 얻을 수 있을 것으로 기대된다. 또한 장기간 영양부족 상태에 놓여 있던 아동들의 건강을 살피기 위해 협력병원 전문의의 상담을 받을 수 있다. 그리고 아동들의 학습 및 전반적 생활을 이해하는 데 담임교사와의 협조체제가 필요하다.

- **개입을 위한 주요 방안**: 일차적으로 개인과 환경의 두 요소를 함께 고려하는 심리사회적 모델을 중심으로 문제에 대한 접근이 필요하다. 아동의 성격, 연령, 성향 등을 고려하면서도 변화의 중심이 아동들이 아니라 이들의 환경이라고 할 수 있는 아버지로부터 이루어져야 하므로 심리사회적 모델의 이중적 초점이 적절할 것이다. 그동안 주변으로부터 소외된 채 아버지와의 생활에만 적응되어 있던 아동들이 주변과 관계를 맺기 시작하면서 여러 변화를 경험할 것이다. 특히 아동방임 문제의 심각성이 명확하게 드러날 경우 이 가족에 대해 아동보호전문기관이 다소 강압적 조치를 취할 가능성을 배제할 수 없으며 이러한 경우 위기개입 모델을 통한 위기사정과 위기개입이 필요할 수도 있다.

(4) 목표설정

목표는 개입방향을 명확하게 해 주고 변화과정에 클라이언트를 적극적으로 참여하게 하는 수단이 될 수 있다. 목표를 설정할 때는 사회복지사와 클라이언트가 함께 참여해야 하며 이때 사회복지사는 클라이언트의 자기결정을 최대로 이끌어 주어야 한다. 클라이언트가 잘 이해할 수 있고 간단명료한 목표, 실제 이행이 가능한 목표, 그리고 평가가 가능하게 설계된 목표가 좋은 목표다.

사회복지사는 변화가 일차적으로 일어나야 할 클라이언트(표적체계)인 J씨와 몇 가지 목표에 대해 이야기를 나누었다. 복지관에서 우선적으로 도울 수 있는 측면들을 설명하였고 이를 바탕으로 클라이언트가 어떤 협조와 참여를 해야 하는가에 초점을 두고 목표설정을 하고자 했다. 만일 클라이언트가 이를 수용하지 않거나 정해진 기간 내에 어떤 변화도 없을 경우 사회복지사로서 아동방임의 문제를 아동보호전문기관에 의뢰해야 하는 입장에 대해서도 상세히 설명하였다. 그러면서 사회복지사는 무엇보다 자녀들이 건강하게 잘 성장할 수 있도록 클라이언트 가족을 돕는 것이 복지관의 주요 관심임을 재차 확인하는 데 노력을 기울였다. J씨는 자녀 양육과 관련한 기초목표 세 가지를 설정하는 데 동의하였으며, 주어진 기간(약 한 달) 동안 주별 단위로 아래 내용을 이행하기로 했다(〈표 9-2〉 참고). 목표설정을 하면서 평가의 단위와 방식도 함께 논의되었다.

〈표 9-2〉 클라이언트 J씨의 수행목표 및 평가

목표	하위목표	평가*				평가 결과			
		0점	1점	2점	3점	1주차	2주차	3주차	4주차
가족 위생환경의 개선	1) 일주일에 두 번 이상 청소를 한다.	안함	주당 1회	주당 2회	주당 3회	0	1	2	2
	2) 일주일에 한 번 이상 빨래를 한다.	안함	.	.	주당 1회 세탁	0	3	3	3

규칙적 식사를 통한 건강의 도모	1) 매일 자녀들이 아침과 저녁을 먹을 수 있게 준비를 한다.	안함	주당 2회 이상 거름	자녀들만 식사하게 함	매일 자녀와 함께 식사	1	2	3	2
	2) 일주일에 한 번 냉장고 정리를 한다.	안함	.	.	주당 1회	0	3	0	3
야간 자녀보호의무 강화	1) 11시 이전에 귀가한다.	안함	1주 2회 이하	1주 3회 이상	매일	1	1	2	2

* 0(전혀 달성되지 않음), 1(거의 달성되지 않음), 2(대체로 달성됨), 3(매우 잘 달성됨)

(5) 계약

개입의 표적문제, 목표와 전략, 참여자의 역할 및 과업 등에 관해 사회복지사와 클라이언트 간에 명백하게 동의를 하는 과정이다. 서면(書面) 형태가 가장 이상적이기는 하지만 현실적 장벽이 있을 경우 구두 형태도 가능하다. 그러나 암묵적 동의만으로 이 과정을 대신하는 것은 바람직하지 않다.

사회복지사는 앞서 목표설정 및 평가에 대한 논의 부분을 표로 정리하여 클라이언트에게 제시하였다. 목표성취를 점검할 시기와 방식에 대한 구체적 안내도 함께 정리하여 한 장의 서류로 만들었으며, 여기에 클라이언트와 사회복지사 모두 동의의 표시로 각자 날짜와 사인을 기재하는 것으로 계약과정을 마쳤다.

2) 실행단계

(1) 직접적 개입

사회복지사가 클라이언트에게 현물이나 서비스를 직접 제공하는 방식을 직접적 개입(실천)이라고 하며, 면담을 통해 지지나 정보를 제공하는 것이 대표적인 예라고 할 수 있다. 정책개발이나 모금을 전문으로 하는 일부 기관을 제외한 나머지 대부분의 실천현장에서 사회복지사는 직접적 개입을 일차적으로 수행한다.

- 클라이언트 J씨와 주별 면담을 진행하면서 이를 과정기록지에 기재해 나감.
- J씨의 요청으로 첫 2주 동안은 집 안 청소를 도와줄 도우미 봉사자를 주 2회 파견함.
- 반찬배달 서비스를 주 2회 제공함으로써 장보기와 취사의 부담을 다소 덜어 줌.
- 자녀 K, S와 격주로 면담을 진행하면서 가족, 특히 어머니에 대한 감정이나 상처들을 표현하도록 격려함.
- 협력병원에서의 문진과 기초검진을 통해 아이들이 건강상 큰 문제는 없지만 S의 빈혈 가능성이 확인되어 건강한 식생활의 중요성을 재차 J씨에게 알림.

(2) 간접적 개입

클라이언트와 만나 문제해결을 직접 도모하기보다는 문제해결이 용이하도록 여건을 조성하는 업무를 말한다. 후원자개발이나 모금, 정책개발, 연구조사, 옹호, TF팀 구성, 연계망(networking) 구성, 프로그램 재원 확보를 위한 사업신청 등이 포함된다. 대부분의 사회복지사는 직접개입과 간접개입을 병행할 필요가 있다.

- K와 S가 이용하는 지역아동센터(기관 내)의 담당교사와 센터 생활에 관한 내용들을 자주 공유하는 협조체계를 이룸.
- K와 S의 학교 담임교사와도 전화통화를 통해 학교생활에 관한 정보를 얻고 있음.
- 보다 전문적 사례관리를 위해 사례회의와 자문회의를 통합한 형태로 기관 내 사례관리 체계를 수정·보완
- J씨를 통해 지역 내 부자세대 아버지를 대상으로 하는 간단 요리강좌와 메뉴 인쇄물의 제공이 필요함을 인식하여 사회복지공동모금회 프로그램 사업에 공모할 지원신청서류를 준비함.
- 지역사회 내 아동방임 문제를 자주 접하는 복지관이지만 여기에 대한 지식과 전략 부족을 메우기 위해 아동전문보호기관과의 업무협조 체계를 만듦.

3) 평가 및 종결 단계

(1) 평가

사회복지실천의 과학성과 전문성을 강화하고 클라이언트에 대한 책임성을 높여 준다는 점에서 평가는 매우 중요하다. 결과 평가, 과정 평가, 원조자 평가 등 다양한 차원에서 평가가 이루어진다. 갈수록 정확한 성과 측정이 요구되는 현실에서 사회복지사는 양적·질적 평가방법들에 대한 다양한 지식과 기술 확보가 필요하다.

사회복지사는 앞서 목표설정 단계에서 서로 합의하였던 목표가 어느 정도 성취되었는가를 클라이언트와 함께 평가하기 위해 정해진 기간(4주) 동안 작성해 왔

던 표(〈표 9-2〉)를 제시하고 그 결과를 정리해서 클라이언트에게 알려 주었다. 클라이언트는 전반적으로 목표 달성을 위해 노력해 왔으며 점진적으로 변화가 일어나고 있음이 확인되었다. 그러나 '야간자녀보호의 의무' 부분에서는 여전히 개선 노력이 더욱 필요할 것으로 보인다. 이와 관련해서 클라이언트가 완전히 목표를 이탈한 것은 아니라는 판단하에 사회복지사는 아동보호전문기관으로의 신고접수는 일단 보류하는 것으로 결정하였으나 추후 만남(사후관리)을 통해 이 사항을 지속적으로 모니터할 필요성은 여전히 있음으로 판단하였고 이를 클라이언트에게 알렸다.

(2) 종결

미리 종결에 대해 예고하고 종결시기에 가까워 올수록 만남의 횟수와 시간을 줄여 나가야 한다. 그동안의 변화 결과를 앞으로 유지하기 위한 계획을 마련한다는 점에서 종결은 새로운 시작으로 간주될 수도 있다. 종결시점에서 여전히 해결되어야 할 문제가 남아 있을 경우 다른 기관으로 의뢰를 추진하기도 한다. 종결에 대해 사회복지사와 클라이언트 모두 정서적 반응을 가질 수 있으므로 이를 공유하는 시간이 필요하며, 사후관리를 위해 추후 만남의 시기나 방법을 정하는 것으로 마무리한다.

사회복지사는 클라이언트 J씨와 종결하면서 앞으로 사후관리 차원의 모니터를 진행할 것임을 재차 강조하였다. 그리고 지역아동센터 교사와의 협조 속에서 지속적으로 사후관리를 해 나갈 계획을 세웠으며 J씨와는 종결시점 후 2주일째 되는 날에 추후 만남을 갖기로 약속하였다. 추후 만남 이틀 전에 사회복지사가 미리 전화 연락을 통해 약속을 상기시키기로 하였으며 J씨도 이에 동의하였다.

■ **생각해 봅시다** ■

1. 사회복지사와 클라이언트는 개인적으로 서로 흉허물 없는 친구가 될 수 있을까? 사회복지사와 클라이언트는 개입기간에 상관없이 지속적으로 만날 수 있을까? 여기에 대한 입장을 정리해 보자.

2. 첫 만남에서부터 무척 적대적으로 거친 말을 쏟아 내는 클라이언트가 있다면 사회복지사는 어떻게 대응하는 것이 좋을지 생각해 보자.

참고문헌

김기태, 김수환, 김영호, 박지영(2007). 사회복지실천론. 고양: 공동체.
엄명용, 김성천, 오혜경, 윤혜미(2005). 사회복지실천의 이해. 서울: 학지사.

Barker, R. L. (1995). *The Social Work Dictionary*. Washington, DC: NASW Press.
Biestek, F. P. (1978). *The Casework Relationship*. Chicago: Loyola University Press.
Brown, J. A. (1992). *Handbook of Social Work Practice*. IL: Charles C. Thomas Publisher.
Compton, B. R., & Galaway, B. (1999). *Social Work Processes* (6th ed.). Pacific Grove: Brooks/Cole.
Council on Social Work Education (1999). *Curriculum Statement for Baccalaureate Degree Programs in Social Work Education*. VA: CSWE.
Hamilton, G. (1951). *Theory and Practice & Social Case Work*. New York: Columbia University Press.
Kadushin, A. (1990). *Social Work Interview* (3rd ed.). New York: Columbia University Press.
National Association of Social Workers (1983). *Standards for Social Service Manpower*. New York: NASW.
Perlman, H. H. (1957). *Social Casework: A Problem-solving Process*. Chicago: The

Univ. of Chicago Press.

Pincus, A., & Minahan, A. (1973). *Social Work Practice: Model and Method*. IL: Peacock Publishers, Inc.

Skidmore, R. A., Thackeray, M. G., & Farley, O. W. (2000). *Introduction to Social Work*. Boston: Allyn and Bacon.

Woods, M. E., & Robinson, H. (1996). Psychosocial Theory and Social Work Treatment. In F. Turner (Ed.), *Social Work Treatment*. The Free Press.

Zastrow, C. (2000). *Introduction to Social Work and Social Welfare*. Belmont, CA: Wadsworth Publishing Company.

제3부
사회복지의 실천 대상 및 현장

제10장
사회복지의 실천대상

이 장에서는 사회복지실천의 대상을 두 가지 방식으로 분류하여 살펴보고자 한다. 먼저 생애주기(life cycle)별 단계에 따라 대상자를 분류하여 아동, 청소년, 노인을 살펴보았다. 각 생애주기상의 특성을 알아보고, 각 대상에 대한 사회복지 현황을 소개하였으며, 각 대상을 위한 사회복지사의 주요 활동범위와 내용들을 살펴보았다. 다음으로 욕구의 특수성에 따라 장애인, 여성, 가족 등으로 대상을 분류하는 방식을 통해 각 대상의 욕구상의 특성을 알아보고, 그에 대한 사회복지 서비스 현황을 제시하였으며, 사회복지사의 주요 활동범위와 실천내용을 소개하였다.

1. 인간의 생애주기와 사회복지실천

모든 인간의 발달에는 공통적 단계들이 있다는 '생애주기(life cycle)' 개념은 인간행동을 이해하는 데 중요한 틀을 제공한다. 이 세상에는 전적으로 생물학적 특성과 같은 개인 내부 특성에만 의존해서 살아가는 사람도, 사회환경의 외부 영향력에 의해서만 살아가는 사람도 없다. 모든 사람의 행동은 내부적(생물학적) 힘과 외부적(사회적) 힘이 동시에 작용한 결과이므로(Skidmore, Thackeray, & Farley, 2000) 사회복지사는 개인의 내·외부적 측면을 전체적으로 관련지어 문제를 다루어야 한다. 생애주기 개념은 인간발달의 단계마다 어떠한 특성이 나타나며 그에 따른 주변과의 상호작용은 어떠해야 하는가를 제시하므로 환경 속의 인간을 이해하는 유용한 도구가 될 수 있다. 인간 생애주기의 시기별 특성은 다음과 같다.

1) 영·유아기

영·유아기는 인생의 첫 6년[1]까지를 아우르는 시기로서 다른 어떤 시기보다 신체적·심리적·사회적 측면에서 급격한 변화가 일어난다. 오뉴월 하룻볕도 무섭다는 우리 속담처럼 이 시기는 매우 짧은 시간 내에 수많은 변화가 일어나므로 태아기, 영아기, 유아기 등 보다 세분화된 단계로 구분되어 논의되기도 한다.

인간의 발달은 수정되는 순간부터 시작된다는 점에서 출생 후의 단계와는 별개로 태내기에 대한 관심이 매우 높다. 임신을 통한 수정과 출산까지의 과정

---

1) 우리나라 「영유아보육법」에서는 영·유아를 만 6세까지로 규정하고 있다.

인 태내기는 전 생애에 걸친 발달을 좌우할 정도로 중요한 발달이 이루어지는 단계다. 태아의 건강에 관한 직접적 사안은 산부인과 영역에서 다루는 것이 일반적이지만 태아의 발달을 촉진하거나 혹은 저해하는 태내환경에 대한 부분은 사회복지실천에서 적극적으로 다룰 필요가 있다. 예를 들어, 사회복지사는 임산부의 건강 유지를 위한 생활상의 변화를 추구하기도 하며, 선천성 장애 발생의 예방을 위한 원조를 제공하기도 한다.

태내기에 이어 출생 후 만 2세까지는 영아기로 볼 수 있다. 이때의 신체적 발달은 일생 중 가장 빠르게 진행되어 출생 1년 후 키는 출생 시의 1.5배, 몸무게는 3배 가까이에 이른다. 뼈와 근육, 신경계의 성장을 통한 신체의 성장은 영아의 운동발달을 가져온다. 대근육을 이용한 이행운동(뒤집기, 기기 등)과 소근육을 이용한 협응운동(물건 잡기, 손가락 움직이기 등)이 함께 발달하기 시작한다. 운동발달로 인해 영아는 다양한 환경과 접촉을 할 수 있게 되며 계획적인 탐색과 자발적인 목표 추구가 가능해지면서 감각기관 역시 발달하게 된다. 감각기관을 통해 받아들인 정보는 영아의 인지발달에 중요한 기제로 작용하며 감각운동지능의 발달을 가져온다. 그러는 동안 영아의 정서는 미분화상태에서 성숙과 학습 경험을 통해 점차 분화되어 가며, 어머니로 대표되는 주요 타자(significant others)와의 애착관계 형성을 통해 사회성이 발달한다.

유아기는 만 2~6세까지를 말하며 이때 영아기에 비해 성장 속도가 매우 완만해지는 특징을 보인다. 이 시기에는 대근육 및 소근육의 발달로 신체의 균형 유지, 이동능력의 발달, 사물조작능력의 발달 등이 이루어지며 몸의 움직임을 통해 자신의 신체적 이미지를 형성해 간다. 이 시기의 신체발달은 정서발달과 사회성 발달에 큰 영향을 미친다. 또한 문법에 대한 규칙을 이해하고 적용할 수 있는 수준의 언어적 발달이 나타나 기본적 의사소통이 가능해지고, 정서의 표현도 이전보다 훨씬 세련되고 다양한 수준에서 일어난다. 인지발달 측면에서는 지능과 함께 자아통제 및 자율성이 발달하여 무엇이든 혼자서 해 보려 하고 자기주장적 행동을 보이는 경향이 있으며, 이 경향이 절정에 달하는 3~4세경을 제1반항기로 부른다. 친사회적 · 이타적 행동이 증가하면서 사회성 면에서도 급속한 발달을 이루게 되는데, 성역할의 구분, 도덕성의 발달도 이 시기에 이루어진다.

2) 아동기

아동은 다른 생애주기상의 인구집단에 비해 '미성숙함'으로 특징지어질 수 있으며 이로 인해 특별한 욕구를 지닌다. 아동이 미성숙하다는 것은 이들이 성인에 비해 절반의 존재라기보다는 아직 성숙의 과정에 있다고 이해하는 것이 적절하다. 아동이 일정 수준의 심신의 성숙과 사회적 독립을 이루기까지 부모와 사회는 보호와 양육을 담당해야 한다. 그렇다면 언제까지를 아동기로 간주할 것이며 이때의 성숙은 어떤 수준을 의미하는 것일까? 아쉽게도 이 질문에 대한 대답은 그리 간단하지 않다.

우리나라의 아동 관련 기본법인 「아동복지법」은 만 18세 미만을 아동으로 규정하고 있지만 이 연령기준은 아동기와 청소년기의 구분을 애매하게 하는 문제를 지닌다. 또한 「소년법」에서는 20세 미만, 청소년 관련법에서는 19세 미만을 그 대상으로 한다는 점이 아동에 대한 연령 구분을 더욱 복잡하게 만든다. 그러나 절대적 연령기준보다는 보호하고자 하는 대상의 개별적 욕구체계와 사회적 조건을 고려하는 것이 현실적으로 더욱 중요하다. 대체로 사회복지 대상으로서의 아동을 가리킬 경우 초등학교 졸업까지의 시기, 즉 13세 미만까지를 일컫는 것으로 합의한다.

아동기는 공식적 학습이 시작되는 시기이므로 생활의 중심이 가정에서 학교로 옮겨 가고 사회가 요구하는 기본기술을 습득하는 과정으로 이해될 수 있다. 이때 사회적 행동이 현저하게 증가하고, 친구나 선생님과의 관계에 영향을 받게 되며, 이는 성격을 발달시키는 기폭제가 된다(손광훈, 2008). 영아기와 달리 아동기에는 신체발달보다는 이미 획득한 지각과 운동 기능을 보다 효과적이고 기술적으로 사용하는 능력을 키우게 된다. 그리고 학습을 통해 여러 측면의 발달이 이루어지는데, 특히 자기중심성에서 벗어나 객관적으로 사물을 바라보고 판단하는 인지능력의 발달은 아동기 발달의 핵심 부분이다.

3) 청소년기

청소년기는 아동기에서 성인기로 가는 과도기로 표현된다. 아주 어리지도 완전히 성숙하지도 않은 주변인으로 인식되는 인구집단인 만큼 청소년의 연령 기준은 명확하지 않다. 청소년기를 결정하는 기준으로는 연령, 신체적·생리적 성숙도, 심리적 성숙도 등 여러 가지가 있으며 이들 중 어느 것을 선택하느냐에 따라 청소년기의 기간은 달리 정의된다(손광훈, 2008). 일반적으로는 중학생 이상 대학생 미만의 나이에 해당되는 인구집단을 청소년으로 간주하며 대략 만 12~20세 미만의 연령이 이에 해당된다.

청소년기는 영아기의 성장급등현상 이후 둔화되었던 신체적 발달이 다시 급격하게 나타나는 특징을 지닌다. 신체적 급변은 개인마다 차이가 있지만 여아의 경우 남아보다 2~3년 정도 빠른 10~11세경에, 남아는 12~13세경에 시작된다(김동배, 권중돈, 2005). 이때 청소년기의 가장 특징적 발달 중의 하나인 성적 성숙이 일어난다. 신체 이외 인지발달 측면에서도 청소년은 아동과는 다른 방식으로 세상에 대한 개념을 만들기 시작하며 추상적 사고와 연역적 사고, 은유에 대한 이해 등이 가능해지며, 성적 상상이 잦은 것으로 알려져 있다. 사회발달 측면에서는 부모나 가족으로부터 분리되어 자신에게 의존하려는 경향이 높아진다. 부모의 통제를 받지 않으려 하고 부모를 비판하는 와중에도 부모로부터의 애착을 확인하려는 이중성 또한 청소년기에서 엿볼 수 있다.

이러한 신체적·성적·인지적·사회적 변화를 통해 청소년은 전체적 자기를 구성하는 개념인 '정체감'을 형성해 나간다. 자아정체감 형성은 아동기의 경험에 기반을 두고 있긴 하지만 청소년기에 이르러 본격적인 발달과업으로 자리 잡게 된다. '나는 누구이며 무엇이 되길 원하는가?'에 대해 해답을 얻으려는 의식적·무의식적 노력 속에서 청소년은 사회적으로 책임 있는 행동을 하고, 부모로부터 독립하며, 사회생활에 필요한 지식과 기술을 습득하고, 미래의 직업 선택과 준비, 그리고 결혼과 가족생활에 대한 준비를 다져 나가게 된다. 이러한 과업 달성이 원만하지 못해 정체감 유실이나 혼란을 겪는 청소년은 독단적이거나 융통성이 없으며 부적응적 행동과 문제를 보이는 경우가 많다.

4) 성인기 및 중·장년기

이 시기는 신체적으로나 심리적으로 성숙된 시기로서 전 생애과정에서 가장 활력이 넘치는 특징이 있다. 이 시기에 대한 발달단계상의 구분은 매우 다양하지만, 대개 청소년기가 끝나고 취업과 결혼을 통해 완전한 독립을 이루게 되는 28세부터 39세까지를 성인기로, 신체적 노화현상이 나타나기 시작하는 40대부터 노년기 이전까지를 중·장년기로 구분한다(손광훈, 2008).

성인기는 배우자로서의 역할, 직업적 역할 수행에 대한 몰두, 자녀 양육 및 사회화 등의 부모역할을 수행하는 시기로서 이러한 과업을 수행하기 위해 신체 수행능력, 체력, 정력, 지구력 등이 절정에 이르게 된다. 청소년기 이후부터는 인지발달이 거의 이루어지지 않는다는 통념과는 달리 판단이나 추론능력, 창의적 사고 등은 청소년기 이후 성인기를 비롯하여 전 생애를 통해 발달한다. 특히 성인기에서는 단순한 지식의 습득보다는 실생활에 지식을 적용하는 특징이 드러난다. 이와 함께 사회적 측면에서는 성역할 정체감을 확립하고 결혼을 통한 부부관계의 형성과 유지, 자녀 양육 등과 같은 과업을 통해 발달을 이루게 된다.

중·장년기 성인은 비교적 양호한 건강상태를 유지하고 있지만 신체적 능력과 건강 감퇴가 시작되는 경험을 한다. 생식과 성적 능력 면에서도 변화가 일어나 여성의 경우 폐경으로 인한 가벼운 우울증, 정서불안, 분노감 등을 경험할 수 있다. 일부 중·장년기 남성의 경우 성공에 대한 욕심이나 정신적 피로, 과음과 과식, 만성질환 등으로 인해 성적 능력의 급속한 감퇴나 성적 무능력을 겪기도 한다. 이 시기에는 새로운 것을 학습할 수 있는 능력은 저하되지만 오랜 경험으로 인해 문제해결능력은 오히려 높아진다. 이전에 비해 자녀 양육 기간의 축소, 평균수명 연장, 조기정년제도의 시행 등으로 현대사회의 중·장년기 성인은 여가에 대한 예비 사회화가 필요하다. 이러한 점에서 여러 가지 사회교육 프로그램이나 여가선용을 위한 프로그램에의 참여가 요청된다.

5) 노년기

노년기의 시작 연령에 관해서는 많은 이견이 존재하지만 일반적으로는 사회보장제도의 수급자격을 기준으로 65세부터 시작되는 것으로 보고 있다. 우리나라의 「노인복지법」에서도 65세 이상을 노인으로 규정하고 있다. 65세 이상부터 사망에 이르기까지의 연령대가 매우 넓다는 점에서 노년기를 연소노인(65~74세), 고령노인(75~84세), 초고령노인(85세 이상)으로 구분하기도 한다(한국노인복지학회, 2006). 그러나 이 책에서는 전체적인 노년기의 발달특성을 이해하는 데 초점을 두고자 노년기를 하나의 단계로 통합하여 다루기로 한다.

노년기는 생물학적·심리사회적 측면 모두에서 늙어 가는 시기로서 시간의 흐름에 따라 점진적이고 퇴행적 발달, 즉 노화(aging)가 이루어진다(김동배, 권중돈, 2005). 이때 개인은 신체적 능력의 쇠퇴나 질병이환과 같은 생물학적 퇴행은 물론 사회적 관계의 축소와 사회경제적 지위 하락 등으로 인한 심리사회적 변화를 겪게 된다. 노년기의 생물학적 퇴화과정인 노화는 신체구조 및 신체 내부의 세포, 조직, 장기 등 유기체 전반에 걸쳐 일어나는 쇠퇴적 발달현상으로 이해될 수 있다.

노년기의 심리적 발달, 즉 심리적 노화는 감각 기능, 인지 기능, 정서 및 정신기능, 성격 등의 심리내적 측면과 심리외적 측면의 상호작용에 있어서의 퇴행, 유지 및 성숙을 동시에 내포하는 심리적 조절과정이다(권중돈, 2007). 이러한 심리조절 과정에서 노인은 노화와 죽음을 앞두고 자신의 삶을 통합하고 점검함으로써 자신의 과거의 과오, 실패, 결점, 절망 등을 인정하고 이를 수용하는 어려운 과업을 이룬다. 또한 사회적 발달 측면에서 노인은 사회적 관계망의 축소, 사회적 지위와 역할의 상실, 은퇴 등을 경험한다.

요약하자면 노인은 노화의 과정 또는 그 결과로서 생리적, 심리적, 사회적 기능이 약화되어 자립적 생활능력과 환경에 대한 적응능력이 약화되고 있는 사람이라고 할 수 있다. 그러한 만큼 노년기에는 신체변화에 대한 적응과 인생에 대한 평가, 역할 재조정, 여가시간 활용, 죽음의 준비 등 발달과업을 잘 수행할 수 있도록 환경과 여건을 조성하는 것이 어느 생애주기 단계에서보다도 필요하다.

2. 생애주기에 따른 사회복지의 실천대상

사회복지사는 인간발달 단계별 생물적·심리적·사회적 특성이 외부(가족, 집단, 지역사회, 사회 전체 등)와 어떻게 관련되어 문제가 발생하는가를 알 필요가 있으며 이는 문제의 예방과 해결에 매우 중요한 정보를 제공한다. E. Erikson은 인간발달을 8단계로 설명했지만 이 책에서는 발달상의 특성이 상대적으로 두드러지는 아동, 청소년, 노인을 대상으로 현재 전개되고 있는 사회복지의 현황과 사회복지사의 활동을 살펴보기로 한다.

1) 아동

(1) 아동복지 현황

21세기의 아동복지는 '아동권리'[2]의 가치에 입각하여 아동의 욕구를 충족시킬 수 있도록 가족의 능력을 강화시키고, 아동에게 충분한 교육서비스를 제공하며, 건강 관련 서비스를 보장할 것을 강조하고 있다. 그러나 많은 아동들이 가족문제 및 사회 환경의 부적절성과 지원체계의 부족 등으로 건전한 발달의 도모에 어려움을 겪고 있다. 〈표 10-1〉의 우리나라 요보호아동 발생 및 조치현

---

2) 1989년 UN의 아동권리협약에 세계 각국이 조인하면서 아동권리는 전지구적인 보편적 인본주의 가치인 동시에 행동규칙이 되었다. 우리나라는 UN으로부터 아동권리협약과 관련한 권고조치를 받아 2000년 「아동복지법」을 개정하였으며 이후 2004년에도 개정작업을 거쳤다.

〈표 10-1〉 요보호아동 발생 및 조치 현황

(단위: 명)

연도	계	발생원인							조치내용							
		기아	미혼모 아동	미아	비행, 가출, 부랑	학대	빈곤 등 기타	시설 입소				가정보호			
								양육 시설	일시부 호시설	장애 아동 시설	공동 생활 가정	소년 소녀 가정	입양	가정 위탁	
1997	8,268	1,376	3,137	342	3,413			3,664		125	139	673	2,269	1,398
1998	10,800	1,654	5,451	286	3,409			4,948		132	61	518	1,741	3,400
2000	9,085	1,270	4,190	152	1,757	1,716		4,332		64	85	564	1,755	2,285
2001	10,586	717	4,897	98	728	4,146		4,671		41	62	874	1,848	3,090
2008	9,264	202	2,349	151	706	891	4,985	2,997	1,261	39	667	178	1,304	2,838
2010	8,590	191	2,804	210	772	1,037	3,576	2,445	1,751	23	623	231	1,393	2,124
2011	7,483	218	2,515	81	741	1,125	2,803	2,246	862	32	612	128	1,253	2,350
2012	6,926	235	1,989	50	708	1,122	2,822	2,272	676	25	775	117	772	2,289

자료: 보건복지부 통계포털 홈페이지(http://stat.mw.go.kr).

황 자료에서 보듯 외환위기를 겪기 시작했던 1997년에 비행, 가출, 부랑아동의 발생이 현저하게 높았음은 사회 전반의 분위기와 가족의 붕괴가 아동에게 어떤 피해로 나타나는가를 보여 주는 단적인 예라고 할 수 있다.

비행, 가출, 부랑 외에 부모빈곤, 실직, 학대 등으로 인한 요보호아동발생에 대한 현황 집계가 따로 이루어지기 시작한 2000년 이후 이들 아동의 수는 요보호아동 전체에서 가장 큰 비중을 차지하는 것으로 나타나고 있다(〈표 10-1〉 참고). 최근 여성의 사회진출 증가, 가족해체로 인한 한부모가족의 증가, 고용시장의 불안정성, 저출산과 인구고령화 등의 사회적 문제들과 맞물려 아동빈곤의 심각성에 관한 사회적 관심이 제기되고 있다. 아동빈곤은 아동의 성장과정 중 심신발달을 저해하고 이로 인한 손상은 이후 생애 동안 계속 누적되어 건강한 성인으로서의 삶을 방해한다는 점, 그리고 빈곤이 세대 간 전달되는 악순환을 야기할 수 있다는 점에서 다른 인구집단에 비해 그 폐해가 더욱 크고 심각하다. 또한 고용불안정이나 실직 등의 문제에 노출된 빈곤한 부모는 생계를 유지하는 것이 힘겨운 나머지, 자녀의 욕구를 돌본다거나 가장 기초적인 보호와 양육을 제공하는 것을 등한시하는 경우도 있다. 도시보다는 농어촌지역이, 남성가구주보다는 여성가구주의 경우 아동빈곤율이 더욱 높게 나타난다(김미숙, 2008). 아울러 2008년 학대로 인한 요보호아동발생의 현황 집계가 따로 이루어지기 시작한 이후 학대 문제발생의 빈도가 지속적으로 증가하고 있음도 눈여겨볼 부분이다(〈표 10-1〉 참고).

이와 같이 여러 가지 이유로 부모와 가족으로부터 적절한 보호와 안전을 확보하지 못한 아동에게 사회적 보호를 제공하는 것은 아동복지의 중요한 부분이며 주로 가정위탁보호, 입양, 시설보호 등의 형태로 서비스가 제공된다. 그러나 이들 서비스를 아동복지사업의 전체로 보기는 어렵다. 아동에 대한 안전과 보호를 영속적으로 제공하기 위해서는 이들 요보호대상 아동 이외에도 다차원적 차원에서의 사회적 노력이 필요하다. 이러한 점에서 우리나라의 아동복지정책은 요보호아동의 보호, 지역사회 보호의 강화, 가족의 양육기능 강화 등의 세 가지 구분된 목표 아래 아동복지사업이 전개되고 있다. 그리고 사업내용은 시대적 특수성과 사회적 변화추이에 따라 함께 변화해 왔다. 부모를 잃은 아동에 대한 대리적 보호에 초점을 두던 1950~1960년대의 태동기에 비해 1980년대에는 요보호아동뿐만 아니라 일반아동까지를 아동복지의 대상에 포함시키는 전환이 이루어졌다. 1990년대 이후부터는 여성의 경제활동 증가로 영유아보육에 집중하기 시작하였고, 2000년대 이후에는 UN 아동권리협약과 관련해서 정책조정이 이루어져 아동권리를 강조하기 시작하였으며, 학대 및 방임피해아동 보호사업이 전국에서 이루어지지 시작했다. 최근에는 '드림스타트'와 같이 지역사회를 중심으로 복지, 보건, 교육을 아우르는 통합적 조기개입 서비스가 주요 관심사가 되고 있다. 2013년부터는 전 계층을 대상으로 영유아보육료 및 양육수당이 지급되고 있다. 그러나 여전히 요보호아동에 대한 서비스에 초점이 제한되고 있는 점을 부인할 수 없으며 서비스의 질적 수준 역시 개선이 필요하다. 최근에는 국제결혼이 증가하면서 이들 가정의 아동에 대한 다문화적 접근을 바탕으로 한 다양한 아동복지 서비스의 개발과 확대가 요구된다. 현재 우리나라의 아동복지는 2004년 개정된 「아동복지법」을 기본법으로 삼아 실행되고 있으며 정부 내 주무부서는 보건복지부다.

(2) 사회복지사의 활동

사회복지사는 다양한 현장에서 아동복지를 담당하고 있다. 아동복지 업무만을 전적으로 다루는 입양전문기관, 위탁보호기관, 아동보호전문기관, 양육보호시설 등에 근무하는 경우는 물론이고, 사회복지관이나 장애인기관에 근무하는 사회복지사도 일정 부분은 아동을 대상으로 하는 업무를 수행한다. 사회복지사가 아동을 대상으로 원조할 경우, 예외 없이 아동뿐만 아니라 아동의 가족과 함께 일한다고 할 수 있다. 아동이 학습장애나 행동장애 등과 같이 개인적 차원의 증상이나 문제를 지닐 경우에도 그 배경에는 가족이 항상 자리 잡고 있으며 이러한 문제해결의 실마리도 가족 안에 있다. 가족은 아동이 필요로 하는 물질적, 심리적 지원의 일차적 근원이라는 점에서도 아동복지와 분리될 수 없다. 아동만이 클라이언트가 되는 경우도 있지만 부모, 더 나아가 가족 전체가 아동과 더불어 개입을 필요로 하는 클라이언트가 될 수도 있다. 이 모든 경우 사회복지사는 아동과 신뢰관계를 형성하는 것 못지않게 부모와도 긍정적 관계를 만들 필요가 있다.

본인의 문제를 스스로 의뢰하는 아동은 거의 없다는 사실을 사회복지사는 명심해야 할 것이다. 대부분 이웃이나 교사 등 아동을 둘러싼 제3자가 아동을 의뢰하며 최근 증가일로에 있는 아동학대 사안의 경우에는 더욱 그러하다. 아동복지담당 사회복지사는 아동권리의 대변인이자 옹호자로서 아동과 관련된 다양한 체계에 대한 복합적 분석과 해결 접근방안을 모색해야 한다. 이외에도 부모의 양육 관련 자문에 응하고, 유용한 정보를 제공하며, 필요할 경우 주변으로부터 자원을 끌어와 연결하거나 동원하는 적극적 역할을 담당하게 되며, 이러한 일련의 역할은 사회복지사의 여러 역할 중 '가능하게 하는 자(enabler)'로 요약될 수 있다.

2) 청소년

(1) 청소년 복지 현황

1961년 「아동복리법」(「아동복지법」의 모태)이 제정되면서 시작된 아동정책에 비해 우리나라의 청소년정책은 다소 늦은 1987년 「청소년육성법」의 제정으로 출발하였다. 이후 보건복지부를 주무부처로 하여 요보호아동 중심의 아동복지가 전개되는 동안 청소년정책은 모든 청소년 대상의 청소년활동을 중심으로 체육청소년부, 문화체육부, 국가청소년위원회 등으로 관할부처를 변경하면서 아동복지와는 별개로 발전해 왔다. 1980년대 중반까지 전담 행정기구 없이 문제청소년에 대한 규제와 보호 위주로 각 부처별로 산발적으로 추진되던 청소년정책은 1987년 「청소년육성법」의 제정과 1990년 체육청소년부의 신설로 영역이 확장되고 활성화되기 시작하였으며 청소년헌장도 이 시기에 제정되었다. 1991년 「청소년육성법」이 「청소년기본법」으로 변경되었고, 1997년 「청소년보호법」, 2004년 「청소년활동진흥법」과 「청소년복지지원법」이 제정되면서 청소년을 위한 활동 · 보호 · 복지의 법적 기반이 마련되었다(정규석, 김영미, 김지연, 2013). 특히 「청소년활동진흥법」과 「청소년복지지원법」은 청소년을 아동과 구분하여 별도의 정책대상으로 인정한 의의를 지닌다.

청소년 성매매 행위가 심각한 사회문제로 대두되면서 2000년 「아동 · 청소년의 성보호에 관한 법률」도 시행되었다. 이외 입법목적과 대상은 각기 다르지만, 청소년을 직접 대상으로 하거나 청소년의 보호, 청소년의 권리 및 의무와 관련된 조항을 포함하는 법령과 규칙은 수백 개에 달하며 〈표 10-2〉는 대표적 내용을 담고 있다.

청소년 복지에서 청소년은 단순한 보호대상이라기보다는 독립생활을 준비하는 과정에 있는 사람으로 이해된다. 아동기와 성인기 사이의 생애전환기에서 이들 청소년이 "정상적 삶을 영위할 수 있는 기본적인 여건을 조성하고 조

〈표 10-2〉 청소년 관련 주요 법령 예시

영역	법령
청소년권리	「헌법」「민법」「형법」「상법」「청소년기본법」「초중등교육법」「고등교육법」「장애인 등에 대한 특수교육법」 등
청소년 복지	「청소년기본법」「청소년복지지원법」「아동복지법」「국민기초생활보장법」「장애인복지법」「입양특례법」 등
청소년보호	「청소년보호법」「아동 · 청소년의 성보호에 관한 법률」「산업체의 근로청소년의 교육을 위한 특별법」「소년법」「보호소년 등의 처우에 관한 법률」「보호관찰 등에 관한 법률」「성매매방지 및 피해자보호 등에 관한 법률」「성폭력방지 및 피해자보호 등에 관한 법률」「가정폭력방지 및 피해자보호에 관한 법률」 등
청소년활동	「청소년활동진흥법」「한국청소년연맹육성에 관한 법률」「한국해양소년단연맹 육성에 관한 법률」「스카우트활동 육성에 관한 법률」「국민체육진흥법」 등
가족정책*	「건강가정기본법」「가족친화 사회환경의 조성 촉진에 관한 법률」「다문화가족지원법」「한부모가족지원법」 등
청소년환경	「근로기준법」「식품위생법」「도서관법」「학교도서관진흥법」「문화산업진흥기본법」 등

* 가족정책 관련 법령은 여성가족부 소관 법률만 제시함.
자료: 정규석 외(2013: 140).

화롭게 성장 · 발달할 수 있도록 사회적 · 경제적 지원"(「청소년기본법」 제3조 제4호)을 제공하는 것이 청소년복지의 목표다. 이를 위해 청소년복지는 조화로운 성장에 필요한 기초적 여건의 미비로 사회적, 경제적 지원이 필요한 '특별지원청소년'(「청소년복지지원법」 제2조 제3호)과 일반청소년까지 모두를 포함하여 치료/보호/예방 서비스의 세 차원에서 복합적으로 계획되고 진행되고 있다.

「아동복지법」에 근거한 아동정책이 보건복지부 주관하고 시행되고 있음에 비해, 청소년정책의 주관부처는 여성가족부가 담당하고 있어 아동복지정책과 이원화되어 있다. 그러나 여성가족부 이외에도 정부 내 다양한 부처에서 고유 기능에 따라 청소년 대상 사업 및 프로그램 등 관련 업무를 추진하고 있다. 교육투자우선지역 지원사업을 추진하는 교육과학기술부, 청소년 직장체험을 제공하는 노동부, 문화예술교육 및 스포츠 교류를 지원하는 문화체육관광부가 그 예다(김성천, 강욱모, 김혜성, 박경숙, 방능후 외, 2009).

(2) 사회복지사의 활동

청소년을 위한 다양한 활동과 서비스를 제공하는 공간이자 이러한 서비스를 전달하는 사회복지사가 근무하는 곳(기관 및 시설)은 어디일까? 청소년복지 및 활동의 시설기반은 「청소년활동진흥법」 제10조에 따른 청소년수련시설과 청소년이용시설이 대표적이다(정규석 외, 2013). 청소년수련시설로서는 수련관, 문화의 집, 수련원, 야영장, 유스호스텔, 특화시설 등이 현재 운영되고 있으며, 청소년이용시설로는 문화시설(국립중앙박물관, 국립중앙도서관 등), 과학관(국립중앙과학관 등), 체육시설(생활체육공원, 국민체육센터 등) 등이 해당된다. 이와 함께 「청소년기본법」에 의해 설치된 활동진흥원, 상담복지개발원과 각 지자체가 설치 · 운영하고 있는 청소년상담복지센터, 지방청소년활동진흥센터 등이 있다. 특히 청소년상담복지센터는 지역사회 청소년통합지원체계 운영의 허브 기관으로서, 헬프콜 청소년전화 1388 운영, 가출, 학업중단, 인터넷중독, 자살, 새터민 · 다문화 등 위기청소년 통합지원 및 긴급구조, 학업중단 청소년의 학업복귀 지원사업 등의 업무를 수행한다(정규석 외, 2013). 이들 청소년기관 및

시설에 근무하는 사회복지사는 개별상담 및 집단상담을 제공하고, 청소년자원
봉사활동, 청소년수련활동, 청소년문화활동 등을 기획·제공한다(홍봉선, 남미
애, 2007). 청소년기관 이외에 지역복지관에서도 지역 내 청소년사업들과 연계
하거나 독립적으로 청소년을 위한 여러 사업을 전개하고 있다.

〈표 10-3〉의 청소년 문제 유형별 청소년복지실천 초점을 살펴보면 일반청소
년, 소외청소년, 그리고 문제청소년 등 각 대상과 문제의 특징에 따라 청소년복
지를 전달하는 전문인력(사회복지사)의 실천 초점과 활동내용이 다양하다는 것
을 알 수 있다.

〈표 10-3〉 청소년 문제유형별 청소년복지실천 초점

유형별		실천 초점
일반청소년		• 청소년 수련활동 기획 및 촉진 • 청소년 자원봉사활동 촉진 및 관리 • 예방프로그램 기획 및 제공
소외 청소년	빈곤청소년	• 교육복지우선지역사업 및 청소년자활관지원사업 • 빈곤대물림을 막기 위한 장기적·지속적 개입 • 부모와 자녀에게 동시 개입하는 포괄적 2세대 프로그램 • 교육·복지·문화·보건 차원의 총체적 개입방안 필요
	근로청소년	• 근로청소년의 법적 보호 강화 노력 • 교육기회의 제공 • 사회적 의식의 전환
	시설보호 청소년	• 시설청소년의 건강한 발달을 위한 프로그램 • 자립준비 프로그램 • 가족재결합 프로그램
	북한이탈 청소년	• 심리·정서적 불안 경감 • 학교적응 도모 • 부모교육 및 가족 역동성 회복 • 무연고 북한이탈 청소년에 대한 특별보호
문제 청소년	학교중도탈락 청소년	• 학교중도탈락 예방 및 상담 • 학교중도탈락자 취업지원 • 학교-가정-사회 차원의 종합대책 강구

문제 청소년	학교폭력 청소년	• 피해학생 부모 및 교사 대상 교육 • 전문상담 • 또래상담 및 치료 활성화
	가출청소년	• 가출예방을 위한 부모교육 활성화 • 통합적 서비스망 구축 • 24시간 상담전화 및 일시적 생활지원 • 사회기술 및 상담치료 프로그램
	성문제 청소년	• 미혼모 예방 및 보호, 학업지속을 위한 지원 • 실제적 성교육 • 성매매 청소년을 위한 전문상담 프로그램
	약물남용 청소년	• 적극적 예방교육 및 프로그램 보급 • 약물중독 정도에 따른 맞춤식 서비스
	인터넷중독 청소년	• 개인환경, 가족환경, 학교환경을 통한 다양한 접근
	비행청소년	• 가족복지 서비스 및 학교교육복지 서비스의 강화 • 청소년교정기관 내 교정사회사업
	자살청소년	• 자살예방교육 실시 • 자살의 위험요인과 보호요인의 정확한 사정과 대처 • 위기개입체계 구축

3) 노인

(1) 노인복지 현황

UN은 전체 인구 중 65세 이상 인구가 차지하는 비율에 따라 고령화 사회 (aging society, 7% 이상~14% 미만), 고령사회(aged society, 14% 이상~20% 미만), 초고령사회(super-aged society, 20% 이상)로 구분한다. 우리나라는 2000년에 이미 고령화 사회에 진입했으며, 2018년에는 고령사회, 2026년에는 초고령사회에 도달할 것으로 전망된다. 우리나라의 고령화 속도는 세계적으로 유래가 없을 정도로 빠르게 진행되고 있는데, 저출산과 사망률의 감소가 그 이유로 꼽힌다. 인구의 고령화는 경제활동인구의 감소와 직결되며, 산업구조와 금융시장의 변화를 가져오는 등 사회적 파급효과가 매우 크다. 더구나 우리나라는 급속한 고령화로 인해 사회적 준비를 갖출 충분한 여건 형성이 어려워 노인들의 문제가 사회적으로 급부상하고 있다. 노인층의 경제적 빈곤, 학대, 연령차별주의 등의 문제와 함께 신체 및 정신적 건강, 일과 여가, 주거, 가족과 부양 측면에서 다양한 문제들이 발생하고 있다.

노인복지는 사회복지의 한 분야로서 노인의 기본적 욕구를 충족시키고 노인문제를 예방, 해결하기 위한 공공과 민간부문의 조직적 활동이다(권중돈, 2007). 전통사회에서는 가족이 노인을 동거부양하면서 노년의 삶에서 야기되는 욕구나 문제를 해결하는 전적인 책임을 맡아 왔다. 그러나 현대화 이후 가족의 노인부양 기능 또는 복지 기능이 갈수록 약화되고 노인이나 가족의 결함보다는 사회구조적 모순에 의해 야기되는 문제가 급속히 확산됨으로써 국가가 노인의 복지 증진을 위해 적극적으로 개입해야 할 당위성이 높아졌다.

우리나라는 1981년 「노인복지법」 제정과 함께 국가 차원의 노인복지정책 확산에 노력하고 있으며, 고령사회에 대비한 중장기 계획 아래 지속적으로 노인복지를 확충해 가고 있다. 노인복지법의 기본정책은 점차 고령화되어 가는 사회의 변화를 반영하여 저소득층 노인 중심의 잔여적 서비스에서 일반노인을 대상으로 하는 보편적 서비스로, 가족보호 원칙에서 국가보호를 강화하는 것으로, 수용시설보호에서 재가복지를 강조하는 것으로, 그리고 노인학대 등의 문제와 관련해서 노인 인권을 강화하는 방향으로 바뀌어 왔다(김성천 외, 2009). 2005년에는 비단 노인만의 문제로서가 아니라 사회 내 저출산ㆍ고령사회의 다각적 맥락에서 노인복지정책이 수립될 수 있도록 「저출산ㆍ고령사회기본법」이 제정되었다. 「노인복지법」이 노인복지 서비스와 관련된 제반 사항을 규정하고 있다면, 「저출산ㆍ고령사회기본법」은 고령화와 노인 관련법의 모법 역할로서 제정되었다. 이 법의 직접 관련법으로는 「노인복지법」 「노인장기요양보험법」 「고령친화산업진흥법」 「국민연금법」 「국민건강보험법」 「고령자고용촉진법」 등이 있다. 「저출산ㆍ고령사회기본법」의 제정으로 노인문제에게 필요한 해결을 위한 보건복지, 인구, 고용, 교육, 금융, 문화, 산업 등 노인복지 전반에 관한 종합적 대책 수립이 의무화되고 국가의 노인복지 책임이 보다 강화되었

다. 2006년 12월 「고령친화산업진흥법」의 제정은 급증하는 노인인구에게 필요
한 다양한 상품 및 서비스 수요를 충족시킬 수 있는 고령친화산업을 체계적으
로 육성할 수 있는 법적 기반을 마련하였다.

2008년에는 노인을 대상으로 건강증진 및 생활안정을 도모하는 한편, 노인
을 수발하는 가족의 부담을 경감하고자 「노인장기요양보험법」이 실행되었다.
기존의 노인복지 서비스가 국민기초생활수급자를 포함하는 저소득층 노인으
로 한정되었다면, 노인장기요양보험제도는 사회보험으로서 65세 이상 노인과
노인성 질환을 가진 64세 이하 국민 중 서비스를 필요로 하는 사람 누구에게나
필요 서비스를 제공하는 보편적 제도다. 급여 형태는 모두 세 가지이며, 가정에
서는 재가 서비스를, 시설에서는 시설 서비스를 받을 수 있으며, 특별현금급여
도 포함된다.

노인복지 전달체계는 노인복지 급여와 서비스가 전달되는 데 관련되는 조직
적 체계로서 중앙정부와 지방정부, 노인복지기관 및 시설을 포함하는 모든 공
공 및 민간조직의 서비스망이라고 할 수 있다. 현행 공적 노인복지 전달체계는
보건복지부를 주무부처로 하는 중앙행정체계와 자치단체별 지방행정체계로
구성되어 있다. 민간 노인복지 전달체계에는 모든 노인복지시설과 기관, 관련
단체들이 포함되지만 노인복지시설과 노인복지관이 대표적이다. 이러한 노인
복지 전달체계를 통해 전달되고 있는 우리나라의 현행 노인복지정책 및 서비스
유형과 구체적 체계는 〈표 10-4〉를 통해 살펴볼 수 있다.

〈표 10-4〉 현행 노인복지정책과 서비스

유형	현행 체계	유형	현행 체계
소득보장	• 공적연금 • 공적부조 • 사회수당 • 사적 소득보장체계(개인연금, 퇴직연금, 주택담보노후연금, 저축 등) • 경로우대제도 및 감면혜택	주거보장	• 저소득층 노인을 위한 영구임대 아파트 지원 • 노인공동생활가정 운영

고용보장	• 「고령자고용촉진법」에 의한 고용촉진사업 및 취업지원사업 • 「노인복지법」에 의한 노인취업지원센터, 시니어클럽, 노인일자리사업, 노인일자리박람회, 노인일자리전담기관 운영	사회적 서비스	• 재가노인복지사업(방문요양서비스, 주야간보호 서비스, 단기보호 서비스, 방문목욕 및 방문간호 서비스, 노인돌보미 바우처사업, 독거노인도우미 파견사업 등) • 여가 및 사회참여 지원 서비스(경로당 운영 혁신사업, 노인복지관 운영지원, 노인교실 운영, 노인자원봉사활동 지원사업, 노인휴양소 등)
건강보장	• 건강보험 • 의료급여 • 노인건강지원사업 • 노인장기요양보험제도		

자료: 권중돈(2007: 397-436)의 내용을 2014년에 맞춰 재구성하였음.

「노인복지법」은 1981년 제정 이후 10여 차례에 걸쳐 개정되었으며 그동안 우리나라 노인복지의 기본방향은 소수의 빈곤층 노인에 대한 수용시설보호에서 지역사회복지를 강조하는 재가노인복지로 전환되어 저소득층 노인 중심에서 일반노인으로 대상이 점차 확대되고 있다. 이는 노인을 둘러싼 정치, 사회 및 환경의 변화와 노인의 욕구 및 문제가 지니는 특성의 변화를 어느 정도 반영한 결과다. 그러나 아직까지 우리나라의 노인복지는 가족의 노인부양 책임을 강조하여 국가 책임을 최소화하려는 의도가 있으며, 노인의 인권 보장에 대한 의지가 미약하고, 노인복지 관련법 간의 연계성이 미흡하다는 지적을 받고 있다.

(2) 사회복지사의 활동

노인을 대상으로 하는 사회복지실천, 즉 노인복지실천에서는 개인과 환경 모두에 초점을 두고 이들의 상호작용을 변화시키는 통합적 접근방법이 주로 사용되고 있다. 노인복지실천은 노인의 건강과 복지 증진을 위해 현재의 신체, 심리, 사회적 기능 상태를 유지하고, 발달과업을 성공적으로 수행하도록 하며, 환경의 요구에 대처할 수 있는 능력을 강화하고, 필요한 자원을 제공하거나 연결하여 사전에 문제를 예방하는 데 목적을 둔다. 아울러 현재 신체 및 정신적 문제나 장애로 기능이 약화된 노인의 경우에는 노인복지실천의 초점을 문제나 장애의 해결과 개선에 둠으로써 치료적 기능을 수행하기도 한다.

노인 대상 사회복지실천을 담당하는 사회복지사는 노인과 그 가족을 대상으로 상담, 집단활동 프로그램, 노인교육, 지역사회 자원의 연결, 취업알선, 여가활동 지원 등의 다양한 업무를 수행한다. 사회복지사는 서비스에 대한 정보와 지식을 획득할 수 있는 기회가 제한되어 있는 노인 대상자들에게 현존하는 공식적·비공식적 서비스에 대한 정보를 제공하고 서비스와 자원의 연계와 조정을 통해 통합적 서비스 제공이 가능하게 하는 사례관리자로서 역할을 수행해야 한다.

최근 우리나라에 장기요양보험제도가 도입된 이래 요양보호사(care worker)의 양성 및 활동에 대한 관심이 높아지고 있다. 노인장기요양 서비스가 효과성을 확보하기 위해서는 보건과 복지의 통합적 서비스 체계를 갖춘 전문인력의 팀 접근이 중요하며(김기태, 성명옥, 박봉길, 이은희, 최송식 외, 2009), 이를 위해 사례관리에 초점을 두는 요양보호관리사(care manager)와 간병, 수발, 가사 및 일상생활 지원 등의 서비스를 직접 수행하는 요양보호사 등 두 종류의 인력체계가 모두 필요하다. 그러나 2008년 개정된 「노인복지법」에서는 요양보호관리사가 빠지고 요양보호사만 포함됨으로써 사회복지사가 장기요양을 필요로 하는 노인을 대상으로 사례관리 서비스와 같은 전문 서비스를 펼치는 데 현실적 제약을 받고 있다. 현재 요양보호사 인력 양성기관의 난립은 부실교육의 소지를 높이고 오히려 전문적 요양보호 서비스의 제공을 어렵게 한다는 지적을 낳고 있다. 아울러 서비스 이용 절차 및 선택, 서비스 조정과 케어플랜 등을 담당하는 전문인력인 요양보호관리사의 자격제도 도입이 필요하다는 의견이 높아지고 있다.

3. 욕구의 특수성에 따른 사회복지의 실천대상

사회복지실천은 인간이 지닌 사회적 문제나 사회적 기능 수행상의 어려움을 해결하기 위한 접근방법이라는 점에서 사회복지실천의 대상자, 즉 클라이언트는 일단 사회적 문제나 사회적 기능상의 어려움을 지닌 사람 혹은 체계라고 할 수 있다. 앞서 1절과 2절에서는 생애주기에 따라 직면할 수 있는 인간의 어려움과 그에 대한 사회복지실천상의 대응을 알아보기 위해 아동, 청소년, 그리고 노인으로 대상을 구분하였다. 여기에서는 욕구나 상황의 특수성으로 인해 사회적 문제나 사회적 기능상의 어려움을 상대적으로 더 많이 안고 살아갈 수밖에 없는 장애인과 여성, 그리고 가족에 대해 살피고자 한다. 가족의 경우 사회적 변화에 매우 민감한 사회체계이며, 주위 환경과의 상호작용이 원활하지 못할 경우 그 구성원들은 쉽게 사회적 취약대상이 될 수 있으므로 장애인, 여성과 더불어 다루고자 한다.

1) 장애인

(1) 욕구의 특수성

장애인이 가지는 욕구의 특수한 측면을 보다 잘 이해하기 위해서는 '장애'가 무엇인가를 먼저 생각해 볼 필요가 있다. 물론 복잡하고 다차원의 개념인 장애를 한마디로 정의하는 것은 어렵다. 그렇지만 장애인의 욕구와 복지에 대한 논의가 사회 내에서 계속 진행되기 위해서는 어느 정도 장애의 개념에 대한 동의가 이루어져야 한다. 현재 장애에 대한 개념적 접근은 개인적 모형과 사회적 모형의 두 가지를 중심으로 이루어지고 있다. 개인적 모형은 개인적 비극모형 또는 의료모형이라고도 하며, 장애를 개인이 가진 의학적·기능적 문제라고 본다. 개인적 모형을 중심으로 장애에 접근할 경우 의료적 치료와 보호가 강조된다. 그러나 이 모형은 다양한 환경에 따라 손상에 따른 결과에 차이가 나타나는 것을 설명할 수 없으며, 장애인이 결코 도달할 수 없는 '정상'을 지향한다는 비판을 받아 왔다(이선우, 2009).

사회적 모형은 개인적 모형이 장애인의 경험을 전혀 고려하지 않았다는 장애인계의 불만으로부터 출발하였다. 이 모형은 장애문제의 원인이 개인적 손상이나 한계가 아니라 사회가 적절한 서비스를 제공하지 못하는 데 있다고 본다. 즉, 장애 자체는 신체와 관련이 있는 것이 아니라 사회적 억압의 결과이며, 사회 전반에 걸친 제도화된 차별로 인해 제한을 경험하는 장애인 집단에게 체계적으로 영향을 미친다. 이러한 점에서 변화시켜야 하는 것은 장애인 개인이 아니라 사회이며, 장애를 일으키는 사회조건을 없애기 위해 환경 변화를 이끌어 내는 데 필요한 힘을 장애인에게 제공할 것을 강조한다. 그러나 이 모형 역시 장애인 개인의 경험의 중요성을 도외시한다는 한계를 지니고 있는데, 특히 장애인 전체가 아닌 신체장애인의 시각에 치우쳐서 장애를 바라볼 가능성이 높다는 지적을 받는다.

일부 학자들은 장애와 비장애를 선을 긋듯이 구분할 수 없다고 주장하지만 현실적으로는 구분할 필요성이 있다. 이에 따라 WHO에서는 1980년 장애의 개념을 현실에서 사용할 수 있는 장애 범주로 국제장애분류(International Classification of Impairments, Disabilities, and Handicaps: ICIDH)를 제시하였다. 이에 따르면 손상(impairments)은 심리적·생리적·해부학적 구조나 기능상의 손실 또는 비정상을 말하며, 기능장애(disability)는 손상으로 인해 일상적으로 기대되는 활동 수행상의 능력이 제한되거나 부족한 것을 의미한다. 사회적 불리(handicap)는 손상에 기인하여 정상적 역할의 수행을 제약하거나 방해하는, 개인에 대한 불이익을 말한다. ICIDH는 이전 장애 개념에 비해 손상이나 기능제약의 측면보다는 사회적 불이익을 받는 상황을 강조함으로써 사회적 책임론이 확장될 가능성을 높였지만 '정상' 대 '비정상'의 대비 구조를 크게 벗어나지 못했다는 비판도 받았다. 이후 1997년 WHO는 ICIDH-2를 통해 한 개인이 접하게 되는 장애를 3차원의 축(손상, 활동, 참여)으로 설명하면서 사회적 모형 개념을 강조하고자 했다. 이러한 과정은 세계적으로 장애에 대한 패러다임이 개인적 모형에서 사회적 모형으로 전환되고 있음을 보여 준다.

　우리나라의 장애 범주를 살펴보면 1988년 장애인등록사업이 전국적으로 확대 실시되면서 지체장애, 시각장애, 청각장애, 언어장애, 정신지체의 다섯 가지가 공식적인 장애 범주가 되었다. 이후 2000년 「장애인복지법」 개정에 따라 뇌병변장애, 신장장애, 심장장애, 발달장애(자폐), 정신장애가 추가되어 열 가지로 범주가 확대되었다. 2003년부터는 안면변형장애, 장루요루장애, 간장애, 간질장애, 호흡기장애의 5종이 추가되어 15개로 확대되었으며 앞으로 소화기장애, 중증 피부질환을 포함한 기타 신체적·정신적 장애 중 중증장애를 포함하는 범주 확대가 다시 이루어질 예정이다(이선우, 2009).

(2) 장애인복지 현황

　장애인복지는 장애 종별에 따라 충족되어야 하는 욕구가 다양하고 장애인이 전 연령층에 분포되어 있음으로 인해 그 내용이 포괄적이고 다차원적이다(김용득, 김진우, 유동철, 2007). 노인복지나 아동복지와 달리, 특정한 정책적 기능에 국한하여 중앙정부 차원에서 소수 몇몇 부처에서 담당하기 어렵고 오히려 전체 부처가 모두 직·간접적으로 장애인의 제반 삶의 국면과 관련이 있다. 전체 중앙정부조직 중 장애인복지정책을 수행하고 있는 부처와 관련 법률은 다양한데(〈표 10-5〉 참고), 이 중 보건복지부, 교육부, 고용노동부는 장애인복지의 핵심 부분이라고 할 수 있는 장애인복지 서비스, 장애인교육, 장애인고용을 각기 다루는 주요 부처다.

　장애인 소득보장, 장애인복지시설, 장애인등록제도, 장애인복지 서비스 등 대부분의 장애인복지정책은 보건복지부에서 총괄하고 있다. 교육부에서는 장애아동을 대상으로 하는 특수교육을 담당하고 있는데, 1977년 제정된 「특수교육진흥법」에서 2007년 전면 개정된 「장애인 등에 대한 특수교육법」을 근간으로 특수교육의 대상을 확대하고 장애인교육에 대한 국가책임을 보다 확대시켜 나가고 있다(김용득 외, 2007). 장애인 고용정책은 1990년 「장애인고용촉진 등에 관한 법률」이 제정됨으로써 우리나라에서 획기적으로 발전할 수 있는 기틀

〈표 10-5〉 중앙부처 단위별 장애인정책 및 관련 법률

부처	담당 정책	관련 법률
산업통상자원부	재활보조기구 산업화	
국토교통부	장애인주택공급 이동편의 증진	「주거복지기본법」 「교통약자의 이동편의증진법」
교육부	장애인교육	「장애인등에 대한 특수교육법」
보건복지부	소득보장 장애인복지 서비스 직업재활	「장애인복지법」 「장애인·노인·임산부 등의 편의증진보장에 관한 법률」 「장애인차별금지 및 권리구제에 관한 법률」 「장애인활동지원에 관한 법률」 「발달장애인법」
고용노동부	장애인고용	「장애인고용촉진 및 직업재활에 관한 법률」
안전행정부	정보접근성	「정보격차해소에 관한 법률」
여성가족부	여성장애인정책	
문화체육관광부	장애인체육	

자료: 김용득 외(2007: 232)의 정책 및 법률을 2014년에 맞춰 재구성하였음.

을 마련하였다. 고용노동부에서 장애인의 고용과 관련된 정책을 주관하고 있으며, 이들 업무의 상당 부분은 고용노동부 산하 단체인 한국장애인고용촉진공단이 위임받아 업무수행을 하고 있다.

(3) 사회복지사의 활동

장애인복지실천현장에서 사회복지전문가의 역할은 장애로 인해 서비스 대상자들이 내적·외적·환경적 스트레스 등 특별한 어려움을 경험하는 경우에 개인, 집단, 시설에 기초하여 장애인과 그 가족에게 사회복지 서비스를 제공하는 것이다(이선우, 2009). 이를 위해 사회복지사는 장애인의 전체 상황과 구체적 욕구를 사정하고 보호와 지원, 조언, 지도 등을 제공하는데, 장애인복지시설의 종류는 〈표 10-6〉에서 제시되고 있다. 이들 시설 중 사회복지사가 주로 활동하

〈표 10-6〉 장애인복지시설의 종류

시설 구분	시설 유형
지역사회재활시설	장애인복지관
	주간보호센터
	단기보호센터
	공동생활가정
	재활병의원
	장애인체육관
	정신보건센터
	사회복귀시설
직업재활시설	보호작업시설
	근로시설
	작업활동시설
	직업훈련시설
생활시설	장애유형별 생활시설
	중증장애인요양시설
	장애영유아시설
	정신요양시설
유료복지시설	
생산품판매시설	

자료: 「장애인복지법」 제58조(장애인복지시설의 종류).

는 곳은 지역사회재활시설, 직업재활시설, 그리고 생활시설 등이다. 특히 지역
사회재활시설 중 장애인복지관에서 사회복지사의 업무 비중은 매우 높은 편
이다.

일반적으로 장애인복지관에는 직업재활상담사, 심리치료사, 특수교사, 물리
치료사, 언어치료사, 음악치료사, 간호사 등 다양한 전문직이 함께 일하고 있는
데, 그중에서도 진단판정, 사회심리재활, 직업재활, 재가복지 등의 영역에서
일하며 기획이나 상담의 주된 인력으로 활동하는 사회복지사는 가장 높은 비중

을 차지한다(이선우, 2009). 장애인복지관 이외에도 공동생활가정이나 장애인 직업재활시설 등에서 사회재활교사나 직업재활교사로 활동하기도 한다. 정신 보건센터나 사회복귀시설에서 근무하는 사회복지사의 경우에는 주로 정신보 건사회복지사로서 전문적 활동을 하게 된다. 이외에도 사회복지사는 장애인생 활시설 및 요양시설에서 사회재활교사로 활동하면서 사회적응훈련[3] 등과 같은 재활 프로그램을 계획하고 수행하는 업무를 맡는다.

이처럼 사회복지사는 특수교사, 치료사 등의 다른 전문가와 함께 장애인복 지 분야에서 일해 온 주요 전문가인데, 최근 장애인당사자주의가 대두되면서 장애인계로부터 상당한 비판에 직면해 있다(이선우, 2009). 당사자주의는 장애 인 스스로 자신과 관련된 문제를 결정하겠다는 입장으로서 이를 위해 주변 환 경이 그 과정을 지지할 수 있도록 만들고자 하는 것이다. 그동안의 사회복지실 천은 개인적 모형의 가정에 기초해서 장애인복지 서비스를 제공했다는 비판에 서 완전히 자유로울 수 없다. 장애에 대한 의료적이며 심리학적 치료 모형의 추 구는 결과적으로 사회를 변화시키는 데 방해가 되었다는 지적이 나오고 있다 (김용득 외, 2007; 유동철, 2009; 이선우, 2009). 이러한 점에서 앞으로 사회복지사 들은 장애인 문제를 개인대상에 한정하기보다는 가족과 지역사회, 더 나아가 사회라는 환경 맥락에서 보려고 노력해야 할 것이다. 그리고 원조자-클라이언 트의 관계가 상의하달식의 위계구조가 아니라 협력과 참여의 수평구조가 될 수 있도록 노력을 기울여야 한다.

2) 여성

(1) 욕구의 특수성

사회복지실천의 대상으로서 여성을 논의할 때 일부의 사람들은 왜 남성에

---

3) 사회적응훈련이란 지하철, 시내버스 등과 같은 대중교통수단의 이용, 백화점, 시장 등 유통시설의 이용, 극장 이용, 주민자치센터나 우체국 등 관공서의 이용, 은행 등 금융기관의 이용 등 다양한 시설을 이용하는 훈련이다.

대해서는 따로 다루지 않는지 묻기도 한다. 이에 답하기 위해서는 사회 안에서 여성으로 살아감에 대한 의미 고찰과 문제의식이 뒤따라야 한다. 여성과 남성이 더불어 살아야 할 삶의 마당에서 공평과 정의, 그리고 평등의 기준에 못 미치는 현실적 상황이 존재하며, 그 기준에 못 미치는 쪽은 대부분 여성이었다는 문제의 인식은 여성이 특별히 사회복지의 대상이 되어야 하는 이유를 일부 설명한다.

여성과 남성은 해부학적으로 다르기 때문에 능력과 정신 면에서도 다른가? 혹시 그렇다면 이 차이는 타고나는가? 성을 연구하는 많은 사회과학자들은 성의 해부학적 차이가 능력과 정신의 차이를 결정짓는 것은 아니라고 본다. 오히려 해부학적 차이를 곧바로 무능력과 낮은 정신세계로 평가하는 사회적 기제가 여성과 남성의 차이를 차별로 직결시킨다고 지적한다(김영화, 조희금, 공정원, 권신영, 명선영, 2002). 대부분의 사회에서 여성과 남성은 타고난 생물학적 성에 따라 사회가 인정하는 방식이 달라지고, 이 방식에 의해 개인의 행동양식이 결정되며, 남성과 여성은 다르게 처우된다. 이러한 '다른 처우' 방식은 다르되 평등한 형태로 나타나는 것이 아니라 단지 여성이냐 남성이냐에 따른 차별로 표현될 때가 훨씬 더 많고, 이로 인해 여성의 불평등이 사회 안에서 발생한다.

'성불평등' 이란 사회에서 인간의 자유로운 활동이 '성적 이유' 로 제한받거나 기회를 박탈당하는 현상을 말하는 것으로, 이것은 단순한 성차별이 아니라 한 개인으로서 인권과 삶의 질을 침해하기 때문에 '성억압' 을 초래한다. 성불평등은 여성과 남성 모두에게 일어날 수 있으나 현재와 같은 가부장제와 자본주의 사회에서는 남성보다 여성에 대한 편견과 차별이 일반화되어 있으므로 성불평등을 겪는 대다수는 여성이다. 이러한 성불평등은 일상생활을 포함하여 교육, 경제, 법과 정치 등의 영역에서 항상 존재하고 있다. 특히 우리나라는 국가별 남녀평등지수에서 서구와 큰 차이를 보이며 같은 동양권인 일본과도 상당한 차이를 보임에도 불구하고, 우리나라의 사회복지 영역에서는 이 문제에 큰 관심을 기울이지 않았다. 한국의 사회복지는 그동안 선성장, 후복지라는 국가적 정책지향에 의해 부차적으로 취급되어 왔으며, 특히 여성은 노인, 장애인,

아동과 더불어 복지국가의 중요한 관심대상임에도 불구하고 사회복지에서 주변화(marginalization)되는 경향이 있었다(정은, 은선경, 2009). 이는 현재의 사회복지제도 자체가 가부장적 성별역할분담론의 토대 위에서 만들어져 있기 때문에 노동시장으로부터 구조적으로 배제되거나 노동시장 안에서 차별적인 지위를 감수해야 하는 여성들이 사회복지 영역에서도 차별받고 있다는 지적을 낳는다.

사회구조적으로 발생하는 여성억압은 성불평등을 해결하고 나아가 여성의 다양한 욕구에 적극적으로 대처할 수 있는 사회적 노력을 요구한다. 여기에 여성의 평균수명이 남성보다 높아 전체 노인 중 여성노인의 비율이 높다는 사실은 노인복지문제나 빈곤문제에서 여성이 중요하게 다뤄져야 할 또 하나의 이유가 된다. 여성 빈곤화 문제 이외에도 가부장적 가족구조에 기인하여 발생하는 가정폭력과 성폭력의 문제, 돌봄노동의 전담문제 등이 사회적으로 다루어져야 한다. 아울러 명백한 문제 상황을 지니지 않은 여성이라고 하더라도 사회변화에 능동적으로 대처하고 삶의 질을 높이며 자아실현을 위해서는 사회적 지원이 현실적으로 필요하다. 이러한 측면에서 현대사회에서는 성불평등 및 차별 철폐를 촉구하는 소극적 차원뿐만 아니라 여성 개인의 삶의 질 향상을 목적으로 다양한 욕구 충족을 위한 적극적 차원의 여성복지가 전개될 필요가 있다.

(2) 여성복지 현황

여성을 바라보는 시각이나 이데올로기가 국가와 시대에 따라 다양하게 변화되어 온 반면, 여성복지의 역사는 짧으므로 여성복지란 무엇인가에 대해 뚜렷하게 합의된 대답은 없다. 그러나 소극적으로는 여성의 차별 철폐를 위해, 적극적으로는 여성의 삶의 질 향상을 위해 여성복지가 필요하다는 점에는 큰 이견이 없다. 종래의 여성복지가 요보호여성과 이들로부터 파생되는 빈곤모자가족, 성매매, 미혼모, 여성노동 등의 문제에 국한되는 잔여적 복지 개념이었다면, 이제는 일반여성의 인권문제와 복지문제, 사회참여와 자아실현을 돕는 여건 조성, 성차별 철폐운동으로 확대되어 가면서 사회복지 분야의 새로운 과제로 부상되고 있다.

　　여성복지 서비스의 공공전달체계는 보건복지부와 여성가족부의 이원체계로 구성되어 있다. 보건복지부를 중심으로 광역자치단체의 각 시·도 여성정책과 (여성복지과), 시·군·구 사회복지과(가정복지과) 여성복지 담당을 두고 있다. 이와 함께 여성복지 상담기관, 여성회관, 각종 여성복지시설을 통해 서비스가 전달된다. 2001년 「정부조직법」의 개정으로 설치된 여성부는 2005년 보건복지 부로부터 가족정책을 이관받아 여성가족부로 출범하였다가, 2008년 가족 및 보육정책 기능이 다시 보건복지부로 이관되면서 여성정책의 조정, 종합, 여성의 권익증진 등 지위 향상 기능을 수행하도록 개편되었다. 여성가족부는 그동안 여성정책기본계획을 통해 양성평등을 위한 법제도의 구축과 실질적 성평등의 기틀을 마련하고자 하였다. 아울러 여성복지 서비스 중 성폭력 및 가정폭력 피해여성 보호, 윤락행위 방지, 일본군위안부 생활안정 지원, 여성평생교육, 여성단체 등록 및 관리 등의 업무를 여성가족부에서 맡고 있다. 보건복지부와 여성가족부의 여성복지 서비스 이원화 구조는 체계상의 혼선과 인력 측면에서의 전문성 부족 등의 문제를 초래하는 것으로 지적되고 있다. 실제 여성복지 서비스 관련 공무원 및 사회복지사들은 전달체계상의 이원화로 인한 역할갈등을 경험하고 있으며, 이는 여성들에게 다양한 서비스를 효율적으로 전달하는 데 한계가 되고 있다(정은, 은선경, 2009). 여성복지 서비스는 주로 가정폭력 및 성폭력 상담 및 보호, 여성긴급전화 1366, 성매매 피해여성에 대한 지원, 모·부자 가정지원사업 등으로 구성되며 〈표 10-7〉의 시설 및 상담소를 통해 전달되고 있다.

〈표 10-7〉 여성복지 서비스 시설 및 상담소 현황

시설별	시설수	대상	보호기간	비고
성매매피해상담소	29	성매매피해여성, 성을 파는 행위를 한 자		이용시설
성매매피해자 등을 위한 지원시설	43	성매매피해여성, 성을 파는 행위를 한 자	1년(+6월) 청소년은 19세까지	생활시설

그룹홈	10	탈성매매 여성	6개월 단위로 3년까지 연장 가능	생활시설
외국인여성지원시설	3	외국인 성매매피해여성	3월	생활시설
자활지원센터	6	탈성매매 여성		이용시설
이주여성쉼터	12	가정폭력 등 피해 이주여성	2년 이내	생활시설
성폭력상담소	173	성폭력 피해여성		이용시설
가정폭력상담소	277	가정폭력 피해여성		이용시설
통합상담소	23	가정·성폭력 피해여성		이용시설
성폭력피해자보호시설	18	성폭력 피해여성	6월(+3월)	생활시설
가정폭력피해자보호시설	65	가정폭력 피해여성과 아동	6월(+3월) 장기시설 2년 이내	생활시설
아동성폭력전담센터	4	13세 미만 성폭력 피해자 (정신지체장애인 포함)		이용시설
여성, 학교폭력피해자 원스톱지원센터	16	가정폭력, 성폭력, 성매매, 학교폭력 피해자		이용시설
여성긴급전화(1366)	16	가정폭력, 성폭력, 성매매 등 피해여성		이용시설

자료: 정은, 은선경(2009: 190).

(3) 사회복지사의 활동

성불평등과 이로 인한 성차별로부터 발생하는 여성문제를 다루고 서비스를 제공해야 하는 사회복지사는 기존의 사회복지실천 토대에 덧붙여 여성주의 관점 및 철학, 그리고 이에 따른 실천방법에 대한 이해를 필요로 한다. 여성주의 실천을 하는 사회복지사는 '성(gender)'의 관점을 통해 원조대상인 여성과 문제의 본질을 파악하고자 하며 원조과정에서는 여성의 역량 강화, 교육, 여성의 사회적 지지망과 지지집단의 개발 등에 초점을 둔다. 여성주의 실천을 하는 사회복지사는 다음 세 가지의 전제를 바탕으로 활동한다. 첫째, '개인적인 것은 정치적인 것'으로서 여성 개인의 문제는 제도화된 성차별에 근거한다고 본다.

둘째, '사회복지사와 클라이언트는 평등한 관계'로서 클라이언트가 스스로의 힘을 회복하도록 서로 노력하는 것이 중요하다. 셋째, '여성적 가치로 평가하기'다. 여성적 특성을 가치 있다고 생각하고 이러한 경험에 근거하여 클라이언트 자신을 정의하도록 한다. 주로 사용되는 여성주의 사회복지실천 기법으로는 주장훈련, 의식향상훈련, 재구성, 재명명, 독서요법, 역량강화 등의 방법이 있다.

3) 가족

(1) 욕구의 특수성

가족은 인간이 만든 제도 중 가장 오래된 것으로 그 유형이나 구조, 기능 등은 사회변동에 따라 지속적으로 변화하여 왔다. 예나 지금이나 인간의 성격에서부터 개인 삶의 유형과 내용에 이르기까지 가족이 미치는 영향력의 지대함에는 변함이 없지만, 과연 가족이 무엇이며 어떤 본질적 특성을 가졌는가에 대해서는 한마디로 잘라 말할 수 없을 만큼 가족은 사회변화에 민감하다. 우선 가족형태 변화의 추이에서 지난 30년간 핵가족 비중은 지속적으로 증가한 반면, 3대 가족 등 직계가족 비중은 감소하고 있다. 산업사회의 전통적 가족인 핵가족 이외에도 동거가족,[4] 비동거가족, 자발적 무자녀가족, 노인가족, 동성애가족, 독신가족, 공동체가족 등 다양한 가족 형태가 출현하고 있으며, 이는 가족에 대한 정의를 더욱 어렵게 하고 있다. 이들 새로운 가족 형태의 등장으로 가족의 전통적 기본요소로 간주되던 혈연관계가 더 이상 모든 현대 가족을 아우르는 조건이 되지 않고 있다.

그러나 급격한 사회변동에 따른 가족구조 및 기능, 형태상의 변화가 현실적으로 나타남에도 불구하고 사회 안에서는 여전히 기존의 가족가치가 강조되고 가족의 변화에 대한 거부감이 동시에 증가하는 현상이 발생하기도 한다. 가족

---

4) 결혼과 관계없이 함께 살아가는 형태를 이른다.

이 전통적 구조와 형태로부터 변화한다고 해서 이를 가족제도의 위기나 와해라고 할 수는 없다. 인간의 삶이 시작된 후부터 항상 존재해 온 가족이지만 변함없는 이상적 형태로서보다는 늘 다양한 방식으로 현실 문제를 해결해 가는 과정의 연속선상에서 변화를 거듭하며 존재해 왔다. 이러한 점에서 현대사회의 가족을 이해하기 위해서는 사회경제적 및 문화적 차원, 그리고 가족 내적 차원에서 가족변화에 영향을 주는 여러 조건을 동시에 고려해야 한다(조흥식, 김인숙, 김혜란, 김혜련, 신은주, 2006).

그렇다면 우리 사회에서 가족 양상의 변화를 가져오게 한 다양한 조건들은 무엇일까? 먼저 사회경제적 측면에서는 사회와 노동시장의 구조 변화로 인한 여성의 사회진출이 가족변화의 한 원인으로 꼽힐 수 있다. 남성과 여성 모두 양육자이면서 노동자라는 이중적 역할을 수행하게 되었고 가족 내 역할분담과 권력배분을 둘러싼 갈등이 표면화되고 있다. 앞으로 사회 영역과 가족 영역 간의 조화에 대한 사회적 요구는 지속적으로 증대될 것이다. 문화적으로는 개인주의적, 자유주의적 가치관이 확산되어 기존의 가부장적 위계질서가 쇠퇴는 반면, 가족구성원 간 수평적 관계를 기반으로 하는 새로운 질서가 자리 잡고 있다. 이 과정에서 가족 내 기존의 질서와 새로운 질서 간의 마찰로 관계의 불안정성이 나타나기도 한다. 사회경제적 및 문화적 조건의 변화는 가족구성원의 삶의 변화를 초래하며 특히 양육과 간병수발에서의 평등한 성별 역할분담, 기능적 과부하 등과 같은 사안이 사회적으로 부각됨으로써 현대 가족 내 여성 삶은 큰 변화를 보이고 있다.

이렇듯 가족 전체에 역기능적 문제를 야기하는 빈곤과 갈등, 보호와 양육의 과부하 등 경제구조와 가족구조의 불안정성의 문제는 개인의 의지만으로 해결될 단순한 문제가 아니므로 국가나 사회는 이를 타파하기 위한 지속적 노력을 기울여야 한다. 특히 한부모가족, 재혼가족, 독신가족, 동거가족, 다문화가족 등 새로운 가족 유형과 빈곤, 정신장애, 치매, 가정폭력, 알코올의존 등의 다양한 문제에 봉착한 가족들의 존재를 인정하고, 이들의 적응과 적절한 사회적 기능 수행을 위해 적극적으로 사회복지정책을 펼쳐야 한다.

(2) 가족복지 현황

가족복지란 가족의 욕구와 문제를 스스로 충족시킬 수 있도록 그 잠재력을 개발하고, 가족의 역할과 기능을 활성화시키며, 생활의 질적 향상을 위한 사회적 개입이다. 이는 가족과 관련된 모든 복지정책과 복지 서비스를 포함한다(김연옥, 유채영, 이인정, 최해경, 2005). 그러나 사회의 기본적 제도로서 가족은 사회 내 다양한 제도 및 정책과 직·간접적으로 관련되기 때문에 가족만을 별도로 구별하여 다루기는 쉽지 않으므로 가족복지에 대한 정의 역시 간단하지 않다. 실제로 아동복지, 노인복지, 여성복지 등의 다양한 사회복지 분야들이 각기 개별적 가족구성원들과 관련되어 있기 때문에 가족복지 관련 정책과 서비스는 이들 분야와 중첩될 소지가 높다. 그렇지만 가족구성원 개개인의 문제를 다루기보다는 이들의 집합체로서의 단위(가족)를 대상으로 삼아 가족 전체에의 영향성을 고려한다는 점에서 가족복지는 다른 영역과 구분된다.

Kamerman과 Kahn(1978)은 정부(국가)가 가족을 위해 가족에게 행하는 모든 것을 '가족정책(family policy)'으로 규정하고 여기에는 명시적(explicit)인 것과 함축적(implicit)인 것 모두가 포함된다고 하였다. 가족정책에 관한 이들의 설명은 오늘날 가족복지에 관한 개념적 기초로 가장 많이 활용되고 있다. 그러나 명시적이고 직접적이든 혹은 함축적이고 간접적이든 가족을 대상으로 하는 모든 정책을 가족정책으로 규정할 경우 아동복지정책, 노인복지정책, 여성복지정책 등을 비롯한 기존의 사회복지정책과의 영역 구분에서 그 기준에 대한 혼선이 빚어질 수 있다. 이처럼 가족복지를 다른 복지 영역과 확실하게 구분하여 정의하는 것은 어렵지만 가족복지가 아동복지, 노인복지, 여성복지의 단순 혼합으로 이해되어서는 곤란하다. 가족정책은 가족구성원 개개인의 문제를 다루기보다는 이들의 집합체로서의 단위(가족)를 대상으로 삼아 가족 전체에의 영향성을 고려한다는 점에서 가족복지는 다른 복지 영역과 구분될 수 있다.

가족정책의 전달체계 측면에서 독일을 제외한 대다수의 국가는 가족정책을 전담하는 부서가 없고 관련 정책을 사회복지, 사회보장 부서에서 주로 담당하고 있으며 서비스 전달체계가 일원화되어 있지 않다(김연옥 외, 2005). 우리나라도 가족정책 전담부서 없이 보건복지부가 중심이 되어 노동부, 여성가족부 등에서 가족정책 관련 업무를 다루어 오다가, 2005년 여성부가 여성가족부로 확대·개편되면서 여성정책과 더불어 가족정책의 주무부처로서 역할을 하였다. 이후에도 수차례 부처 이관은 반복되었으며, 2014년 현재에는 여성가족부가 가족 및 다문화가족정책을 수립하고 조정·지원하는 주무부처다.

가족정책은 복지국가의 지속 가능한 유지와 발전에 매우 중요한 것임에도 불구하고 가족정책을 둘러싼 중앙정부 부처 간 이관 논쟁은 구체적 논의나 원칙 없이 가족업무를 임의적, 일방적으로 이합집산으로 나누는 것(김인숙, 2009)이라는 비판을 면할 수 없다. 가족업무 아동, 청소년, 노인 등 생애주기별 단계와 병행하여 통합적 틀 안에서 추진하기 위해서는 보건복지부가 주무부처가 되어야 한다는 입장과, 가족정책이 성별분리나 가족의 전형성 고수에서 벗어나 성의 관점에서 추진되기 위해서는 여성가족부가 주무부처가 되어야 한다는 입장은 앞으로도 맞설 것으로 예상된다.

(3) 사회복지사의 활동

현재 여성가족부 산하 가족정책 서비스 전달체계는 건강가정지원센터와 다문화가족지원센터 두 축으로 구성되어 있다. 이들 현장에서 사회복지사들이 활동하고 있으며, 특히 최근 들어 사례관리업무의 중요성이 강조되면서 사회복지사의 역할이 커지고 있다. 건강가정지원센터에서는 주로 가족기능강화, 가족문제의 해결(교육상담), 지역사회자원연계와 함께 이외 다양한 가족형태별 맞춤형 서비스를 제공하고 있다. 다문화가족지원센터는 결혼이민예정자에게 정보를 제공하고, 결혼중개과정의 관리, 결혼이민자 사회적응지원서비스(통번역, 가정방문 서비스 등) 등을 제공하고 있다.

이들 현장 이외에도 공공부문의 사회복지전담공무원과 민간부문의 사회복지관에 근무하는 사회복지사 또한 실제 가족복지 서비스 전달의 주요 창구 역할을 한다. 사회복지전담공무원이 사정과정을 통해 각 가구의 문제를 파악하고 경제적·대인적 서비스 업무를 수행함으로써 가족의 기능을 강화한다는 측면에서 이것 역시 큰 틀에서의 가족복지로 이해될 수 있다. 가족기능강화를 주요서비스영역으로 포함시키고 있는 사회복지관 근무 사회복지사의 경우에도 가족관계증진 및 보완사업, 가정문제의 해결, 부양가족지원사업, 다문화가정이나 북한이탈주민 등 지역 내 이용자 특성을 반영한 사업 등에서 교육·훈련 프로그램의 기획 및 진행을 비롯하여 정보 제공, 문제 발굴, 자원연계 및 개발 등 다양한 가족 관련 서비스 활동을 수행하고 있다.

■ **생각해 봅시다** ■

1. 지역아동센터에 근무하는 사회복지사 S씨는 센터를 이용하는 아동 한 명의 등과 어깨에 항상 멍이 들어 있음을 알게 되었다. 아동에게 물어보니 놀다가 넘어졌다고 하지만 넘어진 상처로만 보기에는 의아한 점이 있다. 그러나 부모에게 직접 물어볼 만큼 확연한 상황은 아니어서 고민에 빠져 있다. 여러분이라면 어떤 조치를 취하겠는가?

2. 장애인이 겪는 손상(impairment), 기능장애(disability), 사회적 불리(handicap)의 예를 각각 생각해 보자.

참고문헌

권중돈(2007). 노인복지론. 서울: 학지사.
김기태, 성명옥, 박봉길, 이은희, 최송식, 최희경, 박미진(2009). 노인복지론. 고양: 공동체.
김동배, 권중돈(2005). 인간행동이론과 사회복지실천. 서울: 학지사.

김미숙(2008). 한국의 아동빈곤 실태와 정책과제. 한국보건사회연구원 보건복지포럼, 139호, 5-22.

김성천, 강욱모, 김혜성, 박경숙, 박능후 외(2009). 사회복지학개론: 원리와 실제. 서울: 학지사.

김성천, 강욱모, 김영란, 김혜성, 박경숙 외(2013). 사회복지학개론: 원리와 실제(2판). 서울: 학지사.

김연옥, 유채영, 이인정, 최해경(2005). 가족복지론. 파주: 나남출판.

김영화, 조희금, 공정원, 권신영, 명선영(2002). 현대사회와 여성복지. 서울: 양서원.

김용득, 김진우, 유동철 편(2007). 한국 장애인복지의 이해. 서울: 인간과 복지.

김인숙(2009). 여성부 확대 개편과 가족정책의 과제. 한국가족사회복지학회 추계학술대회 자료집. 한국가족사회복지학회.

손광훈(2008). 인간행동과 사회환경. 고양: 공동체.

유동철(2009). 인권 관점에서 보는 장애인복지. 서울: 집문당.

이선우(2009). 장애인복지의 이론과 실제. 서울: 집문당.

정규석, 김영미, 김지연(2013). 청소년복지의 이해. 서울: 학지사.

정은, 은선경(2009). 여성복지론. 서울: 창지사.

조흥식, 김인숙, 김혜란, 김혜련, 신은주(2006). 가족복지학(3판). 서울: 학지사.

한국노인복지학회(2006). 노인복지학사전. 파주: 학현사.

홍봉선, 남미애(2007). 청소년복지론. 고양: 공동체.

Kamerman, S. B., & Kahn, A. J. (1978). *Family Policy: Government & Families in Fourteen Countries*. New York: Columbia University Press.

Skidmore, R. A., Thackeray, M. G., & Farley, O. W. (2000). *Introduetion to Social Work*. Boston: Allyn and Bacon.

보건복지부 http://www.mw.go.kr.

보건복지부 통계포털 http://stat.mw.go.kr.

제11장
사회복지의 실천현장

사회복지실천현장은 사회복지사가 직접 활동하는 장소라고 할 수 있다. 그러나 물리적 장소의 개념을 넘어 아동, 노인, 청소년, 여성과 같은 대상별 분야나 정신보건, 학교, 교정, 의료, 산업현장 등의 문제 영역별 분야도 포함된다. 이 장에서 의미하는 사회복지실천현장은 사회복지사들의 활동이 직접적으로 이루어지는 사회복지기관(사회복지관, 아동과 노인복지시설 등) 또는 관련 기관(병원, 학교 등)을 말한다. 여기서는 사회복지실천현장을 일차현장(primary settings)과 이차현장(secondary settings)으로 구분하였다. 이는 사회복지를 처음 접하는 학생들에게 다양한 현장을 소개하여 자신의 적성에 맞는 분야를 보다 적극적으로 탐색하도록 하기 위해서다. 사회복지실천현장에 대한 더 자세한 내용들은 사회복지실천론, 지역사회복지론, 아동복지론, 청소년복지론, 노인복지론, 장애인복지론, 학교사회복지론, 정신보건사회복지론, 의료사회복지론, 교정복지론, 산업복지론 등의 교과목에서 배우게 될 것이다.

1. 일차 실천현장

1) 이용시설 실천현장

사회복지실천현장 중에 일차현장(primary settings)은 사회복지 서비스 제공을 가장 우선적으로 중요하게 생각하는 물리적 장소를 말한다. 즉, 사회복지의 발달과정에서 발생하였으며, 사회복지사들을 중심으로 클라이언트를 위한 사회복지 서비스를 제공하는 시설을 말한다. 사회복지사들은 주로 일차현장에서 사회복지실천을 하게 된다. 여기서는 사회복지 서비스의 제공을 일차적 목적으로 하는 일차현장을 이용시설 실천현장, 생활시설 실천현장, 그리고 공공복지실천현장으로 구분하였다. 먼저 이용시설 실천현장을 소개하면 다음과 같다.

물리적 장소 개념에 따라 사회복지실천현장을 광의적으로 보면, 클라이언트가 사회복지시설을 어떻게 활용하느냐에 따라 이용시설과 생활시설로 구분할 수 있다. 예컨대, 이용시설은 클라이언트가 지역사회에 거주하면서 필요한 서비스가 있을 경우에 활용하는 시설로서 사회복지관, 재가노인복지시설, 지역아동센터, 장애인지역사회재활시설, 지역자활센터 등을 말한다. 생활시설은 클라이언트가 그곳에서 의식주를 모두 해결하면서 가정과 같은 역할을 수행하는 노인주거복지시설, 아동양육시설, 정신요양시설 등을 말한다. 이러한 시설들은 예비사회복지사들이 향후에 취업을 할 수 있는 물리적 장소들이다. 예비사회복지사들은 〈표 11-1〉을 참고하면서 이후의 다양한 교과목과 실습 등을 통해 자신의 미래 적성을 탐색하기를 기대한다. 여기에서는 이용시설의 대표적인 기관으로 알려져 있는 사회복지관을 중심으로 살펴보기로 한다.

〈표 11-1〉 사회복지시설의 종류와 관련법

관련법	사회복지시설의 종류	
	이용시설	생활시설
「사회복지사업법」	• 사회복지관 • 상담보호센터	• 결핵 · 한센시설
「노인복지법」	• 재가노인복지시설 • 노인여가복지시설 • 노인보호전문기관	• 노인주거복지시설 • 노인의료복지시설
「아동복지법」	• 아동상담소 • 아동전용시설 • 지역아동센터	• 아동양육시설 • 아동일시보호시설 • 아동보호치료시설 • 자립지원시설 • 공동생활가정
「장애인복지법」	• 장애인지역사회재활시설 • 장애인직업재활시설 • 장애인의료재활시설 • 장애인생산품판매시설	• 장애인유형별거주시설 • 중증장애인거주시설 • 장애영유아거주시설 • 장애인단기거주시설 • 장애인공동생활가정
「정신보건법」	• 사회복귀시설 중 이용시설	• 정신요양시설 • 사회복귀시설 중 생활(주거)시설
「국민기초생활보장법」	• 지역자활센터	
「한부모가족지원법」	• 여성복지관 • 한부모가족복지상담소	• 모(부)자보호시설 • 모(부)자자립시설 • 미혼모(자)시설 • 공동생활가정 • 일시보호시설
「노숙인 등의 복지 및 자립지원에 관한 법률」	• 노숙인종합지원센터 • 쪽방상담소	• 노숙인자활시설 • 노숙인요양시설
「성폭력범죄의 처벌 및 피해자보호 등에 관한 법률」	• 성폭력피해상담소	• 성폭력피해자보호시설
「가정폭력방지 및 피해자보호 등에 관한 법률」	• 가정폭력상담소	• 가정폭력피해자보호시설
「다문화가족지원법」	• 다문화가족지원센터	

자료: 보건복지부(2013a) 사회복지시설 관리 안내에서 재구성함.

사회복지관

사회복지관이란 지역사회를 기반으로 일정한 시설과 전문 인력을 갖추고 지역주민의 참여와 협력을 통하여 지역사회 복지문제를 예방하고 해결하기 위해 종합적인 복지 서비스를 제공하는 시설을 말한다(보건복지부, 2013b). 사회복지관은 욕구를 가지고 있는 모든 지역사회 주민을 대상으로 사회복지 서비스를 제공하고, 가족 기능 강화 및 주민 상호 간 연대감 형성을 위해 노력하며, 이를 통하여 각종 지역사회 문제를 예방하고 개선하여 지역사회 주민의 복지 증진을 계획적·체계적으로 추진해 나가고자 하는 비영리조직이다.

사회복지관 사업의 대상은 '사회복지 서비스 욕구를 가지고 있는 모든 지역주민'으로 하며 다음에 해당되는 주민을 우선적인 사업대상으로 한다(보건복지부, 2013b). 첫째는 「국민기초생활보장법」의 수급권자, 차상위계층 등의 저소득 주민이고, 둘째는 장애인, 노인, 한부모 및 다문화 가족 주민이고, 셋째는 직업 및 취업알선이 필요한 주민이고, 넷째는 유아, 아동 또는 청소년의 보호 및 교육이 필요한 주민이고, 다섯째는 그 밖에 사회복지관의 사회복지 서비스를 우선 제공할 필요가 있다고 인정되는 사람들을 포함한다.

사회복지관의 우선적 대상자는 주로 저소득 주민이 밀집해 있는 지역사회의 사회적 취약계층이다. 이는 사회복지의 이념인 모든 사회구성원의 인간 존엄성과 사회정의를 실현하는 과정이라고 할 수 있다. 따라서 사회복지관은 사회적으로 배제되어 있는 사람들에게 적극적으로 자원을 배분하여 모든 사회구성원이 보다 평등하고 질적으로 향상된 삶을 살도록 노력하는 사회복지시설이다.

사회복지관은 지역사회의 특성과 지역주민의 복지욕구에 대한 조사 결과를 바탕으로 사업내용을 자율적으로 결정할 수 있는데, 〈표 11-2〉에 제시된 분야별 단위사업 중에서 해당 사회복지관의 실정에 적합한 프로그램을 선정하여 수행한다. 사회복지관 사업의 기능은 크게 세 가지로 구분할 수 있는데, 이는 사례관리기능, 서비스제공기능, 지역조직화기능으로 나눌 수 있다. 사례관리기능에는 사례발굴, 사례개입, 서비스연계의 분야가 있고, 서비스제공기능에는 가족기능강화, 지역사회보호, 교육문화, 자활지원 등 기타가 있으며, 지역조직

화기능에는 복지네트워크 구축, 주민조직화, 자원 개발 및 관리 분야로 구성된
다(보건복지부, 2013b).

〈표 11-2〉 사회복지관의 사업내용

기능	사업분야	사업 및 내용
사례 관리 기능	사례발굴	지역 내 보호가 필요한 대상자를 발굴하여 계획 수립
	사례개입	개입대상자의 문제와 욕구에 대한 맞춤형 서비스로 개입
	서비스연계	지역 내 민간 및 공공 자원에 대한 정보제공 및 의뢰, 연계
서비스 제공 기능	가족기능강화	1. 가족관계증진사업 2. 가족기능보완사업 3. 가정문제해결 · 치료사업 4. 부양가족지원사업 5. 다문화가정, 북한이탈주민 등에 관한 사업
	지역사회보호	1. 급식 서비스 2. 보건의료 서비스 3. 경제적 지원 4. 일상생활지원 5. 정서 서비스 6. 일시보호 서비스 7. 재가복지봉사 서비스
	교육문화	1. 아동 · 청소년 사회교육 2. 성인기능교실 3. 노인여가 · 문화 4. 문화복지사업
	자활지원 등 기타	1. 직업기능훈련 2. 취업알선 3. 직업능력개발 4. 그 밖의 특화사업
지역 조직화 기능	복지네트워크구축	지역 내 복지기관 · 시설들과 네트워크 구축하여 사회복지관이 지역복지의 중심으로서 역할
	주민조직화	주민이 지역사회 문제에 스스로 참여하고 공동체 의식을 갖도록 지원, 교육 등을 수행함.
	자원 개발 및 관리	지역주민의 욕구 충족을 위해 필요한 인력, 재원 등을 발굴하여 연계, 지원하는 사업

자료: 보건복지부(2013b).

〈표 11-2〉의 사업내용을 중심으로 살펴보면 사회복지관에 근무하는 사회복지사는 모든 영역에서 전지전능해야 하는 것처럼 보인다. 그러나 사회복지사가 모든 프로그램 내용을 직접 실천할 필요는 없으며, 전체적인 사업의 내용을 숙지하고 프로그램을 기획하고 관리 · 조정하는 전문가로 활동하는 것이다. 구체적 프로그램은 필요에 따라 그 분야의 전문가들을 직접 초청하여 실시하거나 자원봉사자를 활용할 수도 있다. 사회복지관의 사회복지사에게 보다 중요한 것은 모든 세부적인 실천내용을 직접 실천하는 기술보다는 사회복지의 가치를 바탕으로 지역사회 전체의 복지 증진을 위한 전문적 관점을 확립하는 것이라고 할 수 있다.

우리나라는 1906년에 원산에 반열방(班列房)이라는 인보관을 설치하여 계몽사업을 시작한 것이 사회복지관의 태동이라고 할 수 있다. 최초의 사회복지관은 1921년 서울의 태화여자관이며, 이후에 태화사회관으로 명칭을 바꾸어 사업을 수행하다가, 1981년에 태화기독교사회복지관으로 전환하였다. 1970년대까지 사회복지관은 외원단체와 민간기관을 중심으로 빈곤층과 소외계층을 위한 치료적 사업을 실시하였다. 1980년대에 이르러 사회복지관은 양적, 질적으로 확대되면서 지역사회복지실천의 중요한 기관이 되었다. 1988년부터 주택건설촉진법에 따라 저소득층을 위한 영구임대주택을 건설하면서 의무적으로 사회복지관을 건립하도록 하였고, 사회복지관 건립 · 운영 국고보조지침이 마련되었으며, 1980년에 24개의 사회복지관이, 1993년에는 188개로 증가하였다(오정수, 류진석, 2004).

지역사회에서 사회복지 서비스를 제공하는 종합사회복지관은 2013년 기준 전국에 438개가 설치 · 운영되고 있다. 또한 2012년 12월 기준 노인복지관은 226개소가 있으며 장애인복지관도 197개소가 전국적으로 분포하고 있다(보건복지부, 2013b). 노인복지관과 장애인복지관은 특정 대상을 중심으로 사회복지관에서 수행하는 역할과 비슷하게 운영되는 곳으로, 예비사회복지사의 관심과 능력에 따라 향후 취업하여 사회복지 서비스를 제공할 수 있는 기관이다. 2000년대 이후에는 사회복지관의 서비스 질을 강화하는 책임성과 전문성이 더욱 강조

〈표 11-3〉 시 · 도별 사회복지관 현황(2013년 11월 기준)　　(단위: 개)

구분	계	서울	부산	대구	인천	광주	대전	울산	경기	강원	충북	충남	전북	전남	경북	경남	제주
시설수	438	98	53	25	19	19	21	8	59	17	13	18	17	16	16	30	9

자료: 한국사회복지관협회 홈페이지(http://www.kaswc.or.kr).

되고 있으며, 사회복지 서비스를 제공하는 중추적인 기관으로 자리매김하고 있다. 〈표 11-3〉은 전국에 분포되어 있는 사회복지관의 현황을 나타내고 있다.

2) 생활시설 실천현장

생활시설은 이용시설과 여러 가지로 다른데, 생활시설 실천현장에 근무하는 사회복지사는 클라이언트와 함께 일상생활을 하면서 사회복지실천을 해야 한다. 생활시설은 클라이언트와 가장 직접적으로 접촉하여 서비스를 행하는 곳이고, 주야 교대근무가 필요하며, 일상생활을 위한 보다 세심한 접근이 필요한 클라이언트들이 주 대상자들이다. 또한 생활시설에 근무하는 사회복지사는 클라이언트의 변화가 느리거나 오히려 신체적 · 심리적 · 사회적으로 위축되어 가는 상황에 직면할 수 있다. 예컨대, 장애인을 대상으로 하는 생활시설에 근무하는 사회복지사는 장애인의 일상생활을 유지하기 위해 장애가 없는 개인들에게 필요 없는 서비스를 인내심을 가지고 제공해야 하거나, 같은 서비스를 제공하더라도 장애가 없는 사람들에 비해 더 많은 노력과 시간이 필요할 수도 있다. 또한 노인주거복지시설에 근무하는 사회복지사는 충분한 서비스를 지속적으로 제공하는 한편 신체적으로 점점 허약해지는 노인들과 함께해야 한다.

한편, 생활시설은 지역사회와 끊임없이 열린 공간을 유지하려고 하지 않는다면 폐쇄체계가 될 가능성이 높다. 지금은 거의 사라졌지만 과거에는 생활시설이 폐쇄체계로 지속되면서 클라이언트의 인권이 무시되는 경우도 종종 발생하였다. 이러한 문제를 해결하기 위해서는 지역사회와 함께하는 활동을 더욱 많이 수행하여야 하며, 자원봉사자들도 적극적으로 활용하여야 한다. 예컨대, 지역주민들과 클라이언트들이 함께하는 체육대회를 개최한다든지, 생활시설의 공간을 지역주민들이 직접 이용할 수 있도록 하는 것 등이다.

생활시설에는 사회복지사들이 시설의 장, 사무국장 혹은 총무, 일반 사회복지사로 근무하고 있다. 2011년 말 사회복지시설의 수는 총 5,340개였으며, 이 가운데 아동복지시설 280개소, 노인복지시설 4,469개소, 장애인복지시설 490개소, 정신질환자 요양시설 59개소, 부랑인시설 37개소, 결핵·한센시설 5개소 등이었다. 이를 2007년과 비교하면 아동복지시설은 2개소 감소하였고, 장애인복지시설은 170여 개소가 증가하였지만, 노인복지시설은 2007년 1,498개소에서 2011년 4,469개소로 비약적 증가를 보였다. 현재 사회복지시설의 총 클라이언트 수는 17만 5,910명이며, 시설종사자는 전체 8만 5,023명인 것으로 나타났다(보건복지부 사회복지시설정보시스템 홈페이지, 2013). 최근 생활시설 현황과 관련하여 중요한 변화는 노인복지시설의 급격한 증가라 할 수 있다. 이는 인구 구조의 변화, 노인장기요양보험제도와 같은 사회적 조건의 변화, 사회구성원의 인식 변화 등의 복합적 요인에 의한 현상이다. 이를 통해 보면, 사회복지는 시대적 변화에 민감한 실천학문이며, 사회복지사도 이러한 변화에 보다 능동적으로 대처해야 함을 알 수 있다.

생활시설은 아동, 노인, 장애인 등의 클라이언트와 함께 일상생활을 하면서 치료·재활·사회복귀를 위해 노력하는 기관이다. 생활시설은 이용시설과는 다른 특성과 문화가 있으며, 사회복지사의 역할에서도 다른 측면이 상당히 많이 존재한다. 따라서 생활시설에 근무하는 사회복지사는 이러한 특성을 잘 파악하고 있어야 한다. 모든 사회복지사가 마찬가지이지만, 생활시설에 근무하는 사회복지사는 인간 존엄성의 가치를 우선적으로 확립해야 한다. 특히 장애인과 노인생활시설에서 사회복지를 실천하려면 클라이언트들의 특성을 기본적으로 이해해야 하며, 이들과 함께하면서 사회복지사 자신의 성장과 의미를 확보할 수 있어야 한다. 이러한 내용들은 이후의 '장애인복지' '노인복지' '아

〈표 11-4〉 사회복지시설현황(2011년 12월 기준)

구분	시설 수	클라이언트 수	종사자 수
합계	5,340	175,910	85,023
아동복지	280	16,523	5,369
노인복지	4,469	113,451	63,439
장애인복지	452	25,345	13,367
정신질환자요양	59	11,414	1,942
부랑인	37	8,742	804
결핵 및 한센인	5	435	102

자료: 보건복지부 사회복지시설정보시스템 홈페이지(http://www.w4c.go.kr).

동복지', 그리고 '사회복지실습' 등의 교과목을 통해 배워 가야 한다.

3) 공공복지실천현장

공공복지실천은 개인, 집단, 지역사회의 삶의 수준을 개선하고자 노력하는 조직적이고 체계적인 활동으로, 정부 주도하의 사회복지 서비스의 생산과 전달 등 전문적이고 직접적인 개입활동이라고 할 수 있다(오정수, 류진석, 2004). 현재 대부분의 사회복지 직접 서비스와 관련된 업무는 이용 및 생활시설의 민간복지기관에 위탁하여 진행되고 있으며, 공공복지실천은 국민기초생활보장제도를 비롯한 장애인, 노인 등의 공공부조 업무를 중심으로 이루어지고 있다. 공공복지실천에서 중요한 전문 인력은 사회복지전담공무원이며, 지방자치단체에서 공공 영역의 사회복지 서비스를 집행하는 기능을 수행하고 있다. 사회복지의 실천에 있어서 공공복지와 민간복지의 장단점과 현황에 대한 보다 자세한 내용은 이후의 전공 교과목을 통해 학습하게 될 것이다. 여기서는 공공복지의 전문 인력인 사회복지전담공무원에 대해 살펴보기로 한다.

사회복지전담공무원은 「사회복지사업법」 제14조의 규정에 따라 사회복지 업무를 담당하는 지방자치단체의 사회복지직 공무원으로서 1987년 49명이 최초로 배치되었으며, 1991년부터 읍·면·동에 본격적으로 배치되어 근무하고 있다. 2002년부터 시·도 및 시·군·구 사회복지 관련 부서에서도 근무하고 있으며, 2011년 12월 기준 10,639명이 사회복지 업무를 수행하고 있다. 이들의 자격 현황은 사회복지사 1급 8,989명, 2급 1,603명, 3급 45명으로 구성되어 있다(사회복지행정연구회 홈페이지, 2013).

사회복지전담공무원은 사회복지사 자격증 소지자들 중 공무원임용시험을 통해 사회복지직으로 임용된다. 사회복지전담공무원으로 배치받게 되면「국민

〈표 11-5〉 사회복지직 공무원 임용·배치 현황(2011년 12월 기준)　　　　　(단위: 명)

시·도별	현원	성별		근무경력			
		남	여	3년 미만	3년~5년	6년~10년	11년 이상
합계	10,639	2,697	7,942	1,280	1,477	3,266	4,616
서울	1,380	297	1,083	233	203	304	640
부산	729	158	571	97	89	230	313
대구	456	126	330	33	50	144	229
인천	475	92	383	59	69	191	156
광주	291	74	217	14	36	74	167
대전	271	76	195	18	13	82	158
울산	158	35	123	20	35	41	62
경기	1,753	390	1,363	306	301	500	646
강원	521	172	349	49	73	176	223
충북	412	137	275	52	62	115	183
충남	646	179	467	98	98	235	215
전북	710	176	534	36	85	226	363
전남	922	264	658	38	105	375	404
경북	905	287	618	85	95	295	430
경남	879	201	678	128	160	221	370
제주	131	33	98	14	3	57	57

자료: 한국사회복지행정연구회 홈페이지(http://www.ksswa.or.kr).

기초생활보장법」상 수급권자의 조사 · 선정 · 급여 등의 공공부조와 노인, 장애
인, 소년소녀가장, 한부모가정 등에 대한 각종 사회복지 서비스를 제공한다. 지
금까지 사회복지전담공무원은 사회복지의 가치와 윤리를 바탕으로 국민기초
생활보장제도의 성공적 도입 · 정착에 주도적인 역할을 수행하였다. 그러나 사
회복지전담공무원의 직무와 관련해서는 업무과중, 사회복지사와 공무원 사이
의 역할정체성 등의 문제가 존재하고 있다. 이러한 문제들을 해결하려면 사회
복지전담공무원의 지속적 확충과 더불어 사회복지사로서의 가치와 윤리, 그리
고 실천 방법에 대한 고민이 더욱 필요해 보인다. 그 결과에 따라 사회복지 대
상자에 대한 서비스 질은 달라질 것이다.

2. 이차 실천현장

1) 의료사회복지실천현장

일반적으로 사회복지실천현장이라 함은 대부분 사회복지사들이 사회복지실
천의 목적을 달성하기 위해서 노력하는 시설을 말한다. 이러한 실천현장은 앞
서 살펴보았던 이용시설과 생활시설이 대표적이라고 할 수 있다. 그러나 이 밖
에도 사회복지사가 활동할 수 있는 또 다른 실천의 장소가 있는데, 소위 이차현
장(secondary settings)이라 불리는 곳으로, 사회복지사가 속한 기관의 고유목적
이 따로 있으며 이를 달성하기 위해 그 분야의 다른 전문가들과 협력하면서 사
회복지 서비스를 제공하는 기관을 말한다. 예를 들면, 학교, 병원, 교정기관, 산
업현장, 그리고 군대 등이 포함된다. 우선 의료사회복지실천현장을 살펴보기
로 하자.

사회복지실천의 궁극적 목적은 모든 사회구성원들의 삶의 질을 증진하는 것
이다. 여기에서 삶의 질은 다양한 의미로 사용이 되는데, 신체적 부분, 심리적
부분, 사회적 부분, 경제적 부분, 문화적 부분 등에서 절대적 또는 상대적 향상

을 포함한다. 인간의 삶의 질을 향상시키기 위해서는 사회복지학뿐만 아니라 경제학, 의학, 심리학, 사회학, 간호학 등의 여러 학문을 바탕으로 하는 전문가들의 협력이 필요하다. 따라서 사회복지실천현장에서는 다른 전문가팀과 협력적으로 실천해야 개입의 효과성과 효율성을 가져온다고 확신하고 있다. 모든 실천현장에서 클라이언트의 삶의 질을 증진하기 위해 다른 전문가들과 협력적 관계를 유지해야 하지만, 그중에서 가장 직접적이고 전문적인 협력을 하는 분야가 의료사회복지와 정신보건사회복지 분야라고 할 수 있다.

의료사회복지실천을 구분할 때 정신보건사회복지(Mental Health Social Work), 재활의료사회사업(Rehabilitation Social Work), 의료사회사업(Medical Social Work), 지역사회보건사회사업(Community Health Social Work), 군의료사회사업(Military Medical Social Work)으로 구분한다(강흥구, 2007). 그러나 이 장에서 의료현장은 일반의료사회사업을 실천하는 물리적 장소를 말하며, 주로 종합병원이나 대학병원 등의 기관에 소속되어 사회복지 서비스를 제공하는 활동으로 한정한다. 즉, 의료현장은 종합병원, 대학병원, 일반병원의 재활의학과, 소아과, 신장내과, 혈액종양내과 등에서 의사, 간호사, 행정직원, 그리고 다른 전문가들과 협력적 팀을 이루어 환자의 치료와 재활을 위해 노력하는 물리적 장소를 말한다.

의료현장에서는 구조화된 팀 협력으로 접근하는데, 의료팀에서 매일 함께 일하고, 공식 또는 비공식적 토론과 회합, 회진에 참여하고, 진료 후 회의에 참석한다. 구체적으로 살펴보면 각 임상과에서 장기이식, 암 환자에 대한 개입, 호스피스 프로그램, 화상 환자, 절단 환자, 당뇨 환자, 심장 환자 등 모든 질환 범위로 개입 영역을 확대하고 있으며, 장기이식팀, 퇴원계획팀, 임상연구위원회, 질관리위원회 등 팀워크 활동도 강화하고 있다(강흥구, 2007).

의료팀과의 의사소통을 위해서는 의학적인 기본지식을 가지고 있어야 하며, 복수의 전문직과 함께 원조를 실천하면서 개개 전문직의 독자성과 고유성을 존중하는 자세를 가져야 한다. 또한 의료현장에서 사회복지실천은 질병의 원인과 결과를 생물학적으로만 보는 것이 아니라 생리 · 심리 · 사회경제 · 문화 등

전인적(holistic) 관점으로 실천해야 한다. 이러한 관점을 가지고 의료팀에서 환자의 치료와 재활을 위해 전문적 사회복지의 실천방법으로 접근해야 한다. 즉, 의학적 지식을 중심으로 환자와 가족에 개입하는 것이 아니라 의료적 문제를 팀 협력적 차원에서 사회복지실천의 가치와 기술을 통하여 해결해 나가야 한다는 것이다.

우리나라에서 의료사회복지가 제도권에 진입하게 된 계기는 1973년 「의료법」에 의해 종합병원에 사회복지사의 채용규정이 마련되고, 같은 해 '대한의료사회복지사협회'가 설립되면서부터라고 할 수 있다. 이후 대학부속병원을 중심으로 의료사회복지사를 채용하기 시작하였으며, 1992년 골수이식기관 인정기준, 1994년 재활의료사회사업 수가 인정, 1995년 의료서비스평가제 도입, 1999년 「장기 등 이식에 관한 법률 시행령」 등에 사회복지 부문이 인정됨으로써 보다 전문적인 서비스 제공의 기반을 마련하게 되었다. 또한 법적으로 제도화된 것은 아니지만 1991년 서울 아산중앙병원에서 한 명으로 시작된 인턴 제도는 1995년부터 협회의 인준을 받아 실시하고 있다. 의료사회복지사 수련과정의 이수자에게는 '대한의료사회복지사협회' 회장 명의의 수료증과 신규 인력충원 시 우선 채용하도록 하고 있다. 또한 2001년부터는 실습 및 수련 슈퍼바이저 자격제도를 도입하였고, 2013년 현재 수련인정 기관 41개(종합병원 33개, 요양병원 8개), 수련생 정원 85명(선발 인원 42명)이다(대한의료사회복지사협회 홈페이지, 2013).

현재 사회복지사로서 의료현장에 새로이 진입하는 장벽이 높다는 제한점이 있기는 하지만 개인에 따라 매력적인 사회복지실천현장이라고 할 수 있다. 신체적 질병의 문제를 보다 다양한 관점에서 바라보기를 원하는 사회복지사들이 도전해 볼 만하다. 다만 사회복지의 가치를 무시한 채로 외면에만 치중하여 쫓아다닌다면 의미 있는 사회복지실천을 하지 못할 수도 있다. 의료사회복지실천현장은 의료환경의 변화에 따라 다양하게 반영할 수 있는 영역이며, 전문가로서 팀을 형성하여 자기주도적으로 실천하기 위해서는 어느 정도의 경험이 필요한 분야다. 더욱 자세한 내용은 '의료사회복지' 교과목에서 학습하기를 기대한다.

2) 정신보건사회복지실천현장

정신보건사회복지에 대한 개념적 정의는 쉽지 않은데, 넓게 보면 정신보건 영역에서 사회복지사가 개입하는 모든 활동이라고 할 수 있다. 좀 더 자세히 하자면, 정신보건 영역에서 사회복지학의 가치와 이론을 바탕으로 정신의학의 기본지식과 심리학이나 사회학 등 사회과학의 배경지식을 접목시켜 가족과 지역사회를 기반으로 정신장애인에게 사회복지 서비스를 제공하는 것을 말한다.

정신보건사회복지사가 활동할 수 있는 정신보건시설은 종합병원과 대학병원의 정신과, 정신과 전문병원, 정신과 의원, 정신장애인 사회복귀시설, 정신요양시설, 정신건강증진센터, 알코올상담센터 등을 말한다. 이러한 시설에서 정신보건사회복지사는 조현병(구 정신분열병), 알코올중독, 기분장애, 성격장애 등의 클라이언트에게 의사, 간호사, 심리사 등과 팀 협력을 통해 개입한다. 예컨대, 정신보건사회복지사는 다음과 같은 조현병의 사례(이근후, 박경화, 1988: 73-74)에 대해 다른 전문가들과 함께 개입하게 된다.

김영철(가명) 씨는 40세의 남자인데, 열 살은 젊어 보인다. 그는 자기를 걱정하는 어머니에 의하여 병원에 오게 되었으며 이번이 여섯 번째의 입원이다. 그는 계절에 맞지 않는 옷을 입고 있으며 침실용 슬리퍼를 신고 야구모자를 쓰고 있다. 그의 감정은 어머니에 대한 이해하기 어려운 분노('저 새끼는 나에게 X칠을 한다……. 남의 배를 빌려서 난 새끼를')와 함께 질문자에게 낄낄 웃다가도 갑자기 추종적으로 아첨하기까지 변화무쌍하다. 그의 말이나 태도는 어린아이 같고 크게 엉덩이를 흔들면서 뽐내며 걷는다. 어머니에 의하면 약 1개월 전부터 그는 복약을 중지했고, 그 후 무슨 말소리가 들린다고 하며 얼굴 표정이나 행동이 점점 이상하게 되었다고 한다. 반복하여 무엇을 하고 있었냐고 물었을 때 그는 "철사를 먹고 불을 붙였다."라고 대답했다. 그가 자발적으로 하는 언어는 지리멸렬했으며 음률에 따라 유사한 말놀이를 많이 하는 점이 눈에 띄었다. 김영철 씨의 최초 입원은 18세 때 학교를 중퇴한 뒤였으나 그 후 그는 학교에 가는 것도 일하는 것도 되지 않았다. 그는 나이 많은 어머니와 같이 살고 있다. 그러나 때때로 몇 개월씩 훌쩍 어디론가 가 버린다. 결국에는 거리에서 방황하다가 경찰에 붙잡히고 마는 것이다. 다른 약물이나 알코올을 남용한 일은 없다.

이 사례에서 정신병원에 근무하는 정신보건사회복지사는 입원 시에 어머니와 만나서 김영철 씨의 개인력을 조사하고 향후 치료과정에 대해 논의하고 라포를 형성한다. 또한 정신보건사회복지사는 김영철 씨의 병동에 찾아가서 안심시키고 앞으로 계속 관계한다는 구두계약을 한다. 이때 김영철 씨가 정확한 표현이나 의사소통을 하지 못한다고 하더라도 정서적 지지를 위한 정신보건사회복지사의 비언어적 행동은 중요하다. 김영철 씨가 급성증상에서 회복되는 기간부터 정신보건사회복지사는 팀 협력을 통한 개입을 본격적으로 시작하게 된다. 이후 입원이 불필요한 시기가 되면 퇴원계획을 통해 지역사회로 돌아가게 된다. 필요한 경우에 정신보건사회복지사는 지역사회의 낮병원, 사회복귀시설 또는 정신건강증진센터에 연계하여 재입원을 예방하고 가정에서 일상생활을 유지할 수 있도록 한다.

정신보건사회복지사가 의료기관에서 일할 때와 사회복귀시설이나 정신건강증진센터 등 지역사회에서 활동하는 경우에 그 역할이나 기능이 다르다. 또한 조현병, 알코올중독, 성격장애 또는 기분장애의 문제를 가지고 있는 각기 다른 클라이언트에 대한 개입방법이나 이론적 지식을 가져야 한다. 정신보건사회복지사의 활동은 「정신보건법」에 의한 법적 정당성을 확보하고 있다. 「정신보건법」의 목적에서 본다면, 전체 사회구성원을 대상으로 포괄적인 정신건강의 문제를 다루어야 한다고 명시되어 있다(김기태, 황성동, 최송식, 박봉길, 최말옥,

2009). 이는 전체 사회구성원의 삶의 질 증진이 최종 목표인 사회복지실천의 방향과 맥락을 같이한다고 할 수 있다. 정신보건사회복지사는 팀 접근을 위해 정신의학의 기본지식은 필수적이지만 실천의 근거는 사회복지학의 이론과 가치에서 출발해야 한다.

우리나라에서 정신보건에 대한 중요성이 부각된 것은 1983년 한 TV 방송에서 기도원에 수용된 정신장애인의 실태가 고발된 이후부터라고 할 수 있다. 이때까지 한국의 정신보건정책 개발이나 연구에 전념할 수 있는 기관은 확립되어 있지 않았다. 이것은 정신보건에 대한 사회적 관심의 결여와 편견, 그리고 정신질환 및 정신장애에 대한 사회적 문제의 심각성이 정책에 반영되지 않았기 때문이었다. 우여곡절 끝에 1995년 「정신보건법」이 제정되면서 정신질환과 정신보건시설에 대한 규정을 명확히 하며 정신질환자의 치료 및 인권보호에 대한 규정을 구체화시켰다. 이에 근거한 한국의 정신건강사업의 기본방향은 정신질환에 대한 편견 해소와 우호적 환경 조성, 다양한 대상군에 대한 정신질환의 예방과 증진, 중증 정신질환 치료수준 향상 및 재활체계 구축, 자살예방을 위한 조기개입 체계 구축으로 설정되어 있다(보건복지부, 2013c).

「정신보건법」이 제정되면서 정신의료기관, 정신건강증진센터, 정신요양시설, 사회복귀시설, 알코올상담센터와 같은 정신보건시설이 활성화되었다. 또한 사회복지사의 활동에 대해서도 「정신보건법」에서 근거를 명확히 제시하고 있다. 사회복지사는 간호사 및 심리사와 더불어 정신보건전문요원으로 명시되어 있다. 정신보건전문요원은 정신보건사회복지사, 정신보건간호사 및 정신보건임상심리사를 말한다. 정신보건전문요원은 1급과 2급으로 구분되며, 1급은 대학원 석사를 수료하고 3년의 수련을 하거나 2급 취득 후에 5년의 임상경력으로 승급할 수 있는 자격을 갖추게 된다. 2급은 학부를 졸업하고 1년 동안 지정된 수련기관에서 임상수련을 받아야 한다. 2013년 기준 수련 17기가 정신보건사회복지사 자격을 취득하기 위해 수련 중에 있다. 2013년 기준 1급 정신보건사회복지사는 751명이며, 2급의 경우 매년 수련을 통해 300여 명의 새로운 정신보건사회복지사가 배출되고 있다(한국정신보건사회복지사협회 홈페이지, 2013).

〈표 11-6〉 정신보건기관 · 시설 현황(2011년 12월 기준)   (단위: 개)

구분		기관 수	주요 기능
계		1,845	
정신건강증진센터		200	• 지역사회 내 정신질환 예방, 정신질환자 발견 · 상담 · 사회복귀훈련 및 사례관리 • 정신보건시설 간 연계체계 구축 등 지역사회정신보건사업 기획 · 조정
정신 의료기관	국 · 공립	18	• 정신질환자 진료, 지역사회정신보건사업 지원
	민 간	1,270	• 정신질환자 진료
정신요양시설		59	• 만성 정신질환자 요양 · 보호
사회복귀시설		255	• 병원 또는 시설에서 치료 · 요양 후 사회복귀촉진을 위한 훈련 실시
알코올상담센터		43	• 알코올중독 예방, 중독자 상담 · 재활 훈련

자료: 보건복지부(2013c).

향후 정신병원에 입원하는 기간은 점점 짧아질 것이며 지역사회정신건강사업은 더욱 중요해질 것이다. 대부분의 선진국에서 정신병(대부분 조현병)으로 인한 입원기간은 2~3주 정도이며 그 이후에는 지역사회에서 거주, 생활하는 것이 보편화되어 있다. 우리나라도 정신의료기관의 입원기간은 지속적으로 짧아질 것이며 지역사회정신건강사업이 확대될 것이다. 따라서 정신보건사회복지사의 활동 범위는 의료기관뿐만 아니라 지역사회 전체가 될 것이다. 앞으로 정신보건사회복지는 정신보건 관련 시설뿐만 아니라 모든 사회구성원이나 다양한 휴먼 서비스 영역에서 활용될 것이다. 더욱 자세한 내용은 '정신보건사회복지' 교과목을 통해 학습하기를 기대한다.

3) 학교사회복지실천현장

학교사회복지는 학교에서 전문적 능력과 자격을 갖춘 사회복지사가 제공하는 사회복지 서비스를 말한다. 즉, 공교육체계에서 학교교육의 목적을 달성하는 것을 지원하고, 학생들이 학교에 잘 적응할 수 있도록 도와주며, 이를 위해 학교, 가족, 지역사회가 수행하는 노력을 조정하고 영향을 미치는 활동이다(NASW, 2002: 성민선, 조흥식, 오창순, 홍금자, 김혜래 외, 2009에서 재인용). 학교사회복지는 학생들이 교육과업을 성공적으로 수행하도록 원조하는 사회복지실천 활동과 프로그램이라고 할 수 있다.

학교사회복지의 주된 실천 장소는 학교이지만 서비스가 이루어지는 공간을 중심으로 학교상주형과 지역중심형으로 나눌 수 있다. 학교상주형은 학교라는 공간에 사회복지사가 상주하여 활동하는 것을 의미한다. 상주라 함은 일정한 공간(학교사회복지실), 일정한 사람(고정된 학교사회복지사), 일정한 시간(전일 근무) 동안, 일정한 역할(학생복지 증진을 위한 실제적이고 고유한 사업)을 하는 것을 의미한다(최경일, 2004). 지역중심형의 학교사회복지는 정확한 실태를 파악할 수 없을 만큼 대부분의 사회복지관들이 청소년사업을 하면서 학교와 연계하고 있다. 지역중심형의 경우에도 학생, 학부모, 그리고 교사에게 실질적인 도움을 제공하면서 효과를 입증하고 있다. 그러나 일반적으로 학교사회복지실천은 학교상주형의 모형으로 학교에 상주하는 학교사회복지사의 활동을 말한다.

학교사회복지사는 학교의 상황과 여건에 따라 학교사회복지활동이 이루어지는데, 접근모델은 전통적 임상 모델(traditional clinical model), 학교변화 모델(school change model), 사회적 상호작용 모델(social interaction model), 지역사회학교 모델(community school model), 학교-지역사회-학생관계 모델(school-community-pupil relation), 학교연계통합 서비스(school-based integrated services) 등이 있다(성민선 외, 2009). 학교사회복지사는 학교사회복지실천을 위해 학교의 환경을 수정하거나 개별 학생이나 학부모들의 변화를 위한 과정에 동참할 수도 있다. 다음과 같은 사례(한인영, 홍순혜, 김혜란, 박명숙, 2004)에 학교사회복지사가 개입할 수 있으며 구체적인 개입방법에 대해서는 '학교사회복지' 교과목을 통해 학습해야 한다.

미국의 경우에 학교사회복지사(school social worker)는 학교심리사(school psychologist), 학교상담가(school counselor), 학교간호사(school nurse)와 전문가

사례 1

중학교에 근무하는 학교사회복지사는 남학생들이 여학생들에게 성적으로 공격적인 언어를 많이 사용하며, 복도를 지나갈 때 여학생들을 괜히 건드리거나, 붙잡거나, 꼬집거나, 만지는 것을 목격해 왔다. 학생들이 서로 성적인 루머를 퍼트린다는 사실도 알게 되었다. 학교사회복지사는 이 문제에 어떤 대처를 해야겠다고 생각했다(p. 39).

사례 2

영희는 초등학교 4학년 학생이다. 영희는 지난 몇 달간의 잦은 결석과 성적 저하로 학교사회복지사에게 의뢰되었다. 영희를 면접하는 동안 학교사회복지사는 영희가 시험에 대해 매우 불안해하는 것과 시험을 치르는 며칠 동안은 배가 아팠다는 사실을 알게 되었다. 학교사회복지사는 영희가 '충분히 잘' 하지 못할 것에 대한 걱정으로 숙제를 회피하고 있는 것도 알게 되었다. 학교사회복지사는 영희가 완벽주의로 인해 이제는 학교 전체를 회피하고 있다고 추론하였다. 영희의 교사들은 그녀의 행동을 무관심으로 해석하고 있었으며, 학교에서 그녀에 대해 징계 태도를 취하고 있다는 것도 알게 되었다. 가장 최근의 만남에서 학교사회복지사는 영희의 어머니가 어떤 도움도 구하기를 거부하는 알코올중독자라는 사실을 알게 되었다. 영희는 학교사회복지사에게 어머니와 접촉하지 말아 달라고 간청하였다(p. 85).

팀을 이루어 일한다(한인영 외, 2004). 학교심리사는 학습문제나 행동문제를 가진 학생들에게 지능검사나 심리 테스트를 실시하고 이 결과를 해석하는 일을 주로 책임진다. 학교상담가는 학생들에게 개인 또는 소집단상담을 제공하고 교실 전체 학생들을 대상으로 활동한다. 학교간호사는 학습을 방해하는 요인들을 확인하기 위해 시력 및 청력 검사를 실시하고 때로는 건강문제를 가진 학생들을 관리한다.

학교사회복지사는 생태체계적 관점을 바탕으로 전문가팀의 일원으로 활동한다. 생태체계적 관점에서는 위험학생과 가족을 옹호하는 일, 가족들이 학교 교직원들과 관심을 공유할 수 있도록 역량을 강화하는 일, 가정과 학교 사이의 열린 의사소통 체계를 유지하는 일, 가족이 아동의 교육적 욕구를 이해하도록 돕는 일, 학생의 주거조건 및 주변 지역환경에 관하여 교사에게 자문하는 일, 지역사회 기관에 의뢰하는 일, 위험학생과 가족들의 욕구를 더 잘 충족시키기 위하여 자원을 확인하고 개발하는 데 지역사회와 공조하는 일 등을 포함한다. 그리고 전문가팀의 일원으로서 학생의 욕구를 사정하기 위해 다른 전문가들과 공조하고 학교 위기대처팀의 일원으로도 활동한다.

또한 의무화되어 있는 다분야팀 평가의 일환으로 학생의 발달에 관한 포괄적인 사정을 실시하고 사회력을 조사한다. 학생의 적응행동과 문화적 배경, 학생의 학습을 방해하거나 교내 행동에 영향을 주는 사회경제적 요소들을 사정하여 학생들이 부적절하게 낙인찍는 일을 예방한다. 학교사회복지사는 학생들에게 개인상담 또는 집단상담을 제공하며, 교실 내 활동을 진행하고, 학교기반 예방 프로그램을 계획하고 실행하며 평가한다(한인영 외, 2004). 미국의 경우 학교에서 직접적 서비스를 제공하는 사회복지사의 수가 점차적으로 증가하고 있다. 학교사회복지사는 개입과정에 따라 중개자, 관계망 형성가, 옹호자, 상담가, 교육자, 지역사회 조직가의 역할을 수행하고 있다.

우리나라는 1990년대 이후에 본격적으로 학교사회복지를 실천하였는데, 민간 사회복지기관의 선도 및 동참과 정부당국, 지방 교육청 등의 시범사업으로 꾸준히 실시되어 왔다. 학교사회복지와 관련된 사업을 보면, 교육복지우선지원사업, WeStart 사업, 드림스타트 사업, 지방자치단체사업 등이 있다. 또한 2005년부터 시작된 학교사회복지사 자격시험은 2013년 9회까지 실시되었다(한국학교사회복지사협회 홈페이지, 2013). 학교사회복지는 제도화의 문제 등이 있지만 현재까지 효과성과 전문성이 입증되고 있으므로 향후 지속적인 확대와 강화가 예상된다.

〈표 11-7〉 학교사회복지 관련 사업

관련 사업	내용
교육복지 우선지원사업	• 교육부 산하 시 · 도교육청 및 교육지원청이 주관하여 도시 저소득층이 밀 집한 학교를 우선 선정하여 교육복지우선지원사업을 실시함.
WeStart	• 가난한 가정의 아이들에게 공정한 복지(Walfare)와 교육(Education)의 기 회를 제공해 가난 대물림을 끊고 삶의 출발(Start)을 돕자는 운동. • 운동은 교육 · 복지 · 건강 분야에서 공정한 출발선을 제공해 근본적인 자 활 의지를 길러 주는 활동으로 구성됨. • WeStart 마을 센터가 중심이 되어 자원봉사자, 지방자치단체와 사회복지 관, 학교, 사회단체, 기업, 보건소, 병원, 약국 등과 주민들이 힘을 합쳐 아 동복지 네트워크를 구성해 12세 이하 빈곤 아동들을 도움.
드림스타트	• 드림스타트사업은 아동의 공평한 양육 여건과 출발기회를 보장하기 위해 저소득층 임산부 및 0~12세 아동과 그 가족에게 보건, 복지, 교육을 통합 한 전문적 맞춤서비스를 제공하는 아동복지 프로그램임.
지방자치단체 사업	• 지방자치단체에서 지역의 아동, 청소년복지를 위해 학교사회복지사업을 실시함. 경기도 과천시, 성남시, 용인시, 수원시, 군포시, 의왕시, 안양시 등에서 실시

자료: 한국학교사회복지사협회 홈페이지(http://www.kassw.or.kr).

4) 교정복지실천현장

우리나라의 비행청소년과 범죄인을 위한 교정현장은 시설 내 처우기관인 교도소, 구치소, 소년교도소, 소년분류심사원, 그리고 소년원 등이 있으며, 사회내 처우기관인 보호관찰소, 한국법무보호복지공단이 있다(홍봉선, 2004). 이러한 기관들 중에서 현재 교정복지(correctional welfare)를 보다 적극적으로 실천하는 곳은 소년분류심사원, 소년원, 보호관찰소, 그리고 한국법무보호복지공단이라고 할 수 있다. 교정현장에서 일하는 사회복지사는 가치와 철학을 가지고 있어야 하며, 사회복지학의 이론과 기술 이외에 범죄 및 사법제도에 대한 지식도 학습해야 한다.

보다 구체적으로 교정현장에서 사회복지사가 전문적 실천을 하기 위해 습득하고 있어야 하는 내용은 다음과 같다(최옥채, 2003). 첫째, 교정정책, 교정행정, 교정실무를 포괄하는 교정제도를 이해해야 한다. 둘째, 교정복지실천현장을 이해함으로써 비행청소년이나 범죄인들의 심리사회적인 측면을 충분히 알아야 한다. 셋째, 일반 상담이론을 바탕으로 한 상담기술을 철저히 익혀야 한다. 넷째, 조직관리능력을 통하여 범죄인 재활에 기여하는 종교인, 사업가, 법률가, 기타 민간단체와 지속적으로 협력해야 한다. 다섯째, 사명감과 직업의식 없이 범죄인 또는 비행청소년과 함께 일하기는 어렵기 때문에 사회복지사는 정신적 측면의 성찰이 필요하다.

우리나라에서의 교정복지는 주로 사법처리 절차상의 마지막 단계에서 이루어지는 교정처우(correctional treatment) 과정에서 실천하는 것을 의미한다. 그러나 광의의 교정복지 범위는 사법처리 전 과정, 즉 경찰, 검찰, 법원 단계와 나아가 사후보호(after care) 단계까지의 사회복지적 활동이 포함되고 있으며, 선진국에서는 이런 광의의 교정복지적 활동이 이미 활발하게 이루어지고 있다. 우리나라에서 주로 협의의 교정복지만을 거론하는 것은 아직 교정처우 단계에서도 사회복지가 활발하게 이루어지지 않는 상황에서 그 범위를 확대하는 것은 집중력의 분산 내지는 비현실적 요소가 강하기 때문이다(홍봉선, 2004).

초기에 미국사회복지사협회에서는 사회복지가 교정 분야에 개입해야 한다는 입장과 범죄인이 비자발적 클라이언트이므로 사회복지의 가치인 자기결정권을 위반하게 된다고 반대하는 입장이 대립하였다. 그러나 다양한 사회복지 실천현장에 비자발적 클라이언트가 존재함을 인식하면서 윤리적 책임성의 범위 안에서 사회복지가 반드시 개입해야 한다는 논리가 설득력을 얻었다. 이후에 국가 주도의 형사정책적 차원에서 교정현장에 사회복지사를 투입하여 효과성을 입증하고 있다.

우리나라의 경우에는 아직까지 제도화가 제대로 이루어지지는 않았지만 보호관찰소와 한국법무보호복지공단을 중심으로 사회복지계와의 협력을 원하고 있다. 또한 소년원, 소년분류심사원, 그리고 보호관찰소, 한국법무보호복지공단에서는 소수지만 사회복지사들이 직원으로 채용되어 활동하고 있다. 향후 우리나라 형사정책의 방향을 주시하며 교정복지실천에서의 전문성을 확립하면서 관련 기관과의 협력을 강화해야 할 것이다.

5) 산업복지실천현장

산업복지(industrial welfare)가 주로 활동하는 영역은 사람들이 일하는 장소다. 인간의 삶에서 일의 중요성은 매우 크게 작용한다. 보통 사람들은 처음 만났을 때 '무슨 일을 하는지' 또는 '어디에 근무하는지'를 묻는 경향이 있다. 이는 일과 직업을 통해 그 개인을 판단하고 사회적 지위와 접촉을 결정한다는 의미다. 또한 사회복지사가 클라이언트와 관여할 때도 직업의 유무와 영향에 대해 일차적으로 관심을 가지게 된다. 왜냐하면 클라이언트가 가지고 있는 많은 문제들이 직간접적으로 일 또는 직장과 관련이 있기 때문이다.

현대사회에서 일 또는 직업만큼 개인에게 많은 영향을 미치는 영역도 없다. 왜냐하면 사업장에서 일하는 것은 노동자에게 소득을 제공하고, 노동자가 자기정체성을 확립하게 하고, 노동자와 그 가족에게 미래를 위한 대비책을 제공하기 때문이다. 또한 사람들의 지위, 자부심, 자존감, 사회적 접촉은 자신이 하는 일에서 나온다. 그러므로 현대사회에서 일이 중요하다는 점과 일이 삶에서 중심이라는 점은 부정할 수 없는 엄연한 현실이다. 이에 따라 사회복지가 '일(노동)의 세계'에 관여하는 것은 당연하다고 볼 수 있고, 이와 관련해서 중요하고 의미가 있는 역할을 할 수 있는 사회복지 분야가 산업복지다(노병일, 2008). 일반적으로 산업복지의 궁극적 목적이 노동자와 그 가족의 삶의 질을 증진하는 것이라고 볼 때, 모든 사회구성원의 삶의 질 증진을 목적으로 하는 사회복지실천의 보다 구체적인 분야라고 할 수 있다. 산업복지의 목적과 기능 및 방법에 대한 다양한 국내외의 이론들은 이후의 '산업복지' 교과목을 통해 학습할 수 있을 것이다.

산업복지의 전망에 대해서는 여러 학자들이 논의하고 있는데, 노병일(2008)이 정리한 내용은 다음과 같다. 산업복지는 사회복지사의 지식과 창의성을 활용하여 새롭게 확장할 수 있는 영역으로 전망이 밝다. 그리고 기업의 경영자들도 노동자에 대한 인도주의적 관점에서뿐만 아니라 경제적 관점에서도 산업복지의 가치를 인정하고 있다. 여기서 경제적 관점이라는 것은 산업현장에 사회복지사를 고용하는 비용보다 고용하지 않을 경우에 발생하는 여러 가지 비용들이 더 많이 든다는 의미다. 예컨대, 기업에서 사회복지사를 채용하여 그곳에 근무하는 노동자의 심리적 또는 대인관계적 문제를 해결하거나, 이혼과 별거 등 부부 또는 가족들 간의 문제를 감소시킨다면 생산성을 향상시켜서 결국은 그 기업체에 이익이 된다는 것이다.

그러나 한편으로 산업복지는 해결해야 할 많은 과제를 가지고 있다. 산업복지는 미시적·거시적으로 해결해야 하는 문제들을 가지고 있지만, 보다 우선적인 것은 사회복지사가 직접적으로 일할 수 있는 실천현장이 되어야 한다는 것이다. 현재는 몇몇 대기업을 중심으로 소수의 사회복지사가 채용되어 활동하고 있다. 이제는 좀 더 보편적인 사회정책 차원에서 다양한 산업계에서 사회복지사를 채용하도록 제도화하는 것이 필요하다. 이는 산업복지에 관심을 가지고 있는 모든 사회복지사들이 지속적으로 관심을 가지고 전문가적 역량을 향상시킬 때 가능할 것이다.

6) 군사회복지실천현장

우리나라에서 시행되고 있는 군복지는 군인연금 등의 국가가 공여하는 사회보험제도가 주를 이루고 있으며, 재해보상 등의 현금급여 또는 각종 휴가와 직업훈련과 같은 서비스에 그치고 있다. 그러나 군사회복지(military social work)는 군인에 대한 서비스뿐만 아니라 법이나 사회제도, 문화 등의 적극적인 보완과 변화를 포함하고 있다(구승신, 2005). 따라서 군사회복지는 전 국민의 안전과 관련된 국방을 위한 군 전투력의 향상과 유지를 위하여 군인의 생활보장이라는 복지권의 기본이념에 입각하여 군인의 삶의 질을 유지시키는 것을 목적으로 한다.

미국의 경우에 육군 사회복지사는 석사학위 소지자 이상이며 그중 15% 이상
이 박사학위를 소지하고 정책형성, 보건과 정신보건, 지역사회실천, 그리고 기
타 실천 분야에서 활동하고 있다(구승신, 2005). 세부적인 군사회복지사 프로그
램을 보면 정신건강과 관련 있는 약물 · 알코올 중독 재활, 군인부부 상담, 가족
문제 상담, 입원환자에 대한 정서적 지지 등이 있으며, 지역사회의 다양한 프로
그램을 개발하여 군인 가족들이 잘 생활할 수 있도록 하거나 지역사회와 인도
주의적 실천 관계를 유지한다. 또한 군인들이 전쟁이나 재난에서 경험하는 외
상적(traumatic) 사건에 대비하여 위기대응팀의 전문가로 사회복지사가 활동
한다.

우리나라는 2005년 시범운영으로 군사회복지사를 채용하기 시작하였으며,
국방부는 2014년 배치를 위해 2013년에 군사회복지사(병영생활전문상담관)를
50명을 채용하였다(국방부 홈페이지, 2013). 현재 군사회복지사는 군경력자, 상
담경력을 가진 상담사와 사회복지사 등이 포함되어 있기 때문에 다양한 전문가
들과 선발과정에서 경쟁하고 있다. 그러나 군사회복지는 군인의 생활보장이라
는 복지권의 기본이념에 입각하여 실천하는 것이기 때문에 향후 전문적인 사회

〈표 11-8〉 군사회복지사(병영생활전문상담관) 학력 · 자격 기준

구분	내용
자격증	심리상담 또는 사회복지 분야 관련 자격증 • 국가자격증(사회복지사, 정신보건사회복지사, 임상심리사, 직업상담사, 정신보건임상심리사, 전문상담교사, 청소년상담사) • 민간자격 중 국방부장관이 인정하여 고시하는 자격증(국방부 홈페이지 제시)
학력 / 경력	• 5년 이상의 상담경험이 있는 사람 • 심리상담 또는 사회복지 분야와 관련된 학사학위 소지자로서 3년 이상의 상담경험이 있는 사람 • 심리상담 또는 사회복지 분야와 관련된 석사 이상의 학위 소지자로서 2년 이상의 상담경험이 있는 사람 • 10년 이상 군경력자 중 심리상담 또는 사회복지 분야와 관련된 학사학위 이상 소지자로서 전역 5년 이내인 사람

자료: 국방부 홈페이지(http://www.mnd.go.kr).

복지실천현장으로 자리매김할 수 있는 분야다. 2013년 국방부에 의해 채용된 군사회복지사의 학력 및 자격 기준은 〈표 11-8〉과 같다.

7) NGO 실천현장

NGO(Non-Governmental Organization, 비정부기구)는 '국가와 시장이 아닌 비영리섹터에서 비영리적 목적을 추구하는 자발적으로 조직된 결사체'로 정의하고 있으며, 미국에서는 우리나라와 유럽에서 많이 사용되는 NGO(비정부기구) 대신 NPO(비영리기구)라는 단어를 많이 사용한다(유재원, 2004). NGO라는 용어는 1945년 국제연합 설립과 함께 국가가 아닌 기구를 설명하기 위해 본격적으로 사용되기 시작했다. NGO는 정부와 시장에서 하지 않고 있거나 할 수 없는 다양한 정치, 경제, 교통, 환경, 의료 등의 분야에 걸쳐 활동하고 있다. NGO의 수는 국제적으로 대단히 많으며, 미국에는 약 150만 개, 러시아에는 약 27만 7천 개가 있으며, 인도에는 2009년도 기준으로 약 330만 개의 단체가 활동 중이다(위키백과 홈페이지, 2013). 국제적으로 알려져 있는 NGO로는 국제사면위원회(AI), 국경없는의사회, 그린피스 등이다.

한국에서는 기독교청년단체(YMCA), 기독교여성단체(YWCA), 홍사단 등 오랜 역사를 가진 NGO들이 있으며, 1980년대 이후에 경제정의실천시민연합(경실련), 환경운동연합, 여성단체연합, 녹색연합, 참여연대, 언론개혁시민연대 등의 규모가 크고 사회적으로 알려진 단체들이 많이 설립되었다. 중규모 단체로는 걷고 싶은 도시만들기 시민연대, 불교환경교육원, 녹색교통운동, 녹색소비자연대, 장애우권익문제연구소 등이 있으며, 소규모의 다양한 단체들이 수없이 많이 설립되어 활동하고 있다. 이들 NGO 단체들은 주민자치, 정치개혁, 행정개혁, 경제개혁, 부정부패, 법률, 인권, 국제, 환경, 언론개혁, 교육개혁, 여성운동, 소비자, 농업, 협동조합, 교통문제, 보건의료, 문화, 복지, 노동, 외국인노동자, 청년, 빈민, 정보화, 청소년, 의식개혁, 자원봉사, 학술연구, 통일 등과 관련된 사업들을 수행하고 있다. 현재 NGO 단체에는 많은 사회복지사들이 활동하고 있으며, 예비사회복지사 중에서도 NGO 단체의 활동과 기능이 자신의 적성과 일치한다면 자원봉사 혹은 실습 등을 통해 보다 자세히 탐색하기를 바란다.

생각해 봅시다

1. 사회복지실천현장을 일차현장과 이차현장으로 구분할 때, 사회복지사로 근무할 경우 각각의 장단점은 무엇일까? 그리고 자신의 경우 둘 중 어떤 현장이 더 적합할지를 생각해 보자.

2. 일차현장을 크게 이용시설과 생활시설로 구분할 때, 사회복지사로 근무할 경우 각각의 장단점은 무엇일까? 그리고 자신의 경우 둘 중 어떤 시설에 더 적합할지를 생각해 보자.

3. 교재에 제시되지 않은 더 확대할 수 있는 이차현장은 무엇이 있을까? 그리고 이차현장이 더욱 다양하게 확대될 경우에 발생할 수 있는 장단점에 대해 토의해 보자.

참고문헌

강흥구(2007). 의료사회복지실천론. 파주: 학현사.
김기태, 황성동, 최송식, 박봉길, 최말옥(2009). 정신보건사회복지론. 파주: 양서원.
구승신(2005). 군 사병들의 정신건강과 군사회복지 도입의 필요성. 경기: 한국학술정보(주).
노병일(2008). 산업복지론. 고양: 공동체.

보건복지부(2013a). 2013 사회복지사업안내. 보건복지부.

보건복지부(2013b). 2013 사회복지관운영안내. 보건복지부.

보건복지부(2013c). 2013 정신건강사업안내. 보건복지부.

성민선, 조흥식, 오창순, 홍금자, 김혜래 외(2009). 학교사회복지의 이론과 실제(2판). 서울: 학지사.

엄명용, 김성천, 오혜경, 윤혜미(2005). 사회복지실천의 이해. 서울: 학지사.

오정수, 류진석(2004). 지역사회복지론. 서울: 학지사.

유재원(2004). 정책과정에서 비정부기구(NGO)의 역할변화. 행정논총, 42(4), 77-105.

이근후, 박경화 역(1988). 정신진단 사례연구집(원저: R. L. Spitzer, et al.). 서울: 하나의학사.

최옥채(2003). 교정복지론. 서울: 학지사.

최옥채(2010). 교정복지론(6판). 서울: 학지사.

최경일(2004). 효과적인 학교사회사업실천을 위한 진입진략. 한국학교사회사업실천가협회 기초과정 연수 자료집.

한인영, 홍순혜, 김혜란, 박명숙 역(2004). 학교사회사업(원저: D. R. Dupper). 서울: 학지사.

홍봉선(2004). 교정복지론. 파주: 현학사.

국방부 http://www.mnd.go.kr.

한국정신보건사회복지사협회 http://www.kamhsw.or.kr.

대한의료사회복지사협회 http://www.kamsw.or.kr.

한국사회복지관협회 http://www.kaswc.or.kr.

한국학교사회복지사협회 http://www.kassw.or.kr.

한국사회복지행정연구회 http://www.ksswa.or.kr.

보건복지부 사회복지시설정보시스템 http://www.w4c.go.kr.

위키백과 http://ko.wikipedia.org.

제4부
사회복지의 쟁점과 전망

제12장
사회적 소수자와 사회복지

이 장에서는 사회적 소수자에 대한 사회복지 개입에 대하여 살펴본다. 사회적 소수자는 사회 구성원으로서의 존재를 인정받지 못하고, 대다수 사람들이 당연히 누리는 권리를 누리지 못한 채 차별과 불이익을 당하며 주변적인 삶을 살아가는 사회적 약자들이다. 여기서는 노숙인과 성매매여성, 성소수자를 대표적인 사회적 소수자로 설정하였는데, 이들은 사회적 규범에 반하는 일탈자로 인식됨으로써 지원의 대상으로 인정받기 어렵다는 공통점을 가지고 있다. 그러나 사회복지는 인권과 인간 욕구의 보편성을 전제로 하기 때문에 이들에 대한 적극적인 사회복지 차원의 개입이 필요하다. 노숙과 성매매, 성소수자 문제의 본질을 제시하였으며 현재 우리나라의 노숙인, 성매매여성, 성소수자의 현황과 이들이 당면한 문제를 제시하였다. 노숙인 복지, 「성매매 방지법」과 성매매여성 자활지원사업의 내용과 문제를 지적하였으며, 아직 우리나라에서 활성화되지 않은 성소수자 대상 사회복지의 현황과 내용을 외국의 사례를 중심으로 제시하였다. 사회적 소수자에 대한 전통적 사회복지의 접근방법은 관리와 보호에 초점이 맞추어져 있었으나, 사회적 소수자의 권리와 특성을 존중하고 사회에 통합할 수 있는 인권 중심 사회복지 접근이 필요함을 제시하였다. 인권 중심 사회복지실천의 구체적 방법은 기본적인 욕구 충족과 인권 보장, 개별성과 자기결정권에 대한 존중, 임파워먼트 실천방식의 채택, 사회적 공동체로의 통합이다.

1. 사회적 소수자는 사회복지의 대상인가

취업을 거부하고 노숙생활을 고집하는 노숙인, 성매매를 직업으로 삼고 살아가는 여성, 도박에 빠져 신용불량자가 된 사람, 알코올중독자, 범죄를 저지르고 수감된 범죄자, 동성애자를 비롯한 성소수자에게 사회복지제도와 사회복지서비스의 혜택을 제공해야 하는가? 이들은 학대당하는 아동, 돌볼 가족이 없는 노인, 혼자 힘으로 살아갈 수 없는 장애인, 가정폭력의 희생자 등 '당연히' 사회복지의 대상이 되는 이들과 마찬가지로 사회복지의 대상으로서 관심과 도움을 받을 수 있는가? 만약 그렇다면 그 이유는 무엇이고, 그렇지 않다면 그 이유는 무엇인가?

먼저 노숙인과 성매매여성, 도박/알코올 중독자, 범죄자, 성소수자 등이 사회복지의 동등한 대상이 될 수 없다는 입장을 살펴보자. 이에 대한 논리적 근거로는 크게 두 가지를 들 수 있다. 우선 이들은 피해자가 아니라는 논리다. 아동이나 노인, 장애인 등 전통적인 사회복지의 대상은 사회적 약자들이다. 약자의 의존은 자신의 책임이 아니므로 사회구성원들이 함께 보호하고 책임지는 것이 당연하다. 반면 사회의 규범이나 법에 반하는 행위를 통해 사회적으로 부정적인 영향을 미치는 집단은 사회적 약자들과 동등한 대상이 될 수 없다. 사회복지의 대상은 혼자 힘으로 살아갈 능력이 없거나 불가피하게 피해를 당한 이들로 한정해야 한다는 논리다. 둘째, 노숙인과 성매매여성, 도박/알코올 중독자, 범죄자, 성소수자는 자신의 삶을 스스로 '선택' 했다는 논리다. 즉, 이들은 다른 삶을 선택할 수 있었음에도 불구하고 자발적으로 현재의 삶을 선택했기 때문에 그 결과에 대한 책임을 스스로 져야 하며, 사회가 도움을 제공할 필요가 없다는 것이다.

한편, 이들이 사회복지의 대상자가 될 수 있으나 현재의 부정적인 삶의 방식으로부터 벗어난다는 변화를 전제로 하는 '조건부 긍정론'도 존재한다. 이 경우 원조의 목적은 현재의 잘못된 삶의 방식을 포기하게 하고 적절한 삶의 방식으로 변화시키는 데 있다.

그렇다면 실제로 사회복지에서는 이들을 어떻게 바라보며 어떻게 대응하고 있는가? 과연 어떤 접근이 사회복지 본연의 목적과 본질에 맞는 것일까? 이 질문에 답하기 위해서는 앞서 제시한 부정적인 입장의 논리를 먼저 검토할 필요가 있다.

우선 이들이 사회적 약자나 피해자가 아닌가에 대해 살펴보자. 노숙자나 성매매여성, 성소수자, 수감자는 다른 사람들 앞에서 떳떳하게 자신을 누구라고 소개할 수 있는가? 그렇지 않다. 이들은 현재의 삶으로 인해 다른 사람들로부터 손가락질 받는 존재이기 때문에 누구 앞에서든 자신의 모습을 숨길 수밖에 없다. 대다수 사람들은 이들과 같은 집단에 속하기를 원하지 않는다. 즉, 성매매, 노숙, 동성애, 범죄 등의 경험은 이들이 실제로 어떤 사람인가와 상관없이 그 경험 속에 이들을 가두어 버리며, 다른 사람과 구별되는 존재로서의 낙인 (stigma)을 부여하여 이질적인 존재로서 배척당하도록 한다. 그 결과 이들은 대다수 사람들이 기본적으로 누리며 살아가는 교육, 취업, 가족생활, 인간관계로부터 소외되거나 차별과 냉대를 감수해야 한다.

이처럼 사회구성원으로서의 존재를 인정받지 못하고 대다수 사람들이 당연히 누리는 권리를 누리지 못하는 이들을 사회적 소수자(minority)라고 부른다. 소수자의 의미는 수량적 의미가 아니라 사회구성원 대다수의 삶, 주류와 중심으로부터의 배제 혹은 소외되어 있다는 것이다(최협, 김성국, 정근식, 유명기, 2004). 이들에게는 '위험하다, 혐오스럽다, 열등하다, 부도덕하다, 비정상적이다' 등의 수식어가 따라붙는다. 그렇기 때문에 이들이 공동체에서 배척받는 것은 당연하게 여겨지며 이들에 대한 차별은 정당화된다. 물론 전통적인 사회복지의 대상자인 노인, 아동, 장애인, 모자가족 등도 사회적 약자들이지만, 이들은 사회구성원으로서의 자격을 부정당하거나 도덕적 비난을 근거로 배척당하지는 않는다. 그러나 사회적 소수자에게는 불평등한 처우와 더불어 도덕적 비난,

인간으로서의 자기실현의 억압 등이 동반된다. 그런 의미에서 소수자는 사회적 약자일 뿐만 아니라 사회의 불특정 다수, 대다수 사람들로부터 차별당하고 배척당하여 주변적인 삶을 살아가는 피억압자의 의미가 강하다. 즉, 사회적 소수자를 규정하는 조건은 삶 자체의 열악함과 더불어 사회적 낙인이다.

특히 현대사회로 올수록 차별과 불평등의 조건은 더욱 다양해져서 계층, 성, 인종, 장애, 연령, 학력, 종교뿐만 아니라 외모, 국적과 언어, 사상, 거주지, 성적 지향(sexual orientation) 등에 의해 다양한 이들이 사회적 소수자의 범주에 속하게 되었다. 따라서 사회적 약자이자 피억압자로서의 소수자는 전통적인 사회복지의 수혜자들과 마찬가지로 사회복지의 대상으로 새롭게 포함되어야 한다. 또한 보다 다양하고 많은 소수자집단을 포괄하기 위하여 사회복지의 영역과 방법을 확장할 필요가 있다.

사회적 소수자가 피해자나 약자라 하더라도 이것은 당사자의 자발적 선택이 아닌가라는 문제가 남는다. 전통적인 사회복지의 대상자들은 선택의 여지없이 사회적 약자가 되지만, 노숙이나 성매매, 중독, 비행이나 범죄는 본인의 의지로 피할 수 있기 때문이다. 그렇다면 과연 사회적으로 부과되는 규범이나 법을 준수하고 이에 적응하는 것은 자발적 선택의 문제일까? 개개인의 물리적 행위 차원에서 보면 이것은 선택의 문제다. 실제로 사회 대다수 구성원들은 사회적 규범이나 법의 테두리 안에서 살아가기를 선택하기 때문이다. 그렇다면 과연 누가, 그리고 왜 사회적 규범과 법의 테두리 안에서 살아가지 못하는가? 왜 누군가는 규범과 일치하는 선택을 하고 누군가는 그렇게 하지 않는가?

'선택'이란 외부적 강제가 없는 상태에서 그 결과를 본인이 알고 특정한 것을 취했을 때 의미를 갖는다(김기덕, 2002). 이러한 기준으로 볼 때 사회적 규범과 법의 테두리로부터 일탈된 삶을 사는 소수자들의 삶은 사실상 선택으로 보기 어렵다. 규범과 법을 지키기 어렵도록 만드는 불리한 외적 조건들, 즉 빈곤, 저학력, 실업, 정보의 부족, 사회적 관계망의 결여, 가족과 공동체의 무관심 등이 특정한 선택을 강제하기 때문이다. 불리한 조건에 놓인 사람은 그렇지 않은 사람보다 다양한 선택을 할 수 있는 가능성이 훨씬 적다. 설사 특정한 삶을 살기로 결정했다고 하더라도 그 결정을 강제하는 조건 속에서 결정이 이루어졌다면 그것은 자발적 선택이라고 보기 어렵다. 우리 사회에서 노숙인 문제가 갑작스럽게 대두한 것은 1997년 구제금융으로 인한 대규모 실업사태 이후였다는 점, 사회경제적으로 취약한 계층에서 중독이나 비행, 범죄문제가 더 심각하다는 점, 여성의 성이 공공연하게 매매의 대상이 되고, 저학력자나 여성들의 취업 가능성과 임금이 훨씬 낮다는 사실은, 불리한 조건에 있는 사람들이 어쩔 수 없이 이런 결정을 할 가능성이 크다는 것을 단적으로 보여 준다. 결국 성매매나 노숙, 중독을 선택했다기보다는 다른 선택의 가능성이 닫힌 상태에서 이러한 삶으로 떠밀려 갔다는 표현이 더 정확할 것이다. 사회적 소수자들의 삶이 진정으로 자발적이고 자유로운 선택이 되려면 다른 사회구성원과 동등하게 다양한 삶의 선택권이 전제되어야 한다.

또한 선택의 결과에 대해 명확하게 알고 이에 대처할 수 있을 경우 선택이라고 할 수 있지만, 선택의 결과를 알지 못했을 경우 선택에 대한 책임을 개인에게 묻기 어렵다. 예컨대, 감금과 폭력이 일상화된 성매매 현장의 실상을 알지 못한 채 단순히 돈을 벌기 위해 성매매에 유입된 여성이 성매매를 자발적으로 선택했다고 보기 어려운 것은 바로 이러한 이유 때문이다.

자발적으로 소수자의 삶을 선택한 경우도 있다. 국외 이주민이나 양심적 병역거부자, 성소수자 등은 다양한 정체성을 추구하는 탈근대사회에서 스스로의 의지나 취향에 따라 주류에 속하기를 거부한다는 점에서 이른바 탈근대적 소수자에 속한다(최협 외, 2004). 그러나 자발적인 선택도 특정한 사회적 조건의 영향 아래서 이루어지며, 이들의 개인적 선택이 사회적으로 존중받기보다는 차별과 억압적 삶을 강요하는 기제가 된다는 점에서 이들 역시 사회적 약자의 위치에 있다.

중요한 것은 사회적 조건에 의해 강제된 소수자든, 자발적 의지의 결과로서의 소수자든, 사회적 규범과 일치하지 않는다는 이유로 사회적 차별과 배제에 의해 인간으로서 누려야 할 권리를 박탈당하고 존엄성을 무시당한다는 사실이다. 따라서 인간의 삶의 조건 개선을 주된 기능이자 사명으로 하는 사회복지가 이들의 삶에 관심을 가지고 이들이 겪는 문제와 고통을 해결하기 위하여 필요한 도움을 제공하는 것은 당연하다. 또한 사회복지의 주된 목표 중의 하나는 다양한 이유로 사회구성원으로서 인정받지 못하거나 사회와의 교류가 차단된 집단이 사회에 함께 참여하며 살아갈 수 있도록 사회통합을 증진시키는 것이기에, 사회적 소수자에 대한 사회복지의 원조와 개입은 타당한 근거를 가지고 있다고 하겠다.

2. 사회적 소수자에 대한 사회복지의 접근방식

1) 사회적 소수자에 대한 접근방식의 변천

사회복지는 전통적으로 사회적 약자, 의존자의 문제에 관심을 가지고 관여하는 전통을 가지고 있다. 사회적 약자의 범주는 사회의 변화에 따라 조금씩 변화하였으나, 사회복지제도와 실천을 발전시켜 온 모든 사회에서 사회복지가 어떤 방식으로든 이들에게 관여해 왔다는 사실에는 변함이 없다.

예컨대, 사회복지의 역사는 1601년 영국의 엘리자베스 빈민법(The Poor Law)을 시초로 보는데, 빈민법은 당시의 사회적 소수자였던 부랑빈민들(실제로는 장원경제의 붕괴로 삶의 터전을 잃어버린 농노와 가난한 농민들)에 대하여 (구제받을) 자격이 있는 빈민(the deserved poor)과 자격이 없는 빈민(the undeserved poor)으로 구분하고, 노동능력이 없는 빈민에게만 구제의 자격을 부여하였다. 설사 구제를 받는 경우에도 '빈민구제의 수준은 최하층 노동자의 생활수준을 상회해서는 안 된다.'는 열등처우의 원칙이 적용되었다(박광준, 2002). 즉, 빈민법으로 상징되는 자본주의 형성 초기 국가사회복지는 당시의 사회적 소수자였던 부랑빈민들에 대해 통제와 억압, 윤리적 낙인을 부여하는 방식으로 접근하였다고 할 수 있다.

이후 사회적 소수자에 대한 사회복지의 대응은 자선조직협회로 대표되는 온

정주의와 사회정의를 추구하는 인보관운동이 공존하는 시기를 거치면서, 개별적 교화와 사회적 소수자가 처한 사회적 조건의 개선이라는 상반된 두 가지 경향을 나타내었다. '개인'과 '사회'라는 상반된 접근은 오늘날까지도 사회복지의 목적과 사회적 소수자에 대한 사회복지 내부의 상이한 경향을 대표하게 되었다. 1920년대 이후에는 정신분석이론의 영향 아래 사회복지사의 역할은 '인간관계에의 적응기술(the art of adjusting human relations)'로 규정되었고, 도덕과 가치가 배제된 과학으로서 개인의 적응을 강조하는 방식으로 변화하였다(Smith & Zietz, 1970: 홍선미, 2004: 315에서 재인용). 이 시기 사회복지는 전문화 추구 경향 속에서 정신장애인을 비롯한 사회 부적응자를 '치료와 관리'의 대상으로 보고 접근하였다고 할 수 있다.

이후 서구사회는 대공황기와 세계 대전을 거치면서 사회적 약자와 의존자들이 증가하자 정부의 공적 서비스가 확대되고, 공공 사회복지 영역이 확장되었으며, 1960년대의 진보주의 운동을 통해 개혁적이며 민주적인 사회에 대한 관심과 사회적 소수자들에 대한 적극적 원조의 필요성이 강조되었다. 특히 1980년대 이후 장기화된 경제불황과 실업 증가, 빈부격차의 확대, 세계화 등으로 새로운 의미의 사회적 소수자가 증가하면서 반차별적 접근과 비판적 사회복지실천, 임파워먼트 접근 등 사회적 맥락 속에서 개인의 문제를 이해하고 사회적 소수자를 둘러싼 사회적 환경을 주체적으로 변화시키고자 하는 진보적 경향이 강화되었다(Payne, 1991). 이를 통해 사회복지는 사회적 약자, 의존자, 소수자들이 인간의 기본적인 존엄성과 가치를 지키고 자신의 삶을 변화시키는 과정에 적극적으로 참여하도록 원조하는 역할을 본연의 임무로 여기게 되었다(DuBois & Miley, 2005).

사회복지의 역사를 볼 때 사회적 소수자에 대한 사회복지의 대응은 사회복지직의 전문적 정체성이 변화하고 발전해 온 과정과 밀접한 관련이 있다. 사회복지가 발전해 온 역사는 사회적 소수자에 대한 억압과 통제, 관리와 치료를 거쳐 소수자의 권리를 대변하고 그들의 삶의 조건을 개선시키기 위한 인본주의적 방향으로 발전해 왔다(Popple, 1985). 우리나라의 사회복지가 사회적 소수자 문제에 관심을 가지고 사회복지의 발전에 따라 이들에 대한 적극적인 개입과 원조를 실천해야 하는 이유는 이것이 사회복지의 역사적 발전 방향과 맥을 같이 하기 때문이다.

2) 욕구와 인권 중심 접근

사회복지가 삶의 조건을 개선시키는 것과 관련된다면, 그 대상에는 사회 대다수 구성원뿐 아니라 사회적 소수자도 당연히 포함되어야 한다. 그 이유는 모든 인간은 기본적인 욕구가 충족되어야만 살아갈 수 있으며, 동시에 인간답게 살아갈 권리를 가지고 있기 때문이다. 인간답게 살아갈 권리, 즉 인권이란 모든 인간에게 차별 없이 부여되는 보편적 권리다. 따라서 사회적 소수자에 대한 사회복지의 접근에서 기본적인 전제조건은 인간의 욕구와 인권이 모든 인간에게 공통적으로 적용된다는 사실이다(윤찬영, 2005).

인간은 의식주 등 기본적인 욕구 외에도 교육과 문화, 의료, 사회참여 등의 욕구를 가지고 있으며 이러한 욕구는 인간이 살아가는 데 필수적인 욕구로 간주된다. 적절한 욕구 충족을 통한 인간다운 삶은 모든 사회구성원의 기본적 권리이므로 모든 사회구성원은 이를 요구할 수 있으며 국가는 이를 보장할 의무가 있다.

근대사회의 시민혁명의 결과 시민권(civil right)이 등장한 이래 사회구성원의 기본권 보장은 다양한 형태로 발전되어 왔다. Marshall은 인권이 시민권(civil right), 참정권(political right), 사회권(social right)의 형태로 진화하였음을 지적하였다. 시민권은 개인의 자유를 방어하기 위한 신체의 자유, 사유재산의 보장, 법 앞에서의 만인의 평등과 같은 기본적 인권이고, 참정권은 시민계급의 정치적 참여를 위한 정치 영역에서의 보편적인 권리와 자유다. 사회권은 적정 수준의 경제적 복지와 보장을 통해 사회적 자원을 충분히 공유하고 사회의 보편적 기준에 따라 문명화된 삶을 영위할 수 있는 권리다. 각 개인이 기본적인 욕구를 충족하면서 인간다운 삶을 살 수 있는 권리가 바로 사회권으로서, 자본주의 사회에서 자신의 욕구를 충족할 수 있는 능력, 즉 경제적 능력과는 무관하게 보장되어야 할 권리다(Marshall, 1981).

한편, 근대 이후 국가는 헌법을 통하여 시민의 권리를 보장하는데, 우리나라 헌법에서도 국민의 인권을 기본권이라는 형태로 보장하고 있다. 즉, 우리나라 헌법에서는 모든 국민의 인간으로서의 존엄과 가치, 행복추구권을 명시하였으며 인권의 불가침성을 보장할 국가의 책임을 규정하고 있다(「헌법」 제10조). 기본권 중에서도 '인간다운 생활을 할 권리'(「헌법」 제34조 제1항)는 생존권적 기본권의 표현으로서, 사회권을 보장한 것으로 볼 수 있다.

이처럼 인권은 인간이 기본적인 욕구를 충족하고 인간다운 생활을 유지할 권리를 당위적이고 규범적인 차원에서 표현한 것으로, 특히 사회권의 실현은 사회복지 제도와 실천의 기반이 된다. 결국, 사회복지는 정치적, 경제적, 사회적, 문화적으로 취약한 사회구성원들이 인권을 실현할 수 있도록 대변하고 옹호하는 제도와 실천이라고 할 수 있다(윤찬영, 2005). 따라서 인권은 사회복지의 이론, 가치, 윤리, 실천과 분리될 수 없으며 사회복지제도와 실천의 정당성을 구현하고 동기를 강화하는 가장 중요한 가치다.

국제사회복지사협회(International Federation of Social Workers: IFSW)에서는 사회복지가 인권과 사회정의의 원칙에 근간을 두고 있으며, 점차 인간의 욕구 중심 실천에서 인권 중심 실천으로 전환(from need based practice to right based practice)되고 있다고 하였다. 즉, 현실적으로 인간의 욕구를 충족하는 것이 가시적이고 다급한 문제이기에 사회복지의 대응은 욕구를 중심으로 발전해 왔으나, 인권 접근은 욕구 충족의 권리와 자격을 보장하는 근원적인 전제조건이 되므로 양자는 서로 뗄 수 없는 동전의 양면과 같다는 것이다(UN Centre for Human Rights, 1994).

인간의 욕구와 인권에 대한 기본적 접근을 바탕으로 하여 사회적 소수자에 대한 사회복지의 접근이 인권 중심 접근이 되어야 할 필요성을 정리하면 다음과 같다. 첫째, 사회적 소수자들이 처한 인간의 기본적인 욕구 충족조차 허락하지 않는 비인간적이고 열악한 현실 때문이다. 의식주와 관련된 욕구를 적절하게 충족할 수 없거나, 의료권과 신체적 자유의 박탈, 거주의 불안, 신변의 안전에 대한 상시적인 위협 등 이들의 물리적 환경 자체가 매우 열악하다. 노숙인의 빈번한 동사사고나 감금된 성매매여성들이 화재로 사망한 사건 등은 이러한 현실을 단적으로 보여 주는 사건들이다. 따라서 기본적 욕구 충족을 위한 총체적이고 전문적인 지원이 필수적이다.

둘째, 이들에 대한 사회적 낙인과 배제다. 사회적 소수자들이 당면한 가장 큰 문제는 이들의 존재를 부정하고 배척하는 낙인과 영구적인 배제다. 노숙인이나 성매매자, 성소수자가 자신의 정체성을 인정받으며 사회 각 영역에 진입하거나, 다른 사회구성원과 관계를 맺는 것은 매우 어렵다. 이들이 현재의 불이익과 배제에서 벗어나려면 새로운 대안과 기회를 부여하여야 한다. 경제적 지원과 심리적 유대, 인간관계망의 형성 등을 통해 사회구성원으로 통합될 수 있는 여건을 마련하는 것이 사회적 소수자에 대한 사회복지의 접근방식이다.

3. 노숙인, 성매매여성, 성소수자와 사회복지

1) 노숙인 복지

(1) 노숙인은 누구인가

"밥은 아무 데서나 먹어도 잠은 아무 데서나 자지 말라."라는 옛말이 있다. 이 말은 인간의 삶에서 안정적인 주거가 그만큼 중요하다는 것을 표현한 것이다. 안정적인 잠자리가 밥보다 중요함에도 불구하고 우리 사회에는 몸을 누일 곳이 없어 한뎃잠을 자는 사람들이 많이 있다. 이들은 길에서 잔다는 의미의 노숙인(路宿人) 혹은 이슬을 맞고 잔다는 의미의 노숙인(露宿人)으로 불리며 영어로 홈리스(homeless), 즉 집 없는 사람으로 일컬어진다.

우리나라에서는 2003년 「사회복지사업법」개정에 의해 법적으로 노숙인지원사업이 제도화되기 전에는 공식적으로 '부랑인'이라는 명칭이 사용되었다.

3. 노숙인, 성매매여성, 성소수자와 사회복지

일반적으로 노숙인을 경제 위기로 인한 실직으로 쉼터나 거리에서 생활하는 인구집단으로 이해하는 경향이 있지만, 안정적인 주거가 없다는 면에서 노숙인과 부랑인 간에는 차이가 없다(신원우, 2007). 2012년에 제정된 「노숙인 등의 복지 및 자립지원에 관한 법률」(이하 「노숙인복지법」)에서는 노숙인과 부랑인을 '노숙인 등'으로 통합하고, 다음과 같은 범주를 포괄하는 것으로 정의하고 있다(서종균, 남기철, 신원우, 이정규, 김준희, 2012).

- 상당한 기간 동안 일정한 주거 없이 생활하는 사람
- 노숙인시설을 이용하거나 상당한 기간 동안 노숙인시설에서 생활하는 사람
- 상당한 기간 동안 주거로서의 적절성이 현저히 낮은 곳에서 생활하는 사람

노숙인의 실태를 정확히 파악하는 것은 사실상 불가능하다. 또한 노숙인 수는 노숙 발생 요인(예컨대, 1997년 구제금융시기의 대량 해고 및 실직)과 계절, 정부의 노숙인 문제 대처방식 등에 따라 상당히 유동적이다. 2012년의 전국노숙인실태조사 결과에 의하면 2011년 10월 기준 거리노숙인과 노숙인 시설을 이용하고 있는 인원은 모두 1만 3,262명으로, 이는 우리나라 인구 1만 명당 약 2.73명에 해당하는 규모다. 이 중에서 거리에서 노숙을 하는 사람은 1,811명이고 노숙인시설에 거주하는 사람은 1만 1,451명이었다(이정규, 2012).

그러나 이러한 수치는 거리노숙인과 쉼터노숙인만을 노숙인으로 규정하고 있기 때문에 비닐하우스나 쪽방, 컨테이너 등 부적합한 숙소에서 생활하는 사람들, 피시방이나 찜질방, 만화방 등을 전전하는 사람들, 월세 연체로 인해 퇴거 위기에 있는 사람들 등 부적절한 주택에 거주하는 사람들과, 안정된 주거공간을 확보하지 못한 사람들 등 잠재적인 노숙인들이 포함되지 않은 수치다. 실질적으로 노숙인 문제의 본질은 정상적인 주택에서 안정적 주거생활을 하지 못하는 빈곤층의 주거문제이며, 실업과 불안정 고용, 저임금이라는 우리 사회 전체의 구조적 문제와 관련되어 있다. 따라서 넓은 의미에서 보자면 실제로 노숙

〈표 12-1〉 노숙인 등에 포함되는 주거취약계층 인구 및 가구 수(2011년 10월 기준) (단위: 명, 가구)

구분	거리노숙	부랑인 시설	노숙인 쉼터	응급 잠자리	비숙박용다중 이용업소	쪽방	여관· 여인숙	고시원	합계
인구	2,689	3,160	2,636	508	62,453	6,214	15,440	123,971	222,071
가구	2,685	8,153	2,549	508	62,453	5,784	13,640	123,355	219,127

자료: 서종균 외(2012: 11).

생활을 하는 사람들은 물론, '안정적으로 거처할 곳을 갖지 못한 사람', 즉 주거취약계층까지 노숙인의 범주에 포함할 수 있다(최협 외, 2004).

　이러한 기준에 따라 주거취약계층을 모두 포함할 경우 2011년 말 기준 노숙인의 규모는 약 22만 2,071명으로 추산된다(고시원 거주자 12만 3,971명, 피시방이나 만화방, 사우나 등 비숙박용 다중이용시설 생활자 6만 2,453명, 여관이나 여인숙 장기투숙자 1만 5,440명, 쪽방거주자 6,214명)(〈표 12-1〉 참고). 거리노숙인은 감소 추세이나 시설 수용 노숙인과 주거취약계층의 증가로 우리나라의 노숙인은 실질적으로 증가추세에 있다(서종균 외, 2012).

(2) 왜 노숙인이 되는가

　전문가들은 노숙인 문제가 사회구조적 문제와 개인적 취약함의 복합적 요인에 의해 발생하는 것으로 본다(김유경, 2005; 신원우, 2007). 즉, 빈곤과 실업, 사회안전망의 미비, 저렴한 주택의 부족과 같은 사회적 요인과 더불어 정상적인 생활을 위협하는 정신장애, 약물중독, 만성질환, 가정폭력, 가족해체와 같은 개인적 취약함이 관련된다는 것이다. 특히 우리나라의 경우 1998년 이후 실직과 사업 실패, 카드빚이나 신용불량 등이 노숙 원인의 대부분을 차지하여 빈곤 및 실업 문제가 노숙의 직접적인 원인이 됨을 알 수 있다. 노숙의 원인은 우리 사회가 노숙인 문제에 어떤 방식으로 접근해야 하는지를 명확히 보여 준다. 즉, 빈곤이나 실업이라는 사회문제 속에서 취약한 개인이 극단적 피해자가 되어 노숙인이 된다는 것이다.

　[그림 12-1]은 시간의 진행에 따라 빈곤과 개인적 취약함으로 인한 노숙생활

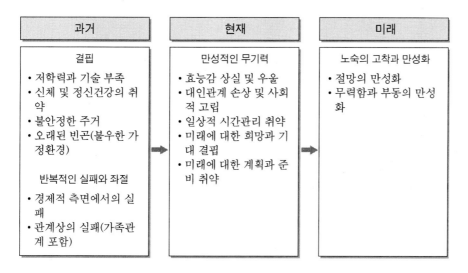

과거	현재	미래
결핍	**만성적인 무기력**	**노숙의 고착과 만성화**
• 저학력과 기술 부족 • 신체 및 정신건강의 취약 • 불안정한 주거 • 오래된 빈곤(불우한 가정환경) **반복적인 실패와 좌절** • 경제적 측면에서의 실패 • 관계상의 실패(가족관계 포함)	• 효능감 상실 및 우울 • 대인관계 손상 및 사회적 고립 • 일상적 시간관리 취약 • 미래에 대한 희망과 기대 결핍 • 미래에 대한 계획과 준비 취약	• 절망의 만성화 • 무력함과 부동의 만성화

[그림 12-1] 시간의 흐름에 따른 노숙의 과정

자료: 김유경(2005: 170).

의 고착과 이에 따른 절망적 삶의 만성화로 나아가는 과정을 보여 준다. 빈곤과 저학력에서 시작된 과거는 경제적 실패와 인간관계에서의 반복된 실패를 거쳐 고립과 자포자기로 이어지고, 미래에 대한 희망과 기대가 사라진 절망의 만성화 상태에서 노숙생활이 고착되는 것이다. 그러나 이러한 과거와 현재, 미래의 과정에서 사회적 안전망과 인적 관계망의 개입이 이루어진다면 악순환적 진행이 멈출 가능성이 크다.

(3) 노숙인 복지의 내용은 무엇인가

2012년 「노숙인복지법」이 제정됨에 따라 보건복지부장관은 노숙인 등의 보호 및 자립 등을 지원하기 위하여 5년마다 노숙인 등의 복지 및 자립지원 종합계획을 수립해야 하며, 2014년부터 계획을 실행해야 한다. 「노숙인복지법」의 제정으로 그동안 부랑인과 노숙인으로 이원화되어 있었던 지원체계는 하나의 법률로 통합되었으며, '노숙인 등'이라는 개념을 도입하면서 거리와 노숙인시설에서 생활하고 있는 사람으로 제한되었던 정책 대상을 보다 넓은 관점에서 파악하고 대응할 수 있게 되었다(서종균 외, 2012).

현재 우리나라의 노숙인시설은 노숙인종합지원센터, 노숙인일시보호시설, 노숙인자활시설, 노숙인재활시설, 노숙인요양시설, 노숙인급식시설, 노숙인진료시설, 그 밖의 보건복지부령으로 정하는 시설로 구분된다. 숙박과 케어 혹은 교육 · 훈련이 제공되는 거주시설에 해당하는 시설은 일시보호시설, 자활시설, 재활시설, 요양시설이다(정원오, 남기철, 민소영, 현시웅, 2011).

노숙인지원사업은 거리노숙인에 대한 개입을 위주로 실행되고 있다([그림 12-2] 참고). 전국적으로 25개소가 운영 중인 중앙 및 지역 노숙인 종합지원센터(종합센터)에서의 상담과 사정을 거쳐 일시보호센터나 시설, 임시주거지원 등을 추진하며 지역사회 자원을 연계하여 의료 및 급식 서비스 등을 제공한다. 보호재활시설이나 자활시설에 입소하지 않을 경우 그룹홈을 통해 공동체생활을

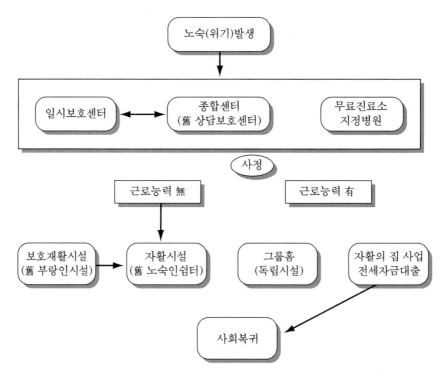

[그림 12-2] 현행 노숙인지원사업체계

하거나 자활의 집 사업을 통해 사회복귀를 도모하도록 하고 있다.

　노숙인의 자율성을 인정하지 않고 장기적인 자활을 지원하지 않는 단순 수용시설로서의 일시보호센터의 문제를 해결하기 위하여 노숙인 자활사업과 자활의 집을 중심으로 한 노숙인 공동체가 대안으로 등장하였다(신원우, 2007). 노숙인 자활사업은 일반기업에 취업하기 어려운 청소용역, 자원 재활용, 숲 가꾸기, 건축 수리, 자활농장, 소규모 창업 등 다양한 사업을 제공하여 자활할 수 있도록 지원하는 것이다. 2000년부터 시작된 자활의 집 사업은 자활의 여건이 갖추어진 것으로 판단되는 노숙인에게 전세금을 마련할 기간 동안 정부가 매입한 임대주택을 활용하여 주거공간을 지원해 줌으로써 사회복귀를 도모하는 사업으로, 노숙인의 안정적인 주거권을 보장하고 안정적인 주거를 바탕으로 자활과 사회통합의 출발점으로 삼을 수 있다는 점에서 긍정적 효과가 있는 것으로 평가된다.

　현재 우리나라의 노숙인복지사업은 노숙인을 거리에서 보이지 않도록 시설에 ‘수용’하는 실질적인 정책과 노숙인의 자활과 사회복귀를 지향하는 명목상의 정책이 공존한다. 즉, 명목상으로는 이들이 사회에 재통합되도록 지원하지만, 구체적인 정책과 서비스를 보면 최소한의 기초생활을 임시적으로 보장하는 정책이 지속되고 있으며, 노숙 발생의 예방과 보호, 실질적 자립을 위한 주거 지원과 취업 지원, 생계 지원 등 지속적인 대책으로 발전하지 못한 상태다. 장기적으로 응급지원 위주의 지원에 집중하기보다, 노숙예방을 위한 노숙위기 집단에 대한 상담 및 정보 제공, 정신보건 및 가족문제에 대한 통합적인 개입이 필요하다(서종균 외, 2012).

2) 성매매여성 복지

(1) 성매매와 성매매여성

　성매매는 금전을 매개로 성을 매매하는 행위다. 성매매를 지칭하는 용어로 매춘, 윤락행위 등이 함께 쓰이지만 2004년 「성매매 알선 등 행위의 처벌에 관한 법률」과 「성매매 방지 및 피해자 보호 등에 관한 법률」로 이루어진 「성매매 방지법」이 제정된 이후 성매매라는 용어로 통일하여 사용하고 있다. 이전에는 성을 구매하는 사람(주로 남성)은 문제 삼지 않으면서 성을 판매하는 사람(주로 여성)에게만 단속과 법적 제재, 사회적 낙인을 부여하였다. 이와 동시에 성매매와 성매매여성의 존재를 혐오스럽지만 불가피하고 자연스럽게 인식하였다.

그러나 성매매가 가지고 있는 강제성과 폭력성, 불법성, 성매매에 종사하는 여성에게 가해지는 낙인과 비인간적 처우 등이 사회문제로 대두되면서 성매매여성에 대한 관점은 피해자로서의 위치를 강조하는 방향으로 변화하였다. 즉, 여성의 성판매를 자본주의 사회에서 여성과 남성의 불평등한 지위, 여성의 신체와 성을 상품화하는 남성 중심적인 성의식과 제도, 폭력적이고 불법적인 방식으로 여성의 성과 신체를 매매함으로써 막대한 이익을 취하는 알선업자들과 향락산업의 번창이 만들어 낸 결과로 인식하게 된 것이다.

성매매는 한 사회의 가치나 규범에 따라 논쟁의 여지가 많은 문제다. 성매매에 대한 입장은 금지주의(prohibitionism), 신금지주의(neo-prohibitionism), 합법주의(legalization) 등으로 분류할 수 있다. 금지주의는 성매매를 부도덕한 행위로 보고 성 구매자와 판매자를 모두 처벌하는 것이다. 신금지주의는 성매매를 여성에 대한 폭력이자 인권 침해로 보며 성구매자의 처벌과 성판매여성을 보호하고 지원하는 정책을 선택한다. 합법주의는 성매매를 성매매자들의 자유의지에 의한 선택으로 보고 제도적 합법화를 통해 일정한 조건 혹은 구역 내에서의 성매매를 승인하고 정부가 관리와 규제를 하며 성판매에 종사하는 여성들을 성노동자(sex worker)로 간주한다(유숙란, 오재림, 안재희, 2007). 이처럼 국가마다 성매매에 대한 입장은 다르지만 모든 나라에서 노상 성매매나 강제적 성매매를 법으로 금지하며, 성매매를 적극적으로 장려하거나 광고하는 영업행위는 허용하지 않는다.

이처럼 다양한 관점들 사이에서 특히 쟁점이 되는 부분은 자발적 성매매다. 즉, 강제적 성매매는 여성의 인권을 침해하는 범죄행위로 단속해야 하지만, 자발적 성매매는 자유의사에 의한 선택으로 존중되어야 하며, 이를 직업으로 인정하여 영업을 보장하여야 한다는 주장이다. 우리나라에서도 「성매매방지법」 실행 초기에 성매매 종사 여성들이 거리로 나와 생존권 보장을 요구한 사건을 계기로 성매매를 합법화해야 한다는 주장이 대두되었다.

그런데 여기서 성매매 합법화 주장의 근거가 되는 여성의 '자발적 선택'이 과연 가능한가를 생각해 볼 필요가 있다. 성매매는 인간으로서의 존엄성을 부인당하는 영구적인 낙인을 만드는 행위임에도 불구하고 우리나라에서 많은 여성들이 이를 자신의 일로 선택하며, 그중 일부는 실제로 성매매 현장에 지속적으로 남아 있기를 원한다. 그러나 이를 개인의 자발적 선택으로 보기 어려운 것은 여성들이 성매매에 유입되는 사회구조적 맥락과 성 산업의 특성 때문이다.

성매매여성들의 성매매 유입 동기 중 가장 주된 것은 경제적 동기이며(서해정, 이기영, 2005), 성매매여성들의 가족환경은 이들을 가족 밖으로 내모는 열악한 상황인 경우가 많다. 성매매 유입 동기가 주로 경제적 문제나 가족문제, 가출 등과 관련되어 있다는 것은 구조적으로 불리한 사회경제적 조건에 처한 여성들이 성매매에 유입될 가능성이 크다는 것을 보여 준다.

또한 성매매여성들의 동기가 어떠하든 이들이 성매매 현장에 대한 충분한 정보를 기반으로 이를 선택했다고 보기 어렵다. 그들이 유입된 성매매의 현장은 그들이 기대하고 예상한 것과는 전혀 다른 계약조건, 선불금 등의 경제적 속박과 착취, 폭력과 강제를 통해 유지되는 성 산업의 구조를 가지고 있다(윤덕경, 변화순, 박선영, 2005). 또한 성매매 종사는 일상적으로 폭력과 위험, 인격적 모욕, 경제적 속박 등을 동반하며, 이러한 위험은 성매매가 합법화된 나라들조차 예외가 아니다. 성매매 생활에서 경험하는 각종 폭력과 위험, 인격적 모욕과 수치 등은 여성들에게 심각한 신체적·심리적 위해를 가한다(김지영, 박경래, 2006; 윤덕경, 변화순, 박선영, 2005; Brewis & Linstead, 2000; Farley, 2004; West, 2000). 그럼에도 불구하고 성매매를 지속할 수밖에 없는 것은 개인의 자발적 선택에 의한 것이라기보다는 성매매 바깥의 사회로부터의 고립의 결과이며, 더 나은 대안이나 미래에 대한 가능성이 없다는 운명론적 체험과 업주들로부터의 실질적 위협, 예기불안에 의한 현실 순응의 결과로 볼 수 있다(이근무, 유은주,

2006).

한편, 성매매 합법화 주장의 배경에는 성매매는 '해결될 수도 없고 굳이 해결할 필요도 없는 필요악'이라는 논리가 있다. 성매매 처벌은 성매매를 음성화시킬 뿐 근절할 수 없다는 논리와, 성매매는 남성들의 성욕구 해소를 위한 '사회적 하수구'로서 필요하다는 논리가 그것이다. 그러나 어떤 사회문제(예컨대, 알코올/약물 중독, 범죄, 빈곤, 실업 등)도 완전히 근절될 수 없으며, 이러한 점에서 성매매도 예외가 아니다. 유독 성매매에 대해서만 근절될 수 없다는 이유로 해결을 시도하지 않는 것은 남성의 성욕을 과장하고 여성의 성을 상품화하는 것을 정당화하는 논리다. 무엇보다 성매매 자체를 해결해야 할 사회문제로 보고, 성매매가 존속함으로 인해 특정 약자집단이 폭력과 착취, 인권 침해의 피해자가 되는 일이 지속되지 않도록 노력하는 일은 근절 가능성과 무관하게 진행되어야 할 사회문제의 기본적인 해결과정이다.

(2) 성매매방지법 및 성매매여성자활지원사업

2004년 9월 23일부터 실행된 「성매매방지법」은 우리나라의 오랜 성매매 관행과 구조화된 성매매산업, 그리고 이를 중심으로 만연한 폭력과 착취, 인신매매 등의 범죄행위를 근절하고자 제정되었다. 「성매매방지법」의 제정과 더불어 발표된 '성매매방지종합대책'에서 제시한 두 가지의 정책목표는 첫째, 성매매 목적의 알선, 인신매매, 구금, 폭력 등에 대한 처벌을 통한 대폭 축소, 둘째, 성매매 피해자 개념 도입을 통한 자립과 자활지원 강화다. 이는 「성매매방지법」을 기반으로 하는 성매매문제의 해결전략이 단속과 처벌을 한 축으로 하고 피해자 보호와 지원을 다른 한 축으로 함을 의미한다. 이 중 성매매여성들의 인권을 보호하고 탈성매매를 지원하기 위한 정책과 서비스가 사회복지의 영역이다.

「성매매방지법」은 남성의 유흥문화로 당연시되던 성매매를 처벌 가능한 범죄행위로 인식하도록 하는 한편, 성매매로 인해 피해를 입은 여성들을 법적 제재와 관리의 대상이 아닌 보호와 지원의 대상으로 규정함으로써 우리 사회의 성과 관련된 규범적 인식에 변화를 가져왔다(김명환, 안혁근, 2006; 한상희,

2006). 그러나 정책의도를 실현할 수 있는 장기적인 정책대안과 지속적인 집행 의지가 부족하고, 단속 위주의 밀어붙이기식 전시행정의 일시적 성과에 집중한 결과, 성매매여성에 대한 장기적이고 체계적인 지원이 소홀하다는 점이 문제로 지적되고 있다.

성매매여성자활지원사업은 「성매매방지법」 제정 및 시행 이후 경찰의 대대적인 특별단속으로 성매매 집결지가 와해된 상태에서 종사 여성들이 거리로 나와 생존권 보장을 요구한 것을 계기로, 2004년 11월부터 부산과 인천 2개 지역에서 시범사업으로 실시되었다. 이후 2005년 9월 실시 지역이 확대됨과 동시에 집결지자활지원사업(이하 자활지원사업)으로 명칭을 바꾸고 3년간 진행되었다.

자활지원사업은 성매매여성들이 업소를 나와 시설에 입소하면 지원해 주는 소극적인 방식에서 벗어나, 직접 성매매 집결지 현장에 들어가 정부정책을 설명하고 성매매를 그만두고자 하는 경우 자활을 지원하는 적극적인 정책이다(여성가족부, 2005). 자활지원사업의 내용은 ① 심신치료 및 정서 회복(의료비 지원 및 심리치료), ② 탈성매매의 장애요인 제거(선불금을 포함한 빚문제 등 제반 민·형사상 해결과제가 있는 경우 변호사 자문 및 소송 관련 비용 지원, 신용회복 지원 등), ③ 자활기반 마련 지원(직업훈련, 진학, 직업탐색 프로그램 등을 통한 취업 지원), ④ 수입활동 중단에 따른 생계지원금 지원(최저생계비에 해당하는 금액을 한시적으로 매월 지급하며, 부양자녀가 있을 경우 추가 지원), ⑤ 탈업소 및 탈성매매 유도, ⑥ 상담참여자에 대한 사후관리 등이다.

이와 같은 내용으로 3년간 실행된 자활지원사업의 효과성에 대한 연구 결과에 의하면 탈성매매에 성공한 비율은 66.8%로 나타났다. 특히 지원사업의 효과는 취업 및 창업에서 가장 크게 나타났는데, 이러한 결과는 탈성매매 이후 재유입되지 않고 다른 생계수단을 선택하여 안정적으로 살아가도록 함에 있어 경제적 독립을 통한 자활이 중요함을 보여 준다(최희경, 정경숙, 2009). 자활지원사업은 3년간의 한시적 지원으로 종결되었으며, 현재는 지역별 자활지원센터를 통해 직업훈련 및 창업지원, 일자리 제공 등 탈성매매여성에 대한 전문적·체계적 전업활동 지원이 이루어지고 있다. 그러나 탈성매매 후 여성들에 대한 사후

지원이 부족하여 정책의 효과성을 유지하기 어렵다는 점이 한계로 지적된다.

(3) 성매매여성에 대한 인권 중심 접근

성매매여성에 대한 인권 중심 접근이 필요한 이유는 무엇보다 성매매 자체의 비인간성에 있다. 성매매는 단순히 물건이나 서비스를 판매하는 것과 다르다. 성매매는 인간의 신체와 정서, 인격의 총화로서의 성을 판매함으로써 판매자의 인격을 구매자의 권력에 종속시키는 행위다. 이때 성은 극단적으로 물화(物化)되어 있고 구매자의 입장에서는 쾌락과 유흥일 수 있지만, 판매자의 입장에서는 수치와 모욕이며 자존심을 포기하거나 때로 폭력과 질병의 위험에 노출되는 것을 감수해야 하는 비인간적 행위다.

성매매 자체의 비인간성을 떠나 인권 중심 접근이 필요한 가장 중요한 이유는 성매매 경험이 야기하는 사회적 낙인과 배제다. 성매매에 종사하는 여성들의 의도, 경험, 사고, 목적 등은 다양하지만 이와 무관하게 성매매에 종사했다는 사실은 그 자체로 한 사람을 규정하는 영구적 낙인이 된다. 그 결과 성매매 종사 이력은 성매매여성을 일탈적이고 비도덕적 인간으로 고착시키며, 다른 사회구성원들로부터 분리하여 이질적 집단으로 배척하는 동기로 작용한다. 이 과정에서 시민 혹은 사회구성원으로서 이들의 권리와 지위는 온전히 박탈당하며 인간으로서의 존엄과 가치는 이들에게 적용되지 않는다(원미혜, 2005; 한상희, 2006). 우리 사회가 성매매여성이라는 특정한 집단을 사회로부터 온전히 배제하고 차별하며 인간으로서의 존엄성을 인정하지 않는다는 사실은 성매매여성에 대해 인권 중심 접근이 필요한 가장 근본적인 이유다.

탈성매매는 사회적 배제를 극복하기 위한 필수적인 과정이며 이를 위해 성매매에 종사하던 여성들에 대한 경제적 · 법적 · 의료적 지원과 상담, 심리치료, 학업 및 직업훈련 제공, 창업 지원 등 실질적인 지원이 필요하다. 성매매여성에 대한 사회복지 차원의 지원은 성을 판매할 수밖에 없는 상황으로부터 벗어날 수 있는 기회를 만들고 불평등의 구조적 조건을 변화시키는 것과 관련된다.

또한 성매매 경험을 가진 여성들은 사회적 낙인 때문에 사회적 관계로부터 단절된 사회적 배제 집단으로서, 복합적인 문제와 욕구를 가지고 있으며 자활 과정에서 심리사회적 지원을 필요로 한다. 장기간에 걸쳐 형성된 복합적인 욕구와 문제를 해결하기 위해서는 전문적이고 장기적인 상담 및 심리치료 서비스가 필수적이다. 또한 가족관계를 비롯한 사회적 관계를 회복할 수 있도록 지원하며, 비슷한 경험을 가진 여성들 간의 상호 원조와 유대관계 형성을 통해 완전한 자활에 이르도록 원조해야 한다. 앞으로 탈성매매여성뿐 아니라 지속적으로 성매매에 종사하는 여성들, 업주 없이 일하는 개인형 성매매여성들에 대한 사회복지 차원의 접근방식과 지원이 개발되어야 하며, 성구매자에 대한 상담과 체계적 교육도 사회복지 차원에서 모색하여야 할 과제다.

3) 성소수자 복지

(1) 성소수자는 누구인가

성소수자는 다수의 이성애자와 구분되는 성적 지향성(sexual orientation)을 가진 사람들을 일컬으며, 남성 동성애자, 여성 동성애자, 양성애자, 성전환자(Gay, Lesbian, Bisexual, Transgender: GLBT)를 포함하는 개념이다. 성소수자에 대한 사회복지실천이 발전한 미국의 경우 이들은 모두 사회복지실천의 범주에 포함되지만, 우리나라에서 성소수자는 대표적인 사회적 소수자로 인식되기 시작하였으나 아직 적극적인 사회복지의 대상에 포함되지는 않는다. 문화적으로 성소수자에 대한 심리적 거부감과 이질감으로 인해 성소수자의 존재를 인정하는 일조차 쉽지 않은 상황에서 사회복지가 이들에게 어떤 방식으로 접근할 것인지 논의하는 것은 시기상조일지도 모른다. 그럼에도 불구하고 성소수자는 한 개인의 주관적인 성적 취향 때문에 사회적 차별과 낙인의 대상이 되고 자신의 성적 정체성을 부정하며 살아야 한다는 점에서 사회적 소수자 사회복지의 영역에 포함되어야 할 존재다.

성소수자에 대한 일반적인 인식은 아직도 변태, 도착, 역겨움, 정신병, 방탕한 성, 도덕적인 일탈, 에이즈의 주범 등 혐오스럽고 부정적인 이미지가 지배적이다. 대표적인 성소수자인 동성애자에 대한 혐오감 혹은 거부감을 동성애 혐오증(homo phobia)이라고 하는데, 이것은 동성애자에 대한 개인적인 혐오를 포함하여, 사회적 차별과 낙인을 통해 결과적으로 인간으로서의 존엄성과 권리를 침해하는 행동과 문화를 지칭한다. 즉, 이성 간의 사랑과 결혼을 기준으로 여기서 벗어난 성적 지향성을 지닌 이들을 억압하고 배제하는 것이다.

성적 지향성을 근거로 한 차별과 억압이 문제가 되는 이유는 개인의 사생활의 자유를 침해한다는 점, 그리고 부정확한 정보나 부당한 편견에 기반하고 있다는 점 때문이다. 개인의 사생활은 개인의 선택이며, 타인의 권리를 침해하지 않는 한 누구나 자신의 행복을 추구할 권리가 있다. 누가 어떤 사람을 사랑할 것인가를 선택하는 것은 전적으로 개인의 자유이자 권리다. 그 선택이 사회의 대다수의 선택과 다르다는 점을 근거로 학교나 직장, 지역사회, 조직 등으로부터 부당한 대우를 받아서는 안 된다. 특히 성적 지향성은 적극적인 선택인 경우도 있지만 타고난 개인적 특성의 발현인 경우도 있다. 사람들이 각자 특정한 색깔을 선호하는 것과 마찬가지로 각기 선호하는 특성을 가진 사람에게 더 애정을 느끼는 것은 자연스러운 현상이다.

또한 성소수자에 대한 인식의 상당 부분은 편견이나 부정확한 정보에 기반하고 있다. 성소수자에 대한 잘못된 신화(myth)는 다음과 같다. 첫째, 인간의 성은 이성애와 동성애로 나눌 수 있는데, 이성애를 제외한 다른 성애는 돌연변이와 같은 비정상적 성이다. 둘째, 이성애는 모든 문화에서 보편적이다. 셋째, 성소수자는 정신적, 신체적으로 비정상적이거나 문제를 가진 사람들이다. 넷째, 에이즈의 주된 원인은 동성애다.

이러한 신화들은 대부분 잘못된 편견이다. 성과학의 창시자인 Kinsey에 의하면 인간의 성은 이성애와 동성애로 양분되는 것이 아니라 연속선(spectrum) 상의 다양한 방식으로 존재한다(Kinsey, Pomeroy, & Martin, 1948). 따라서 인간의 성적 지향은 이성애와 동성애가 각기 다른 비율로 혼재되어 있으며 문화적 환경에 의해 동성애 혹은 이성애 지향이 발현되거나 억압될 수 있다. 둘째, 역사적으로 고대 그리스를 비롯한 대부분의 사회에서는 동성애가 정상적이거나 심지어 바람직한 성문화로 여겨졌으며, 다수의 부족사회에서 성인이 되기 위한 통과의례로 존재하기도 한다. 현재의 지배적 이성애 문화는 근대 이후의 사회에 한정된 현상이다. 셋째, 동성애는 한때 정신질환으로 여겨지기도 하였으나 실제로 과학적 연구 결과 이성애자와 동성애자의 정신적·신체적 특성에는 차이가 없는 것으로 밝혀졌다. 1973년 미국정신의학협회(American Psychiatric Association)는 『정신장애의 진단 및 통계편람 제2판(*Diagnostic and Statistical Manual of Mental Disorders* II)』의 정신장애 목록에서 동성애를 삭제하는 일부 개정 작업을 하였다. 따라서 이성애 이외의 성적 지향을 정신질환이나 장애로 보는 시각은 종교적 신념이나 문화적 거부감에서 비롯된 편견이다. 넷째, 남성 동성애자들이 에이즈 감염확률이 가장 높은 단일 집단임은 사실이다. 그러나 이것은 동성애자들끼리만 성관계를 갖기 때문에 나타나는 현상이며, 실제로 에이즈의 가장 주된 원인은 성매매와 보건의료 체계상의 관리 문제(예를 들면, 수혈 등을 통한 혈액 감염)이다(Zastrow, 2008: 233-236).

앞서 살펴본 바와 같이 인간에게는 동성애 성향과 이성애 성향이 혼재하기 때문에 동성애자와 이성애자를 명확히(즉, 동성애 성향이 어느 정도여야 동성애자인지) 규정하기 어렵다. 사회마다 조금씩 차이는 있으나 7~8%의 남성과 4~5%의 여성이 성인기에 동성애 경험을 가지고 있으며 2%의 남성과 1%의 여성이 완전한 동성애자인 것으로 추산된다. 좀 더 최근의 조사에서는 동성애 성향이 지배적인 사람들의 비율이 10%가량 되는 것으로 나타났다(Hyde & Delamater, 2000). 우리나라의 경우 한국청소년상담원의 청소년의 동성애에 대한 생각 및 현황에 대한 연구를 보면 설문조사에 참여한 2,280명의 청소년 중 '스스로 동성애 성향이 있지 않을까 고민한 적이 있다.'는 응답이 11%로 나타났으며, '주위에 동성애 성향을 나타내는 친구가 있는가.'라는 질문에는 2.7%가 '있다'고 응답하였다(이수현, 2006). 흥미로운 것은 동성 간 결혼이 합법화된 나라(벨기에, 네덜란드, 덴마크, 프랑스 등)에서는 동성애자 비율이 더 높게 나타난다는 사실이다.

(2) 성소수자의 문제와 인권 보장

성소수자들은 가족과의 관계, 친구나 동료관계, 학교와 직장, 법적인 권한과 시민권 등 신분상, 재산상의 영역에서 다양한 방식의 차별에 직면한다. 미국사회복지사협회(National Association of Social Workers: NASW)에서는 성소수자에 대한 대표적인 차별 사례로 동성애 커플의 아동 입양과 양육 금지, 배우자나 가족으로서의 권리 및 의무(가족으로서의 결정 참여, 상속, 피부양자로서의 권리 등) 불인정, 의료적 권한 참여 배제, 주거 및 고용에 있어서의 불이익과 사회적 서비스 및 사회보장 혜택으로부터의 소외, 폭력이나 범죄 등에 연루된 경우 법적 불이익과 차별 등을 들었다(NASW, 2003). 이외에도 학교나 군대 등 조직사회에서의 따돌림과 위협, 일상적인 불이익을 당하거나 폭력과 린치의 대상이 되어 위험에 처하는 경우가 많다. 따라서 대부분의 성소수자들은 불이익과 차별, 편견의 대상이 되기 싫어서 자신의 성정체성을 부정하거나 숨긴 채 살아간다.

성소수자가 자신의 성정체성을 밝히는 것을 커밍아웃이라고 한다. 이것은 '벽장에서 나오다(coming out from the closet)'라는 말에서 유래하였다. 유명 연예인이나 명사들 중에는 자신의 성정체성을 밝히는 이들도 있고 가족에게 비밀로 하면서 파트너와의 동거를 유지하는 경우도 있다. 외국에서는 동성애자 커뮤니티, 성소수자운동, 반차별법 제정 등을 통해 성소수자에 대한 사회적 인식이 많이 개선되었다. 그러나 우리 사회에서 성소수자에게 커밍아웃은 사회적 '죽음'을 의미한다. 무엇보다 가족관계로부터 단절되거나 집에서 쫓겨나는 것을 각오해야 하고 주위로부터 따돌림을 당한다. 사적 관계에서는 이해받을 여지가 있지만 학교, 군대나 직장 등 공적 영역에서 자신의 성정체성을 알리는 것은 그야말로 사회적 매장을 각오해야 하는 일이다(이수현, 2006).

그럼에도 불구하고 많은 성소수자들이 자신의 성정체성을 스스로 인정하고 사회적으로도 이를 인정해 달라는 목소리를 내기 시작하였으며 성소수자차별철폐운동에 참여하고 있다. 우리나라의 대표적인 성소수자 인권운동 단체는 동성애자인권연대다. 1997년 대학동성애자인권연합으로 발족한 이 단체는 성소수자의 인권을 향상시키고 자부심을 높이기 위한 다양한 활동을 펼치고 있다. 게이, 레즈비언, 양성애자, 트랜스젠더와 이성애자까지 참여하여 180여 명의 회원을 두고 있으며, 이들의 인권 향상뿐 아니라 에이즈 감염자 등 다양한 소수자의 권리를 위한 연대활동에 참여하고 있다.

2000년 유럽연합(EU) 의회가 동성부부에게도 이성부부와 같은 권리를 부여하도록 15개 회원국에게 촉구하는 결의안을 채택한 이후 벨기에, 네덜란드, 이탈리아, 스페인, 스웨덴, 핀란드, 덴마크, 영국 등에서 동성 결혼을 법적으로 인정하기에 이르렀다. 이외에도 캐나다, 뉴질랜드, 오스레일리아, 브라질 등이 결혼과 유사한 동반자 지위(partnership)를 인정하고 있다. 미국에서는 2004년 샌프란시스코를 시작으로 버몬트 주, 알래스카 주, 하와이 주, 매사추세츠 주 등이 동성 간 결혼을 합법적으로 인정한다. 또한 미국 내 많은 수의 기업들(디즈니, IBM, Zerox 등)이 의료보험과 수당 등을 동성 배우자에게 제공하기 시작하였으며 아동 입양과 위탁권 및 의료기관에서의 법적 보호자 인정, 상속권 등에 있어 동성 배우자를 가족과 동등한 위치로 인정하는 판례가 생겨나고 있다. 많은 나라에서 성적 지향에 기반한 차별을 법적으로 금지함에 따라 성소수자의 인권도 향상되고 있는 추세다.

그러나 우리나라의 경우 성소수자가 성정체성을 떳떳이 밝히고 정상적인 사회인으로 살아가는 것은 불가능하며, 성소수자 인권운동가들조차 본명과 신분을 밝히지 않은 채 활동하고 있는 것이 현실이다. 보수적이고 폐쇄적인 성문화 속에서 막연한 호기심은 있지만 성소수자의 기본적인 인권 보장과 통합을 위한 사회적 관심과 구체적인 노력은 이루어지지 않고 있다.

(3) 성소수자와 사회복지실천

미국을 비롯한 다수의 나라에서 성소수자들은 위험에 처한 인구집단(population at risk)으로서 사회복지의 대상으로 인정된다. 예컨대, 미국사회복지사협회(NASW)와 사회복지교육위원회(the Council on Social Work Education: CSWE)는 모든 사회복지사들이 사회에서 경험하는 차별과 억압을 종식시키기 위해 노력할 의무가 있음을 명시하고 있다.

그러나 문제는 아직도 많은 사회복지사들이 개인적인 가치관이나 종교 등의 영향으로 성소수자에 대해 부정적인 견해를 가지고 있으며 이들의 삶을 깊이 이해하지 못하고 있다는 것이다. 구체적인 조사 결과는 없지만 우리나라에서 성소수자 문제에 대한 사회복지사들의 인식은 높지 않을 것으로 추측된다. 그러나 보편적 인권을 부정당하고 사회적 권리에 있어 차별의 대상이 되는 성소수자에 대한 개입은 다른 사회적 소수자에 대한 개입과 마찬가지로 사회복지실천의 한 영역으로 포함되어야 할 것이다.

성소수자에 대한 사회복지실천 영역은 매우 다양하다. 성소수자에 대한 사회복지사의 개입에서 가장 기본적인 의무는 성적 지향에 의해 인간으로서의 보편적 권리를 제한받지 않도록 차별문제에 대해 민감하고 적극적으로 대처하는 것이다. 이들의 삶의 특정한 영역이나 생애주기에서 부딪히는 문제에 개입하고 필요한 지원을 제공하는 것이 사회복지사의 실천내용이 된다. 청소년들에게는 청소년기의 성정체성과 관련된 문제에 대해 적절한 상담을 제공하고 자기 존중감을 갖도록 지지한다. 커밍아웃 과정과 이후의 삶에서 동일한 성정체성을 가진 사람들끼리 공동체나 지지집단을 형성할 수 있도록 지원하고, 가족관계 및 지역사회 참여에서 배제되지 않도록 지속적으로 도움을 제공한다. 성소수자 커플이 아동양육권 및 입양, 위탁을 원할 경우 이와 관련된 법적 조언과 지원을 제공하고 의료기관이나 사회복지기관에서 적절한 서비스와 동등한 대우를 받을 수 있도록 옹호활동을 전개한다. 또한 조직이나 지역사회에서 성소수자에 대한 혐오행위나 폭력행위가 일어나지 않도록 교육과 캠페인, 옹호 활동을 벌이는 것도 중요하다(Zastrow, 2008).

4. 사회적 소수자와 인권 중심 사회복지실천

노숙인과 성매매여성, 성소수자 등은 사회적 일탈집단이라는 인식이 강하며, 지금까지 전통적인 사회복지실천은 사회적 규범에 반하는 집단을 문제집단이나 관리되어야 할 집단으로 규정하여 사후적인 치료와 교정에 집중해 온 것이 사실이다. 그러나 인권에 기반한 사회복지실천은 특정한 집단에 속한 개인들의 경험과 삶을 존중하고 고유한 욕구와 특성에 기반하여 원조를 제공한다는 사회복지실천의 인간중심주의, 개별화의 원칙에 보다 충실하고자 한다. 앞으로 우리나라에서 사회적 소수자에 대한 사회복지실천은 사회적 규범에 부합하는 약자집단뿐만 아니라 사회적 규범에 반하는 것으로 여겨지는 약자집단까지 포괄해야 한다. 그렇다면 노숙인, 성매매여성, 성소수자 등 사회적 소수자들을 우리 사회의 한 구성원으로 존중하고 사회에 통합되도록 하는 사회복지실천은 어떤 방식이어야 할까? 사회적 소수자에 대한 인권 중심 사회복지실천을 구체적으로 살펴보면 다음과 같다.

첫째, 사회적 소수자들에 대한 인권 중심 사회복지실천에서 가장 핵심적인 것은 기본적 욕구 충족과 인권 보장이다. 그것은 인권의 핵심이 생존과 자율성의 보장에 있기 때문이다(윤찬영, 2005). 즉, 이들이 가진 특성이나 경험과 상관없이 주거와 안전, 의료, 교육 등 생존에 필요한 욕구를 충족할 수 있도록 보장하고, 인간으로서의 주체성을 가지고 자신의 행동과 삶을 선택할 수 있도록 보장해야 한다.

그러나 현실에서는 노숙인에 대한 단속과 강제적 시설 입소 조치, 시설에서의 비인간적 처우 등 노숙을 이유로 노숙인들의 인권을 침해하는 일이 관례화되어 있다. 성매매여성의 경우 포주 및 성매수자에 의한 감금과 폭력, 부당한 채무관계에 의한 구속, 의료권 제한, 단속과정에서의 부당한 처우와 차별 등 다양한 방식으로 인권 침해에 노출되어 있다. 성소수자들은 의료적 접근권 제한, 직업생활이나 조직에서의 차별과 폭력 등 일상적인 인권 침해를 수없이 경험한다. 그러므로 사회적 소수자를 위한 사회복지실천에서는 이들의 인권을 보호하고 소수자의 편에서 기본적 권리를 주장하는 옹호 활동이 가장 기본적인 실천이다. 사회적 소수자에 대한 옹호 활동은 기본적으로 사회복지사를 비롯한 실무 종사자, 관련 민간기관이나 조직, 전문가나 단체 등에 의해 이루어질 수 있지만 사회적 소수자 스스로에 의해서도 수행된다. 옹호를 통해 사회적 소수자의 복지와 직결된 의사결정 과정에 참여하고 인권을 침해하는 각종 정책과 과정에 개입하여 이를 방지하기 위해 노력한다.

둘째, 사회적 소수자에 대한 사회복지 접근에 있어 당사자의 요구와 현재의 삶을 반영하는 방식으로 변화되어야 한다. 지금까지 사회적 소수자에 대한 사회복지의 접근은 교정과 관리라는 공권력의 입장을 현장에서 실천하는 방식이었다. 이 때문에 사회적 소수자 집단과 사회복지사의 관계는 협동적이라기보다는 소수자를 특정한 방향으로 변화시키고자 하는 일방적 관계였으며 그 과정에서 당사자의 의견이나 결정권은 존중받기 어려웠다. 이것은 많은 사람들이 노숙이나, 성매매, 이성애 이외의 성애를 사회적 일탈행위로 여기기 때문에 이러한 행위를 하는 사람들에 대한 편견을 가지기 쉬우며, 사회적 소수자의 특정한 결정에 대해 있는 그대로 존중하는 것이 쉽지 않았기 때문이다. 이것은 사회복지사 자신도 마찬가지다. 사회복지실천의 기본적 가치이자 원칙으로 제시되고 있는 개인의 개별성과 자기결정권에 대한 존중은 사회적 소수자에 대한 사회복지실천에서 가장 간과되기 쉬운 부분이다.

그러나 소수자에 대한 사회복지실천에도 일반적인 사회복지실천의 원칙인 개별성과 자기결정권에 대한 존중 원칙이 적용되어야 한다. 이를 위해서는 무엇보다 노숙인이나 성매매여성, 성소수자들의 경험을 당사자의 입장에서 이해해야 하며 이들의 경험과 요구가 문제해결의 중심이 되어야 한다. 예를 들어, 많은 노숙인들이 겨울에 시설 입소를 거부하고 거리에서 동사하는 이유는 시설의 환경과 프로그램이 노숙인들의 자율성과 요구를 반영하지 못하기 때문이다. 한때 성매매를 중단했던 여성들이 성매매에 다시 유입되는 것은 다른 직업을 가지고 살아갈 수 있는 여건과 지원이 지속적으로 제공되지 않기 때문이다. 이들을 격리와 단속의 대상으로 바라보는 실천방식을 변화시켜 이들의 목소리를 경청하고, 이들의 요구를 반영하는 시설과 프로그램을 운영할 필요가 있다. 무엇보다 이들에 대한 편견과 배타적인 관점을 변화시키고 인간으로서의 개별성과 자기결정권을 존중하는 것이 인권 중심 사회복지실천의 출발점이 된다.

셋째, 임파워먼트 실천방식을 채택하여야 한다. 사회적 소수자들은 임파워먼트 실천을 통해 개인적 차원, 다른 사람과의 관계 차원, 사회경제적 차원에서 주체성과 권한을 강화하고 스스로 문제를 해결하기 위한 역량을 키울 수 있다. 즉, 소수자들이 정책이나 실천의 대상이 아니라 스스로 목소리를 내고 변화를 위한 활동을 조직화하고, 비슷한 처지의 사람들과 협력하며 문제를 해결하기 위한 자원을 동원하는 것이다. 노숙인 대상 인문학 강좌, 성매매여성의 글쓰기 교실 등을 통해 손상된 자존감과 삶의 의지를 회복하는 활동, 지역사회 봉사활동을 통해 노숙인들의 존재를 새롭게 인식시키는 활동, 노숙이나 성매매 경험이 있는 활동가들의 동료상담, 성소수자 공동체 및 동료 지지집단과 같은 당사자활동, 자활공동체활동을 통한 경제적 자립 기반 마련, 노숙인과 성매매여성의 주거지확보운동 등은 임파워먼트 실천의 대표적인 예라고 할 수 있다.

넷째, 궁극적으로 사회적 소수자에 대한 사회복지는 사회통합을 지향해야한다. 사회복지의 주된 목표 중의 하나는 다양한 이유로 사회구성원으로서 인정받지 못하거나 사회와의 교류가 차단된 집단에게 사회생활에 함께 참여하며 살아갈 수 있도록 하여 사회통합을 증진시키는 것이다. 따라서 사회적 소수자 대상 사회복지의 궁극적 목표는 사회적으로 배제된 이들이 심리적 자활과 경제적 독립을 통해 자신이 속하기를 원하는 사회적 공동체(가족, 지역, 직업 등)에 구성원으로서 동등하게 받아들여져 통합되는 것이다. 이것은 사회적 소수자의 욕구를 일시적으로 해결하거나 긴급한 문제에 대처할 뿐만 아니라 이들의 사회적 삶의 회복을 위해 노력해야 한다는 것을 의미한다. 따라서 사회적 소수자들이 지역사회에 안정된 거주지를 마련하고 자립적으로 살아갈 수 있는 직업과 활동 영역을 확보하는 것이 사회복지실천의 가장 중요한 목표가 된다.

이를 위해서는 사회복지실천이 소극적인 서비스 제공이나 전달을 통해 클라이언트를 주변화시키거나 배제하지 않도록 이들의 사회적 통합과 유대를 강화하는 방향으로 이루어져야 한다. 즉, 사회복지실천에서 클라이언트가 인간관계망이나 지역사회에서 소외되거나 밀려나는 과정을 막는 것을 주된 임무로 설정하고, 가족이나 이웃과의 유대 강화, 지역사회의 참여 등 사회적 통합을 지향해야 한다(남기철, 2007). 노숙인이나 성매매여성에게 기초생활수급권을 제공하더라도 이들이 그 지역에서 지속적으로 뿌리내리고 살아갈 수 없다면 이들이 지역사회에 통합되었다고 보기 어렵다. 성소수자 공동체가 지역사회와 교류할 수 없다면 이것은 성소수자를 고립시키는 또 하나의 사회적 장치가 될 수 있다. 따라서 사회적 소수자 대상의 사회복지실천에서는 소득과 복지서비스를 증대하는 것 못지않게 이들이 지역사회에 참여할 수 있는 기회와 통로를 만들고, 지역사회 주민으로부터 관심과 지지를 이끌어 내며, 타인과의 관계망 속에서 살아가도록 돕는 것이 중요한 실천과제다.

생각해 봅시다

1. 사회복지전공자로서 노숙자, 성매매여성, 성소수자에 대한 자신의 생각과 정서가 이전과 어떻게 달라졌는지 비교해 보자.

2. 사회적 소수자에게도 사회복지 혜택을 동등하게 제공해야 한다는 주장의 근거를 제시해 보자.

3. 노숙인, 성매매여성, 성소수자 등 사회적 소수자를 공동체 속에서 동등한 구성원으로 받아들일 수 있는 구체적인 방법을 생각해 보자.

참고문헌

김기덕(2002). 사회복지 윤리학. 서울: 나눔의 집.
김명환, 안혁근(2006). 대상집단에 대한 사회적 인식의 전환에 따른 정책변화: 성매매

특별법을 대상으로. 한국행정학회보, 40(4), 469-490.

김유경(2005). 상실의 관점에서 본 노숙인문제. 아세아연구, 48(2), 151-179.

김지영, 박경래(2006). 성판매 사범과 성매매 피해여성을 변별하는 사회심리적 특성에 대한 연구. 피해자학연구, 14(2), 301-325.

김형식, 여지영 역(2001). 인권과 사회복지실천(원저: J. Ife). 서울: 인간과 복지.

남기철(2007). 노숙인과 사회복지실천-노숙인복지시설 내의 사회복지실천 양상과 체계화-. 서울: 한국학술정보(주).

남기철(2009). 늘어가는 노숙인-가혹한 의자 뺏기 놀이-. 복지동향(2009. 2.), 33-37.

박광준(2002). 사회복지의 사상과 역사. 서울: 양서원.

박영란, 이예자, 이용교, 이찬진, 임성택, 짐 아이프(2001). 한국의 사회복지와 인권. 서울: 인간과 복지.

서울신문. 2009년 3월 21일자.

서종균, 남기철, 신원우, 이정규, 김준희(2012). 노숙인 복지 및 자립지원 종합계획 수립에 관한 연구. 보건복지부.

서해정, 이기영(2005). 성매매 피해여성을 위한 자활 서비스의 발전방안에 대한 연구. 한국사회복지정책학회 춘계학술대회자료집(pp. 281-303).

신원우(2007). 노숙인 복지의 쟁점과 과제. 참여연대사회복지위원회 편. 한국 사회복지의 현실과 선택(pp. 359-378). 서울: 나눔의 집.

여성가족부(2005). 성매매집결지자활지원사업 개요 및 운영지침. 여성가족부.

원미혜(2005). 사회적 소수자의 인권: 성판매 여성의 '인권' 탐색을 위한 시론. 한국사회복지학회 2005 추계학술대회자료집(pp. 313-332).

유숙란, 오재림, 안재희(2007). 한국, 스웨덴, 독일의 성매매정책 결정과정 비교분석: 성매매 관련 공공 논쟁을 중심으로. 한국여성학, 23(4), 49-86.

윤덕경, 변화순, 박선영(2005). 성매매방지법상 성매매 피해자에 관한 연구. 한국여성개발원.

윤찬영(2005). 사회적 소수자의 인권과 복지. 비판과 대안을 위한 사회복지학회 춘계학술대회 자료집(pp. 91-103).

이근무, 유은주(2006). 성매매여성들의 탈성매매 저해요인에 관한 연구. 한국사회복지학, 58(2), 5-31.

이수현(2006). 우리 옆의 약자. 부산: 산지니.

이정규(2012). 2012년 전국노숙인실태조사결과. 한국도시연구소.

이혜원 역(2005). 인권과 사회복지실천. 서울: 학지사.

정원오, 남기철, 민소영, 현시웅(2011). 부랑인·노숙인 복지서비스 지원체계 개편방안 연구. 보건복지부.

최협, 김성국, 정근식, 유명기(2004). 한국의 소수자, 실태와 전망. 서울: 한울.

최희경, 정경숙(2009). 집결지 성매매여성 자활지원사업의 탈(脫)성매매 효과에 관한 실증적 연구. 사회복지정책, 36(1), 413-435.

한상희(2006). 성매매방지법과 여성인권. 민주법학, 30, 49-76.

홍선미(2004). 사회복지사의 이데올로기 변화에 대한 역사적 분석. 한국사회복지학회 2004년도 춘계학술대회자료집(pp. 311-324).

Brewis, J., & Linstead, S. (2000). The Worst Thing is the Screwing(2): Context and Career in Sex Work. *Gender, Work and Organization, 7*(3), 168-180.

DuBois, B., & Miley, K. K. (2005). *Social Work: An Empowering Profession* (5th ed.). Boston, MA: Allyn and Bacon.

Farley, M. (2004). Bad for the Body, Bad for the Heart: Prostitution Harms Women Even if Legalized or Decriminalized. *Violence against Women, 10*(10), 1087-1125.

Hyde, J. S., & Delamater, J. D. (2000). *Understanding the Human Sexuality* (7th ed.). Englewood Cliffs, NJ: Prentice Hall.

Kinsey, A. C., Pomeroy, W. B., & Martin, C. E. (1948). *Sexual Behavior in the Human Male.* Philadelphia: Saunders.

Marshall, T. H. (1981). *The Right to Welfare.* New York: Free Press.

NASW(2003). *Social Work Speaks.* Washington, DC: NASW Press.

Payne, M. (1991). *Modern Social Work Theory.* Basingstoke: Macmillan Press.

Popple, P. (1985). The Social Work Profession: A Reconceptualization. *Social Work, 59*(4), 560-577.

UN Centre for Human Rights (1994). *Human Rights and Social Work.*

West, J. (2000). Prostitution: Collectives and the Politics of Regulation. *Gender, Work and Organization, 7*, 106-118.

Zastrow, C. (2008). *Introduction to Social Work and Social Welfare: Empowering People* (9th ed.). Belmont, CA: Thomson Brooks/Cole.

제13장
다문화와 사회복지

이 장은 외국인 150만 명 이상이라는 시대적 상황에 처한 한국사회의 간략한 실태를 통해 예비 사회복지사들에게 새로운 사회복지적 이슈를 제시하는 것을 목적으로 한다. 우선 한국에 이주하고 있는 외국인들을 이해하고 소통하기 위해 문화의 의미를 파악하고 문화적 다양성에 대해 소개하였다. 두 문화가 접촉하는 과정에서 발생하는 문화적응을 이론적으로 검토하면서 다문화주의가 시사하는 의의를 다루었다. 한국이 다문화사회로 변화하는 과정을 점검하면서 대표적으로 문화적 다양성을 가진 사람들인 이주노동자, 결혼이민자, 북한이탈주민의 현황들을 제시하였다. 또한 문화적 다양성을 가진 사람들을 위한 다문화 사회복지실천의 개념과 실천과정을 소개하면서 다문화 사회복지의 미래를 전망하였다. 다문화 사회복지를 대상이나 실천현장에 국한하지 않고 문화적 요소를 고려하여 기존의 사회복지를 발전적으로 재해석하는 것이 필요함을 강조하였다.

1. 문화적응과 다문화주의

1) 문화의 의미

우리가 일상으로 흔히 사용하는 단어 중 하나가 문화(culture)다. 일반적으로 다른 문화를 존중해야 한다는 것은 모든 사람들이 가지고 있는 공통된 생각이지만, 차이 나는 문화를 경험하게 될 때의 상황은 크게 달라진다. 만약 인도사람들이 손으로 밥을 먹는 것을 직접 눈으로 본다면 아무리 방송이나 서적을 통해 사전 지식을 갖고 있다고 하더라도 생소하거나 비위생적이라고 생각할 것이다. 사전 지식이 없는 경우에는 상황이 더욱 달라진다.

예를 들면, 엄지손가락을 치켜 세우는 것은 제2차 세계 대전 당시 전투기 조종사들이 사용한 데서 유래한다. 현재는 '찬성' 혹은 '준비 완료' '잘했다' '최고다' 'OK'의 긍정적인 의미로 사용되고 있지만, 1996년 방글라데시 국회에서 일어났던 사건을 일깨워 본다면 엄지손가락에 대한 인식이 달라질 것이다. 당시 해양부 장관이던 Abdur Rab가 야당 의원들을 향해 엄지손가락을 치켜세우자, 방글라데시 국회 현장은 격렬한 분노에 빠지고, 방글라데시 국민 모두는 저속한 엄지 사인에 대해 사과할 것을 요구하였다. 방글라데시에서 엄지손가락을 치켜 올리는 것은 성적 모욕감을 주는 외설적 표현으로 이해되기 때문이었다. 또한 러시아에서는 동성애자 간의 사인이며 그리스에서는 '입 닥쳐.' 라는 표시이고, 독일에서는 숫자 하나, 일본에서는 숫자 다섯의 의미이기도 하다(이노미, 2009).

한국의 경우에 아이가 태어나면 대문에 금줄을 매달고, 아프면 무당을 불러 굿을 하고, 어려운 결정 상황에서 점을 보는 문화는 변화되거나 사라지고 있다. 그러나 사람이 죽으면 독특한 의식으로 장례를 치르고, 제사를 지내고, 명절이면 전국 각지에 흩어져 있던 가족이 온 힘을 다해 고향집에 모이는 풍습과 같은 문화는 여전히 남아 있다. 이뿐만 아니라 매일 먹는 음식, 의복, 일상의 모든 생활습관들이 한국의 문화라고 할 수 있다.

한국 내에서도 이러한 문화가 모든 지역과 사람들에게 공통적으로 나타나는 것은 아니다. 상류층 집단은 그들만의 고급문화를 과시하기 위해 일반서민들과 거리감을 나타내는 것을 만들려고 한다. 하류층은 그러한 상류층 문화를 열심히 추종하거나, 극단적인 소외감과 거부감을 갖기도 하고, 그 반감으로 그들만의 새로운 문화를 만들기도 한다(손승길, 김수청, 김남희, 한수선, 2009). 같은 국가 안에서도 지역, 계층, 연령, 활동 분야에 따라 다른 문화가 존재한다. 한국의 경우에 대표적으로 경상도와 전라도의 문화가 다르고, 10대와 60대의 문화가 다르며, 농촌과 도시의 문화가 다르다. 문화 차이의 범위가 국가나 민족단위로 바뀌게 되면 그 다름은 차원이 달라진다. 한국과 미국, 한국과 베트남, 한국과 일본의 문화는 국내의 문화 차이와는 비교가 되지 않을 만큼 크다. 이러한 문화적 차이는 자연조건이나 언어적 차이, 선천적인 생물학적 차이 등에 기인한 것이다. 따라서 인종, 민족, 국가에 따라 독특한 문화를 가질 수밖에 없다.

문화는 한 개인의 행위와 지각의 기준으로 모든 행위와 의식을 규정하는 보편적 가치 기준의 성격을 가진다(전숙자, 박은아, 최윤정, 2009). 즉, 문화가 다르다면 가치판단 기준이 다르다는 것을 의미하기 때문에 이 세계에서 발생하는 사건이나 상황에 대한 의미 부여나 해석의 체계도 달라진다. 문화는 개인에게 영향을 미치기도 하고 개인들에 의해 형성되기도 한다. 또한 문화는 다양하고 복잡하여 그 의미를 쉽게 이해하기도 어려우며, 일정한 가치와 규범으로 작용하여 사람들을 구속하기도 한다.

우리는 문화라는 말을 너무 거창하게 생각하여 고급스럽고 서민 대중과는 동떨어져 있다는 선입견을 가지고 있다. 문화라 하면 화려한 무대의 오페라, 우아한 발레, 고가의 미술품 등을 떠올리지만 이는 잘못된 것이다. 국어사전에 나와 있는 문화를 정리하면, 문화란 있는 그대로의 자연을 말하는 것이 아니라 우리 생활에 편리하도록 자연을 가공하여 만든 우리의 일상 행동양식이나 생활양식을 말하는 것이다(손승길 외, 2009).

한편, 『브리태니커 백과사전』에서는 문화를 "도구의 사용과 더불어 인류의 고유한 특성이며, 문화를 구성하는 요소에는 언어 · 관념 · 신앙 · 관습 · 규범 · 제도 · 기술 · 예술 · 의례 등이 있으며, 문화의 존재와 활용은 인간 고유의 능력, 즉 상징적 사고(언어의 상징화)의 능력에 기인한다."라고 설명하고 있다(손승길 외, 2009). 이를 광의적으로 해석하면 우리 삶의 모든 영역은 문화와 관련되어 있다는 의미다. 따라서 다른 문화를 수용하거나 이해하여 새로운 문화를 창조하거나 동반자적 입장을 취하는 것은 무척이나 어려운 것이다.

문화는 한 개인의 사회 적응과 성장 및 발달을 촉진할 목적으로 그 사회 내부에서 합의되고 공유하는 것들을 자연적으로 학습한 의미와 행동이다. 따라서 문화는 외부 환경에 대한 개인의 역할, 행동 방향을 제시해 줄 뿐만 아니라 사회적 제도에도 영향을 미치며, 개인의 가치, 신념, 태도, 성격과도 상당한 관련을 가지게 된다. 이렇게 형성된 의미와 행동들은 내 · 외적 환경의 변화에 반응하는 과정에서 지속적으로 수정되는 것이다(Marsella & Yamada, 2000). 사람들은 영 · 유아기부터 시작하여 아동 · 청소년기까지 다양한 요건들에 의해서 문화적 정체감을 발달시켜 나간다. 청소년기에 형성된 문화적 정체감은 성인이 되어서도 그 문화에서의 성역할, 결혼, 부모역할, 직업역할을 통하여 더욱 견고해진다. 성인기 이후에는 자신의 문화적 정체감을 바탕으로 다음 세대에 문화 전통을 전달하게 된다(Hughes, 1993). 따라서 문화는 지극히 일상적인 것이며 삶의 방식이기도 하기 때문에 인간 삶의 현장이 곧 문화현장이라고 할 수 있다.

2) 문화적응

서로 다른 문화적 배경을 가진 인구집단이 서로 만나게 되는 상황을 문화접촉(cultural encounter)이라고 한다. 이는 직접접촉과 간접접촉으로 나누거나(최명민, 이기영, 최현미, 김정진, 2009), 또 다른 범주는 문화적으로 다양한 하위집단을 가진 다문화사회의 구성원들 간에 이루어지는 사회 내 접촉(within-society contact)과 한 사회의 사람이 다른 나라에 일이나 여행, 유학 등의 일정한 목적을 가지고 갔을 때 발생하는 사회 간 접촉(between-society contact)으로 구분된다(Bochner, 1982).

이렇게 다르게 형성된 두 문화 간의 계속적이고 직접적인 접촉의 결과로 생긴 변화를 문화적응(acculturation)이라고 한다. 초기에는 집단수준의 현상으로 제시된 개념이었으나 개인수준의 심리적 문화적응 개념도 포함되었다(Graves, 1967). 집단적 수준의 문화적응은 새로운 문화를 접한 결과 나타난 집단의 문화적 변화를 말하고, 심리적 문화적응은 개인의 심리에 일어나는 변화를 말한다. 그러나 최근에는 문화적응을 두 가지 수준으로 구분하지 않고 일반적으로 사용한다. Berry(1997)는 용어를 구분하여 사용하지 않더라도 문화적응에서 집단수준과 개인수준을 혼동하지 않는 것이 중요하다고 하였다. 집단이 문화적응을 해 나가는 과정에서 모든 개인의 경험과 참여의 정도가 같은 것은 아니기 때문이다.

문화적응은 원칙적으로는 중립적인 용어로 상호작용을 하는 두 집단 모두에 해당되나, 실제적으로는 어느 한 집단이 다른 집단에 비하여 더 많은 변화를 겪는 경우가 대부분이다(Berry, 1990). Berry(1990; 1997)는 문화적응의 상태를 두 가지 차원의 네 가지 결과로 범주화하고 문화적응에 대한 다양한 측정기법을 개발하였다. 두 가지 차원이란 첫째, 자신의 문화적 가치와 특성을 유지할 것인가의 문제, 둘째, 주류사회와 관계를 유지할 것인가의 문제다. 이에 따른 결과를 네 가지로 범주화하면 다음과 같다.

〈표 13-1〉 Berry의 문화적응 모형

차원 2 ＼ 차원 1		문화적 정체감과 특성을 유지할 것인가	
		그렇다	아니다
주류사회와 관계를 유지할 것인가	그렇다	통합(integration)	동화(assimilation)
	아니다	분리(segregation)	주변화(marginalization)

- **통합**(integration): 자신의 고유성을 유지하여 문화적 주체성을 가지면서 동시에 외부세계(새로운 정착사회)와도 접촉을 충분히 하는 것을 말한다. 모국의 문화도 유지하면서 새로운 정착국의 문화를 동시에 받아들이는 것이다. 이는 두 문화를 모두 받아들여서 성공적으로 통합하는 것을 의미하는데, 개인적 성장과 집단 간 조화에 도움을 줄 수 있는 바람직한 방법이다. 최근 등장한 문화적응의 새로운 모델인 이중문화(biculturalism)는 각 개인들이 두 가지 문화에 대한 정체감을 타당하게 인정하는 것이다. 이는 전통적 문화의 가치와 새로운 문화의 유용성을 받아들여 통합하는 것으로, 가장 바람직한 문화적응 모델로 알려져 있다.

- **동화**(assimilation): 자신의 고유 전통이나 정체성을 버리고 새로운 사회에 완전히 흡수되는 것을 말한다. 모국의 문화는 유지하지 않고 새로운 문화만을 받아들이는 것이다. 이는 일반적으로 사회경제적 수준이 낮다고 여겨지는 사회에서 높다고 여겨지는 사회로 이주했을 때 나타나는 개인의 태도다. 모국의 문화를 거부하고 새로운 문화를 받아들이면서 자신의 민족적 정체감을 상실하게 된다. 또한 소수집단에 속한 사람이 자신의 진짜 정체성을 숨기고 주류집단의 구성원인 척하고 사는 것을 의미한다.

- **분리**(segregation): 외부세계나 정착사회 문화에 연결되는 것이 없는 상태에서 자기 고유집단의 주체성만을 유지하면서 분리되는 것을 말한다. 모국의 문화를 유지하면서 새로운 정착국의 문화를 받아들이지 않는 것이다. 이는 새로운 문화를 거부하고 원래 자신의 문화를 과장하는 태도인 국수주의(chauvinism)의 경향을 보인다. 문화적 분리에만 그치는 것이 아니라 사회경제적 활동에서도 고립되는 상황을 맞을 수 있다.

- **주변화**(marginalization): 두 문화 사이에서 망설이고 어느 것도 선택하지 못하며, 두 문화가 서로 양립할 수 없다고 느낄 때 나타나는 현상이다. 자신의 고유집단, 그리고 새로운 정착세계 양쪽과의 관계를 모두 끊은 상태를 말한다. 이러한 태도를 가지는 사람들은 모든 외부세계에 대한 적대적 태도, 소외상태, 자아정체감 상실 등의 느낌을 가지는 특징이 있다. 모국의 문화

를 유지하지도 못하면서 새로운 문화와 접촉하지 못하는 것이다. 따라서 이러한 상태는 다른 유형보다도 적응에서 더 심한 집단적이고 개인적인 혼란과 스트레스를 동반한다.

3) 다문화주의

다문화에 대한 관심은 단일민족국가 외부로부터의 이주가 증가하면서 민족적, 문화적 단일성에 대해 질문과 문제를 던지는 집단이 가시화되고 이주민들의 권리와 사회통합문제가 제기되면서 출발하였다(전숙자 외, 2009). 다문화주의(multiculturalism)는 다문화의 이념적 지향이라고 할 수 있다. 다문화주의는 여성, 장애인, 동성애자, 소수인종(혹은 민족), 비서구(아시아, 아프리카) 등의 비주류권 문화를 적극 수용하려는 입장을 말한다. 비주류의 소수집단에게 주류문화에 무조건적으로 동화할 것을 강요한 과거사에 대한 반성에서 등장한 현상이다. 다문화주의에서 추구하는 궁극적 목표는 소수집단의 정체성 혹은 고유문화를 사회적으로 승인받는 것이다. 다문화주의는 민족적, 문화적 다양성을 이루는 사회를 기본원리로 받아들이고 이를 증진해 가는 것이 사회발전에 긍정적인 것으로 받아들인다.

다문화주의라는 용어는 미국, 캐나다 등을 중심으로 1970년대 처음 사용되었는데, 초기에는 다수와 소수인종, 민족 간의 문화갈등 문제와 관련하여 사용되었으나, 점차 장애인, 사회소수자집단의 문제로까지 확대하여 사용되면서 다양한 의미를 가지게 되었다(김지현, 2008). 다문화주의는 상이한 국적, 인종, 문화적 배경, 성, 연령, 계층 등에 관계없이 인간으로서 보편적으로 가지는 권리를 향유하고 각각의 특별한 삶의 방식을 존중하여 모두가 공존하는 사회를 만드는 것을 말한다.

구체적으로 살펴보면 정치적 불평등, 사회적 불평등, 경제적 불평등, 문화·언어적 불평등을 시정하는 일종의 국민통합, 사회통합의 이데올로기를 실현하는 정책을 이끌어 내는 이념이다. 즉, 다문화주의는 다문화의 보장, 주류사회와 비주류사회의 상호 이해 촉진, 소수집단 간의 교류, 사회 전반적인 평등수준의 향상과 구조적 차별의 극복 등을 목적으로 하여 국가, 사회, 개인수준에서 광범위한 이해와 합의를 통해 정책으로 구체화되어 실현된다(최무현, 2008).

다문화주의를 비판하는 일부 사람들은 소수집단의 문화적 고유함을 지나치게 주장함으로써 전체사회의 통합을 위한 이념과 가치를 고려하지 못할 수도 있다는 입장도 보인다. 그러나 세상에 존재하는 대부분의 국가와 사회는 문화, 종족, 언어, 종교적 다양성을 갖고 있다. 다원화된 민주주의 국가의 과제 중 하나는 문화집단과 종족집단들이 다양성과 단일성의 정교한 균형 속에서 삶을 살도록 해야 한다는 것이다. 국가가 다양한 문화집단의 인권을 보호하고 구조적으로 포용하면서 차별을 금지하는 정책을 펼 때에 사회통합과 발전이 이루어진다.

다문화주의는 소수집단이나 국가 또는 민족(인종)이 지닌 문화적 다양성을 수용하는 것이 민주주의를 위해 바람직할 뿐만 아니라 문화 간 충돌을 해소하고 사회를 통합하는 전제이자 기본원리라는 입장이다. 이는 민족적, 문화적 다양성의 존재를 인정하는 것을 넘어 그들의 문화와 정체성을 유지 · 발전시켜 주는 측면으로 다문화의 개념을 확대한 것이다. 우리가 살고 있는 사회에서 존재하는 다양한 문화를 인정하고 상호 보완적인 입장을 취한다면 더욱 풍요롭고 안정된 삶을 살게 될 것이다.

2. 다문화사회로의 변화

1) 문화이동의 역사

(1) 국제적 이동

국가 또는 민족 간 이주에 의한 국제적 문화이동의 근대역사는 다음과 같이 다섯 단계로 구분할 수 있다(김용찬, 2006). 첫 번째는 1500년부터 1800년까지의 중상주의 시기로, 경제의 성장과 식민지화의 진행으로 인해 유럽인들의 아메리카, 아프리카, 아시아, 오세아니아 지역 등으로의 이주가 현저하게 진행되었다.

두 번째는 19세기 초반부터 시작된 산업화 시기로, 유럽의 경제발전과 전식민지국가들에서 산업화가 확산되면서 유럽인들의 대규모 이주가 다시 진행되었으며, 대부분의 국제 이주는 아르헨티나, 오스트레일리아, 캐나다, 뉴질랜드, 미국 등의 5개국에 집중되었다.

세 번째는 제1차 세계 대전의 발발과 함께 약 40년 동안의 시기로, 유럽인들의 다른 대륙으로 이주는 급격히 감소했으며, 1920년대 경제대공황과 제2차 세계 대전은 국제 이주의 위축을 가져왔다.

네 번째는 1960년대부터 시작된 탈산업화 시기로, 이주는 과거 국제이주의 양상과는 상당한 차이를 보여 주고 있다. 기존 유럽 중심의 국제 이주가 세계적인 차원으로 확대되었으며, 이주송출과 이주수용국가들(sending and receiving countries)은 유럽지역을 넘어 제3세계 국가들을 포함하면서 더욱 다양화되었다. 구체적으로 전통적인 이주수용국가들 이외에 유럽의 독일, 프랑스, 벨기에 등이 새로운 국제 이주의 이주수용국가로 등장했으며, 국제 이주는 1970년대 중동 지역과 1980년대 괄목할 만한 경제성장을 이룩한 동아시아 지역으로까지 확산되었다.

다섯 번째는 탈냉전이 본격화된 시기로, 1980년대 후반부터 새로운 형태의 국제이주가 본격적으로 나타나기 시작하였다. 이는 불법 이주, 망명신청자와 난민의 국제 이동, 단기간의 국제 이주 등의 새로운 이주 유형이 나타난 시기다.

국제 이주자의 대표적 성격을 가지는 이민자(immigrant)와 난민(refugee)은 인구의 이동이라는 측면에서 공통점을 갖지만 개념적으로는 큰 차이가 있다. 이민자는 자발적인 요인으로 이동하지만 난민은 비자발적인 요인에 의한 강제적 이동인 경우가 대부분이다. 자국에 도움이 된다고 판단되는 양질의 이민자는 전 세계 어느 국가에서도 환영받지만 난민 유입에는 어느 국가라도 상당히 소극적인 자세를 취하는 것이 국제적 현실이다. 현재 전 세계적으로 인구이동이 자발적 또는 비자발적인 형태로 이루어지고 있다. 인구이동과 동반하여 문화 이동이 나타나며 이는 문화접촉 및 문화적응의 과제들과 맥락을 같이하게 된다.

(2) 한국의 경우

1990년 이전까지 한국인들에게 이민은 우리나라 사람들이 다른 나라로 이주하는 것만을 생각하였다. 그러나 1990년대부터 국제 이주는 외국인을 국내로 받아들이는 상황도 고려하게 되었다. 20세기에 접어들어서 한인 이민은 1903년부터 1905년에 하와이 사탕수수 농장의 노동력 부족을 메우기 위해 노동자들이 이주한 것이 시작이었다. 1910년에 국권을 상실한 이후 한인들은 중국, 러시아, 일본 등으로 이주하였다가, 1945년 광복 이후에 국내로 대거 귀환하였으나, 해외 현지에 정착한 사람들도 적지 않았다. 1950년 한국전쟁으로 인해 해외 한인의 국내 귀환은 중단되었으며, 종전 후에도 한국인의 국제 인구이동은 거의 없었다.

1960년대 초 경제개발을 목적으로 독일로 한국인 광부와 간호사를 이주시키면서 해외 취업을 적극적으로 권장하였다. 1965년 미국의 이민법 개정으로 한국인의 이민이 급증하였다. 이 시기에 한국은 자원에 비하여 인구가 많다는 판단을 하고 있었기 때문에 미국, 캐나다, 호주 등으로의 이민을 장려하였다. 20세기 초반까지는 비자발적 성격의 이동이 주류를 이루었으나, 20세기 중엽 이후에는 그 성격이 완전히 바뀌어 활발한 해외 이출의 결과 650만 명에 달하는 해외 거주 한인집단이 생성되었다(설동훈, 2000). 이렇게 한국은 20세기에 이민을 주로 내보다가 1980년대 후반부터 외국인을 대규모로 받아들이기 시작하였다.

1987년 이후 해외로 떠나는 한국인의 수는 급격히 줄어들었고, 그 대신 국내로 유입되는 외국인의 수는 급증하였다. 한국의 외국인력정책이 정비되기 이전이었음에도 불구하고 중국, 동남아시아, 남부아시아, 중앙아시아 출신들이 한국인들이 기피하는 직종의 일을 떠맡아 수행하였다(설동훈, 1999). 또한 1990년대 이후에는 한국의 농촌에서 신부를 구하지 못하여 국제결혼건수가 크게 증가하였다. 이들 외국인 아내는 중국인이 가장 많고, 다음은 베트남, 일본, 필리핀,

캄보디아, 타이, 몽골 등의 사람들이었다(법무부 홈페이지, 2013). 한편, 한국의 외국인 이주와는 차원이 다른 문제이지만, 2000년 이후에는 북한을 탈출하여 남한으로 이주하는 북한이탈주민들도 급격히 증가하고 있다. 60년 이상 단절된 상황이므로 남북문화의 차이가 나타나고 있으며, 이에 대한 문화적 차원의 개입이 요구되고 있다.

⟨표 13-2⟩ 이주단계별 다문화사회

단계 구분	현상	예측되는 위험
1단계: 다문화사회로의 진입	이주민이 전체 인구에서 차지하는 가시적 비중 증가	• 단일민족국가의 해체 위기에 대한 사회구성원의 혼란 • 이민자에 대한 주류사회의 심리적 저항과 차별적 태도 • 행동의 다양성이나 가치관의 상이에 따른 규범의식의 저하
2단계: 다문화사회로의 전환	다문화가족의 형성: 체류기간의 연장에 따라 독신의 이주자들이 서서히 가족을 형성, 출신국별 이주민 공동체 형성(집단적 거주지 출현)	• 다문화가족 내 가족구성원 간의 무관심과 정서적 유대관계 약화 • 언어장벽으로 인한 가정 내의 의사소통 약화 • 다문화가족의 이혼율 증가와 가족해체현상 • 소수의 인종공동체의 사회적 고립 혹은 사회적 빈곤계층화 • 인종에 따른 소득 격차로 인한 새로운 차원의 사회적 불평등 심화 • 사회적 일체감의 해체
3단계: 다문화사회의 정착	다문화가족 내에서 2세가 사회로 진출하면서 이주민 공동체 재생산	• 이주민 2세의 인종적 정체성 혼란 • 교육수준이 낮고 소득수준이 낮은 이주민들에 대한 사회복지 부담의 증대 • 이주민 2세의 경우 가족 내에서 사회화를 통해 습득된 문화와 사회의 주류문화 사이에서 혼란과 갈등 • 인종 간 사회적 마찰의 증대 • 사회적 일체감의 해체 • 주류문화에 대한 저항 표면화(집단 소요 등)로 사회적 불안의 가중

자료: 장미혜(2008: 47).

2) 다문화사회의 현황

(1) 외국인 유입 동향

2013년 10월 31일 현재 국내거주 전체 외국인 체류자는 157만여 명이며 그 중 합법 체류자는 139만여 명, 불법 체류자는 18만여 명(불법 체류율은 11.6%)으로 파악되고 있다(법무부 홈페이지, 2013). 국적별로는 중국(한국계 중국인 포함)이 가장 많고, 다음으로 미국, 베트남, 타이, 필리핀, 일본, 우즈베키스탄, 인도네시아 등으로 다양하다. 총체류자 중 이주노동자는 54만여 명이지만 전문인력은 5만여 명에 불과하고 나머지 49만여 명은 단순기능인력이다. 단순기능인력 종사자가 일본, 대만 등을 제외한 아시아 저개발국 출신이 대부분이라면, 전문기술직 종사자는 미국, 일본 등 선진국 출신이다(법무부 홈페이지, 2013).

〈표 13-3〉국적별 외국인 체류 현황(2013년 10월 31일 기준)   (단위: 명)

구분	총체류자	합법 체류자	불법 체류자
총계	1,577,300	1,393,606	183,694
중국[1]	775,713	706,154	69,559
중국(한국계)	487,214	468,089	19,125
미국	143,072	139,997	3,075
베트남	121,918	93,605	28,313
타이	51,446	31,352	20,094
필리핀	48,786	35,587	13,199
일본	45,357	44,452	905
우즈베키스탄	38,929	33,882	5,047
인도네시아	36,569	29,858	6,711
캄보디아	31,179	28,990	2,189
타이완	28,460	27,547	913

1) 한국계를 포함한 현황이다.

몽골	24,957	17,082	7,875
캐나다	24,144	23,548	596
스리랑카	23,367	19,094	4,273
네팔	21,465	19,316	2,149
러시아(연방)	13,702	12,706	996
방글라데시	13,481	8,939	4,542
미얀마	12,335	11,064	1,271
파키스탄	10,394	7,154	3,240
기타	112,026	103,279	8,747

자료: 법무부 홈페이지(http://www.moj.go.kr)에서 재구성함.

이주노동자 다음으로 많은 외국인은 결혼이민자[2]이고, 전체 인원 15만여 명 중 여성이 12만여 명으로 대부분(여성 85.5%)을 차지한다(법무부 홈페이지, 2013). 한국의 2012년 결혼건수는 327,073건이며 이 중 국제결혼은 28,325건으로 전체 결혼의 8.7.%로 나타나고 있다. 2012년 외국인과의 혼인은 2011년보다 1,437건이 감소하였고, 한국 남성과 외국 여성의 혼인은 2011년보다 7.3% 감소하였으나 한국 여성과 외국 남성의 혼인은 2011년보다 2.5% 증가하였다(통계청 홈페이지, 2013). 여성 결혼이민자는 중국, 베트남, 일본, 필리핀 출신이 많고 남성 결혼이민자는 중국, 미국, 일본, 캐나다 등이 많다(법무부 홈페이지, 2013).

우리나라의 난민 신청자는 2013년 10월 현재 6,257명에 이르지만, 인정자는 357명에 불과하고, 인도적 체류 177명, 불인정 2,686명, 철회 1,098명이며, 심사대기 중인 난민 신청자가 1,939명이다(법무부 홈페이지, 2013). 또한 북한이탈주민은 현재(2013년 9월) 2만 5천여 명이 북한에서 남한으로 입국하였으며, 2006년부터 2011년까지는 매년 2000여 명이 입국하였으나 2012년 1,502명,

---

2) 결혼이민자(국민의 배우자)라 함은 대한민국 국민과 혼인한 적이 있거나 혼인관계에 있는 재한외국인으로 출입국관리법 시행령상 체류자격 F-2-1, F-5-2, F-6을 가진 자를 말한다(법무부 홈페이지, 2013)

2013년 9월 기준 1,041명으로 점점 줄어들고 있다(통일부 홈페이지, 2013). 남한
에 입국하는 북한이탈주민의 70% 이상이 여성이며, 20대에서 40대가 가장 많
이 이주하고 있고, 대부분이 서울, 경기, 인천 지역을 선호하며 거주하고 있다.

⟨표 13-4⟩ 국가별 국제결혼 현황(2012년 12월 31일 기준)   (단위: 명)

	2004년	2005년	2006년	2007년	2008년	2009년	2010년	2011년	2012년
총 건수	34,640	42,356	38,759	37,560	36,204	33,300	34,235	29,762	28,325
한국 남자+ 외국 여자	25,105	30,719	29,665	28,580	28,163	25,142	26,274	22,265	20,637
중국	18,489	20,582	14,566	14,484	13,203	11,364	9,623	7,549	7,036
베트남	2,461	5,822	10,128	6,610	8,282	7,249	9,623	7,636	6,586
필리핀	947	980	1,117	1,497	1,857	1,643	1,906	2,072	2,216
일본	809	883	1,045	1,206	1,162	1,140	1,193	1,124	1,309
캄보디아	72	157	394	1,804	659	851	1,205	961	525
태국	324	266	271	524	633	496	438	354	323
미국	341	285	331	376	344	416	428	507	526
몽골	504	561	594	745	521	386	326	266	217
기타	1,158	1,183	1,219	1,334	1,502	1,597	1,532	1,796	1,899
한국 여자+ 외국 남자	9,535	11,637	9,094	8,980	8,041	8,158	7,961	7,497	7,688
중국	3,618	5,037	2,589	2,486	2,101	2,617	2,293	1,869	1,997
일본	3,118	3,423	3,412	3,349	2,743	2,422	2,090	1,709	1,582
미국	1,332	1,392	1,443	1,334	1,347	1,312	1,516	1,632	1,593
캐나다	227	283	307	374	371	332	403	448	505
호주	132	101	137	158	164	159	194	216	220
영국	120	104	136	125	144	166	178	195	196
독일	109	85	126	98	115	110	135	114	134
파키스탄	100	219	150	134	117	104	102	126	130
기타	779	993	794	922	939	936	1,050	1,188	1,331

자료: 통계청 홈페이지(http://www.nso.go.kr)에서 재구성함.

(2) 외국인 정착과정의 문제

국내 체류 외국인들이 경험하는 문제는 크게 국적 취득 및 인권 관련 문제, 사회문화적 적응의 문제, 한국사회로의 통합문제 등으로 구분해 볼 수 있다(최명민 외, 2009: 30-37).

첫째, 국적 취득과 인권은 주로 이주노동자와 국적 취득 전의 결혼이민자들과 관련 있다. 결혼이주여성의 경우에는 결혼 후 한국 국적을 취득하는 데 오랜 시간이 걸리거나 자녀의 양육을 필요로 하는 등의 비합리적 요소들이 존재한다. 또한 결혼이주여성들 다수에서 인신매매성 국제결혼 중매, 결혼 후 가정폭력 및 학대의 문제들이 빈번하게 제기되면서 기본적인 인권 침해를 당하고 있다. 이주노동자의 경우에는 열악한 노동조건, 임금체불, 고용주 폭력 및 성폭력 문제들이 기본권 배제와 인권유린의 문제로 알려져 있다. 또한 불법체류 신분에 있는 외국인들은 신분의 불안정성과 불법성 때문에 더욱 심각한 인권 침해를 당하고 있다.

둘째, 외국인이 한국사회와 그 문화에 적응하는 과정에서 경험하는 어려움이다. 한국에 정착하는 외국인은 한국 문화 또는 폐쇄적 사회연결망 구조로 인해 사회적 관계 형성에 어려움을 겪고 있다. 결혼이주여성의 경우에는 가부장적 권위의식을 가진 남편 및 시댁과의 관계 형성에서 오는 문화적 차이를 경험하면서 갈등에 직면하고 있다. 지역사회 차원에서도 지역주민들이 다문화사회에 대한 인식과 문화접촉과 충격에 대한 공식적이고 비공식적인 대응이 부족한 상태로 남아 있다. 이는 한국사회에 외국인이 적응하는 데 장애물이 될 뿐만 아니라 전체 사회통합에도 부담을 주게 된다.

셋째, 사회통합으로 인종적·문화적 차별, 문화적 몰이해, 잠재적 사회적 배제집단화, 빈곤과 자녀교육의 문제 등이 해결되어야 할 과제다. 한국사회의 외국인과 외국 문화에 대한 시각은 이중적이거나 서열화되어 있으며 이는 외국인의 피부색과 출신국가에 의해 결정되고 있다. 즉, 백인이냐 흑인이냐의 인종적 기준과 한국보다 잘사는 나라에서 왔는지 그렇지 않은지를 구분하여 상대적으로 차별하는 경향이 있다. 또한 국내에서 태어난 혼혈인들은 학업, 취업, 결혼

등에서 차별을 경험하고 있으며 이것이 쉽게 사라지지 않고 있다.

한국의 사회구성원들은 서구문화중심주의가 강하며 특히 미국인 또는 영어를 사용하는 사람들에 대하여 무조건적으로 우호적인 태도를 보인다. 그러나 피부색이 검은 동남아시아 또는 아프리카에서 이주해 온 사람들에 대해서는 무시하는 사례가 빈번하게 나타나고 있다. 한국문화에 대해 외국인이 제대로 이해하지 못해서 나타나는 불협화음도 자주 발생하고 있다. 한편, 서구사회의 특정 인종, 민족집단이 도시 내 슬럼 지역이나 기타 소외지역에 집단으로 거주하면서 소외계층으로서의 이미지를 구축하였듯이, 한국 내에서도 이주노동자, 결혼이민자들이 주류사회와 배제된 집단적 소외지역으로 분화될 수 있다(최명민 외, 2009).

현재 한국사회에서 외국인들은 전문직보다는 단순기능인력의 이주노동자와 결혼이주여성들이 대다수를 차지하고 있다. 따라서 이들은 한국의 일반 시민과 비교하여 평균적으로 매우 낮은 노동시장 지위, 경제적 수준의 삶을 살고 있으며 지역적으로 고립되는 현상도 발생하고 있다. 이주노동자의 경우에도 수도권이나 공업도시 외곽의 슬럼 지역에서 생활하고 있는 경우가 많으며, 북한이탈주민의 경우에도 임대아파트에서 집단으로 거주하고 있다. 외국인들과 일반시민들의 심리적·지리적 거리감이 커질수록 한국사회의 통합은 어려움을 겪을 것이다. 따라서 이러한 상황에 대한 이해와 통합을 위한 적극적이고 전문적인 개입이 필요한 시점이다.

3. 다문화 사회복지실천

1) 다문화 사회복지실천의 의의

사회복지실천은 모든 사회구성원의 삶의 질 향상에 기여하는 것을 궁극의 목적으로 한다. 이러한 목적을 달성하기 위한 세부 목적 및 목표는 그 사회, 시대의 가치 및 요구와 기대를 반영하는 것으로 사회 변화에 따라 달라진다(양옥경, 김정진, 서미경, 김미옥, 김소희, 2000). 사회복지실천의 목적을 달성하기 위해 사회의 변화를 주체적으로 수용하고 역동적으로 대처하는 과정에서 사회복지는 발달하였다. 한국사회에서 1990년 후반부터 급격히 증가한 이주노동자, 결혼이민자, 그리고 북한이탈주민들의 등장은 문화적 이슈와 사회복지가 접목하도록 만들었다. 한국사회의 인종적 · 민족적 다양성이 증가하면서 다문화 사회복지(multicultural social work) 또는 다문화 사회복지실천을 고려하는 상황이 되었다.

　다문화 사회복지실천을 아동이나 노인과 같이 어떤 특정 대상을 중심으로 하는 사회복지라고 정의할 것인지, 아니면 학교나 정신보건기관과 같이 특별한 욕구나 문제가 있는 실천현장에 따른 분류인지에 대한 논란이 있을 수 있다. 만약 전자로 이해한다면 이주노동자, 결혼이민자, 북한이탈주민 등과 같은 대상자를 중심으로 하는 사회복지실천을 말하는 것이고, 후자는 이주노동자나 북한이탈주민들이 밀집해 있는 지역이나 현장에서 일하는 것으로 이해할 수 있다. 그러나 다문화 사회복지실천을 특정 대상이나 현장에 국한하지 않고 문화적 요소를 고려하여 기존의 사회복지실천을 재해석 내지 발전적으로 해석 · 적용하는 것이 더욱 바람직할 것이다(최명민 외, 2009).

　Lum(2004)은 민족이나 인종, 그리고 사회경제적 지위로 인하여 차별받아 온 사람들을 대상으로 이들의 다양성과 차이점을 존중하고 원조관계에서 작용하는 문화적 요소를 인식하는 것을 다문화 사회복지실천이라고 하였다. 이는 현대 사회복지실천에서 중요하게 고려하는 인권과 사회정의를 실현하는 차원에서 기존의 각종 이론과 모델 및 기술들을 적용하면서 문화적 요소를 포함하는 실천이라고 할 수 있다. 문화를 고려하는 사회복지실천이란 그리 간단한 것이 아니다. 왜냐하면 문화가 다르다는 것은 매일 먹는 음식, 의복, 그리고 일상의 모든 생활습관뿐만 아니라 삶의 태도와 가치, 그리고 규범에서도 다른 형태를 보이기 때문이다. 한 국가나 민족 내부에서 계층, 연령, 활동 분야에 따라 다른 문화가 존재한다는 점도 상황을 더욱 복잡하게 만든다.

그러나 문화적 차원을 고려하는 사회복지실천이 복잡하고 민감한 내용을 포함하고 있다고 무시할 수는 없다. 문화적 요소를 고려하지 않는 사회복지실천은 윤리적 요소를 고려하지 않는 사회복지실천에 비유될 수 있다. 윤리적 요소가 어떤 특정 대상이나 영역에서만 요구되는 것이 아닌 것처럼, 문화적 요소 역시 마찬가지다. 또한 윤리적 요소를 고려하는 정도에 따라 사회복지실천의 수준이 다르듯이, 문화적 요소를 고려한 사회복지실천의 수준도 그렇지 않은 경우와는 다를 것이다(최명민 외, 2009). 우리 사회에서 다른 문화 속에서 살다가 이주한 이주노동자, 결혼이민자, 북한이탈주민들에 대한 사회복지실천은 문화적 요인을 충분히 고려할 때 보다 질 높은 개입이 될 것이다. 이러한 실천은 사회복지의 가치인 인간 존엄성, 수용, 개별화, 차별금지 등을 바탕으로 이루어지는 일련의 연속적 과정이라고 할 수 있다.

2) 다문화 사회복지실천의 과정-문화적 유능성 실천

다문화 사회복지실천의 과정이라고 해서 사회복지실천의 일반적 과정과 다른 것은 아니다. 즉, 사회복지실천의 과정 속에서 문화적 유능성과 다문화주의의 이념을 바탕으로 사회복지의 가치, 지식, 그리고 기술을 가지고 실천하는 것이다. 일반적으로 사회복지실천 과정은 초기, 중기, 종결기로 요약되거나 접수, 정보수집, 사정 및 목표 설정, 계약, 개입, 평가, 종결, 사후관리와 같이 보다 구체적으로 분류되기도 한다. 다문화 사회복지실천도 다양한 과정을 제시하고 있지만, Lum(2004)은 문화적으로 다른 클라이언트와 일하는 과정을 접촉, 문제확인, 사정, 개입, 종결의 5단계로 구분하였다. 이 과정에서 언제나 문화적 유능성(cultural competence)을 중요하게 고려하여 실천하여야 한다.

문화적 유능성은 다문화사회에서 중요한 개념으로 인식되고 있으며 효과적으로 사회복지 서비스를 제공하는 데 필수적인 요소로 일컬어지고 있다. 문화적 유능성은 사회복지실천 분야에서뿐만 아니라 의학, 간호학, 교육학, 심리학 등의 다른 휴먼 서비스 분야와 경영학, 마케팅, 국제관계 등에서도 중요한 개념이다. 문화적 유능성은 다문화 사회복지실천 과정에서 사회복지사가 모든 것을 알고 통제할 수 없다는 사실을 겸손히 받아들이면서 클라이언트의 문화적 맥락에서 더 효과적인 서비스를 제공하려고 노력하는 지속적인 과정이다(최명민 외, 2009). 문화적 유능성은 단순히 상담과정이나 미시적인 차원에서만 논의되는 것이 아니라 거시적 차원을 포함하는 개념이라고 할 수 있다. 이와 같은 문화적 유능성은 다음과 같은 세 가지 구성요소로 파악할 수 있다(김연희, 2007: 123-124).

- **문화적 인식**(cultural awareness): 문화적 인식이란 사회 내에 존재하는 문화적 다양성에 대해 인식하고, 각 문화권에 속하는 개인들의 가치와 경험되는 현실을 인식하며, 그러한 인식을 원조과정에서 적절히 활용할 수 있는 것을 의미한다. 또한 자신의 가치와 신념도 문화의 소산임을 인식하고, 자신이 갖고 있는 가치와 신념이 다른 문화권에 속하는 개인과의 관계에 어떻게 영향을 미치는지에 대해 민감하게 인식하는 것이다. 특히 문화집단 간에 존재하는 권력의 차이, 차별과 편견의 경험들이 원조 관계에 어떻게 영향을 줄 수 있는지를 인식하여야 한다.
- **다문화 지식의 확보**: 다문화 지식의 확보란 주요 서비스 대상자들의 행동을 그들 문화의 맥락 안에서 이해하기 위한 노력의 일환으로 그들이 갖고 있는 역사, 전통, 가치체계, 세계관, 가족체계, 예술적 표현 등에 대해 심층적으로 이해하도록 노력하는 것이다. 다양한 문화집단들의 출신국가의 사회·경제·정치적 상황이나 이주를 촉발하게 한 상황, 이주 과정이나 이주 후의 경험에 대한 이해 또한 효과적인 원조관계를 돕는 중요한 지식 기반이 될 것이다. 예를 들면, 외국에서는 한국 문화에서만 존재하는 독특한 질병으로 Hwabyung(화병)을 분노와 실망, 슬픔, 두려움, 적대감 및 실현할 수 없는 꿈과 기대가 장기간 지속되어 신체적, 심리적인 문제로 나타나는 것으로 정의하여 서비스를 실시하기 위하여 노력한다(Potocky-Tripodi, 2002).

• 문화적 개입기술: 개입기술 요소는 기존의 주요 서비스 모델이나 개입전략
과 관련된 이론과 원칙들이 다문화집단에 적용될 때 갖는 장점과 한계를
잘 이해하고 서비스를 효과적으로 전달하기 위한 미시적이고 거시적인 차
원을 모두 포함한다. 문제를 사정하고 평가하는 과정에서 주류문화적 관
점에서 접근할 때 문화적 소수집단의 행동이나 사고를 과도하게 병리화하
는 것에 주의해야 한다. 문제의 해결방식이나 개입의 성과를 규정하는 것
도 문화에 기반한 가치, 신념, 태도에 의해 많이 결정되기 때문이다. 개입
과정에서 문화적으로 적절한 기술과 전략이 중요하지만, 동시에 언어능력
이 중요한 요소다. 특히 질병이나 위기 상황과 같은 고도의 스트레스 상황
에 있는 개인에게는 클라이언트의 언어로 서비스를 제공하는 것이 가장
바람직하다.

3) 다문화 사회복지실천을 위한 준비

문화(culture)란 무엇일까? 어떤 사람은 음악, 문학, 종교 등이 우선적으로 떠
오를 수 있고, 혹자는 상류계층이 그들만을 구분하기 위한 어떤 행위들이라고
느낄 수도 있다. 그러나 문화는 지극히 일상적인 것이며 삶의 방식이기도 하기
때문에 인간 삶의 현장이 곧 문화현장이다. 좁게 말하면 한 사람 한 사람이 다
른 문화를 가지고 생활하고 있다고 볼 수 있다. 따라서 민족과 국가의 범위로
확대한다면 그 다양성은 상상 그 이상이 된다.

한국사회에서는 20년 전만 하더라도 단일민족과 문화의 전통을 고수하는 것
을 자랑스러워했지만 지금은 상황이 많이 바뀌었다. 우리와 다른 문화를 가진
민족과 국가의 사람들과 함께 살아가야 하는 상황이 되었다. 다른 문화를 가진
많은 사람들을 처음으로 접하면서 한국사회는 문화적 충격과 배척을 동시에 표
출하였다. 이 과정에서 문화, 민족, 그리고 인종에 민감성을 가진 사람들이 이
들과 한국사회의 통합을 고민하기 시작하였다. 이러한 선지자들은 한국에 새
롭게 이주한 사람들의 인권과 적응, 그리고 한국사회의 통합을 위해 노력하였

다. 이들은 주로 사회복지계가 아니라 시민사회단체가 중심이 되었으며, 수년 전부터는 사회복지학계와 실천현장에서 활발한 접근을 하고 있다.

현재 한국에는 합법적으로 130만여 명 이상의 외국인 체류자와 총누계 6천여 명에 육박하는 난민 신청자 및 2만 5천여 명의 북한이탈주민들이 새로운 문화적응의 과정에 있다. 이러한 이슈들에 민감하게 반응하기 위해서 사회복지계에 최근 등장한 개념이 '다문화 사회복지(multicultural social work)'다. 다문화 사회복지실천이 가장 발달한 나라 중 하나인 미국의 경우에도 1970년대에 이르러서야 미국사회복지교육협의회에서 인종적 소수집단에 대한 개념과 이슈가 공식적으로 언급되기 시작하였다. 한국의 사회복지에서는 2000년대 이후 이주노동자, 결혼이민자 및 북한이탈주민들이 급격히 증가하면서 그동안 외면해 온 문화적 이슈를 고려할 수 있는 방법들을 모색하게 되었다. 현재는 문화적 다양성을 가진 사람들의 삶과 사회통합을 위해서 활동하는 여러 기관에서 사회복지사들이 직접 일을 하거나 간접적으로 지원하고 있다. 다문화와 관련된 사회복지실천 분야의 업무가 폭발적으로 증가할 것으로 예상되기 때문에 이 분야에서 일하는 전문가들의 수요는 더욱 늘어날 것이므로 관심 있는 예비사회복지사들의 준비가 필요할 것이다.

생각해 봅시다

1. 외국인으로서의 자신의 경험이 우리나라에 거주하고 있는 이주노동자, 결혼이민자를 대할 때 어떻게 작용할 것인지 토의해 봅시다.

2. 다문화주의를 찬성하는 입장과 반대하는 입장으로 나누어 토의해 봅시다.

3. 향후 문화적 다양성을 가진 클라이언트와의 관계를 위해 예비사회복지사들이 준비해야 할 것들이 무엇인지 생각해 봅시다.

참고문헌

김연희(2007). 한국사회의 다문화화와 사회복지 분야의 문화적 역량. 사회복지연구, 35, 117-144.

김용찬(2006). 국제이주분석과 이주체계접근법의 적용에 관한 연구. 국제지역연구, 10(3), 81-106.

김지현(2008). 한국사회에서의 다문화주의와 교육. 철학연구, 16, 29-52.

설동훈(1999). 외국인노동자와 한국사회. 서울대학교출판부.

설동훈(2000). 노동력의 국제이동. 서울대학교출판부.

손승길, 김수청, 김남희, 한수선(2009). 삶, 문화, 그리고 윤리. 경북: 신지서원.

양옥경, 김정진, 서미경, 김미옥, 김소희(2000). 사회복지실천론. 서울: 나남출판.

이기영, 박영희, 엄태완, 김현경, 김현아(2009). 이주난민의 정신건강과 상담. 서울: 나눔의 집.

이노미(2009). 손짓, 그 상식을 뒤엎는 이야기. 서울: 바이북스.

장미혜(2008). 다문화사회의 미래와 정책적 대응방안. 젠더리뷰, 가을호, 44-49.

전숙자, 박은아, 최윤정(2009). 다문화사회의 새로운 이해. 서울: 그린.

최명민, 이기영, 최현미, 김정진(2009). 문화적 다양성과 사회복지. 서울: 학지사.

최무현(2008). 다문화 시대의 소수자정책 수단에 관한 연구. 한국행정학보, 42(3), 51-55.

Berry, J. W. (1990). Psychology of acculturation: Understanding Individuals Moving between Culture. In R. Brislin (Eds.), *Applied Cross-Cultural Psychology*. Newbury Park, CA: Sage.

Berry, J. W. (1997). Immigration, Acculturation, and Adaptation. *Applied Psychology: An International Review, 46*, 5-34.

Bochner, S. (1982). *Cultures in Contact*. Oxford: Pergamon.

Graves, T. D. (1967). Psychological acculturation in a tri-ethnic community. *Southwestern Journal of Anthropology, 23*, 337-350.

Hughes, C. C. (1993). Culture in clinical psychiatry. In A. C. Gaw (Eds.), *Culture ethnicity and mental illness*. Washington, DC: American Psychiatry Press.

Lum, D. (2004). *Social Work Practice and People of Color: a process-stage approach*. Belmont, CA: Brooks/Cole.

Marsella, A. J., & Yamada, A. (2000). Culture and mental health: An introduction and overview of foundation, concepts, and issues. In I. Cuellar and Paniagua, F. (Eds.), *The handbook of multicultural mental health: Assessment and treatment of diverse populations.* New York: Academic Press.

Potocky-Tripodi, M. (2002). *Best Practices for Social Work with Refugees and Immigrants.* Columbia: Columbia University Press.

법무부 http://www.moj.go.kr.

통계청 http://www.nso.go.kr.

통일부 http://www.unikorea.go.kr.

제14장
사회복지운동

이 장에서는 우리나라에서 사회복지운동이 전개된 배경과 그 성과를 살펴보고 대표적인 사회복지운동 사례를 제시하였다. 우리나라에서 사회복지운동이 가시화되고 활성화된 것은 1987년 민주화 항쟁의 성공적인 노력 덕분으로, 이를 계기로 새로운 사회변혁을 이끌어 민주화와 사회운동의 분수령이 되었다. 1절에서는 사회복지운동과 시민사회의 관계를 고찰하고, 사회복지운동을 이해하기 위해 우리나라의 사회운동이 시민사회운동으로 진전되는 과정과 바로 이 시기에 사회복지운동이 시민운동의 양적 증대에 힘입어 함께 성장하게 됨을 설명하였다. 2절에서는 사회복지운동의 주체가 누구이며 운동방식은 어떠한지를 고찰하기 위해 사회복지운동의 유형을 운동의 주체에 따라 분류하여 시민사회운동단체, 사회복지 종사자, 사회복지 전문가, 클라이언트 등이 주체가 되는 사회복지운동의 특성과 주요 이슈를 다루었다. 3절에서는 우리나라 사회복지운동의 주요 사례를 운동주체별로 하나씩 제시하였다. 사회복지예산확보운동, 국민기초생활보장법제정운동, 제주영리법인병원저지운동, 장애인복지운동, 사회복지종사자운동 등이다. 마지막으로, 이러한 사례가 보여 주는 사회복지운동의 성과와 함의를 정리하였다. 지금까지 열악한 상황 속에서도 뿌리내리고 성장해 온 사회복지운동을 통해 사회문제를 예방하거나 해결하기 위한 운동적 노력이 지속적으로 이루어져야 할 필요성을 논의하였다.

1. 사회복지와 사회복지운동

1) 사회복지에 왜 운동적 실천이 필요한가

일반적으로 사회운동이란 사회나 어떤 집단에 변화를 가져오거나 변화에 저항하기 위하여 다수의 사람들이 지속성을 가지고 조직적, 체계적으로 활동을 전개하는 것을 의미한다. 이때 중요한 점은 사회의 바람직한 변화를 이끌어 내기 위하여 사람들이 주체가 되어 능동적으로 행동한다는 사실이다. 사회복지운동도 일종의 사회운동으로서 사회복지의 발전을 목표로 하는 운동이다. 따라서 사회운동으로서의 사회복지운동에서 중요한 점은 사회복지와 관련된 사람들, 즉 사회복지 대상자, 사회복지 종사자, 시민 등이 사회복지의 변화를 위하여 적극적으로 참여하고 조직적으로 활동한다는 것이다. 그러나 사회복지운동이라는 영역은 우리나라의 사회복지에서 아직은 생소한 영역이다. 이것은 우리나라 사회복지의 발전과정 및 현장의 특성과 관련된다.

우리 사회의 사회복지현장은 크게 세 가지로 구분된다. 즉, 사회복지관을 중심으로 한 사회복지이용시설과, 아동 · 장애인 · 노인 등이 생활하는 사회복지생활시설, 그리고 사회복지행정을 담당하는 정부 및 유관 기관 등이다. 이러한 현실에서 지금까지 사회복지실천은 주로 사회복지사들의 지역사회복지기관의 서비스 전달 중심적인 미시적 수준에 머물러 있었다. 그렇다 보니 우리나라에서는 잔여적 성격의 사회복지적 성격이 당연시되고 자연스럽게 사회복지사의 역할 또한 클라이언트와 자원을 매개하는 서비스 전달자, 원조자에 제한될 수밖에 없었다.

그러나 사회복지의 역사를 돌이켜볼 때 일반적인 사회복지실천 외에 사회복지운동을 통해 사회복지현장이 획기적으로 변화되었던 경험이 있다. 사회복지 영역에서 국가의 사회정책 입안이나 개선에 영향력을 행사할 뿐만 아니라 사회 정책을 직접 입안할 수 있는 주체로서의 역할을 수행하는 사회복지의 거시적 실천이 사회복지운동이다. 따라서 운동적 실천은 사회복지실천 중에서 대면적 관계에서 서비스를 제공하거나 연계하는 미시적 실천과는 달리, 거시적 차원 에서 제도를 개선하고 새로운 정책을 마련하기 위해 집합행동을 통해 이를 실 현한다는 점에서 차이가 있다. 그러나 우리나라에서 사회복지기관이 주체적으 로 사회복지운동을 전개하거나 사회복지사가 사회복지운동의 주체로서 역할 을 해 온 것은 그리 오래되지 않는다.

그렇다면 사회복지에 있어 왜 운동적 실천이 필요한가? 예컨대, 장애인의 경 우 기존 제도에서 제공되는 사회 서비스 혜택에 자족하는 소극적 수혜자에 머 물러 있었다면 그것 외에는 더 이상의 개선이 이루어지기 어려웠을 것이다. 그 러나 이에 그치지 않고 장애인복지운동을 통해 적극적으로 자신의 생존권과 노 동권, 그리고 교육권 등에 대한 권리를 주장하며 관련 법안의 제정과 제도의 마 련을 위해 시민과 다른 장애인들 혹은 사회단체들과 연대하여 조직적 · 체계적 으로 활동을 전개하였다. 그 결과 장애인의 사회권을 신장시키는 바람직한 변 화를 이끌어 낼 수 있었다. 또한 가정폭력 피해여성이 폭력으로 인한 고통에서 벗어나기 위해 개별적 상담이나 집단활동을 통해 개인적 문제를 해결할 수도 있으나, 더 적극적인 대처방법으로 「가정폭력방지법」을 제정하기 위한 운동적 실천을 벌여 폭력을 근절할 수 있는 법을 제정하고, 나아가 여성 인권의 향상을 가져오도록 할 수 있었다.

이처럼 사회복지운동은 제도 내 복지로서의 사회복지를 넘어 사회권으로서 의 사회복지를 실현하는 방법이다. 제도 내 복지로서 사회복지는 국가의 당연 한 책무로서 사회복지를 보는 관점으로, 사회복지 수급자를 수혜자 또는 의존 자로 보는 시각이 내재되어 클라이언트의 주체성이나 권리가 최소화되어 사회 복지사나 당사자의 역할은 최소화된다. 이와 달리 사회권으로서의 사회복지는 시민의 권리에 기반하여 주체로서의 시민과 시민으로서의 클라이언트에 의한 권리 찾기, 클라이언트 주체성 회복 등을 인정하고 당연시한다. 즉, 사회권으로서의 복지 개념은 국가에 의해 일방적으로 기획되고 시행되는 사회복지가 아닌 양방향적 사회복지를 의미한다. 따라서 사회권으로서의 사회복지에의 참여를 실현할 수 있는 방법이 곧 사회복지운동인 것이다.

사회복지운동은 궁극적으로 사회복지 발전을 도모하는 다양한 역할을 한다. 먼저 사회복지 공급주체인 국가에 대해 복지활동을 촉구하는 역할을 한다. 즉, 국가가 사회보장제도를 통해 기초생활권, 고용, 주거 등의 사회복지제도를 확립하고 이를 제대로 시행해 나가도록 하거나 제도개혁을 해 나갈 수 있도록 정치적 지지를 형성하여 압력을 행사하는 것이다. 또한 빈곤계층 등 사회적으로 열악한 위치에 있는 사람들의 권익을 대변하고, 이들의 권리를 신장시킬 수 있도록 하며, 나아가 공공선을 위해 조직화된 힘을 발휘하여 대응해 나가는 것이다. 이 밖에도 시민이 중앙정부 및 지방정부 정책 결정 및 집행과정에 참여하며, 국가나 지방정부의 활동이 미치지 못하는 사각지대에 대한 관심을 높이는 민간의 복지활동 강화에도 사회복지운동은 중요한 역할을 한다. 예컨대, 1997년 외환위기 이후 민간단체들이 광범위한 네트워크를 형성하여 실업극복운동을 했던 것도 이에 속한다(이영환, 2005: 26-29).

사회복지운동은 시민사회의 확대를 통해 이루어진 시민사회운동의 활성화가 주요 계기가 되었다. 현재 시민운동은 사회복지운동에서 매우 중요한 비중을 차지하며, 사회복지운동 역시 시민운동의 핵심적 주제로 부상하고 있다. 특히 시민운동단체인 참여연대는 사회복지위원회를 주축으로 사회복지제도 개혁을 위한 적극적인 활동을 전개함으로써 사회복지운동의 발전에 획기적인 전기를 제공하였다. 예컨대, 참여연대는 국민생활 최저선 확보를 위한 제도 개혁과 공익소송과 입법청원 등을 주도해 갔고, 실업극복운동을 통해 각 지역 노동단체, 종교단체, 학계, 언론 등의 힘을 모아 민간실업운동의 인프라 구축에 기여하였다. 이와 같이 전통적 사회복지기관이 아닌 시민사회단체들이 실업 극복과 도시빈민자활운동에 참여함으로써 획득하게 된 사회복지운동의 경험은 그 후의 사회복지운동 전개에 모범이 되었다.

2) 사회복지운동과 시민사회운동

사회복지운동을 이해하기 위해서는 사회운동과 시민사회에 대한 이해가 선행되어야 한다. 사회운동은 사회를 변화시키고 사회문제 해결을 위해 지속적으로 행하는 집합행동으로, 특정한 목적을 달성하기 위한 민간 차원의 집단적·조직적·지속적 노력이라 할 수 있다(이영환, 2005). 또한 사회운동은 기본적으로 자본주의 경제를 기반으로 한 사회변동에 따라 발생하는 다양한 문제를 해결하고 예방하려는 집단적 노력으로, 주로 공적 제도나 정책적 변화를 모색하고 자원과 기회를 재분배하는 한편 근본적인 구조변화를 추구하기도 한다. 그런 점에서 사회운동에 참여하는 것은 사회문제를 규정하고 그 사회문제를 해결하기 위해 투쟁함을 의미한다.

한편, 사회운동은 시민사회의 확대를 통해 다양화된다. 시민사회는 신분적 구속에 지배되지 않으며, 자유롭고 평등한 개인의 이성적 결합으로 이루어진 사회를 의미한다. 시민사회는 다양한 가치와 지향을 기반으로 하면서도 연대감을 매개로 형성된다. 따라서 시민사회운동은 시민의 입장에서 행해지는 정치·사회운동을 말하며, 엄밀한 의미에서 사회운동과 시민사회운동은 구분되지만 우리 사회에서는 특별히 구분하지 않고 사용하고 있다. 일반 시민단체와

[그림 14-1]   5·18 민주화운동과 촛불집회

자료: http://www.yonhapnews.co.kr/

공익을 표방하는 이익단체들과 연대가 이루어질 경우 시민사회단체가 되어 시민사회운동을 전개할 수 있는데, 탄핵무효운동, 수입소반대촛불운동 등이 그 예다.

사회운동은 다음과 같은 여러 가지 속성을 가진다(이영환, 2005: 21-23). 첫째, 사회운동은 뚜렷한 이념과 목표를 갖는다. 이는 특히 공공선(public good)을 추구하기 위한 이념과 목표이며, 구성원들의 개별적 이익에 기반하기보다는 공공의 이익을 우선한다는 속성을 지닌다.[1] 사회운동의 이념은 인권, 자유, 생존권, 평등, 환경, 평화 등의 보편적 이념이 주를 이루며, 노동조합운동, 장애인운동, 빈민운동, 여성운동 등이 이에 속한다. 둘째, 사회운동은 조직을 가지고 집단적으로 상당 기간 지속된다. 처음부터 동일한 목적으로 조직을 구성하기도 하지만 대부분의 사회운동의 참여자는 의도되지 않게 특정 시점과 상황, 그리고 계기를 통해 합류되기도 한다. 그래서 사회운동 조직은 참여자의 이익과 공공선을 실현하기 위해 지지자를 확보하고 지속적으로 활동한다. 셋째, 사회운동은 기존의 사회제도 밖에서 사회제도를 변화시키려고 하기 때문에 비당파성과 비정부성, 민간주체성을 갖는다. 따라서 특정 정당에 예속되지 않는 독립적인 입장을 갖는 비당파성을 지니며, 정부의 대리자 역할을 하는 것이 아니라 사회적 약자 편에서 권력에 저항하고 견제하면서 권력의 재분배를 추구한다.

시민사회운동은 시민적 주체성에 의해 조직화된 사회운동으로(이영환, 2005: 138), 시민사회가 성장하면서 정책대상자, 유권자, 소비자, 네티즌으로서의 시민의 권리의식도 함께 높아지고 시민참여도 활성화되고 있다. 따라서 시민사회운동은 사회운동 중에서도 시민사회에 내재된 다양한 사회문제들을 해결하기 위해서 집합적인 행동을 통한 사회변화를 추구한다.[2] 1980년대 후반 정치적

---

1) 대체로 이익집단들의 활동은 공익의 추구가 아니라 구성원의 이익을 추구하는 활동이다. 그러나 이러한 활동이 결과적으로 공익 증진에 기여할 수 있다. 그러나 공공선의 추구라는 목적의식적인 활동이 아니기 때문에 이를 사회운동이라고 하지 않는 것이 일반적이다(이영환, 2005: 22).

2) 시민운동은 가치, 쟁점의 다양화, 논쟁점, 행위자, 행동양식 면에서 신사회운동이 전개되는 방식과 유사하게 전개되고 있다. 서구에서는 노동운동이 제도화된 이후 관료제화, 생활세계의 파괴 등에 반대하는 새로운 저항의 잠재력으로 출현한 것이 신사회운동이다. 서구의 신사회운동은 개인의 자유와 인간의 존

민주화가 진전되고 시민사회가 활성화되면서 다양한 시민사회단체들이 등장하기 시작하였고 이로 인해 본격적인 시민운동이 가시화되었다.[3]

최근의 시민사회운동은 사회복지제도의 확대나 개선에 직·간접적으로 지원하기도 하고 영향력을 행사하기도 하며 사회복지 관련 문제들에 개입함으로써 사회복지 영역에 적극적으로 나서고 있다. 즉, 사회복지부문에서 시민운동은 의료보험 통합, 국민연금제도와 기금 운영의 민주화, 실업대책 정비, 공공부조 개혁 등 여러 가지 핵심적인 사회복지 분야의 정책적 변화를 유도하면서 상당한 영향력을 행사하고 있다.

시민운동이 활성화된 것은 지난 수십 년간 제도권의 탄압에 맞서 꾸준히 역량을 축적해 온 민중운동에 힘입은 바 크지만, 시민사회운동이 민중운동과 구분되는 뚜렷한 특징은 첫째, 비계급적 관계, 즉 기존 사회질서에 대한 총체적 변혁보다는 사회체제의 부분적 계량을 지향한다는 점이다. 예로, 경실련의 금융실명제운동과 참여연대의 소액주주운동, 건강연대의 통합주의 의료보험제도운동 등이 여기에 속한다. 둘째는 시민사회운동이 기존 국가권력의 정당성을 인정하는 범위 안에서 운동을 전개하므로 운동방법 역시 비합법적 수단보다는 가능하면 합법적인 방법을 사용한다. 셋째, 계급적 이해관계를 지닌 노동자, 농민, 빈민보다는 현상적으로 계급적 이해에서 벗어난 전문가가 주체가 되어 일반시민들을 설득하고 동참시키는 형태로 운동을 전개한다(문진영, 2001: 223-224). 이렇게 시민운동의 본격적 출발은 시민사회의 분화와 활성화의 의미를 담고 있으며(조희연, 1995), 바로 이를 계기로 시민단체들이 사회복지와 관련된 이슈에 관여하게 되고 리더십을 발휘하여 사회복지운동 또한 활성화되기 시작

엄성을 더욱 보존하기 위한 동기에서 발생했지만, 우리 사회에서는 한 개인이 하나의 시민으로서 동등하게 다루어지는 개인의 권리를 존중해 줄 것을 주장한다. 또한 서구에서는 자아실현을 위한 개인의 '삶의 질'이 강조된다면, 우리 사회에서는 구조적 모순의 감소와 제도의 개혁을 통해 전체국민의 '삶의 질', 즉 공동체의 '삶의 질'의 향상이 강조된다.

3) 시민사회운동은 전형적인 민중운동과 대립되는 새로운 운동의 성격을 가지는데, 민중운동이 계급에 따라 조직화되는 전통적인 사회운동이라면, 시민사회운동은 이와 달리 비계급적 라인을 따라 조직화되고 전개된 1980년대 후반의 다양한 운동양태를 통칭하여 사용된다(조희연, 1995).

한 것이다.

2. 사회복지운동의 주체 및 운동방식

1) 사회복지운동의 유형 및 주체

사회복지운동은 무엇을 기준으로 분류하는가에 따라 다양하게 유형화된다 (현외성, 2006: 41-45). 첫째, 사회복지 현상 혹은 사회복지정책의 형성과정에 초점을 두어 유형화한 것으로, 특정의 사회복지문제를 사회문제로 쟁점화하는 운동에서부터 시민들의 인식을 개선하고 이해를 증진시키는 운동, 정부 내에서 정책화 과정을 둘러싸고 전개할 수 있는 제반 사회복지운동, 그리고 사회복지실천현장인 사회복지관 등에서 벌어지는 사회복지운동 등이 여기에 포함된다.

둘째, 사회복지정책 개입수준과 관련하여 개인, 가족, 지역사회, 조직, 국가, 그리고 국제사회와 같이 사회복지정책 개입수준에 따라 유형화한 것으로, 대체로 지역사회나 조직, 국가 및 국제사회 등이 사회운동 영역인 것이다.

셋째, 문제 혹은 대상별로 사회복지운동의 유형을 구분할 수 있는데, 예컨대 빈곤, 의료, 주거, 장애인, 노인, 아동, 여성 등의 문제로 구분하는 것이 여기에 속한다.

넷째, 사회복지운동의 주체에 따른 유형 구분이 있을 수 있는데, 이때 사회복지 전문가, 시민사회단체(NGO 등), 사회복지 클라이언트 집단, 일반시민이 주된 사회복지운동 주체가 된다.

마지막으로, 사회복지 전문가에 의해 정책전략과 전술에 따라 정책 유형을 구분할 수 있는데, 직접적 행동이냐 혹은 간접적 행동을 통한 사회복지운동이냐의 분류다.

그렇다면 사회복지운동은 누가 하는가? 사회복지문제를 해결하는 주체는 시민사회운동단체, 사회복지 종사자, 사회복지 전문가, 클라이언트 등이다. 첫째, 시민사회단체는 점차 사회복지문제가 시민들의 생활문제 중 하나로 변화되고 있고, 시민운동의 쟁점으로서 사회복지문제에 관심을 가지면서 사회복지운동의 주체로서 부각되었다. 지금까지 사회복지운동에서는 주로 시민사회단체들이 사회복지 이슈를 사회운동의 목표로 삼아 왔다. 예를 들면, 경실련이나 참여연대, 그 밖에 여러 시민사회단체가 주체적으로 사회복지운동에 참여하거나 연대하였고, 또 노동운동 진영 또한 사회복지 이슈를 중심으로 노동운동을 벌여 나갔다.

둘째, 사회복지부문에 종사하는 종사자들에 의한 사회복지운동이 있다. 이는 신분의 정체성에 따라 종사자운동, 노동조합운동, 사회복지사운동, 사회복지전담공무원운동 등으로 분화되어 전개되었다. 이들의 사회복지운동 내용은 스스로의 권익옹호부터 클라이언트를 옹호하고 대변하는 일, 이슈를 제기하고 정책을 제안하는 일 등 다양하다. 그러나 지금까지 사회복지 종사자들의 운동은 문제발견이나 문제제기의 단계에 머물러 있어 조직화된 사회복지운동의 차원에서 풀어 가는 주체로서의 경험과 역량이 부족한 실정이었다. 그러나 사회복지사들이 소속되어 있는 기관이나 단체들이 대부분 정부에 의해 운영비가 제공되는 공공기관과 민간기관의 중간조직으로서 성격을 가지고 있어 사회복지운동을 독립적으로 전개하기에는 한계가 있는 것이 현실이다. 따라서 정부의 재정 지원이나 간섭을 받지 않고 사회복지에 관심을 갖고 대변해 주는 시민사회단체와 공동으로 이슈를 발굴하고 문제를 제기하는 것이 바람직하며, 이를 위해서는 사회복지 종사자의 자체적인 역량 강화와 더불어 시민사회운동과 기타 운동세력들과의 협력이 필수적이다.

셋째, 사회복지 관련 전문가들이 있다. 이들은 시민사회운동단체에 참여하는 방식으로 사회복지운동을 주도할 수도 있고, 그 외에 사회복지학회, 사회복지대학협의회, 사회복지협의회, 사회복지사협회 등과 같은 단체들을 통하여 운동에 참여하기도 한다(윤영진, 2006: 104). 전문가는 시민운동의 운동방식에 있어서 과거의 경우와 달리 대안적인 정책 제시라는 점에서 정부정책에 대해 시민의 목소리를 담아 논리적이고 설득력 있는 정책 생산을 할 수 있는 역할이 중요하다(송호근, 1998: 48).

마지막으로, 사회복지 당사자, 즉, 클라이언트 역시 사회복지운동의 주체로서 점차 활동 범위를 넓히고 있어 최근 당사자운동의 중요성이 더욱 커지고 있다. 사회복지 당사자들은 대표적으로 장애인, 여성, 노인, 사회적 소수자 등 사회복지의 전 대상이 될 수 있다. 그동안 사회복지 당사자들은 직접적인 당사자이면서도 사회복지정책 형성과정에서 큰 영향력을 행사하지 못했다. 또한 사회복지사와 클라이언트, 전문가와 비전문가, 상담자와 피상담자 등 그 지위와 역할에 있어서의 불평등한 관계가 유지되어 당사자들의 입장이 온전하게 반영되지 못할 뿐만 아니라 오히려 당사자의 입장보다 전문가들의 입장이 우선시되는 경향도 있었다.

사회복지 당사자운동은 두 가지 양상을 띤다. 첫째는 클라이언트를 소비자로, 사회복지 서비스를 상품으로 인식하여 소비자 권리 운동의 일환으로 보는 소비자주의다. 이는 사회복지 당사자가 인권과 복지 서비스의 소비자임을 뜻하는 것으로 수혜자(recipient) 개념과 대비되는 개념이다. 예로 전자바우처사업이 활성화되면서 바우처로 제공되는 서비스의 질에 대한 감시와 평가 등을 통해 소비자 권리를 찾을 수 있다. 그러나 소비자주의는 생산자와 소비자가 무수히 많은 '시장'이 존재함을 전제로 하며, 소비자가 사회복지 서비스 생산과 공급과정에 직접적인 영향력을 행사하지 않으며, 의사결정에도 참여하지 않는 한계가 있다.

둘째는 사회복지 당사자들이 자신의 문제를 적극 알리고 문제 해결을 위해 주체적 역할을 감당함으로써 사회복지 당사자의 임파워먼트에 이르는 당사자주의다. 당사자 스스로 자신의 의견을 제시하고 이에 대해 협의할 수 있어 주체적으로 자신의 삶을 계획하고 통제하는 데 있어 가장 기본이 되는 것이 당사자주의다. 따라서 당사자주의는 집합적 의미에서의 '당사자'가 자신의 문제에 있어서 주체가 되고 이들의 참여를 보장하며 결정권과 대표권을 부여해야 마땅함을 표방하는 가치체계라 할 수 있다. 사회복지 서비스의 생산과 공급 등의 의사

결정과정에 당사자들이 주도적으로 참여함을 보장한다는 점에서 소비자주의의 권리보장을 위한 접근방법과는 다르다.

지금까지 사회복지 당사자들이 자신의 문제를 해결하기 위해 입법청원이나 사회복지정책 형성과정에 적극 나서지 못했던 이유는 이들 당사자들이 문제를 해결하기 위한 지식, 정보, 시간, 연줄 등의 권력자원을 가지지 못한 집단이기도 하고 각각의 자원들을 조직화하거나 적절하게 활용하지 못했기 때문이다(이민아, 2000: 39). 따라서 사회복지 당사자들의 역량 강화를 통해 자신의 문제를 적극적으로 알리고, 관련 사회복지 종사자와 연대하며, 시민사회단체와 함께 적극적으로 이슈를 제기하여 협력적 운동으로 발전해 나가야 할 것이다.

2) 사회복지운동의 운동방식

사회복지운동을 전개하기 위해 다양한 운동방식을 활용할 수 있다. 먼저 사회복지운동 전개를 위한 개입전략을 우선적으로 고려해야 하는데(현외성, 2006: 178), 사회복지운동 참여자를 선도자 체계, 클라이언트 체계, 지원체계, 표적체계, 활동체계 등으로 구분하고 이들 영역들이 각각의 역할을 통해 서로 연계하면서 사회복지운동을 전개해 간다. 이 가운데 변화에 대한 전체적인 개방성을 사정하고 예상되는 대응방식과 자원의 활용 가능성 등을 결정한다. 또 정책이나 프로그램, 실천적 접근방법을 구체화하고 이를 실행에 옮기는 운동방식에는 토론회나 성명서 발표, 그리고 집회와 시위 등 환경에 대한 공공 영역의 관심을 활성화시키고 이를 사회운동으로 전화시키려는 이른바 영향력을 행사하는 방식이 있다. 한편, 입법 요구와 정책대안 제시 또한 매우 중요한 운동방식인데, 이런 방식들은 기존의 구호적인 성격과는 달리 주체적으로 자신들의 문제를 해결해 나가고 시민에 의해 국가권력을 감시하고 견제해 나가겠다는 시민참여와 대안 제시라는 운동의 목표와도 관련된다.

구체적인 사회복지운동의 방식으로는 운동목표를 직접 요구하는 방식과 간접적으로 요구하는 방식이 있다(정정길, 1989; 이민아, 2000: 41-42 재인용). 직접적 요구방식은 구체적인 정책대안의 작성과 청원 혹은 건의서 제출, 법 제정에 의 참여(공익소송, 입법청원 참고), 공무원과의 일대일 로비 등 정책형성기구에 대한 직접적인 로비활동을 통하여 자신들의 입장을 구체적으로 전달하는 방법이다. 간접적인 요구방식은 그들의 의견을 지지하는 공청회 등의 각종 대회나 매스컴 활용 등을 통해 알리는 방법이다. 그리고 운동방식이 제도권 내에서 이루어지느냐 그렇지 않느냐에 따라서도 차이가 있는데, 제도적 운동방식으로는 법률 제정이나 여론매체를 활용할 수 있고 비제도적 운동방식으로는 시위, 점거, 거부운동 등을 활용할 수 있다.

공익소송과 입법청원

1994년 참여연대가 출범하면서 국민최저선확보운동을 전개하였다. 기존의 법제와 법집행과정에서 발생하는 문제점을 찾아 정부에 문제제기를 하는 과정에서 동원된 전략이 바로 공익소송과 입법청원운동이다. 공익소송은 정부 스스로가 합법성과 정당성을 승인한 법의 정신과 내용을 스스로 지키고 있는가에 대한 문제제기이며 동시에 입법 자체에 대한 문제제기였다. 또한 현행법상으로는 논리적으로 문제가 없으나 제도적으로 부적절하거나 부족한 부분에 대해서는 입법개정과 새로운 입법의 청원을 관련 시민단체와 더불어 촉구하는 운동을 전개하여 일정한 개선 및 개혁, 새로운 쟁점화 등을 추구하려 했다(윤찬영, 1999).

---

3. 사회복지운동의 사례

우리나라 사회복지운동의 역사는 아직 일천하지만 그동안 여러 분야에서 다양한 사회문제를 해결하는 원동력이 되었다. 여기에서는 사회복지운동 주체에 따른 사회복지운동 사례를 살펴보고자 한다. 먼저 사회복지 전문가 및 시민사회단체가 연대한 사회복지예산확보운동, 국민기초생활보장법제정운동, 시민사회운동단체가 주체가 된 제주영리법인병원저지운동, 사회복지당사자운동인 장애인운동, 그리고 사회복지 종사자가 주체가 된 사회복지노동조합운동 등을 통해 사회복지운동의 전개과정을 고찰함으로써 사회복지운동의 함의를 찾아볼 수 있을 것이다.

1) 사회복지예산확보운동

사회복지예산과 관련된 최초의 운동은 1991년 사회복지 전문가들이 참여한 사회복지예산삭감저지운동을 들 수 있다. 1991년 정부의 사회복지예산삭감안이 발표되고 사회복지전문요원에 대한 예산삭감계획도 포함되자, 사회복지정책과 서비스 확대에 대한 기대가 무너진 데 대한 항의로 촉발되었다. 이에 사회복지대학협의회, 한국사회복지학회, 한국사회복지사협회 등이 연합 공청회를 개최하였고, 사회복지학과 학생들이 공동대책위원회를 결성하여 사회복지예산삭감저지운동을 전개하였다(이영환, 2004: 317). 1992년 9월에는 지역의료보험노동조합 등 8개 사회복지단체가 사회복지예산의 확보를 위한 '공동대책위원회'를 결성하여 활동을 전개했고, 이후 사회복지예산확보운동은 지속적인 운동주제가 되었다.

1994년 9월 참여연대 산하에 사회복지위원회가 설립되어 공익소송, 입법청원 등과 함께 사회복지예산확대운동을 전개하였는데, 참여연대는 사회복지 발전의 관건이 되는 복지재정의 확충에 많은 노력을 기울였다. 특히 참여연대 창립 초기에 국민기본선확보운동과 함께 이루어진 '복지예산 GDP 5% 확보운동'을 통해 복지재정에 대한 사회적 관심을 일으키고 이를 통해 예산편성상 사회복지 분야의 예산이 실질적으로 증액될 수 있도록 다양한 방식의 전술을 구사했다. 사회복지예산확대운동은 연대사업 형식으로 추진되었으며, 중앙정부를 대상으로 한 대안예산운동을 펼친 바 있다.

참여연대가 예산에 대한 본격적인 사회운동 차원의 사업을 전개한 것은 1996년 말이다. 당시 토론회와 공청회 등을 거쳐 낮은 복지예산의 문제점을 드러내고, 시민사회단체의 연대와 각종 사업을 통하여 이를 타파할 것을 적극적으로 천명하였다. 1997년 외환위기 이후 국민기초생활보장제도 도입, 국민연금, 의료보험, 산재보험의 개혁 등을 통해 일부 사회복지 재정이 확대되는 결과를 가져오기도 했다. 이러한 성과는 참여연대와 민주노총을 중심으로 한 시민운동과 노동운동의 협력과 연대에 힘입은 바였다(이영환, 2004: 323).

이처럼 초기 사회복지단체들과 시민단체, 노동운동단체 등이 중심이 되어 사회복지예산확보운동에 노력을 기울였고, 그 이후 지역복지단체들을 중심으로 사회복지예산감시운동이 활발하게 전개되어 지역으로 확대되었다. 각 지역의 여러 시민단체들이 예산감시 네트워크를 결성하여 지역예산을 분석하고, 문제점을 찾아내고, 시정을 요구하며, 정책대안을 제시하는 활동이 활발해진 것이다. 환경, 문화, 여성단체 등이 부문별 예산분석 및 감시활동을 주요 활동 영역으로 설정한 것도 사회복지단체의 예산감시운동과 맥을 같이한다.

특히 2005년 결성된 '지역복지운동단체 네트워크'는 주요 의제로 지방정부 예산 및 정책감시운동을 전개하였고, 그 결과 각 지역에서 사회복지예산의 분석 및 정책제언이 활발하게 이루어졌다. 사회복지예산운동을 진행한 단체는 부산 참여자치시민연대 사회복지특별위원회, 충북 참여자치시민연대 사회복지위원회, 경기 복지시민연대, 참여자치21, 고양 예산감시네트워크(고양여성민우회), 안양 YWCA, 안산 의제21실천협의회, 관악 사회복지, 대구 참여연대 등이었다.

부산 참여자치시민연대는 부산 시민의 욕구에 맞는 정책 수립과 합리적, 효율적 예산편성을 이루기 위해 구체적인 사업목표로 사회복지예산 20% 확보운동, 사회복지욕구조사 및 보건지표를 바탕으로 한 정책 수립과 예산편성, 사회복지 분야의 특수성을 고려한 2006년 예산편성 등을 제시하였다. 경기 복지시민연대나 대구 우리복지시민연합 등도 예산과 관련된 사회복지예산 집행에 대한 분석과 감시활동을 전개하였다. 이러한 활동은 2005년 국고보조금사업의 지방이양과 분권교부세제도 도입을 계기로 사회복지 재정의 중앙정부와 지방정부 간 분담문제 및 지역 간 복지재정 격차문제 등이 사회복지 재정 관련 운동의 새로운 이슈로 등장하게 하였다.

이처럼 사회복지예산운동은 초기에 사회복지예산확충운동으로 시작하여 각 부문별로 시민단체들이 해당 정책 영역의 예산 확대를 강조하는 특성을 보였다. 또 지역복지운동단체들을 중심으로 지역의 사회복지예산을 분석하고 감시하는 활동을 벌여 사회복지예산만을 독립적으로 분석 및 감시하거나, 지방정부 전체 예산의 한 영역으로 사회복지 분야를 분석 및 감시하기도 하였다. 최근 지역복지운동단체들을 중심으로 제한적이기는 하지만 지역사회복지협의체를 구성하고 분권교부세의 신설 이후 지역 거버넌스의 구축 필요성을 제기하여 사회복지 재정의 배분과 관련한 참여예산운동을 촉발하는 역할을 하고 있다(윤영진, 2006: 108-109).

2) 국민기초생활보장법제정운동

국민기초생활보장법제정운동은 1997년 외환위기로 촉발된 경제위기와 대량 실업사태, 그리고 이로 인한 빈곤율의 심화에 대응한 본격적인 입법청원이 이루어진 운동이다. 그 당시 정부의 정책은 장기적인 계획하의 제도화된 대응이라기보다 단기적이고 임시적인 조치에 그쳤다(박윤영, 2002). 참여연대는 1998년 3월에 이러한 문제를 해결하기 위하여 「생활보호법」 전면개정을 위한 입법청원을 하기로 하였다. 이후 참여연대 주도하에 전국 사회복지학 교수 209인의 '사회안전망 구축'을 위한 공동성명서 발표 및 기자회견을 열었고, 참여연대를 비롯한 민주노총, 의료보험연대, 여성단체연합, 일용직저소득층노동자 실업대책협의회 등 19개 단체가 「국민기초생활보장법」 제정을 위한 국민청원 및 제정촉구대회를 개최하였다. 이를 계기로 참여연대 외 여러 시민사회단체의 「생활보호법」 개정을 위한 참여가 활발해지기 시작하였다. 이에 힘입어 이들 단체가 청원한 법안이 1998년 12월 국회 보건복지위원회 법안심사소위원회를 통과하게 된다. 그러나 이 법안은 행정부와 예산문제를 해결하지 못하여 좌절되고 말았다.

이에 참여연대는 기존 운동방식을 탈피하기 위한 새로운 연대조직 결성을 시도하여, 1999년 3월 '국민기초생활보장법 제정 추진을 위한 연대회의'를 발족하기에 이르렀다. 연대회의는 「국민기초생활보장법」 제정을 계기로 저소득 실직자 등 저소득 국민들의 생존권 보장과 고실업시대의 사회안전망 구축을 사업목표로 공청회를 개최하고 성명서 발표, 서명운동, 대국민 홍보, 빈민을 대상으로 한 교육, 정부 관계자 및 국회의원 면담 등 상층부 중심의 활동과 대중활동을 병행하여 활발히 추진하였다.

「국민기초생활보장법」은 참여연대가 법안 작성을 주도하였으나 관련 정부 부처인 보건복지부나 노동부, 기획예산처 등은 이에 대해 소극적이거나 반대하는 태도를 보였다. 당시 김대중 정부는 분배 및 복지를 강조하는 국정운영 기조의 근본적 전환의 필요성과 더불어 민심 수습의 긴급한 과제로 대통령이 직접 중산층과 서민을 위한 「국민기초생활보장법」을 제정하겠다고 언급함으로써 법의 제정이 기정사실화되었다. 연대회의는 법안의 정비와 국회 보건복지위원회 소속 정치인 등을 향한 설득 작업을 활발히 진행하였다. 결국 1999년 8월 국회를 통과하여 같은 해 9월 「국민기초생활보장법」이 공포되었다. 참여연대를 비롯한 시민단체들이 활발한 법 제정운동과 정책대안을 마련하는 데 주도적 역할을 하는 등 법 제정에 대한 영향력은 매우 컸다. 「국민기초생활보장법」은 그동안 제대로 확보되지 못했던 저소득층 국민의 최저생활수준 보장에 보다 근접했다는 점에서 과거 「생활보호법」에 비해 진일보한 것으로 평가되는데, 이는 바로 사회복지운동의 결실이었다.

3) 제주영리법인병원저지운동

제주도에서 국내영리법인병원 허용을 포함한 의료민영화의 문제가 불거지기 시작한 것은 2005년부터다. 제주도는 2003년 노무현 대통령이 제주도를 특별자치도로 지원하겠다고 밝힌 이후 제주특별자치도추진계획을 수립하여 정부에 제출하였고, 관광, 의료, 교육을 3대 핵심 산업으로 선정한 제주특별자치도기본계획(안)이 확정·발표되었다.

그러나 기본구상(안)이 발표되고 기본계획(안)이 확정되면서 제주지역 시민사회단체들은 기본계획(안)에 포함된 3대 핵심 산업(관광, 교육, 의료) 중 교육과 의료 분야의 전면개방이라는 공공성 파괴의 문제점을 지적하였다. 그뿐만 아니라 계획안의 내용들이 제주도가 주장해 왔던 제주 발전방향과도 상충되는 내용이어서 2005년 9월 공동대응을 위해 '제주특별자치도 공공성 강화를 위한 공동대책위원회'를 구성하고 제주특별자치도 반대투쟁에 나섰다. 그러나 의료계와 교육계, 시민사회단체의 반발에도 불구하고 기본계획(안)을 그대로 유지한 채 제주특별자치도추진계획을 강행했고, 이에 공동대책위원회는 토론회, 대규모 도민결의대회와 촛불집회, 도청 앞 천막농성, 도청 점거농성 등 기본계획(안)의 폐지를 위한 공동투쟁을 벌였다(오한정, 2008: 97).

정부와 제주도는 공대위의 반발에도 불구하고 예정대로 형식적인 공청회를 거친 후 국회에 법안을 상정했다. 하지만 국회의 법안심사 과정에서 제주지역의 강력한 반발에 대한 여론을 의식해서인지 국내영리법인병원 허용이 빠진 채 2006년 2월 특별법이 통과되었다. 이에 제주도지사는 끝까지 포기하지 않고 2006년 7월 규제자유지역 추진 로드맵을 발표하면서 국내영리법인병원허용추진계획을 재추진하겠다는 입장을 밝혔다. 제주도는 그해 11월 정부에 국내영리법인병원 설립 허용을 주요 내용으로 하는 제도개선안을 제출하였지만 2007년 2월 정부가 수용불가방침을 밝히면서 제주도의 국내영리법인병원설립허용계획은 무산되었다(오한정, 2008: 98-99).

한편, 제주도영리법인병원저지운동에서 중요한 역할을 한 것은 바로 2007년 4월 마이클 무어가 감독한 영화 〈식코(Sickco)〉 보기운동이었다. 제주지역 20여 개 시민사회단체로 꾸려진 '식코 위원회'를 통해 기자회견과 시사회, 극장을 섭외해서 영화 상영을 진행하는 한편, 미국식 의료민영화의 문제를 지역에 알리기 위해 노력했다. 그 결과 제주도민들의 의료민영화에 대한 인식이 전격적으로 전환되는 계기를 마련하였다(오한정, 2008: 99).

2008년 5월 제주도가 3단계 제도개선과제 추진 현황을 공개하면서 국내영리법인병원 문제는 다시 제주지역사회의 뜨거운 쟁점으로 떠올랐다. 제주도의 대응은 시민사회단체의 대응과는 비교도 안 될 정도로 치밀했는데, 이미 국내영리법인병원 설립 허용의 필요성에 대한 홍보논리까지 완벽히 갖춘 채 도민들을 설득하는가 하면, 공무원들에게 개인별로 담당 단체와 지역 유력인사를 지정하고 실적을 보고하도록 하는 등 제주도는 국내영리법인병원 설립 허용에 전념한 상태였다. 뿐만 아니라 관변단체와 금융권을 중심으로 대대적인 국내영리법인병원 설립 허용 찬성 광고까지 조직해 놓은 상태였다. 이런 상태에서 제주도지사는 일방적으로 여론조사를 실시해 찬성의견이 과반을 넘기면 무조건 국내영리법인병원 설립 허용을 추진하겠다고 발표했고, 2008년 6월 한국 갤럽에서 도민들을 대상으로 한 여론조사를 실시해 설립 찬성이 75.4%인 결과가 나와 이를 근거로 국내영리법인병원설립허용계획을 강행하려 하였다.

그러나 대책위는 제주도의 여론조사 결과가 편파적이고 왜곡되었기 때문에 받아들일 수 없다는 입장을 밝히고 본격적인 영리법인병원 저지투쟁에 들어갔다. 우선 시민들에게 영리법인병원 설립 허용과 의료민영화의 문제점에 대해 쉽게 알릴 수 있도록 홍보자료를 제작하고, 대책위 소속단체 회원들과 시민들을 대상으로 한 강좌와 현장순회 교육사업을 진행했다. 이 밖에도 거리 선전전과 서명운동, 언론 기고, 지역 언론 광고, 자전거 캠페인, 홍보활동, 촛불집회, TV 토론회 등을 벌였다. 물론 전국적인 시민사회단체들과의 연대도 빼놓을 수 없는 활동이었다. 특히 제주도에서 진행하는 최종 도민여론조사를 앞두고 제주도가 전체 도에 긴급반상회를 열어 도민홍보에 나서자, 반상회에 참가하여 지역과 현장에서부터 영리법인병원 설립 허용의 문제점을 알리는 활동을 전개하기도 했다.

제주도를 넘어 전국적으로 의료체계에 영향을 줄 수 있는 사안에 대해 '여론조사'를 통해 이를 결정하겠다는 도지사의 제안에 따라 2008년 7월 25~26일 양일간 제주도민 1,100명을 대상으로 제주도가 추진하는 국내영리병원 설립

허용에 대한 전화여론조사가 진행되었다. 여론조사 결과는 반대 39.9%, 찬성 38.2%였고, 이 예상을 뒤엎는 결과로 제주도로서는 더 이상 국내영리법인병원 설립 허용을 추진할 명분을 잃어버렸다(김아현, 2008). 결국 국내영리법인병원 설립허용추진계획을 유보한다는 발표가 있었고 사회복지운동이 결실을 맺게 되었으나, 폐기가 아닌 유보된 상태로 여전히 영리법인설립의 위험성이 남아 있다.

4) 장애인복지운동

장애인복지운동은 장애인의 열악한 삶을 개선하기 위한 모든 활동을 말하며 장애모순[4]을 극복하려는 장애인들의 주체적인 노력이다(장애우권익문제연구소, 2001). 따라서 장애인운동은 오랜 역사적 소산으로서 존재하는 장애인에 대한 편견과 차별을 불식시키고 인간으로서의 존엄과 권리의 회복을 통해 인간다운 삶을 보장받기 위한 것으로, 장애인에 대한 차별에 대응하는 모든 활동이 장애인운동이라 할 수 있다(유동철, 2005: 155).

장애인복지운동은 다른 사회복지운동에 비해 그 역사가 오래되었다. 시기별로 구분하면 첫째는 1987년 민주화항쟁 이전 시기로 장애인복지운동이 개인적 구제 차원에서만 이루어지던 시기이고, 둘째는 1988~1990년 중반으로 장애차별에 대한 집단적 대응이 이루어지기 시작한 시기이며, 셋째는 1995년 이후로 장애인복지운동이 다원화된 시기다(유동철, 2005).

먼저 1987년 민주화항쟁 이전에 이루어진 장애인복지운동은 개인적 구제 차원에서 산발적으로만 일어나거나 자조단체를 결성하는 정도였다. 이 시기에는 지속적인 차원의 조직화된 운동은 존재하지 않았고, 운동 영역도 주로 입학거부 및 입사거부와 관련해 차별받은 장애인들을 구명하는 형태의 저항이 이루어졌다. 입학거부뿐만 아니라 노동의 기회마저 주어지지 않는 일들이 되풀이되

---

4) 장애모순이란 정책이나 제도의 잘못으로 인해 장애인이 받게 되는 차별과 고통을 의미한다.

던 중, 1980년 사법시험에 합격하여 사법연수원을 수료한 4명의 장애인이 1982년 이유없이 법관 임용에 탈락한 사건이 일어났다. 이 사건을 계기로 공동대책위원회를 결성하고 서명운동과 탄원서 제출 등을 통해 관심을 불러일으켜 결국 대법원으로부터 구제조치를 받게 되었으나 노동권에 대한 거부도 개인적 구제에 그쳐 제도적 개선을 가져오지는 못했다(김정열, 2005).

1988~1990년 중반에는 장애 차별에 대한 집단적 대응이 이루어지기 시작하였는데, 특히 기본권에 대한 논의가 시작되면서 생존권, 노동권, 교육권에 대한 문제제기와 저항이 이어졌다. 장애인에 대한 생존권을 국가가 책임져야 할 문제로 인식하고 장애인의 권리를 주장하기 시작했는데, 생존권운동이 대중의 관심을 끌기 시작한 것은 노점상 철거과정에서 삶의 터전을 잃은 장애인이 자살하는 사건(故 최정환 씨)이 발발하면서부터다. 이 사건으로 전국노점상연합회, 장애인가족협회 등 25개 단체가 참여하여 '장애인자립추진위원회'를 구성하여 관련자 처벌과 장애인 생존권 확보를 위한 특별법 제정을 요구하기도 하였다(유동철, 2005: 191).

또 다른 장애인 생존권 관련 법안 제정의 촉매제가 되었던 사건은 1988년 장애인 올림픽이다. 그해 3월 20여 명의 장애인들이 생존권 보장을 위해 단식투쟁을 하게 되었는데, 그들은 한국의 장애인복지정책이 전무한 상태에서 장애인 올림픽을 개최하는 것은 장애인을 우롱하는 처사라고 주장하고, 생존권 보장을 요구하며 점거농성과 단식투쟁을 하였다. 그 당시 장애인복지 예산은 겨우 50억 원 정도였으나 장애인 올림픽에 배정된 예산은 직접적인 비용만 200~300억 원이어서(유동철, 2005: 160), 장애인들에 대한 기본 생존권도 보장하지 않으면서 엄청난 돈을 소비해야 하는 전시적 장애인 올림픽을 치르겠다는 것에 대한 반발이 거셌다. 이에 대해 장애인들과 관련 단체 및 전문가, 그리고 사회복지학과 학생들이 대거 참여하는 결의대회를 개최하여 장애인 올림픽을 거부하였고, 이에 그치지 않고 「심신장애자복지법」 개정과 「장애인고용촉진법」 제정을 주장하기도 하였다.

1989년 1월에 '장애인고용촉진법 제정을 위한 공청회'를 개최하여 각 당에서 제출한 법안의 문제점을 개선하고 장애인단체에서 요구하는 내용이 법안에 포함되도록 요구하였다. 또한 한국장애인총연맹을 중심으로 '양법안 쟁취를 위한 전 장애인 공동대책위원회(이하 공동대책위원회)'를 구성하여 장애인계 인사들뿐만 아니라 사회각계 인사들이 함께 참여하도록 자문단을 구성하여 사회적인 인식이 확산될 수 있도록 하였다. 그해 11월 공동대책위원회 주최로 국회의사당 앞에서 '양법 제정을 위한 4백만 장애인 총결의대회'를 열어 관련 시민사회단체들이 힘을 모았다. 그 결과 1989년 12월 「심신장애자복지법」이 「장애인복지법」으로 개정되었고 「장애인고용촉진법」이 제정되었다. 이 시기에 비로소 장애운동이 주체적 권리로서 인정되기 시작하여 다양한 시민사회단체가 장애운동을 위해 연대하는 계기가 되었다.

장애인 이동권 및 접근권에 대한 운동이 본격화된 것은 1994년 장애인 교통약자 이동권의 문제를 제기하면서부터다. 그 결과로 서울시를 비롯한 지방자치단체에서 조례를 만드는 성과를 거두었고, 육교나 지하도 대신 횡단보도 설치를 요구하는 운동을 지속하여 성과를 거두었다. 그 후 1996년 장애인편의시설촉진시민연대가 설립되어 장애인 접근권에 대한 구체적인 문제제기를 하게 되었고, 그 결과로 1997년 「장애인, 노인, 임산부 등의 편의증진보장에 관한 법률」이 제정되어 물리적 환경에 대한 개선이 가능하게 되었다. 그러나 1999년 서울 혜화역 장애인 리프트 추락사고가 발생하자, 대중교통에 대한 장애인 편의시설 투쟁이 시작되었다. 그 후로도 잦은 지하철사고로 인해 2002년 65개 단체가 참여하는 '장애인 이동권 쟁취를 위한 연대회의'를 발족하여 단식농성, 100만인 서명운동, 천막농성, 이동권침해 손해배상소송 등을 전개하여 중증장애인 이동권 문제를 우리 사회 전역에 알리고 개선하는 데 공헌하였다.

2002년 장애인권익문제연구소는 장애인차별금지법 입법청원 진정을 16대 국회에 제출하였고, 2003년 50여 개 장애 관련 단체가 모여 '장애인 차별금지법 제정을 위한 추진연대(이하 장추련)'가 발족되면서 전체 장애계의 주요 이슈가 되었다. 정부의 관계부처, 각 분야의 전문가, 국회의원들이 모여 장추련의 장애인차별금지법안에 대해 최종적인 공청회를 거쳐 「장애인차별금지 및 권리

구제 등에 관한 법률」(「장애인차별금지법」)이 6년간의 투쟁 끝에 지난 2007년 3월에 제정되었다. 이는 시민사회단체의 연대와 투쟁을 통해 얻어 낸 운동의 성과이며, 지금까지 주제나 사안에 따라 몇몇 단체가 연대한 경우는 있었지만, 장추련처럼 200여 개의 전국의 단체들이 한마음과 한뜻으로 뭉쳐 한목소리를 외친 사례는 한국 장애인운동 역사에서도 쉽게 찾아볼 수 없는 일이었다.

5) 사회복지종사자운동

1987년부터 시민사회운동이 괄목할 만한 발전을 이룩하기 시작하면서 사회복지 분야 종사자들의 운동이 태동하는 중요한 계기가 되었다. 사회복지사운동은 사회복지사들이 연대하거나 다른 사회운동단체와 연대하여 이루어지는 경우와 사회복지노동조합을 결성하여 사회복지 노동자의 노동조건 개선이나 사회복지대상자를 위해 연대하는 방법으로 나눌 수 있다.

사회복지종사자운동의 예는 사회복지전문요원조직에서 찾을 수 있다. 1987년에 생활보호사업 수행을 위해 사회복지전문요원이 별정직 7급 공무원으로 채용되기 시작하였는데, 이들은 공무원들의 조직화가 금지되어 있던 당시에 전문요원동우회(1989)를 조직하여 전문성 제고, 권익옹호, 제도개선활동 등의 운동을 전개하였다. 그 성과로 1992년에는 사회복지직렬 도입에 성공하였고, 명칭도 전문요원에서 전담공무원으로 변화되는 성과를 올렸다. 1999년 숙원이었던 일반직 전환을 쟁취하였고, 기초생활보장법제정운동에도 적극 참여하였다. 그 밖에도 사회복지 전달체계 개선을 위한 사회복지사무소설치운동을 적극적으로 추진하였으며, 장애인생활시설보육사 2교대쟁취운동(2000)과 2001년 서울시 복지관 평가를 계기로 복지관 운영비의 지원을 요구하는 운동도 전개하였다.

한편, 1980년대 후반부터 사회복지 종사자들에 의해 민간 복지기관에서 사회복지노동조합운동이 시작되었다. 예를 들면, 1988년 이후 홀트아동복지회, 남부장애인복지관 등에 노조가 설립되고, 1990년에는 사회복지단체노조협의회까지 결성되었지만, 사용자의 조직적 탄압과 사업장 규모의 영세성, 그리고 사회복지 종사자의 노동자 의식 부족 등으로 인해 활발한 활동은 어려웠다. 이로 인해 많은 노조들이 와해되기도 하였지만 이후에도 운동의 맥은 이어졌다(이영환, 2005: 39). 2001년 이후 사회복지노동조합은 운동성 회복을 위해 산별조직을 만들었고, 전국사회복지노동조합 대표자회의를 거쳐 2003년 서울경인 사회복지노조가 민주노총 산하 산별조직에 참여하였다.

현실적으로 사회복지현장의 노동조건이 열악함에도 불구하고 지금까지 일부의 사회복지시설에서만 노동조합이 결성되었다. 사회복지 노조의 조합원 및 사회복지 종사자들은 다른 산별노조에 비해 윤리적 딜레마가 발생할 수밖에 없다. 왜냐하면 사회복지의 경우 파업이 진행되는 동안 서비스를 필요로 하는 클라이언트들이 서비스를 제공받지 못하게 됨으로써 큰 피해를 입을 수 있기 때문이다. 심각한 경우 클라이언트의 생존권에 위협이 될 수 있는 수준에 이를 수 있기 때문에 사회복지 노조가 단체행동권이 있지만 적극적으로 파업을 하기는 힘든 상황이다.

사회복지사들의 운동의 경우 그 목적이 사회복지 종사자들의 처우 개선에 중점을 두기도 하지만, 일반적으로 클라이언트들의 권익 향상은 물론 궁극적으로 삶의 질 개선까지 포함하고 있어 매우 광범위하다. 즉, 일반적으로 노동조합을 결성하는 주요 동기는 노동자 스스로의 권익옹호인 데 비해 사회복지 영역에서는 노동자인 사회복지시설 종사자의 권익옹호보다는 사회복지시설 내부의 운영 비리나 기관 운영의 비민주성, 클라이언트의 인권 침해 등을 주요 현안으로 하여 노동조합 결성으로 전개된 경우가 많았다(심재호, 2005: 267).

사회복지사 노동조합운동의 사례를 들면 다음과 같다. 1988년 홀트아동복지회의 억압적 사내분위기와 실적 위주의 사업 운영 등에 반발하여 노동조합이 결성되었고, 장기간의 투쟁 끝에 회장 퇴임과 노조 인정이라는 성과를 얻어 냈다. 사랑의 전화의 경우도 기관장의 비복지적 기관 운영과 인사문제가 계기가 되어 1994년 노조를 결성하여 관련 문제를 해결하였다. 1996년에는 장애아 특수학교, 생활시설, 복지관을 운영하는 에바다복지법인에서 일어난 원생구타사건으로 인해 노조가 조직되어 원장 퇴진과 생활환경 개선을 요구하는 농성을 시작하여 사회문제로 부각되었고, 학부모와 교사 및 복지관 노동조합이 비리 척결을 위해 연대투쟁을 벌였다(심재호, 2005; 267-268).

최근의 사례를 보아도 여전히 사회복지시설 내부의 운영 비리나 기관 운영의 비민주성 등으로 인해 노동조합을 결성하는 경우가 대부분이지만, 차츰 민주노총 등의 상급단체와 연대하며 민주적 노조활동을 이어 가고 있다. 그러나 사회복지 노조 결성 동기가 시설 내의 비민주성 척결에 중점을 두고 이루어진 결과 지금까지의 사회복지 노조활동은 사회복지사의 권익옹호나 전문성 확보, 국가복지의 확대, 전체 사회운동과의 연대 등으로까지 이어지지 못하는 한계가 있었다.

4. 사회복지운동의 성과와 함의

1987년 6월 민주화항쟁 이후 시민 권리의식의 성장은 사회변혁운동을 넘어 시민 스스로가 국가권력이나 자본에 대해 그들의 시민적인 권리를 확보하고 보호하기 위해 시민사회운동이 활발히 전개되어 왔다. 이러한 변화에 힘입어 사회복지운동도 이슈와 전략을 통해 당면한 문제들을 해결해 나갔다.

그 결과 그동안 한국의 사회복지운동은 수많은 성과와 함의를 남겼다. 먼저 가장 큰 성과로는 사회복지운동의 주체가 다양화되고 이들 주체 간에 연대가 활발히 이루어지게 되었다는 점이다. 사회복지운동은 노동운동이나 시민사회운동으로부터 본격화되어 점차 당사자운동, 종사자 및 전문가운동 등 매우 다양한 양상으로 전개되고 있고 시민사회운동과 민중운동, 사회복지운동이 각각의 경계를 넘어 운동의 주체로 연대하게 되는 계기를 마련하였다.

둘째, 시민사회단체에 의해 주도되어 온 운동의 목표는 초기에는 개별적 차원의 생존권 보호에 우선순위를 두어 왔으나, 점차 시민사회운동단체들이 사회복지제도 변화에 관심을 가지면서 인간다운 삶의 보장, 지속 가능한 공동체

사회를 만들어 가는 것이 주요 목표가 되었다. 이에 따라 거시적 사회구조를 변화시키기 위한 제도적 장치를 위해 입법청원이나 제도개혁 제안 등의 방안을 제시하게 되었다.

셋째, 사회복지운동의 전략과 전술이 기존의 방식보다 다양하게 전개되었는데, 특히 합법적인 활동과 대안을 제시하는 운동방식이 더 활발히 전개되었다. 즉, 운동의 목표와 해당 사안에 대해 운동단체들이 공감하여 연대하는 운동방식을 주로 채택하였으며, 공익소송과 입법청원 등 법 제정 촉구나 반대의사를 표명하기 위한 성명서, 사안을 공론화시키기 위한 공청회, 토론회 등의 방식, 제도 개선을 위한 청원과 로비, 그리고 전통적 방식의 집회와 시위, 서명 등 다양한 전략과 전술을 통해 운동의 목표에 접근해 갔다.

마지막으로, 운동조직의 형태도 변화되었다. 초기의 자생조직이나 개별 단체 중심의 활동에서 점차 변화하여 연합조직을 만들어 공동 대응하는 전략이 이루어졌다. 특히 사회복지 관련 법안의 마련이나 법 개정과정에서 대부분의 활동은 공동대책위원회를 구성하여 이를 중심으로 사회복지운동이 전개되었다.

그동안 사회복지운동은 괄목할 만한 성장을 하였다. 그러나 아직 산적한 과제들이 남아 있다. 먼저 사회복지운동의 주체가 다양화되고 광범위한 연대가 이루어져 학자나 법률가 등의 참여로 보다 전문적인 대응이 이루어지긴 했지만 실제 운동의 전개과정에서 전문가 중심적인 특성이 나타난다. 즉, 사회복지운동이 사회복지 종사자나 사회복지 필요 당사자로부터 발의되어 전개되기보다는 전문가집단에 의해 발의되고 주도되는 경향이 있어 자칫 사회복지 종사자나 당사자가 참여하지 않거나 배제되는 사회복지운동이 될 위험성이 있는 것이다.

특히 사회복지운동 과정에서 사회복지 종사자인 사회복지사의 역할이 매우 미미했다는 점을 지적할 수 있다. 실제 사회복지현장에서 사회복지사의 역할이 단순히 클라이언트를 보호하거나 서비스를 연계하는 전달자 및 매개자의 미시적 역할에 그칠 것이 아니라 지역사회복지현장에서 적극적으로 클라이언트를 옹호하고, 열악한 사회복지 환경들을 개선해 나가기 위해서 운동진영과 사회복지 진영을 연계하여 적극적으로 사회행동(social action)에 나서야 할 필요성이 제기된다(김미경, 2007).

마지막으로, 그동안 사회복지운동의 주체가 되는 조직이 대부분 시민사회단체인 경우가 많았다. 시민사회운동이 제기하는 이슈가 사회복지제도 변화에 초점을 두어 진행되어 사회복지계는 자연스럽게 이러한 운동의 수혜자가 되어왔다. 그러나 이제는 사회복지기관들과 사회복지 종사자들이 적극적으로 나서서 이슈를 제기하고 시민사회단체들을 동원하고 결집시킬 수 있는 주체적인 역할과 역량 강화가 이루어져야 할 것이다.

생각해 봅시다

1. 사회복지운동과 시민사회운동의 유사점과 차이점을 생각해 보자.

2. 사회복지운동에서 사회복지사의 역할은 무엇인지 토론해 보자.

3. 최근 사회문제와 관련된 이슈 중에서 사회복지운동이 필요한 영역이 어떤 것이 있는지 토론해 보자.

참고문헌

김미경(2007). 사회복지 분야의 운동적 성격 및 NGO적 위상을 통해 본 사회복지사의 역할. 지역사회연구, 16(1), 95-111.
김아현(2008). 제주 영리법인병원 사태가 우리에게 남긴 것. 월간 복지동향, 119, 45-48.
김정열(2005). 장애인의 현실과 장애인운동. 경제와 사회, 67, 39-64.

문진영(2001). 사회복지와 NGO. 조희연 편. NGO 가이드. 서울: 한겨레신문사.

박윤영(2002). 국민기초생활보장법 제정과정에 관한 연구. 한국사회복지학, 49(2), 264-295.

송호근(1998). 신사회운동 참여자 분석-누가, 왜, 어떻게 참여하는가. 한국사회과학, 20(3), 45-74.

심재호(2005). 사회복지노동조합운동의 성과와 과제. 한국의 사회복지운동(pp. 257-281). 서울: 인간과 복지.

오한정(2008). 제주도영리법인병원저지운동의 전개과정과 성과. 비판과 대안을 위한 사회복지학회 학술대회자료집(2008. 12., pp. 97-104).

유동철(2005). 한국 장애운동의 성과와 과제. 사회복지 정책, 21, 5-33.

윤영진(2006). 사회복지예산운동의 전개과정과 과제. 사회과학논총, 25(2), 95-118.

윤찬영(1999). 사회복지운동의 새로운 지평-공익소송과 입법청원-. 월간 복지동향, 15, 64-67.

이민아(2000). 국민기초생활보장법 제정과정에 있어서 시민운동이 미친 영향에 관한 연구. 중앙대학교 대학원 석사학위논문.

이영환(2004). 사회복지운동의 성과와 과제. 한국 시민사회운동 15년사 1987-2002(pp. 309-332). 서울: 시민의 신문.

이영환(2005). 한국의 사회복지운동. 서울: 인간과 복지.

장애우권익문제연구소(2001). 장애우복지개론. 서울: 나눔의 집.

조희연(1995). 민중운동과 시민사회, 시민운동. 유팔무, 김호기 편. 시민사회와 시민운동. 서울: 나남출판.

현외성(2006). 사회복지운동론. 서울: 집문당.

연합뉴스 http://www.yonhapnews.co.kr/

찾아보기

인 명

내 용

저자 소개

박지영
Michigan State Univ. 사회복지대학원 석사
부산대학교 사회복지학 박사
현 동의대학교 사회복지학과 교수
e-mail: belokan@deu.ac.kr

배화숙
부산대학교 사회복지학 석사
부산대학교 사회복지학 박사
현 부산가톨릭대학교 사회복지상담학과 교수
e-mail: peacebhs@cup.ac.kr

엄태완
부산대학교 사회복지학 석사
부산대학교 사회복지학 박사
현 경남대학교 사회복지학과 교수
e-mail: tweom@kyungnam.ac.kr

이인숙
동아대학교 사회학 석사
부산대학교 사회복지학 박사
현 부산장신대학교 사회복지상담학과 교수
e-mail: lensk@bpu.ac.kr

최희경
Univ. of North Carolina at Chapel Hill 사회복지대학원 석사
부산대학교 사회복지학 박사
현 신라대학교 가족 · 노인복지학과 교수
e-mail: hkyung@silla.ac.kr

함께하는
사회복지의 이해

2010년 3월 15일 1판 1쇄 발행
2013년 3월 15일 1판 3쇄 발행
2014년 3월 25일 2판 1쇄 발행
2023년 1월 20일 2판 5쇄 발행

지은이 • 박지영 · 배화숙 · 엄태완 · 이인숙 · 최희경
펴낸이 • 김 진 환
펴낸곳 • (주) **학지사**
　　　　04031 서울특별시 마포구 양화로 15길 20 마인드월드빌딩 5층
대표전화 • 02) 330-5114　　　팩스 • 02) 324-2345
등록번호 • 제313-2006-000265호

홈페이지 • http://www.hakjisa.co.kr
페이스북 • https://www.facebook.com/hakjisabook

ISBN 978-89-997-0338-6 93330

정가 **19,000**원

출판미디어기업 **학지사**

간호보건의학출판 **학지사메디컬** www.hakjisamd.co.kr
심리검사연구소 **인싸이트** www.inpsyt.co.kr
학술논문서비스 **뉴논문** www.newnonmun.com
원격교육연수원 **카운피아** www.counpia.com